KB134240

마음을 쉬게 하는 법

마음을 쉬게 하는 법

가토 다이조 지음 | 이정은 옮김

홍익출판 미디어그룹

사람들은
왜 삶에 지쳤다고
말할까?

삶에 지쳤다는 말은 육체적으로 지쳤다는 말은 아닐 것이다. 과도한 업무나 운동의 후유증도 아닐 것이다. 육체적으로 지친 것이라면 며칠 푹 자면서 휴식을 취하면 회복할 수 있다.

하지만 삶에 지쳤을 때는 잠을 자도 피곤이 풀리지 않고 아무리 자려고 해도 잘 수 없을 때가 많다. 그렇게 몸도 마음도 피폐해진 상태에 빠져 버렸다. 그렇다. 삶에 지쳤다는 말은 심신이 모두 지친 것일 수도 있겠지만 대부분은 마음이 지쳐 버린 것이라고 볼 수 있다.

누군가 삶에 지쳤다는 말을 자꾸 내뱉는다면 그 이면에는 더 이상 살기 싫다는 의미가 포함되어 있을 가능성이 크다. 그들은 그렇게 생각하면서 세상에 대한 원한을 가슴속에 켜켜이 쌓아 놓고 있다.

그 사람들은 왜 입만 열면 그렇게 사는 게 싫어졌다고 말하는 것일까? 아마도 어렸을 때부터 매일 스트레스에 휘말려 살아오면서 모든 것이 싫다는 감정에 시달렸을 것이다.

심리학적으로 해석하자면, 그런 상태는 마음속에 증오심이 억압되어 있는 상태라고 볼 수 있다. 세상에 대한 원망과 낙심, 그리고 죄책감. 아마 그런 감정들이 쌓이고 쌓여서 증오감으로 비화되었을 것이다.

다른 사람들과 대화를 나누는 것만으로도 힘이 든다는 사람이 있다. 옆에 있는 동료와 대화하는 일에서조차 에너지가 소모된다고 말하는 경우도 있다. 그렇게 삶에 지친 사람들은 아무것도 아닌 일상적인 일에도 바위덩어리를 지고 있는 듯이 버거워한다.

이유는, 억지로 무리를 하면서 이야기를 하거나 행동하기 때문이다. 관심도 없는데 관심이 있는 척을 하면서 이야기를 하지 않으면 안 된다고 생각하기 때문이다. 그렇게 억지로 대

화를 하다가는 자기 자신이 사라질 것만 같다는 감정에 사로
잡히기 때문이다.

그들은 사람들과 마음을 터놓고 지낼 수가 없다. 혼자 있
는 것이 즐겁지 않아서 동료들과 함께하지만, 그럴수록 자신
이 터무니없이 소모되는 느낌을 지울 수가 없다. 왜 그럴까?
사람들 앞에서 자기 자신을 거짓으로 꾸미기 때문이다.

그들은 스스로 먼저 나서서 하고 싶은 일도 없다. 그렇다
고 아무 일도 하지 않고 있으면 그것도 괴롭다. 사는 것이 싫
은데 대처법을 모르겠다. 먹고 싶은 것도 없다. 보고 싶은 것
도 없다. 만나고 싶은 사람도 없다. 하지만 집에 있다 한들 지
루하기만 한데 시간을 때울 길도 없다.

삶에 지쳤다는 사람들은 살아갈 에너지를 잃었다고 볼 수
있다. 오랜 세월 여러 감정을 강제로 마음속에 짓이겨 넣어
두었기에 생명력이 형편없이 저하된 상태일지 모른다.

왜 사람은 삶에 지치는 것일까? 왜 생명력이 저하되는 것
일까? 왜 무력하게 인생에 무릎을 꿇는 모습을 보이는 것일
까? 그들의 마음속에는 증오나 적대감, 혐오감 같은 갖가지
마이너스 감정들이 쌓여 있기 때문이다.

그들은 오랫동안 아무에게도 자신의 괴로운 감정들을 직접적으로 내뱉을 수 없었을 것이다. 또한 범죄를 일으켜서 증오의 감정을 사회에 쏟아내는 일도 없었을 것이다. 사회적인 사건에 분노해서 정의라는 이름으로 증오의 감정을 쏟아낸 일은 더욱 없었을 것이다.

그런데도 켜켜이 쌓여서 꽁꽁 얼어붙어 버린 마이너스 감정을 본인은 정작 알아차리지 못하고 있는 경우가 태반이다.

삶에 지쳤다는 감정은, 다니기 싫은 직장에서 일하면서도 회사를 싫어한다는 사실을 본인은 의식하지도 못한 채 죽어라고 일하고 있는 심리 상황이라고 볼 수 있다. 또는 싫은 가족과 함께 살면서도 가족을 싫어한다는 사실을 인지하지 못한 채 꾸역꾸역 살아가고 있는 심리 상태라고 볼 수 있다.

자신이 엄청나게 무리하고 있음을 알아차리지 못한 채 열심히 살아오다가 어느 순간 삶에 지쳐 버리는 사람들. 그들의 피로감을 이솝우화 식으로 설명하자면 다음과 같은 이야기가 될 것이다.

곰은 언제나 다른 동물들의 비위를 잘 맞추며 살아가는 성격이었습니다. 그래야 이 마을에서 그럭저럭 다른 동물들과 어울려 살아갈 수 있다는 것 알기 때문입니다. 그러던 어느 날 원숭이가 찾아와 곰에게 이런 말을 했습니다.

"곰아, 너는 땅바닥에 구덩이를 정말 잘 파니, 어디 한번 프로다운 실력을 보여줘!"

곰은 구멍을 파고 싶은 생각이 전혀 않았지만, 원숭이에게 인정받고 싶었기 때문에 기쁜 척을 하면서 구멍을 파기 시작했습니다. 어느새 곰의 주변엔 구덩이에서 나온 흙이 산처럼 쌓였습니다. 한참 후에 지칠 대로 지쳐 버린 곰은 이제 됐겠지 하며 원숭이를 쳐다보았습니다. 그런데 원숭이가 고개를 갸웃거리며 이렇게 말했습니다.

"아쉽다, 그 정도라면 두더지가 훨씬 잘할 것 같은데……."

그러자 곰은 '두더지에게 질 수야 없지!' 하며 전보다 더 힘을 내어 더욱 깊게 구멍을 팠습니다. 매일매일 엄청나게 노력하면서 계속 땅을 파다가 '이 정도면 인정해 주겠지?' 하고 생각하며 원숭이에게 물었습니다.

"이 정도면 충분하겠지?"

여러 번 그렇게 외쳤지만 구덩이 밖에서는 아무 대답도 들리지 않았습니다. 곰은 갑자기 불안해져서 구덩이 속에서 땅 위로 기어 올라가려고 했습니다. 하지만 너무 깊게 파버렸기 때문에 구멍에서 빠져나올 수가 없었습니다.

마음을 쉬게 하는 법

곰은 그제야 원숭이에게 놀아나게 된 것을 알게 되었습니다. 인정받고 싶다는 생각만 없었더라면 이런 일이 생기지 않았을 텐데, 그렇게 생각하며 곰은 후회했습니다. 이제 어떻게 하지? 그렇게 물었지만 도와주는 이는 아무도 없었습니다.

삶에 지친 사람들은 누구보다 열심히 살아가는 특징이 있다. 매사에 열심히 노력하고 있을 때는 설마 자신에게 삶에 지쳐 버리는 일이 생길 거라고는 상상도 못했을 테고, 자신의 노력이 꼭 보상을 받을 거라고 굳게 믿었을 것이다.

그는 설마 자신의 인생이 이처럼 무참하게 벽에 부딪혀서 멈춰 버릴 거라고는 생각하지 못했을 것이다. 그러나 지금은 너무나 지친 나머지 도저히 아무것도 할 마음이 들지 않는다.

하지만 그것으로 끝일까? 심리학자의 생각으로는, 적어도 삶에 지쳤다고 인생에 끝이 오리라고는 보지 않는다. 이 책에서는 처음에 삶에 지친 사람들의 증상에 대해 설명할 것이다. 다음으로는 왜 그렇게 되었는지 생각하고, 마지막에는 어떻게 하면 좋을지를 설명할 것이다. 삶에 지쳤다고 느끼며 주저앉아 버린 모든 사람들에게 희망을 전하며.

제 1 장

왜 삶에 지치는가?

1
다른 사람들을
사랑할 수 없다

**자신의 비참한 모습을
바라보는 일에 열중하는 사람**

사람은 누구나 증오할 수 있다. 그렇지만 누구라도 사랑할 수
있는 것은 아니다. 감정적으로 미성숙한 사람은 증오하는 건
할 수 있지만 사랑하는 일은 할 수가 없다. 그렇다는 것은, 감
정적으로 성숙한 사람만이 누군가를 사랑할 수 있다는 얘기
가 된다.

감정적으로 성숙하지 못한 사람이 할 수 있는 일은 증오심
을 억압하는 것뿐이다. 그러나 증오라는 감정은 아무리 억압
해도 그 사람의 마음속에서 사라지지 않는다. 밖으로 표출되

지 않을 뿐, 마음속에서 켜켜이 쌓여만 간다.

  미국의 ABC방송에서 일주일 동안 '우울증 특집'을 다루었는데, 몇 가지 인상적인 내용이 있었다. 그중 하나는 출연한 환자들 중에는 매우 건강해 보이는 여성이 나왔다는 것이다. 그녀는 시청자가 보기엔 너무도 건강한 신체조건을 갖추고 있음에도 자신의 비참함을 줄줄이 호소하고 있었다.
  그 출연자는 우렁찬 목소리로 엄청난 증오와 적대감을 쏟아냈다. 그 방송에 출연한 다른 사람들도 마찬가지였다. 그들은 아무것도 할 수 없는 자신의 비참함을 호소하고 있었다. 문제는, 그들이 육체적으로는 비교적 건강해 보였다는 사실이다.

  그들은 아무것도 할 수 없지만 자신의 비참함을 호소하는 일에는 누구보다 능숙했다. 일이라면 집안일이든 회사의 업무든 할 수가 없지만, 자신이 처한 입장을 호소하는 일에는 누구보다 정열적이었다. 그것은 말 그대로 '비참함의 에너지'였다.
  그들은 자신이 누구보다 운이 없다고 말하면서 주변의 모든 것에 증오를 내뿜는다. 누구는 이래서 밉고, 누구는 저래서 증오한다고 거침없이 말한다. 대체 이런 증오심은 어디서 생겨나는 것일까?

어두운 얼굴은
기대욕구의 표현이다

평소에 어두운 얼굴을 하거나 뭔가 한이 맺힌 표정을 짓는 사람은 대개의 경우 자신의 기대 욕구가 충족되지 않은 경우가 많다. 겉으로 괴로운 얼굴을 하고 있지만, 마음속으로는 '내가 기대하는 것을 충족시켜 줘!'라고 외치고 있다고 보면 된다.

그런 사람들의 불만은 원하는 사탕을 손에 넣지 못했기 때문이 아니라 자신의 기대감을 아무도 알아주지 않기 때문이다. 우리는 누군가 경제적으로 힘들다고 말하면 그를 이해해 준다. 또 어떤 목적을 향해 노력할 때 힘들다고 말해도 이해해 준다. 하지만 마음으로 필요한 것을 받지 못해서 힘들다고 하면 대부분 이해받기가 어렵다.

마음을 쉬게 하는 법

기대 욕구를 가진 사람은
상처받기 쉽다

마음의 괴로움을 겪는 사람은 그것을 불러일으킨 원인을 알지 못한다. 더 불행한 것은 주위 사람들에게서조차 자신의 절박한 심정을 이해받을 수가 없다는 점이다. 삶에 지친 사람들에게는 바로 이것이 가장 큰 문제이다.

그들의 마음속에는 뭔가를 간절히 기대하는 욕구가 도사리고 있다. 목이 마르면 물을 마시면 되지만, 그들의 기대욕구는 쉽게 풀 수 없는 수학문제처럼 해결하기가 어렵다.

연령에 상관없이 기대욕구를 가진 사람들은 상처받기 쉽다. 기대욕구는 아이가 부모에게 가지는 것만이 아니다. 부모 또한 아이에게 기대감을 충족시키고자 응석을 부리고 싶어 한다.

그런 성향의 부모는 상처받기 쉽다. 그래서 아이의 별것 아닌 언행에도 심하게 화를 내거나 때리기도 한다. 아이에게 고맙다는 말을 듣고 싶어서 뭔가를 해주었는데 아이가 '감사하지만 됐어요!'라고 말하면 엄마는 불쾌해진다.

기대욕구를 채우지 못한 부모가 아이를 위해 뭔가를 하

는 것은 자신의 기대감을 충족시키기 위해서이다. 예를 들어 '와, 맛있겠다!'라는 말을 듣고 싶어서 요리를 만들었는데, 아이가 그만큼 기뻐하지 않으면 엄마는 계속 투덜거리면서 아이를 괴롭히게 된다.

아이의 그런 반응은 거부한 것과 마찬가지이기 때문에 엄마는 거기서 상처를 받고 만다. 부모의 이런 태도는 심리학에서 볼 때 '부모 역할의 역전'이다.

영국의 심리학자로 아동발달 분야에 굵직한 족적을 남긴 존 볼비John Bowlby 박사는 부모 역할의 역전을 통해 양육된 사람은 호의를 베푸는 사람들의 부탁에 거절하지 못하는 어른이 되기 쉽다고 한다. 어른이 되어서도 유년 시절의 감정이 여전히 기억에 남아 있기 때문이다.

예를 들어 어떤 모임에서 식사를 할 때 '배가 불러 더 이상 먹지 못할 때는 남겨도 혼나지 않는다'고 아무리 자기 자신에게 되새겨도 음식을 조금이라도 남기게 되면 마음속에 두려움이 쌓이게 된다.

지금 눈앞에 있는 사람이 어린 시절의 엄마와는 달리 음식을 남겨도 혼내지 않는다는 걸 분명히 알고 있음에도 음식을

마음을 쉬게 하는 법

먹다 남기는 것에 대한 공포감이 여전히 남아 있는 것이다. 심리학에서는 이를 감정적 기억이라고 한다.

유아기나 소년기에 생긴 감정적 기억은 뉴런신경계에서 정보 전달의 단위가 되는 세포의 네트워크에 꽉 박혀서 평생을 간다. 따라서 그런 환경에서 자랐다면 뭔가를 말할 때 상대방이 상처받을까 두려워하는 어른이 된다.

상대방의 기분이 나빠진다는 것은 그렇게 만든 본인에게는 혼나는 것처럼 느껴진다. 그렇기에 그는 어른이 되어서도 상대의 기분이 나쁘게 될까 봐 언제나 두렵다. 그래서 어른이 되어서도 사람들의 호의에 고맙지만 괜찮다고 사양할 수 없는 것이다.

친구가 저녁식사에 초대해서 맛있는 요리를 만들어 주었다. 아주 맛있게 먹었지만, 계속 나오는 요리를 더 이상은 먹을 수 없다. 그럼에도 그는 이제 배가 불러서 못 먹겠다는 말을 하지 못한다.

왜 거절하지 못하는 것일까? 그것은 유아기에 그와 똑같은 대응을 했을 때의 지독한 경험이 있기 때문이다. 어린 시절 어느 날 더 이상 먹을 수 없다고 했을 때, 엄마가 엄청나게 기분 나빠했던 일이 있었던 것이다.

엄마는 그런 일이 한두 번이 아니었다. 엄마가 '케이크 먹을래?'라고 물었을 때, 아이는 별로 먹고 싶지 않아서 머리를 흔들었다. 그때 엄마는 몹시 기분이 상했고, 그 뒤에도 똑같은 일로 끊임없이 괴롭힘을 당했던 지옥 같은 경험을 했다.

따라서 아이는 어린 시절 어느 날부터 '케이크 먹을래?'와 같은 물음에는 생각할 틈도 없이 기쁜 표정으로 고개를 끄덕이지 않으면 안 되었던 것이다.

마음속에 가득히 쌓이는 증오심

이렇게 부모를 비롯한 어른들로부터 추궁을 당하며 성장한 사람은 마음속에 반감과 증오의 감정이 차곡차곡 쌓이게 되는 게 당연하다. 마음속으로는 분명히 싫은데도 어쩔 수 없이 머리를 끄덕일 수밖에 없었던 난감이 쌓이고 쌓여 두려움을 넘어 증오의 감정으로 뿌리를 내린 것이다.

그래서 이런 사람은 남과 대화하는 것이 서툴고 자꾸만 어긋나는 인간관계 때문에 사람들을 만나는 일도 그다지 좋아하지 않는다. 그 모든 것의 뿌리에는 상대방의 기분이 나빠지는 게 두렵기 때문에 마음 편히 말을 할 수가 없었던 어린 날의 기억이 도사리고 있는 것이다.

'케이크 먹을래?'라고 물어 올 때 '와! 너무 기뻐요!' 하고 답하지 않으면 부모는 화를 낸다. 달리 말해서 '와! 기뻐요!'라는 감정적인 반응에 부모는 기뻐한다.

이것은 심리학의 눈으로 볼 때 부모가 아이에게 응석을 부리는 것이다. 그러면서 자신의 존재감을 확인하는 것이다. 그런 부모는 응석 부리는 마음이 상처받게 되면 기대욕구가 어긋났기 때문에 화를 낸다.

반면에 아이한테는 이것이 오래 남는 상처가 된다. 그런 경험이 쌓이면 뭔가를 말할 때마다 상대의 기분이 상하지 않도록 신경을 쓰게 된다.

진정한 커뮤니케이션은 먹고 싶지 않을 때 먹고 싶지 않다고 말할 수 있는 것이다. 인간관계에서 그러고 싶을 때 그러지 못하면 자신도 모르는 사이에 벽이 생기고 틈이 벌어지게 된다.

세상에는 태어난 순간부터 추궁을 당하면서 성장하는 사

람이 있다. 그런 사람은 사람들이 추궁을 하지 않아도 추궁당하는 것처럼 느끼도록 양육되었다고 해도 과언이 아니다. 그런 피해망상에 사로잡힌 채로 30년, 40년, 50년이 지나면 삶에 지치는 것도 당연한 일이다.

집 안에 휘발유가 있다. 그런데 누군가 집에 들어와 막무가내로 장작불을 피운다면 불이 날까 봐 누구라도 깜짝 놀랄 것이다. 피해망상인 사람은 마음속에 휘발유가 있는 것과 같다. 누군가가 무슨 말을 하면 깜짝 놀란다. 이런 상황은 삶에 지치는 원인이 되고, 그런 상태가 살아 숨 쉬는 동안 지속된다면, 삶은 정말 지옥과 같은 상태가 아닐 수 없다.

마음의 괴로움을 겪는 사람은
그것을 불러일으킨 원인을 알지 못한다.
더 불행한 것은 주위 사람들에게서조차
자신의 절박한 심정을 이해받을 수 없다는 점이다.

2

부모에게
사랑을 착취당하는
아이들

부모 자식 사이의
역할이 역전되다

심리학에 '과도한 허위적 사랑'이라는 말이 있다. 이것은 부모 자식 사이의 역할이 역전된 상태에서의 부모의 사랑을 말한다.

부모는 아이를 위해 여러 가지 뒷바라지를 한다. 하지만 어떤 부모는 아이의 반응을 기대하기 때문에 그런 행동을 한다. 부모의 기대에 부응하지 못하면 꾸중과 질타가 이어질 것을 아는 아이는 부모가 기대하는 방향으로 반응하지 않으면 안 된다. 그러는 동안 아이의 마음에는 상상을 뛰어넘을 정도로 깊은 상처가 남는다.

인간에게는 자율의 본능이 있다. 이는 남의 지배나 구속을 받지 않고 자기가 세운 원칙에 따라서 스스로 규제하고 행동하는 것을 말한다. 그런데 어려서부터 이것을 억제당하면 아이한테는 두려움과 증오의 감정이 동시에 싹튼다.

차라리 방치된 채로 길러진 아이가 낫다고 할 정도로 이 부분은 정말 중요하다. 사랑을 받으며 자율적으로 생각하고 행동하는 것이 당연한 시기에 오히려 사랑을 착취당함으로써 생긴 비극은 인간의 상상력을 뛰어넘는다.

부모 자식 사이의 역할에 역전이 생겨 고통받는 아이가 갖게 되는 마음의 상처를 주위에서 아무도 이해해 주지 못하는 것은 더 큰 비극이다.

왜냐하면 다른 사람들의 눈에 그들의 관계는 잘 어우러져 보이기 때문이다. 그래서 '저렇게 멋진 부모님 밑에서'라는 말을 듣곤 한다. 사실 부모 자식 사이의 역할이 역전되면서 아이에게서 사랑을 착취하는 부모는 사회적으로 높은 직책을 가지는 경우가 많고, 누구보다도 모범적인 가정이 많다.

특별한 점은, 그런 가정에서 자라난 아이들의 경우 어른이 되어 정치적으로 과격한 집단에 소속되는 경우가 있다는 점이다. 그들은 사회를 향해 계속 대포를 쏘아 댐으로써 마음속에 내재된 증오의 감정을 토해 낸다. 그렇게 토해 냄으로써 자신의 마음을 스스로 위로하는 것이다.

어떤 사람은 마음의 상처를 스스로 위로하려고 일탈 수준으로 폭주하는 경우도 있다. 마음에 상처가 없다면 폭주 따위는 없겠지만, 마음속에 도사린 증오의 감정을 토해 낼 기회가 없었던 그는 어떤 식으로든 상식을 벗어난 행동을 한다. 삶에 지쳤다고 말하는 사람들이 바로 이 타입이다.

주위 사람들에게 맞춰 가며 산다

삶에 지친 나머지 마음에 갈등이 쌓여 버린 부모는 아이를 조종하려고 한다. 아이를 부추기거나 협박해서 마음대로 아이를 조종하는 것이다.

심지어 아이를 조소하거나 놀리면서 마음의 상처를 위로하려고 한다. 그런 부모에게 아이는 장난감 같은 존재가 된다. 부모가 아이를 가지고 노는 것이다.

마음을 쉬게 하는 법

부모가 자식을 가지고 논다고 하면 말도 안 되는 이야기라고 하는 사람이 있을지 모르겠다. 하지만 그렇지 않다. 어떤 사람은 어렸을 때 인형에 화가 나는 감정을 쏟아 낸 경험이 있을 것이다. 어른이 되어서도 유아적 소망이 충족되지 않은 사람은 인형에 짜증스런 감정을 푸는 대신에 아이에게 자신의 감정을 풀게 된다. 이것이 아동학대 사건이 그렇게나 많이 일어나는 이유이다.

순종적인 아이는 부모에게 있어서 인형보다 더 효과적으로 감정을 풀 수 있는 도구가 된다. 그런 아이는 어른이 되어서도 주위 사람들이 함부로 대하며 가지고 놀더라도 그저 묵묵히 받아들이는 인간이 되고 만다.

우리는 부모와의 관계에서 다른 사람과 어울리는 법을 배운다. 부모가 가지고 놀면서 성장하게 된 아이는 그런 방식으로 주위 사람들과 어울리게 된다. 그렇게 자기도 모르는 사이에 주위에는 자신을 갖고 노는 사람들이 모인다.

부모에게 그런 취급을 당하며 성장한 사람은 언제나 가슴 한쪽에 열등감을 가지고 있고, 삶의 목적도 확실하지가 않다. 그저 주위 사람들의 기분을 맞춰 줄 뿐이다. 그냥 주위 사람들의 마음에 들고만 싶어 한다.

교활한 사람은 항상 먹잇감을 찾고 있기에 순종적인 사람의 냄새를 바로 맡는다. 그리고 그에게 다가가 빨대를 꽂고 단물을 있는 대로 빨아먹는다.

증오가 한계를 넘으면 우울이 된다

남을 괴롭히는 인간이 아무나 괴롭힐 리가 없다. 반드시 괴롭힐 만한 사람을 고른다. 자신의 괴롭힘을 감당해 줄 만만한 사람을 찾아내는 데 이골이 난 그는 아주 쉽게 타깃을 찾아낸다.

마찬가지로, 차갑고 지배적인 부모는 이용할 자식을 고른다. 가족 중에서 누군가가 선택된다. 그렇게 선택되면, 그는 어른이 되고 나서 가족 이외의 사람들과 어울려도 마찬가지 상황이 되더라도 당연하다고 여긴다.

그는 교활한 사람에게 당연한 듯이 이용을 당해도 분개하는 일이 없다. 기업사회에서 상사로부터 부추김을 당해서 당연한 듯이 이용당하는 부하들이 얼마나 많은가? 열등감의 뿌리가 깊은 부하는 이용을 당하고도 기뻐한다. 이용당하는 것

마음을 쉬게 하는 법

밖에 살아가는 방식을 알지 못하는 것이다.

그러나 본인이 알아차리지 못하는 동안에 엄청난 양의 증오심이 마음속에 축적된다. 그 증오심을 토해 낼 방법을 알지 못한 채, 한계를 뛰어넘게 되면 그는 급속도로 우울감에 빠져들어가고 삶에 지쳐 버리게 된다. 그의 입에서 자주 등장하는 말은 이것이다.

"어떻게 하면 좋을지 모르겠어⋯⋯."

차갑고 지배적인 부모는
이용할 자식을 고른다.
가족 중에서 누군가가 선택된다.

부모에게 사랑을 착취당한 아이는
온갖 부정적인 감정들이 마음속에 쌓인다.
그것을 억제하면 우울해질 수밖에 없다.

3 / 우울증은
삶에 부여된
숙고의 시간

삶에 지쳤다면
휴식이 약이다

삶에 지쳐 있다면, 지금 당장 필요한 것은 휴식뿐이다. 인생
과의 오랜 전투에서 잠시 물러나 자기 자신을, 그리고 세상을
조용히 바라볼 필요가 있다.

휴식을 취할 때는 이렇게 가만히 있어도 되나 하는 조바심
따위는 필요 없다. 그저 묵묵히 자기 자신을 들여다보는 습관
이 필요하다. 물론 삶에 지친 사람일수록 이런 시간을 보내는
것이 어렵다. 초조하고 불안하기 때문에 마음을 내려놓고 쉰
다는 것이 어렵기만 하다.

하지만 그렇게 휴식을 취하면서 어렸을 때부터 마음을 가차 없이 착취당한 사람으로서 지금 이렇게 살아 있음이 자신의 담대함 덕분임을 알아차리는 것이 필요하다.

자기 자신을 새로 만들기 위해서는 싸우지 않으면 안 된다. 자신을 얕잡아 보며 여전히 착취의 대상으로 보는 사람과 싸워야 하고, 더 중요한 일은 패배감에 길들여진 자기 자신과 싸워야 한다.

어린아이 때는
아무도 나를 지켜 주지 않았다

주위 사람들이 나를 생각해서 행동해 준 경험이 없는 채로 자라면, 다른 사람들의 호의를 좀처럼 믿을 수 없게 된다. 어른이 되어서도 주위 사람들이 나를 생각해서 행동해 줘도 그것을 호의로 받아들이기가 어려워서 저의를 의심하게 된다. 사람을 믿지 않는 습관이 몸에 배어 버린 것이다.

"이렇게 하면 아이가 만족하겠지."

엄마들은 대부분 이렇게 생각해서 행동한다. 그런 엄마 밑에서 자란 아이는 어른이 되어서 사람들의 호의를 믿을 수 있다. 그러나 그런 경험이 없이 자란 사람은 다른 사람들을 대할 때 호의는커녕 적대감부터 치솟는다.

어렸을 때 누군가 자신을 지켜 준 경험이 있는 사람과 스스로 자신을 지키는 것 말고는 생존의 방법을 몰랐던 사람과는 어른이 된 후에 사물에 대해 느끼는 방식이 다르다. 삶을 지탱하는 에너지가 다른 것이다.

누군가가 자신을 지켜 준 기억을 가진 사람은 매사에 안심감을 가지고 살 수 있다. 하지만 그렇지 못한 사람은 불안에 떨면서 긴장한 채 살아간다. 살아 있는 것만으로도 에너지를 소모하기에 삶에 지쳐 버리는 것이다.

착한 아이라는 이름의 슬픔

아이는 성장하면서 점점 자기 의견이 강해지고 자기와 생각이 다른 어른들한테 반발한다. 이것이 정상적인 성장이다. 반면에 아이가 무조건 상대의 마음에 들려고 행동하는 것은 '착한 아이'의 전형적인 모습이다.

이는 마음속의 갈등에 괴로워하면서도 사회적으로 과도하게 적응하는 것으로, 착한 아이는 부모를 비롯한 타인들로부

터 착한 아이라는 반응을 얻어 내기 위해 내면의 욕구나 소
망을 억압하는 말과 행동을 거듭하게 된다.

이를 '착한 아이 신드롬The Good Child Syndrome'이라고 부르
는데, 이런 심리 상태는 부모로부터 버려질까 두려워하는 유
기 공포에 대응하기 위해 유아적 의존 욕구를 거부하고 억압
하면서 일어난다.

어릴 때 착한 아이로 살았던 사람들은 아무 대가 없이 뭔
가를 하거나 받았던 경험이 없다. 그들은 자기 자신이 어떤
희생을 치르지 않으면 사람들이 자신에게 아무것도 해주지
않는다고 믿는다.

그렇기에 그들은 항상 남의 눈치를 보며 두려워한다. 이런
증상이 심한 아이는 사람들의 기분을 나쁘게 만들면 스스로
살아 있어서는 안 된다고 느낀다. 그래서 항상 전전긍긍하며
남의 눈치를 보는 것이다.

이런 아이가 어른이 되면 어떨까? 그와 같은 뉴런 네트워크
가 어렸을 때 이미 완성되었기 때문에 주변의 현실 상황이 달
라졌다고 해도 생각하고 느끼는 방식은 전혀 변하지 않는다.

그렇게 두려움에 떨며 살아가는 하루하루에는 막대한 에너지가 필요하다. 사회적으로 그다지 활약하지 않는 평범한 사람이 삶에 지쳤다고 말하면, 심리적으로 건강한 사람은 의아해한다. 그러나 그는 분명히 삶에 지쳐 있다.

하루하루를 살아가는 에너지는 사람마다 다르다. 안심감이 있는 사람은 일을 할수록 정력적이지만, 불안에 떨며 살아가는 사람은 아무것도 하지 않아도 극심한 피로감을 느낀다. 살아 있는 것만으로도 엄청나게 소모되는 에너지에 심신이 피폐해져 가는 것이다.

본성을 부정하면
살아갈 에너지를 잃는다

일을 할수록 더욱 정열적으로 변하는 사람이 있는가 하면 우울증에 빠져서 허우적대는 사람이 있다. 시간이 흐를수록 소모되어 가는 사람은 어디가 문제인 것일까?

그것은 자신의 본성에 따라서 자기실현을 하는 것과 자신을 속여 가며 무리를 해가면서 노력하는 것의 차이로, 우울증에 걸리는 사람은 후자에 속한다.

오랜 시간이 지나도 활동적으로 일하는 사람은 자기 연령에 맞게 심리적으로 성장한 사람으로, 이를 심리학에서는 자기실현형 인간이라고 부른다.

그는 주위 사람들로부터 칭찬을 받기 위해 일하지 않는다. 스스로에 대한 집착도 없다. 그것은 심리적인 강함으로, 스스로 할 수 있는 일을 필사적으로 할 뿐이다. 그렇기에 활동적이고, 스트레스를 덜 받는 채로 유지할 수도 있다.

자기 자신의 본성을 부정하는 사람은 노력을 하면 할수록 살아갈 에너지가 소모되어 간다. 독일 출신의 정신과 의사로 심리학과 정신분열증 치료 분야의 선구자였던 프리다 프롬 라이히만Frieda Fromm-Reichmann 박사는 이런 상태를 신경증의 한 증상으로 보고 '신경증적 비이기주의'라고 불렀다. 그는 이렇게 말했다.

"이런 증상을 보이는 사람들에게는 사랑이 없다. 뭔가를 함으로써 인정해 주기를 원하지만, 결코 만족이 없다. 이로 인해 나타나는 증상으로 억울, 피로, 업무에 대한 무능력, 인간관계의 실패 등을 들 수 있다."

이런 증상은 억지로 무리하다가 너무 소모되는 바람에 자신이 사라지는 듯한 감정에서 나오는 것이라고 볼 수 있다. 이와 같은 증상을 호소하는 사람들은 마음속이 증오로 가득 차있다는 공통점이 있다.

그들은 왜 이런 증상에 신음하는 것일까? 왜 사람들에게 지치고 삶에도 지쳐 버린 것일까? 이유는 자신은 튤립인데 민들레꽃을 피우려고 했기 때문이다. 타인의 삶을 살려고 하는 이상, 그는 아무리 노력해도 자기 본연의 꽃이 피지 않을 것이다.

다른 사람들은 저마다의 색깔과 향기를 가진 꽃을 피우고, 각자의 목적을 가지고 살아가고 있다. 그러나 이런 증상에 시달리는 사람은 언제까지라도 출발점에 서있는 것이다. 이렇게 되면 좀처럼 나아질 기미도 없는 삶에 지쳐 버릴 것이 당연하다.

마음의 갈등은
인생 자체를 힘들게 한다

마음속으로 갈등을 겪는 사람은 스스로 자기의 능력을 갉아 먹는다. 갈등은 어떤 이유로든지 능력 발휘를 방해한다. 갈등하고 있는 것만으로도 무거운 짐을 짊어지고 걷는 것과 마찬가지라는 얘기다.

"인생은 무거운 짐을 짊어지고 언덕길을 걸어가는 듯한 것이다."

옛사람들은 흔히들 이렇게 말했지만, 현실적인 무거움이라면 상관없지만 마음속의 갈등이라는 무거움은 좌절감을 동반하게 되어 있으니 문제다.

마음속에 갈등을 품고 있는 사람은 겉으로만 보면 아무것도 짊어지지 않은 듯하다. 그러나 보이지 않는 무거움을 가지고 있기에 더 피곤하고, 그렇기에 활동적이지도 못하다.

사실 이런 사람들은 스스로 자기 몸에 채찍질을 하면서 회사를 다녀도 미래가 불투명하다. 변변한 성과도 없이 번번이 좌절감뿐, 심할 경우에는 번아웃 증후군이 되어 다 타버린다.

그렇기에 우울증에 발목이 잡힌 사람은 회사생활을 조금은 대충 하면서 마음속의 갈등을 해결하는 방법을 생각해 볼 필요가 있다.

어렸을 때부터 너무나 부지런했던 사람은 직장생활을 잠시 쉬고 조금은 여유롭게 지내는 편이 오랜 인생을 생각할 때 효과적인 시간 활용법이 될 것이다. 출세가 조금 늦어져도 그러는 편이 인생에 도움이 될 수 있다.

일의 성과는 결국 인간으로서의 기량이 좌우한다. 신입사원일 때는 영어를 잘한다, 숫자에 강하다, 컴퓨터 조작을 잘한다 같은 능력이 도움이 될 것이다.

하지만 우리는 나이를 먹어 가면서 점차 어떤 식이든지 책임을 짊어지지 않으면 안 된다. 그럴 때 중요한 것이 인간으로서의 기량이다. 그것은 학교에서 가르쳐 주지 않는다. 스스로 세상과 맞부딪치면서 배우고 익혀서 자기 몸에 체화가 되어 나타나는 실력이다. 이런 사람은 웬만한 일에는 흔들림이 없고, 마음속에 갈등이 일어나지도 않는다.

불행한 별 아래에서 태어난 사람은
살아 있는 것만으로도 위대하다.
당신에게 지금 필요한 것은 휴식이다.

제 2 장

모든 것의 출발점은
애정결핍이다

1

나를 인정해 주길
바라는 마음

아이는 부모에게
인정받길 원한다

삶에 지친 사람은 주위 사람들에게 인정받기 위해 필사적으로 노력한다. 우리 주변엔 남의 인정을 받으려고 안달하는 사람이 의외로 많다. 그런 욕구 때문에 간혹 잘못된 삶의 방식을 택하는 사람도 있을 정도로 그들의 욕구는 간절하다.

그런 욕구는 유아기에 사랑받지 못한 사람에게는 상상을 뛰어넘을 정도로 강하게 나타난다. 예를 들어 보자.

아이가 짐을 들고 외출하는 엄마에게 '엄마, 짐이 무겁지 않아요? 같이 가줄게요'라고 말했다. 엄마는 놀아야 하는 아이가 함께 나가면 가여우니까 '괜찮아. 엄마 혼자서 갈게'라고 대답한다. 그런데 아이가 섭섭한 감정을 숨길 수가 없다. 엄마는 아이가 놀고 싶을 것 같아서 괜찮다고 한 것뿐인데도 아이는 순간적으로 거부당했다는 생각에 사로잡힌다.

이것을 심리적인 측면에서 해석하자면, 아이는 부모가 보호해 주길 원하고, 돌봐 주길 바라지만 그 무엇보다도 원하는 것은 자신이 한 일을 인정받는 것이기에 두 사람 사이가 살짝 어긋나 버린 것이다.

이런 현상은 성인이 된 우울증 환자에게서 자주 발견할 수 있다. 그들은 자신이 누군가에게 도움이 된다고 느낄 때는 기분이 상승한다. 반대로 자신이 한 일을 인정받지 못할 때는 억울하다, 재미없다, 불쾌하다고 생각하며 상대방을 증오한다.

그런데 여기서 주목할 점이 있다. '혼자서 갈게'라고 말한 엄마는 엄마대로 아이를 생각해서 한 말에 정작 아이가 섭섭한 감정을 보이면 자기도 모르게 불만을 느끼게 된다.

그러면서 다른 일들까지 포함시켜서 부모로서 '이렇게까지 해주고 있는데……'라며 아이의 불만에 더욱 섭섭한 감정을 가지게 된다. 이렇게 살짝 어긋나 버린 감정의 간극이 점점 벌어지게 되면 엄마와 아이 사이엔 쉽게 메울 수 없는 골이 생긴다.

불만을 품은 아이도 부모가 자신에게 해준 즐거운 일들을 기억하고 있다. 여행을 함께 갔다, 좋아하는 음식을 해주었다, 옷을 사주었다, 병이 났을 때 병원에 데려다주었다, 친구들을 불러 생일파티를 열어 주었다…….

그러나 그런 것들과 인정해 주길 바라는 소망이 충족되는 문제는 별개의 얘기다. 선물은 중요하다. 자상하게 신경을 써 주는 것도 중요하다. 그러나 아이는 부모가 무엇을 해주었든 진심으로 인정해 주지 않으면 불만을 느낀다.

어른도
인정받고 싶어 한다

아이들만이 그런 게 아니다. 어른도 인정받고 싶어 한다. 하지만 여기엔 다른 측면에서 바라볼 문제가 도사리고 있다. 어른이 되어서도 인정받길 바라는 마음을 비워 내지 못하기 때문에 인간관계가 잘 풀리지 않는다는 문제가 그것이다.

아이든 어른이든 주위 사람들로부터 대단하다는 칭찬을

받기 위해 스스로 어떤 일을 화제로 꺼내는 경우는 의외로 많다. 자신이 한 일, 또는 자신의 입장 같은 것을 화제로 꺼내며 슬그머니 대답을 유도한다.

남편은 퇴근 후에 회사 업무에 관한 이야기를 꺼낸다. 부하직원의 서툰 일처리, 고집불통 상사의 횡포, 직원들과의 껄끄러운 인간관계 같은 얘기다.

이 모든 이야기들은 그런 인간들 틈바구니에서 굳건히 견디고 있는 자기가 대단하지 않느냐, 그러니 인정을 해달라는 뜻이다. 남편은 그렇게 아내로부터 칭찬 한 마디를 듣고 싶은 것이다.

남편이 동료에 대해 험담을 하는데, 아내가 '그때 왜 더 확실하게 그런 점이 잘못되었다고 말하지 못했어?' 하고 구체적인 해결책을 건네는 경우가 있다.

그러나 남편이 원하는 것은 해결책이 아니었다. 처세의 비법 같은 충고 한 마디는 더욱 아니었다. 남편이 기대하는 말은 회사에서 그렇게 고군분투하며 버티고 있는 자신에 대한 위로인데, 많은 아내들은 이 마음을 헤아리지 못하고 힘들어하는 사람에게 더 강해지라고 독려한다.

아내도 남편의 인정을 받고 싶어 한다. 쥐꼬리 월급으로 이리저리 잘도 계획을 세워서 가정경제를 이끌어 가는 아내는 언제나 힘들기만 하다. 그래서 더욱 남편의 칭찬에 목말라 한다.

대부분의 부부가 이런 점에서 마음의 일치를 이루지 못하기 때문에 갈등한다. 부부가 이혼을 하는 데는 수많은 이유가 있겠지만 그 뿌리는 어느 한쪽에서 인정받고 싶어 하는 마음을 외면당했기 때문이다.

짧은 한 마디도
조심해야 할 이유

아이가 넘어지는 바람에 무릎에서 피가 났다. 그러면 곧바로 빨간약만 발라 주고 '금방 나을 거야!'라고 말하는 엄마가 있다. 더 심한 경우에는 '그 정도 상처로 그렇게 아파?'라고 말하는 엄마도 있다.

아이가 아프다고 하는 것은 정말 아파서가 아니다. 그것은 '아프지만 나는 잘 견디고 있어요! 대단하지 않아요? 잘했지요?'라고 호소하는 것이다. 엄마로부터 그렇게 강한 자신을 인정받기를 원하는 것이다.

마음을 쉬게 하는 법

아이가 열이 나면 곧바로 해열제를 먹이는 엄마가 있다. 엄마는 의사가 아니다. 의사의 역할과 엄마의 역할은 다르다. 엄마의 역할은 마음을 케어해 주는 것이다.

무슨 일이든 부정적인 발상을 하는 남편이 있다. '요즘 우리 회사도 인원 감축 바람이 불었는데, 그러자니 일손이 부족해서 너무 힘들다. 이러다가는 나도 곧 쓰러질지 몰라!'라고 말했다.

그러자 아내는 통명스럽게 '그럼 조금 쉬면서 하든가?'라거나 '이럴 때일수록 가족을 생각해서 긍정적으로 생각하고 더 힘을 내'라고 말한다. 그러나 남편이 원하는 것은 그런 말이 아니다. '그렇게 힘든 시기에, 더구나 구조 조정의 바람 속에서 잘 견뎌 내고 있는 당신이 정말 대단하다!'고 인정해 주는 한 마디이다.

부모와 자식 사이에도, 그리고 부부간에도 이러한 언어 습관은 가족관계를 튼실하게 하는 바탕이 된다. 우리 주변에 유난히 돈독한 관계를 맺으며 사랑을 나누는 가족이 있다. 반면에 가족끼리 불화하고 갈등하는 가족도 있다.

이런 차이를 만드는 요인 중에 하나가 바로 어릴 때의 애정결쁩이다. 사람은 누구나 부모가 되는 것이 처음이기 때문에 부부예절이나 자녀교육에 대해 충분히 알지 못한다.

이제 갓 결혼한 부부라면, 그리고 어린 자녀를 두고 있는 부모라면, 가장 신경 써야 할 일은 어느 한쪽이 애정의 목마름을 느끼지 않도록 노력해야 한다는 것이다.

이런 노력이 가정의 행복은 물론이고 먼 훗날 아이가 어른이 되었을 때 삶에 지치는 일 없이 훌륭한 사회인으로 살아가게 한다. 이 책을 통해 독자들에게 드리고 싶은 선물은 바로 그런 마음가짐이다.

아이가 그 무엇보다도 원하는 것은
부모로부터 진심으로 인정받는 것이다.
어른도 인정받고 싶어 한다.
서로를 인정해 주는 짧은 한 마디를
자주 주고받는 노력이 필요하다.

2
자신을
비참한 존재라고
생각하는 습관

불행을 한탄하는
습관이 문제다

우울증에 시달리거나 신경증적 경향이 강한 사람을 보면 주위 사람들은 좋지 않은 시선을 보내는 경우가 많다. 왜 그럴까? 그런 사람은 경제적으로 여유가 있는데도 무슨 말을 해도 불행하다고 한탄하고 인생이 괴롭다고 말하는 습관이 있기 때문이다.

　누가 봐도 번듯한 직장에 편안한 일상을 보내는 사람이 입만 열면 자신이 세상에서 제일 불행하다고 한탄하고, 삶에 지쳤을 만큼 괴롭다고 말하는 이유는 무엇일까?

그들은 불치병에 걸려서 죽음을 앞두고 있는 것도 아니다. 그렇기는커녕 다른 사람들보다 육체적으로 건강하다. 그래서 주위 사람들은 입만 열면 한탄의 말을 쏟아내는 그가 싫어지는 것이다. 그렇게 사람들은 그들로부터 멀어져 간다.

불행은 감염 속도가 빠르다. 불행한 사람이 있는 방의 공기는 어두워지고 주변에 있는 사람도 침울해진다. 그렇기에 불행한 사람의 주변에는 사람들이 모이지 않는다. 불행한 사람은 불행을 부르는 것이다.

그들의 말은 번역해서 이해해야 한다

그런 사람에게 '너는 이렇게 좋은 집에서 살고 있잖아?' 같은 말은 전혀 의미가 없다. 그가 원하는 것은 괴롭다는 말에 대한 동정과 그것을 견디고 있는 자신에 대해 대단하다고 하는 칭찬의 말이다.

그는 인정받고 싶은 것이다. 그러기를 바라는데 주위 사람들이 엉뚱한 말을 하니까 나에 대해 아무것도 모른다며 화를 내는 것이다.

그들의 말은 번역해서 알아들어야 한다. 그럴 수밖에 없는 이유는, 그들은 절대 직접적인 표현을 하지 않기 때문이다. 죽고 싶다, 살기 싫다, 너무 지쳤다, 이렇게 자신의 삶을 한탄하는 것으로 관심을 끌어서 결국엔 애정 어린 말로 인정받기를 원하는 것이다.

삶에 지친 사람은 상처를 받았다고 계속 뇌까린다. 그러면 주위 사람들은 그의 저의는 모른 채 '왜 그러지?' 하는 의문에 사로잡힌다. 사실은, 그는 증오의 감정을 직접적으로 내뱉지 못하기 때문에 상처를 받았다고 하면서 자신의 비참한 상황을 그렇게 표현하고 있는 것이다.

그러면 주위 사람들은 '우리는 너에게 상처를 주지 않았어. 뭔가 잘못 생각하고 있는 것 아냐?'라고 말한다. 그 사람의 말 속에 숨어 있는 심리를 읽어 내지 못하는 것이다.

삶에 지친 사람은 이렇게 말한다.

"나는 험한 일을 겪었어. 엄청난 일을 겪었다니까……."

계속 이렇게 말하는 그는 주위 사람들에게 화가 나 있지만 그 분노를 직접적으로는 표현할 수가 없기 때문에 막연하게 비참함이나 피해를 호소하는 것이다.

그러면 곁에 있는 사람들은 '그렇게 힘든 일을 겪었다니,

나는 그렇게 생각하지 않는데……'라는 의문을 갖게 된다. 그리고 거기서 그는 자신을 몰라주는 사람들에게 더 큰 상처를 받는다.

진실을 파헤쳐 보면, 그는 실제로 겪었던 피해를 과장한 것이다. 계속 고통을 호소할 정도로 심한 일을 당한 게 아니다. 그럼에도 그가 그렇게 말하는 이유는 마음속에서 녹지 않고 쌓인 증오의 감정을 그 말에 실어서 뱉어 내려고 하기 때문이다.

| 똑같은 경험이라도
| 건강한 사람과 해석이 다르다

평생을 우울증 연구에 바친 미국의 정신과 의사 아론 벡Aaron Beck 박사는 이렇게 말했다.

"우울증 환자는 다른 사람들과 경험이 다를 리가 없다. 경험은 모두 마찬가지이다."

그는 열이 난다고 말하는데, 그것은 상처를 입었다거나 몸이 아프다는 것만을 말하는 게 아니다. 그렇게 된 내가 너무 힘들다고 호소하고 것이고, 그렇게 된 나를 더욱 소중히 대해 달라고 호소하고 있는 것이다.

따라서 우울증에 시달리는 사람이 감기에 걸렸다며 괴로워할 때 어서 나으라고 이야기하는 것은 아무런 도움이 안 된다. 우울증 환자에게 제일 괴로운 일은 감기에 걸린 것 자체가 아니다. 그들은 애초부터 현재를 버티는 것만으로도 힘들기 때문이다.

그런 판국에 감기라는 사건이 자신의 몸에 생겨났다. 그렇기에 그는 '나는 감기에 걸렸다. 이제 도저히 살아갈 수 없다. 제발 나 좀 도와줘!'라고 호소하는 것이다. 주위 사람이 이 점을 분명히 인지한다면 감기 자체를 낫게 해주려는 노력은 소용없는 일임을 알 것이다.

그들에게는 힘든 마음을 알아주면서 '힘들지?' '괴롭지?', '왜 너한테 이렇게 힘든 일이 생기는 걸까?'라고 말해 줄 때 비로소 마음의 위로를 받는다.

그렇게 상대의 마음을 충분히 납득하고 인정한 다음에 감기를 낫게 하는 약이나 조언을 건넨다면 그걸 더 기뻐할 것이다. 바로 그 지점이 그가 진정으로 원한 일이기 때문이다.

상담자에게
필요한 말은 무엇일까

나는 20년 이상 라디오에서 전화 인생 상담을 맡고 있는데, 이 시간에 참으로 많은 것을 느끼게 된다. 동갑인 남편이 바람을 피워 보름 전에 말도 없이 가출했다는 38살의 주부가 있었다. 지금은 친정에 있는데 주말에는 아이들 때문에 어쩔 수 없이 남편이 있는 집으로 돌아간다고 했다.

현재 남편에게는 7년간이나 관계를 이어온 40세 애인이 있는데 그녀가 남편에게 이혼을 요구한다고 했다. 카페를 운영하고 있는 그 여자는 오후 7시에 남편이 퇴근하고 돌아오면 무조건 문을 닫아건다고 했다.

더 심각한 문제는, 남편이 아내에게 폭력을 휘두른다는 것이었다. 폭력 때문에 갈비뼈가 골절된 적도 있다고 했다. 내가 차라리 이혼을 권유하자 그녀는 단호하게 그럴 생각이 없다고 대답했다.

그래서 내가 애인이라는 여자에게서 위자료를 받아 내고 싶은 거냐고 묻자 곧바로 이렇게 대꾸했다.

"저에게도 결혼 전에 직장생활을 하면서 저축한 돈이 조금 있어요. 돈 같은 것은 필요 없어요!"

그녀는 이혼 소송을 통해 재산분할을 해서 10년 동안의 결혼생활에 대해 보상을 받기를 원하는 것이 아니었다. 그녀가 진짜 원하는 것, 진정으로 듣고 싶은 말은 이것이었다.

　"너무 힘드시겠어요. 남편이 정말 너무하네요. 그에 비하면 당신은 정말 대단하군요. 가정을 지켜 내려는 의지에 감동했어요."

　그렇다. 그녀는 남편과의 결별을 원하는 게 아니다. 그런 갈등을 원만히 해결하는 것도 아니다. 그녀는 단지 자신이 이렇게 힘들다고 호소하고 싶을 뿐이다.

　이렇게 힘들게 견뎌 내고 있는 자신의 마음을 알아봐 주길 원하면서, 그럴 정도의 품격이 자신에게 있다는 사실을 다른 사람들에게 알리려는 것이기도 했다. 나와 상담하면서 자신의 모습을 충분히 보여 준 그녀는 나의 위로와 인정하는 말에 보상을 받았다는 듯이 말했다.

　"그동안 속이 꽉 막혀 있었는데, 정말 오랜만에 속이 시원하네요."

인생에
마법의 지팡이는 없다

그녀는 라디오 상담전화를 걸어 왔지만 분명한 해결 방법을 알아내려고 상담한 것이 아니었다. 표면적으로는 상담의 형태지만 마음속으로 정말로 원하는 것은 '내 마음을 알아줘!'였다.

통화 중에 내가 남편이 아내에게 그런 짓을 계속해 온 것이 문제라고 말하자 돌아온 그녀의 대답은 의외였다.

"남편은 일을 중요하게 여기는 사람이지만, 나는 가정을 더 소중히 여기는 것이 더 대단하다고 여기기 때문에 이런 결과를 초래하고 말았습니다."

그녀는 마지막으로 가정의 행복도 모른 채 일에 빠져 지내는 남편의 일탈이 불쌍하다고 말하며 이렇게 반론했다.

"어떻게, 원만하게 해결할 방법은 없겠습니까?"

그녀는 말하자면 마법의 지팡이를 요구하는 셈이었다. 이 여성의 딜레마는 증오를 느끼게 만든 장본인들로부터 사랑받기를 원하는 것이었다. 그러나 세상에 마법의 지팡이란 없다. 그녀가 변하든지 남편이 변하지 않고는 해결하기 어려운 문제였다.

어떻게 보면 여자에게도 문제가 있었다. 유아적 소망이 충족되어 있지 않기에 주위 사람들로부터 착한 사람이라는 말을 듣고 싶고, 칭찬받고 싶고, 그와 동시에 자신에게 쌓인 증오의 감정을 풀고 싶다고 생각하는 것이다.

그렇기에 해결을 위해 남편과의 이혼을 선택하는 등 구체적인 행동을 할 수 없다. 한없이 우유부단한 그녀에게 지금 당장 필요한 것은 사건을 해결하는 적극적인 태도가 아니라 매일 '힘들다, 힘들다'고 한탄하면서 주위 사람들에게 불평을 털어놓을 수 있는 환경인 것이다.

마음을 쉬게 하는 법

상처를 받았다며 비참함을 호소하는 사람은
마음속에서 녹지 않고 쌓인 증오의 감정을
그 말에 실어서 내뱉으려고 하는 것이다.
중요한 것은 그의 힘든 마음을
헤아려 주는 일이다.

3

왜 그들은
불행한 상황에
집착할까?

그들은 자신의 행복을
인정하지 않는다

입만 열면 언제나 '괴롭다, 괴로워!'라고 말하는 사람이 있다. 그런 사람은 어떤 좋은 일이 있어도 행복하다고 인정할수 없다. 왜 그럴까? 이는 한 마디로 말해서 불행했던 과거에 대한 짐을 짊어지고 있기 때문으로, 거기엔 몇 가지 이유가있다.

첫째, 만약 행복하다고 생각하게 되면 지금까지 살아온 자신의 삶이 사라진다고 믿기 때문이다. 자신은 불행하다는 생각에 사로잡혀 살아왔기 때문에 그것 자체로 자신의 삶을 정의해 버리는 것이다.

그는 생각한다. 내 행복은 그렇게 간단히 얻을 수 있는 게 아니야. 예를 들어 고구마로 조청을 만들었다. 그런데 조금 있다가 꿀을 가지고 온 사람이 있다. 그 꿀을 맛있다고 해버리면 고구마로 조청을 만든 자신의 노력은 대체 무엇인가 하는 상실감에 사로잡히는 것이다.

그들은 지금이 아무리 행복해도 언제 불행해질지 몰라 불안하다. 도대체 왜 그런 사고방식에 매달려 있을까? 스스로가 행복하다고 말할 수 없는 이유 중 하나는 앞날이 불확실한 삶을 이어가기 때문이다.

또 하나의 이유는 불행을 호소하는 사람은 그를 통해 주위 사람들을 탓할 수 있기 때문이다. 어떤 좋은 일이 있었다. 그러나 주위 사람들로부터 이것으로 당신도 행복하게 될 수 있을 것이라는 말을 들으면 재미가 없어진다.

그가 이때 행복하다고 말해 버리면 더 이상 주위 사람들에게 자신의 인생에 대한 불만을 말할 수 없게 되는 것이 싫어지는 것이다.

어떤 사람은 초원을 건너온 산들바람을 맞고 너무 기분 좋고 행복하다고 생각한다. 그러나 우울증에 시달리는 사람은 아무리 기분이 좋다고 느껴져도 거기서 행복하다는 느낌 자체를 거부한다. 그들은 자신이 행복하다고 인정하면 더 이상 주위 사람들을 탓할 수 없는 것이 싫은 것이다.

자신의 불행을 과시하는 사람은 마음속에 증오의 감정이 녹아 있기 때문에 다른 사람들을 탓하는 것으로 해소하려고 한다. 물론 직접 얼굴을 맞대고 상대방을 탓하는 일은 하지 않는다.

하지만 마음속으로는 끝도 없이 주위 사람들을 탓한다. 자신의 불행을 주위 사람들에게 책임지게 만들고 싶은 것이다. 그렇기에 증오가 남아 있는 이상 도저히 스스로는 행복하다고 인정할 수가 없다.

자신의 불행을 한탄하는 사람도 행복해지고 싶은 마음은 있다. 그러나 그 이상으로 강한 증오의 감정이 있다. 행복하게 되면 증오를 풀 수 없기 때문에 섣불리 행복해지는 것보다는 우선 증오의 감정을 풀어내고 싶은 것이다.

마음속에 무조건적인 증오의 감정을 품고 주위 사람을 직접 공격하고 보복을 꾀하는 사람들이 있다. 그들은 마음에 그런 감정을 담아 두지 않고 그런 식으로 의외로 간단하게 증오를 풀고 있다.

그러나 증오의 행동을 밖으로 표출할 수 없는 사람은 죽어라고 불행에 매달린다. 그렇기에 그들이 '나는 불행하다, 나는 괴롭다'고 말하는 호소는 주위 사람들에 대한 증오가 담긴 표현이다.

불행은 위장한 증오

그들에게 불행은 위장한 증오다. 불행에 매달려 있는 사람은 불행하게 되는 것으로밖에 증오의 감정을 표출하는 방법을 알지 못한다. 따라서 주위 사람들에게 증오가 있는 이상 그렇게 간단하게 행복해질 수가 없다.

주위 사람들에게 자신이 불행하다는 사실을 과시함으로써 증오에 대한 배출구를 발견하는 것이다. 문제는 '나는 불행하다'고 계속해서 호소하는 사람은 살아갈 근원을 잊어버린 채 한을 푸는 것으로만 살아간다는 점이다.

중요한 사실은 그가 '나는 불행하다'고 말하는 것은 '나는 억울하다'는 의미이기도 하다는 사실이다. 그렇다는 것은 증오를 담아 억울하다고 실제로 입 밖으로 꺼내는 사람은 절대 우울증에 걸리지 않는다는 사실이다. 주위 사람들을 공격해서 원한을 풀어내면 거기서 끝이다.

그러나 주위를 향해 '나는 억울하다', '나는 당신을 미워한다' 같은 말을 내뱉을 수가 없는 사람들은 '증오'라는 말 대신에 '불행'이라는 말을 꺼내는 것이다. 그것이 상대방과 대립하지 않고 증오를 푸는 방법이기 때문이다.

불행은 사랑받기를 원하는
마음의 외침

어떤 사람이 불만을 말하는 것은 사랑을 받고 싶어 하기 때문이다. '나는 괴롭다', '나는 불행하다'는 말은, '나를 사랑해 줘'와 같은 의미다. 더 자세히 말하면 '나를 사랑해 주지 않는 당신이 증오스럽다'고 하는 뜻이다.

그런데 주위 사람들은 그런 사람에게 '당신은 이렇게나 많은 것을 가지고 있지 않습니까?'라고 말한다. '당신은 고급 자동차를 타고 다니잖아요?'라고 한다.

불행하다고 외치는 이들은 자기 삶에, 또는 자신을 둘러싼 세상에 대해 복수심을 품지만, 그들은 자신이 주위 사람들에게 복수심을 갖고 있다는 사실조차 의식하지 못한다.

'물만 마셔도 웃는 사람이 있고, 비단옷을 둘러도 슬퍼하는 사람이 있다'는 말이 있다. 왜 어떤 사람은 물만 마셔도 웃는 사람이 될 수 없는 것일까?

받는 사랑에 만족한 사람은 물만 마셔도 웃는 사람이 되지만 사랑이 채워지지 않는다고 여기는 사람은 비단옷을 둘러도 슬퍼하는 사람이 된다.

이 세상에는 거대한 부에 둘러싸여 있어도 불행해진 사람이 수없이 많다는 사실을 우리는 잘 알고 있다. 그들 대부분은 어렸을 때 사랑받지 못한 것에 대한 원망을 어른이 된 오늘날 끊임없이 세상 사람들을 탓하면서 쏟아 내고 있다.

그래서 그들은 조금 쾌적한 환경을 부여받는 정도로는 좀처럼 행복하다고 말할 수 없다. 그렇게 하면 더 이상 상대방으로부터 사랑을 요구할 수 없기 때문이다.

그들은 쾌적한 환경보다 주위 사람들로부터 사랑을 받고 있다고 느끼고 싶다. 그렇기에 끝도 없이 나는 불행하다고 비참한 소리를 하면서 상대방을 탓하지만, 그것은 사실은 자신을 사랑해 달라는 간절한 소망이기도 하다.

행복하게 되면
상대방을 탓하지 않게 된다

그들은 자신의 삶이 힘든 이상 사랑을 요구할 수 있는 정당한 근거가 있다고 여기는 것이라고 볼 수 있다. 지금은 별것 아닌 일로 편한 마음이 들거나 행복하다고 인정하면 상대방을 탓할 수 없게 된다.

그런 사람에게 '당신은 이렇게 많은 것을 가지고 있지 않느냐?'고 말한들 아무 의미가 없다. 그런 말이 의미 있게 통용되는 것은 마음속에 증오가 없는 사람에게 건넬 때로, 행복해지고 싶다는 소망을 최우선으로 하고 있는 사람이다.

증오심을 품고 있는 사람에게 행복해지고 싶은 소망은 우선순위로 따지자면 매우 낮지만, 증오의 감정을 풀고 싶다는 소망은 우선순위에서 아주 높다.

누구나 행복해지고 싶어 한다. 그러나 행복하다고 느껴 버리면 더 이상 상대방을 탓할 수 없는 그들은, 괴롭다고 호소

함으로써 애정을 받고자 한다. 따라서 어쨌든 행복을 느끼는
일에 저항감이 있는 것이다.

불행에 매달려 있는 사람은

불행하게 되는 것으로밖에

증오의 감정을 표출하는 방법을 알지 못한다.

주위 사람들에게 자신의 불행을 과시함으로써

증오에 대한 배출구를 발견하는 것이다.

그들에게 불행은 위장한 증오다.

제 3 장

지금 지쳤다면
삶의 방식을 바꿀 때

1

열심히
살아온 것만으로
행복해질 수 없다

증오를 억압하는 데
지쳐 버린 사람

삶에 지쳤다고 말하는 사람일수록 누구보다 열심히 살아왔다. 게다가 범죄 같은 형태로 증오를 푸는 일도 없이 증오의 감정을 마음속에만 꼭꼭 눌러 담은 채 살아왔다.

그런 사람은 열심히 사는 것이 최고라고 생각해서 매사에 '열심히'라는 신념으로 살아왔다. 그러나 그것만으로 최선일까? 그렇다. 당신은 열심히 살아왔다. 그러나 자신의 증오의 감정을 뱉어 내는 일은 별로 없었다. 그랬기에 내적인 긴장감이 날이 선 칼날처럼 날카로워진 것이다.

마음을 쉬게 하는 법

마음속으로 생각하는 것을 밖으로 표출하지 않는 것만으로도 사람의 에너지는 소모된다. 그렇기에 그들은 아무것도 하지 않고도 언제나 지쳐 있는 것이다.

외적으로는 아무렇지도 않아 보이지만 내적으로는 엄청난 충돌이 일어나고 있고, 그로 인해 에너지가 소모되었다. 그런 상황이 쌓이다 보니 이젠 탈진해 버린 것이다.

돌이켜보면, 그는 마음속으로 사람들을 증오하면서도 착한 얼굴을 해왔다. 그것이 소모의 직접적인 원인이다. 생산적인 일에 에너지를 사용하지 않고 마음속의 충돌에 에너지를 탕진해 온 것이 문제였다.

게다가 또 하나 소모되는 이유가 있었다. 그것은 그 마음속의 증오를 주위 사람들이 알아차리지 못하게 하려는 노력 때문이다. 자신의 마음속 증오를 은폐하는 일이 심리적인 긴장감을 낳고, 그 긴장감이 에너지를 소모하는 악순환의 굴레 속에서 그의 기력은 나날이 쇠락해질 수밖에 없었다.

타인에게
마음을 열 수 없는 이유

증오가 마음속에 도사리고 있기 때문에 그들은 타인에게 친절해질 수가 없다. 다른 사람에게 친절해질 수 없기에 마음을 나눌 친구가 생기지 않는다. 마음을 열 수 없기 때문에 그는 자기만의 세계 속에 숨어서 두더지 같은 나날을 보낸다.

이런 모습들이 종합이 되어 나타나는 현상이 바로 자기만의 삶 속에서 지칠 대로 지쳐 가는 것이다.

나도 젊었을 때, 하고 싶은 일들은 전부 그럴싸하게 해냈지만 무거운 짐을 진 것처럼 사는 게 힘들었다. 그러다 주위 사람들이 나를 비판하는 지경에까지 이르렀다. 나는 이해할 수가 없었다.

"내가 이렇게 열심히 살고 있는데 왜 비판을 당하며 힘들어해야 하지?"

이런 불만은 왜 생기는 것일까? 이유는 착각하고 있기 때문이다. 열심히만 살면 행복이 저절로 손에 들어오리라는 착각 말이다. 열심히 땅을 팠는데, 왜 나한테는 금덩이가 주어지지 않느냐고 불평하는 것 말이다.

그것은 백화점 앞에서 개점 전부터 서있으면 상품을 무료로 줄 거라고 착각하는 것과 같다. 자신은 백화점의 문을 열기 전부터 서있었는데, 뒤에 온 사람들이 상품을 사가는 걸 보고 불공평하다고 한탄하는 것과 같다.

우울증에 시달리는 사람은 뒤에 온 고객이 돈을 내고 있는 것을 알아차리지 못한다. 그는 자신이 돈을 내지 않았기 때문에 상품을 건네받을 수 없음을 알아차리지 못한다.

행복의 원칙은 간단하다. 열심히만 살면 행복해질 수 있다고 착각해서 무조건 열심히 살기만 하면 시간이 아무리 지나도 행복해질 리가 없다.

우울증에 발목이 잡힌 사람이 마음의 평화를 찾는 최고의 방법은 마음의 문을 열고 자기 자신을 드러내는 것이다. 그는 오랫동안 자신의 느낌, 생각, 이미지를 마음껏 표현하면서 사람들이 좋아하도록 노력해 오지 않았다.

자기만의 세계에 꽁꽁 숨어서 지낸 나날은 훌훌 털어 버리고 있는 그대로의 자기 모습으로 살아가는 것이다. 좀 부족하면 어떤가. 좀 모자라면 또 어떤가. 그렇게 자기 자신으로 살아가야만 진짜 행복을 만날 수 있다.

사람들은 삶에 지쳤다고 한다.
그러나 정확히 말하자면
자신의 감정을 억누르는 일에 지친 것이다.

행복의 원칙은 간단하다.
마음의 문을 활짝 열고
자기 자신을 드러내는 것이다.

2

마음속에
쌓인 한을
뱉어 내라

자기 자신을
너무 억누르며 살아왔기에

삶에 지친 사람은 주위 사람들의 눈치를 보며 그들이 기대하는 삶을 살아왔다. 자신의 느낌보다 타인의 기분에 맞춰 순종적이고 착하게 살아왔다.

왜 그래야만 했을까? 그것은 삶에 지친 사람으로서 주위 사람들에게 받아들여지는 일이 더 중요했기 때문이다. 그러지 않으면 퇴출될 위기에 직면한다고 믿었기에 악착같이 고개를 숙여 왔다. 하지만 그래서 무엇을 얻었는가?

마음을 쉬게 하는 법

그의 주위엔 자기만 아는 이기주의, 자신의 욕심만 채우면서 살아가는 사람들이 대부분이었다. 그들도 삶에 지쳐 있을까? 당신과 마찬가지로 생명력이 저하되어 있을까?

나는 지금 당신에게 자기만 아는 이기주의자가 되라고 말하는 게 아니다. 매사에 공격적인 태도로 자신의 욕심만 채우는 사람이 되라는 것도 아니다. 너무나도 자신을 억누르기만 한 당신과 너무나도 제멋대로인 그들과의 차이점을 생각하기를 바라는 것이다.

자신을 억누르며 사는 데 이골이 난 당신은 좋은 사람이라는 말만 듣다가 이제는 삶에 지쳐 버렸다. 하지만 제멋대로인 그들은 전혀 삶에 지치지 않고, 지금도 제멋대로 당신을 휘두른다.

물론 결국 그들은 주위 사람들로부터 원한을 사게 되어 사회적으로 고립되고 말 것이다. 나이가 들었을 때 주위에 아무도 없는 외로운 노후가 기다리고 있을 것이다. 너무나도 반사회적인 그들의 결말이다.

인류를 사랑하는 것보다
이웃을 사랑하는 것이 어렵다

그러면 당신의 미래는 어떨까? 사회에 과도하게 적응한 당신은 무엇을 얻었는가? 사람들의 마음에 들려고 한 결과로 삶에 지쳤을 뿐이다. 이것은 자기 것을 소중히 여기지 않고 무조건 남에게 종속되어 살아온 자의 비참한 말로이다.

물론 당신이 그렇게 살아온 이유는 잘 알고 있다. 당신은 어린 시절부터 다른 사람들의 마음에 들려고 애를 써왔다. 왜 그래야 했는지는 모른 채 남의 마음에 들기 위해 자신을 드러내지 않았다. 아니, 드러낼 수가 없었다.

삶에 지친 당신이 간신히 자기 자신을 드러낼 때는 어떻게든 허세를 부리면서 표현했을 것이다. 예를 들어 증오를 직접적으로 표현할 수 없기에 정의를 외치면서 증오를 내뱉으려고 했을 것이다.

하지만 가만히 돌아보라. 정의를 주장하지 않으면 자신의 분노를 표현할 수 없기에 정의를 외쳤던 것뿐이지 않을까? 허구한 날 정의를 외치는 사람의 일상생활이 왜 속임수로 채워져 있겠는가?

전쟁을 반대한다며 평화와 정의를 외치는 사람들 중에 이웃에게 차가운 이기주의자가 많다. 가족을 내버려 둔 채 진리를 외치는 사람도 있다. 사회정의를 주장하는 사람이 실제 생활에서 이웃에게 상처를 주는 경우도 많다.

그들은 정의나 진리라는 가면을 쓰고 자신의 분노나 증오의 감정을 표출하고 있는 것이다. '인류를 사랑하는 것은 쉽지만, 이웃을 사랑하는 일은 어렵다'는 격언을 빌려서 말하자면 이렇다.

"정의를 외치는 것은 쉽지만 사람들의 행복을 진심으로 기뻐하기는 어렵다."

그들의 가슴속엔 있는 그대로 자신의 감정을 드러낼 수 없는 나약함이 있다. 그 나약함의 실체는 유아적 소망이다. 유아적 소망이 채워지지 않아서 생긴 애정결핍증이다.

비참함의 중독에 걸리는 사람들

문제는 삶에 지친 사람들 중에는 이러한 증오의 감정조차 내뱉을 수 없는 경우가 많다는 것이다. 그들은 직접적으로 증오의 감정을 풀 수 없고, 대신할 만한 것을 골라서 증오의 감정을 푸는 것도 할 수 없다.

범죄 같은 형태로 마음속의 증오를 실행하는 일도 하지 않는다. 그들은 다만 사랑받고 싶어서 노력하고, 무리를 하고, 그래서 나날이 자신을 갉아먹을 뿐이다.

그때 그들은 증오를 전혀 다른 말로 뱉어 낸다. 주위에서 보면 전혀 비참하지도 않은데 그들이 비참함을 과시하는 이유는 바로 이것이다.

심리학에 '비참함 중독'이라는 말이 있다. 알코올 중독인 사람이 항상 알코올을 섭취하지 않으면 안 되는 것처럼 그들은 언제나 자신의 비참함을 과시하지 않으면 살아갈 수가 없다.

스스로 얼마나 주위 사람들의 따가운 시선을 견디는지, 얼마나 무거운 부담감을 부당하게 짊어지고 있는지, 얼마나 모두에게 불공평한 취급을 당하는지 같은 이야기들을 계속해서 하지 않으면 그들은 도저히 살아갈 수가 없다.

그들은 왜 그러는 것일까? 비참함 중독증에 걸린 사람은 자신의 마음속에 쌓인 증오의 감정을 어떻게 처리해야 하는지 모르기 때문이다. 마음속에 축적된 증오의 감정을 비참함을 과시하면서 내뱉지 않고서는 견딜 수가 없는 것이다.

자신의 실패를
솔직히 이야기하라

삶에 지친 우울증 환자는 무엇보다도 자신의 경험을 다른 사람들에게 솔직하게 털어놓아야 한다. 그를 위해 모든 이야기를 개의치 않고 말할 수 있는 사람을 찾아야 한다.

만약 그런 사람을 발견할 수 없다면, 일기도 괜찮다. 일기에 사람들에게 인정받기 위해 억지로 노력해 온 일들을 솔직하게 털어놓는 것이다. 솔직한 고백이 필요하다. 이렇게 하면 살아갈 에너지가 돌아온다. 행복은 그다음 이야기이다.

"나는 그때 이렇게 느꼈지만, 사실은 그렇게 생각하는 게 두려웠다."

"나를 좋아하게 만들고 싶어서 이렇게까지 했는데, 사실은 하기 싫었다."

이런 식으로 안 좋았던 경험을 있는 그대로 이야기하면서, 자기 자신을 솔직하게 털어 내는 것이다. 삶에 지친 사람들에게 무엇보다 중요한 일은 지금까지의 삶을 인정하고 이해하는 것이다. 그러면서 거짓으로 점철되었던 삶에 대해 부끄러움 없이 털어놓는 것이다.

실패는 부끄러운 것이 아니다. 그것을 비료로 삼아서 행복을 손에 넣으면 된다. 나는 이렇게 살아왔다고 솔직하게 털어놓고 인정하는 것으로 충분하다.

사람이 실패하는 데는 나름의 이유가 있다. 삶에 지친 사람들은 확실히 어리석은 삶의 방식을 택해 왔다. 교활한 자들의 마음에 들려고 억지로 비굴하게 살아온 것이다. 하지만 그것은 어쩔 수 없는 필요성 때문에 그랬던 것이다. 이런 식으로 모두 털어놓고 인정하는 자세가 우울증의 수렁으로부터 벗어나는 지름길이다.

행복으로 향하는
터닝 포인트

지금 당신은 지금까지의 삶의 방식이 잘못되었음을 깨달았다. 그러나 유아적 소망이 충족되지 않았던 것은 당신의 책임이 아니다. 다만 다른 사람을 이해하고 사랑하는 방법을 통해 자신의 삶을 충만하게 하는 방법을 배우지 못했을 뿐이다.

따라서 삶에 지쳤을 때야말로 삶의 방식을 바꿀 때이다. 이때야말로 삶의 분기점으로 진짜 행복으로 향하는 터닝 포인트라고 할 수 있다.

마음을 쉬게 하는 법

삶에 지친 당신은 지금 누구를 만나고 싶은가? 만약 간절히 만나고 싶은 사람이 있다면, 바로 그 사람이 앞으로의 인생을 함께 걸어갈 동반자이다.

그 사람이 친구도 좋고, 선배도 좋고, 이름만 아는 우울증 전문 치료 의사라도 괜찮다. 그에게 가슴속에 꽉 들어차 있는 답답함을 솔직하게 털어놓자. 그렇게 함으로써 당신은 새로운 삶으로 가는 인터체인지에 들어섰다고 할 수 있다.

다시 한 번 말하지만, 삶에 지쳤을 때야말로 당신이 스스로에 대해 알아야 할 때이자 주위 사람들이 누구인지 알아본 때이고, 당신이 당신만의 인생을 본격적으로 이해하는 때다. 이젠 밖으로 나가야 한다. 더 이상 안으로 숨으려고만 해서는 답이 없다.

밖으로 나가기만 하면, 그때 비로소 깨닫게 된다. 그런 탈출을 당신이 얼마나 간절히 원해 왔는지를 말이다. 진짜 행복으로 가는 터닝 포인트는 그렇게 만들어진다는 사실을 명심하자.

다른 사람들의 마음에 들려고 애를 쓰며 살아왔다.

그래서 무엇을 얻었는가?

얻어 낸 결실은 삶에 지친 것뿐이지 않은가?

삶에 지친 사람들에게 무엇보다 중요한 일은

지금까지의 삶을 인정하고 이해하는 것이다.

솔직한 고백이 필요하다.

그러면 살아갈 에너지가 돌아온다.

행복은 그다음 이야기이다.

제 4 장

뇌의 상처는
보이지 않는다

1 / 억울함만으로는
표현되지 못하는
증오

기분 좋은 장소에 가도
밝아지지 않는다

여기서는 우울증 환자에게 나타나는 감정적인 특징에 대해
조금 더 생각해 보겠다. 앞에서 그들에게는 무엇보다 억울함
의 감정이 있다고 했다. 표현되지 못한 증오가 억울하다는 감
정으로 나타난다고 썼다.

밖으로 표출되지 못하는 증오를 계속 품고 있으면 기분 좋
은 장소에 가도 마음이 밝아지지 않는다. 그렇기에 그들은 언
제나 어두운 얼굴을 하고 있는 것이다.

마음의 능력은 생명력의 다른 말이다. 생명력은 생명체가 자기의 생존을 유지해 나가는 힘으로, 이것이 없으면 죽은 것과 마찬가지다. 삶에 지친 사람은 생명력이 저하되어 있다고 보면 틀림이 없다.

그들은 일반적인 사람들과 똑같이 즐거운 것을 목격해도 마음속에 즐거움이 없다. 반대로 일반적인 사람들은 자기들이 즐겁기 때문에 그들의 감정을 이해할 수가 없다.

그들은 왜 그렇게 증오의 감정 때문에 괴로울까? 일반적인 사람들은 상대방이 때렸을 때 증오심을 품게 되는 일에 대해서는 이해할 것이다. 그런데 얻어맞지도 않은 사람이 증오심을 품는 것은 좀처럼 이해할 수가 없다.

하지만 사람이 증오심을 품는 것은 단순히 누군가에게 얻어맞았을 때만이 아니다. 증오심은 상대방에게 어떤 조건도 없이 복종해야만 할 때 나온다. 상대방이 두려운 나머지 그냥 기분을 맞춰 줘야만 할 때도 마음속에는 그에 대한 증오심이 퍼져 나간다.

외부에서 보면 둘 사이에 어떤 폭력도 일어나지 않았다. 폭력은커녕 두 사람 사이는 평화롭기만 했다. 하지만 거기서 엄청난 증오가 생겨나는 일도 있다.

예를 한번 들어 보자. 부모가 마음속의 갈등으로 서로를 할퀴는 등 괴로운 시기가 있다고 치자. 아이는 이 일로 당연히 불안해진다. 이때 아이는 부모에게 맞춰 가면서 그 불안감으로부터 도망치려고 하고 부모의 기대에 맹목적으로 부응하려고 한다.

그러나 그런 애매한 관계 속에서 아이의 마음에는 자기도 모르게 증오가 싹튼다. 자율이라는 본능이 침해되었기 때문에 반감이 싹트는 것이다. 그럼에도 그런 증오감을 절대로 표현하지 않는 아이는 자신의 감정을 마음속에 꽁꽁 감춘다.

이때 부모는 마음속에서 펄펄 끓어 대는 갈등에 신경을 곤두세우고 있기에 아이를 사랑할 겨를이 없다. 도리어 아이를 자신의 갈등을 해소하는 수단으로 악용하는 부모도 있다. 그러면 아이의 마음엔 평생을 가도 지워지지 않는 상처가 난다.

유아적 소망을
만족시켜 주지 못한 부모

우울증에 걸린 사람은 절벽에서 줄넘기를 하고 있는 것과 같다. 보통은 줄넘기를 하면 즐겁다. 줄을 넘기면서 뛰고 있는 모습은 겉으로 보면 즐겁게 보일 뿐 달리 이상한 점이 없다.

그러나 우울증에 시달리는 사람은 떨어지면 죽는 절벽에서, 다시 말해서 목숨을 위협받는 위험 속에서 줄넘기를 하고 있는 것과 같다.

우울증에 마음을 앓는 사람이 주변의 사랑을 받으며 성장하지 못했다면, 그것은 생활의 일부가 된다. 그 바람에 부당하게 받아 온 부담감을 저항할 수도 없게 된다. 외로워서 주위 사람들의 호의가 필요했고, 저항할 수 없었기에 마음속에 그 사람들에게 대한 원망을 갖게 되었다.

그럼에도 불구하고 부모는 우울증에 발목이 잡힌 순종적인 아이의 유아적 소망을 충족시키기는커녕 오히려 자기감정의 배출구로 이용해 왔다.

우울증에 시달리는 사람이 삶을 즐겁고 행복한 시간으로 만들기 위해서는 그 무엇보다 증오를 떨쳐 버리지 않으면 안 된다. 쌓인 눈이 마음속에서 얼어붙은 것처럼 그 증오를 녹여 버리지 않으면 무엇을 해도 즐겁지 않다.

그렇다면 어떻게 해야 증오의 감정을 없앨 수 있을까? 이

책을 읽어내려 가면서 방법을 모색해 보자.

몸의 상처는 보이지만
뇌의 상처는 보이지 않는다

겉으로만 보면 우울증에 걸린 사람은 '그렇게 좋은 일만 있는데 뭐가 불만이냐?'는 질문을 받곤 한다. 그러나 그들은 정체불명의 무엇으로부터 위협을 받고 있다. 무엇 때문에 이렇게 되었는지 본인도 이해할 수 없지만 항상 무엇에 쫓기는 기분이다.

우울증은 신체적인 문제가 아니라 뇌에 상처가 난 것이기에 겉으로 보이지 않는다. 이것은 앞서 말한 미국의 ABC방송에서 우울증 특집을 했을 때 여러 번 반복한 말이다.

어느 날 텔레비전에서 시각장애자들의 축구시합이 방송되었다. 시청자들 모두가 대단하다며 박수를 보냈다. 그러나 우울증이 심한 환자는 그것을 그리 대단한 일이라고 생각하지 않는다.

눈의 기능은 완전하더라도 뇌에서 시각을 조종하는 부분의 기능이 불완전하게 되면 사물을 제대로 파악하기 어렵다.

그만큼 우울증이 심한 환자는 오감에 의한 감각의 조절이 어렵다.

청각도 마찬가지이다. 귀의 기능이 완전하더라도 뇌에 장애를 가지고 있으면 들리지 않는다. 겉으로 봤을 때 무슨 일이든 할 수 있을 것처럼 보여도 표면적으로 보이지 않는 뇌에 장애가 생기면 실제로는 할 수 없는 일들이 많다.

우울증 환자는 그렇기 때문에 사람들로부터 부당한 비난을 당해 왔다고 할 수 있다. 게으르다, 성의가 없다, 의욕이 없다 등등 온갖 비난을 받으면서 살아가는 그들에게는 변명의 기회조차 없다. 설령 변명을 하더라도 들어줄 사람이 아무도 없다.

부모만 없다면
조금 더 잘 살 수 있었다

우리는 부모가 없는 아이를 불쌍하게 여긴다. 그러나 우울증에 시달리는 사람은 그런 아이를 보고 '부모가 없어서 얼마나 행복할까?'라는 해석을 한다.

부모로부터 심리적인 착취를 당하는 일을 이해할 수 없으면 우울증 환자를 이해하기 어렵다. 어려서 애정결핍에 허우적대다가 끝내 우울증에 발목이 잡힌 사람은 결국 부모만 없었으면 어떻게든 조금은 더 나은 삶을 살 수 있었다는 이야기가 된다.

부모에 의해 뇌가 상처를 받았지만 보통 사람들은 그것을 이해하지 못한다. 그런 부모만 아니었다면 뇌는 틀림없이 건강했을 것이다. 여기엔 사랑을 원했던 아이와 끝내 그러기를 거부했던 부모가 도사리고 있다.

이렇게 하면 사랑해 줄 것이다, 어떻게든 견디다 보면 언젠가는 사랑해 줄 것이다. 이렇게 생각한 아이는 부모에게 계속 성심을 다하며 사랑을 기대한다.

나쁜 남자에게 끌리는 여자들을 생각해 보면 이해하기 쉬울 것이다. 사랑받고 싶어서 남자가 하자는 대로 한다. 그러는 가운데 남자로부터 계속 착취를 당한다. 세상엔 이런 연인들이 의외로 많다.

연애도 부모 자식 사이의 관계와 마찬가지다. 사랑받고 싶은 쪽이 약자가 된다. '이렇게 하면 착한 아이라고 말해 줄 거야!'라고 생각하면서, 아이는 자신을 드러내지 않고 열심히 노력한다.

그러는 동안 응답을 받지 못하는 아이의 마음은 증오로 갈기갈기 찢어지고, 그와 함께 뇌는 점점 변형되어 간다. 유아기, 소년기, 청년기를 거치면서 더욱더 이상해진 뇌는 이제 정상으로 돌아갈 수 없이 정상에서 멀리 가버린다.

내뱉지 못해서 쌓여 버린 증오의 감정에 지배됨으로써 그는 결국 심리적으로 마음을 닫아 버린다. 더 이상 어느 누구도 자신에 대해 알아주지 않는다고 생각하는 것이다.

주위 사람들은 그가 왜 마음을 닫았는지 알 수가 없다. 그 사람의 증오심이 어디서 유래되었고, 무엇을 원하는지도 알 수가 없다. 사랑받고 싶으면서 마음을 닫아 버리는 이율배반이 당사자를 갉아먹는다. 사랑받고 싶으면서 사람들을 증오하는 감정이 점점 커져 간다.

우울증은 신체적인 문제가 아니라
뇌에 상처가 난 것이기에 겉으로 보이지 않는다.
그래서 우울증 환자들은 부당한 비난을 받아 왔다.
게으르다, 성의가 없다, 의욕이 없다……

그러면 결국 심리적으로 마음을 닫아 버리게 된다.
더 이상 어느 누구도 자신에 대해
알아주지 않는다고 생각하는 것이다.

2
마음이
어두워지는 이유

주위로부터 심리적으로
거부당해 왔기에

평소 우울감에 사로잡힌 사람은 다른 사람들이 즐거운 표정을 짓고 있으면 문득 마음이 어두워진다고 말한다. 행복한 표정도 전염되기 쉬운데, 그들은 왜 마음이 어두워질까? 이 말에는 중요한 의미들이 숨어 있다.

그중에서도 특히 소외감이 날카로운 칼처럼 그를 찌른다. 타인과 자기 자신 사이에 공통점이 없다고 느끼는 것이다. 그리고 이 말로 그가 얼마나 오랫동안 주위 사람들로부터 감정적으로 거부되어 왔는지를 알 수가 있다.

그는 그렇게 어렸을 때부터 심리적으로 사람들 사이에서 겉돌기만 했다. 예를 들어 우울증에 시달리는 아이는 어떤 방면으로든 뛰어난 아이가 많은데, 바로 그것 때문에 심지어 가족들의 질투로 괴롭힘을 당한다.

이런 고통을 겪은 아이는 언제나 혼자라는 감각을 갖게 된다. 가족의 질투는 경험을 한 사람이 아니면 좀처럼 이해할 수 없을 만큼 잔인하다. 어린 시절부터의 이 경험은 평생을 가도 지워지지 않는 상처가 된다.

그럼에도 그는 그것을 철저히 감추며 살아간다. 그것은 일종의 가면이다. 사람은 자신이 받아들여지는 실감이 없을수록 가면을 쓰게 된다. 가면의 두께와 떨어진 자신감은 정비례한다.

자신이 받아들여지고 있다는 사실을 실감하는 사람일수록 자신감이 솟아나기에 굴욕감이 없다. 자신감 있는 사람은 어렸을 때 자신의 내면을 보여 주어도 멸시당하거나 고립되지 않고, 그 집단으로부터 추방당하지 않았다.

그러나 우울증에 마음이 병든 사람은 다르다. 사람은 있는 그대로의 자신이 받아들여지고 이해를 받으면 주위 사람들에 대한 신뢰감이 생기고 사랑받고 있음을 실감한다.

하지만 우울증에 시달리는 사람은 모두가 즐거운 듯이 보이면 고독감이 자극된다. 자신이 겉돌고 있다고 느끼며 더욱 극심한 외로움을 느낀다.

그들은 어떻게 살면 좋을지 알지 못한다. 사람은 사람들 사이에서 받아들여지길 원하는 것이 기본적인 욕구지만 심리적으로, 그리고 감정적으로 거부당한다면 그 괴로움 때문에 당연히 비명을 지르게 된다.

노력하는 것에
힘을 다 쏟는 번아웃 증후군

'번아웃burnout'이란 한 가지 일에만 몰두하던 사람이 신체적으로, 또는 정신적인 극도의 피로감으로 인해 무기력증, 자기혐오, 직무 거부 등에 빠지는 증상을 말한다.

일과 삶에 보람을 느끼고 충실감에 넘쳐 신나게 일하던 사람이 어떤 이유로 일하는 보람을 잃고 돌연히 슬럼프에 빠지게 되는 모습을 우리는 '번아웃 증후군'이라고 부른다.

우울증 환자도 그렇지만 번아웃 증후군에 빠진 사람도 마찬가지이다. 그들은 오랫동안 무미건조하게 노력하는 것만으로 살아왔다. 그렇게 모든 것을 쏟아부었기에 이제는 모든 것이 싫어졌다고 말하는 것이다.

번아웃 증후군에 빠져 버린 사람이 불행한 것은 그렇게 불안해졌어도 도망칠 기력이 없다는 것이다. 사람은 너무 추우면 육체적인 감각이 사라진다. 그것과 마찬가지로 우울증에 걸리거나 번아웃 증후군에 시달리게 되면 심리적으로 마비되고 만다. 즐겁다든가, 슬프다든가 하는 감정을 느낄 능력이 남아 있지 않다고 느낀다.

그들은 일로부터, 사람들로부터 떨어져나간다는 공포감을 느끼고 있었기 때문에 무미건조한 일들이라도 하면서 견딜 수 있었다. 그러나 거기에도 한계가 있다. 공급되는 에너지 없이 그저 공포감으로 인해 노력만 하는 것은 언젠가 힘을 다하게 된다.

그런 상태가 지속되다 보면 스트레스로 뇌가 이상해지지 않는 것이 더 이상하다. 그러면 그는 식량의 보급로가 막힌 전쟁터의 병사들과 같다. 있는 힘껏 노력해서 계속 싸워도 언젠가는 힘을 다 쏟게 된다. 그러다 마음이 무너지고, 그런 현실은 곧바로 피해망상이라는 늪으로 줄달음친다.

더 이상은 이대로 살 수 없다. 어두워진 마음속을 등불로 밝히고, 거기서 새로운 나를 찾아내야 한다.

그러나 어떻게 하면 좋단 말인가? 사람에 지친 사람이라고 해서 지난 세월 속수무책으로 보내며 시간을 낭비하지는 않았을 것이다. 그만큼 그도 노력했을 것이기에, 이제는 노력의 결실을 찾아야 할 때이다.

주위로부터 감정적으로 거부당해 온 사람은
언제나 혼자라는 감각을 갖게 된다.
그럼에도 그 상처를 철저히 감추며 살아간다.
그것은 일종의 가면이다.

3
감정표현을
제대로 할 수 없다

자기 자신이 사라지고
사람들에게 휘둘린다

우울증에 시달리는 사람은 애착과 분노가 동시에 발생하는
데 분노나 증오의 감정을 제대로 처리할 수 없어서 감정적으
로 모든 일에 불안해한다. 이는 자신이 어떤 감정을 가지면
좋은지 알 수가 없기 때문이다.

어린 시절에 유아적 소망을 충족하지 못했기에 주위 사람
들에게 애착이 있고 그만큼 멀어지는 것에 대한 불안감이 있
다. 여기에 더해서 증오하는 마음도 있다.

그렇게 이러지도 저러지도 못하는 심리 상태는 다음과 같

은 말로 표현되는 것이 아닐까 한다.

"눈앞에 장벽이 세워져 가로막고 있는 기분이다. 마음속으로 세찬 바람이 새어들어 오는 기분이다. 마음속에 텅 빈 공간이 생긴 느낌이 든다."

이것은 달리 말해서 자기 자신이 사라져 버린 상태이다. 자기 안에서 통합성을 잃어버리고 스스로 자신을 알 수 없게 되어 무엇이 진짜 자신인지 느낄 수 없다.

자신의 인생에 목적이 없고 주위 사람들로부터 휘둘리기만 해서 내 자신이 사라져 버렸다. 유아적 소망이 충족되지 않은 채 계속 상처받고, 이유도 모르는 증오심만 가득하다. 이런 증오와 함께 자기만의 인생을 살아올 수 없었던 후회, 허망함, 고독감이 자기를 더욱 못살게 군다.

자기만의 삶의 목적을 가지고 있지 않으면 주위 사람들에게 쉽게 휘둘리게 된다. 그러다 그 사람을 이용하려는 교활한 사람이 나타나면 눈 깜짝할 사이에 휘둘리고 만다.

계속 앉아 있는 게
그저 하나의 감정 표현일 뿐

우울증은 사랑받기를 원하는 외침임과 동시에 표현할 수 없는 증오의 감정이기도 하다. 우울한 감정에 괴로워하는 사람이 밝게 지낼 수 없는 것은 그 때문이다. 두 개의 감정 사이에서 갈팡질팡하는 마음을 제대로 제어할 수 없기 때문이다.

우울감에 빠진 나머지 그저 가만히 앉아만 있는 사람은 그러는 게 좋아서가 아니다. 갈피를 잡을 수 없기 때문에 움직이려고 해도 움직일 수가 없는 것이다.

우울한 사람은 감정 표현을 제대로 할 수가 없기 때문에 잠자코 앉아서 우울한 얼굴을 하고 있는 것이 전부다. 그렇게 가만히 앉아서 자신의 괴로움을 알아 달라고 외친다. 그저 앉아 있는 일이 마음속 증오의 표현 방법인 것이다.

심리적으로 강한 사람은 그런 모습을 바라보며 '이 사람이 무엇을 표현하고 있는 건가?'라고 생각하지 않고 '왜 저러고 앉아 있는 거지?'라고 의아해한다. 그에게는 우울증에 사로잡힌 사람들의 무표정한 침묵이 이해되지 않는 것이다.

위로는
오히려 역효과가 난다

그렇기에 누군가 그에게 '날씨도 좋으니 산책이라도 하고 오면 어때?' 하고 위로의 말을 건네면 그는 아무도 나를 알아주지 않는다며 더 아픈 통증을 느낀다.

산책을 하는 것으로는 증오의 감정이 표출될 수는 없다. 우울감에 시달리는 사람에게 가장 절박한 것은 마음속의 증오를 시원하게 쏟아 내는 일이다. 그래서 사람들에게 주목을 받기 위해 우울한 얼굴을 한 채 그저 앉아 있는 것이다. 그것은 자기에게 분출의 기회를 달라고 호소하는 것이다.

보통 사람들이 우울한 사람을 밝게 해주려고 하는 언행들은 오히려 우울한 사람을 더욱 몰아붙이는 경향이 있다. 그러면 위로하는 사람의 의도와는 반대로 그 사람을 더욱 우울하게 만들어 버리게 된다.

우울한 사람은 마음을 밝게 할 구체적인 방법을 알고 싶은 게 아니다. 그는 그냥 자신의 견딜 수 없는 마음을 들어주고, 그 견딜 수 없는 마음을 알아주길 바라는 것이다.

등교 거부를 하는 학생에게 그냥 위로의 말만 건네서는 안 될 것이다. 하지만 힘들어하는 그에게 왜 그냥 위로의 말만 건네서는 안 되는지는 설명이 부족하다.

중요한 것은 그의 억눌린 기분, 억울함, 증오의 감정을 알아주는 것이다. 그는 자신을 사랑해 달라고 외치고 있는 것이다. 그렇게 외치고 있지만 끝내 사랑해 주지 않기에 증오하는 것이다.

등교를 거부하는 학생이 있으면 학교에 가지 않음으로써 그 아이가 무엇을 표현하고 싶은지를 생각할 필요가 있다. 그것을 생각하지 않고 단순히 꼭 학교에 갈 필요는 없다거나 등교 거부를 하는 학생들을 모아서 대안학교 같은 것을 만드는 사람이 있는데, 이것은 정말 어리석은 생각이다.

왜 학교에 가지 않는가? 그것은 목적을 잃었기 때문이다. 학교에 가서 친구의 소중함이나 삶의 기쁨을 맛보기가 어렵기 때문에 가고 싶지가 않은 것이다. 그렇다면 답은 간단하다. 그에게 목적을 찾아 줘야 한다.

목적이 없으니
마음이 공허하다

뚜렷한 목적 없이 주위 사람들에게 휘둘리며 살아온 사람 중에 우울증 환자가 많은 것은 우연이 아니다. 자기 삶에 목적이 있고 그것을 위해 줄기차게 노력해 왔다면, 설령 실패를 하더라도 극복할 수 없다는 마음은 들지 않는다. 아무리 실패해도 자기만의 삶을 살고 있다는 충족감이 있기 때문이다.

그런데 사회적으로 성공해 왔으면서도 어느 연령대가 되면 우울증에 걸려 버리는 사람들이 있다. 연예인으로서 유명해지거나, 기업인으로 성공을 했어도 그 일이 자신의 목적이 아니었을 경우에 종종 나타나는 현상이다.

얼마 전 TV에서 유명 사회자로 활동하던 연예인이 자살하는 사건이 발생하여 큰 충격을 주었다. 그가 마지막 남긴 말은 인생이 전혀 즐겁지 않다는 것이었다. 인기 있는 프로그램의 사회자로 누구를 만나도 쾌활한 표정으로 대화를 이끌던 그가 자신이 하는 일이 전혀 즐겁지 않았다니, 많은 사람들이 의아해했다.

하지만 다른 사람은 몰라도 심리학자인 나는 그의 심정을 짐작할 수 있었다. TV에서 억지로 웃으며 이야기를 나누는 일은 그에게 빈 껍질과도 같은 일상의 연속이었을 것이다. 그래서 한바탕 가면을 쓰고 웃고 떠드는 일이 끝나면 아무것도 남지 않는 공허에 시달렸을 것이다.

자기 삶의 진정한 목적 없이 오랜 시간을 살아왔기에 마음 속이 텅텅 비었던 것이다. 유명인이 되는 것도, 돈을 많이 버는 것도, 자신이 꿈꾸었던 진정한 삶은 아닐 것이다.

그는 그저 주위 사람들에게 등 떠밀려 그렇게 된 것뿐이었고 어쩌다 보니 유명 사회자가 되었을 뿐, 거기에 자기 삶은 하나도 없었다.

우울증에 발목이 잡힌 사람들은 오랜 시간 엄청 노력하며 살아왔지만, 되돌아보니 자기의 마음속은 텅 비어 있는 걸 발견하고 아연실색한다. 거기에는 성취감도, 만족감도, 연대감도 없이 공허뿐이다.

반면에 자신의 인생 목표를 분명하게 가진 경우에는 그것을 손에 넣어도, 또는 손에 넣지 못해도 우울증에 걸릴 일은 없다. 거기엔 노력한 다음에 오는 '내가 이렇게 했구나!' 하는 마음의 만족감이 있을 뿐이다.

왜 그렇게 피곤하고 짜증이 날까?

삶에 지친 당신은 무엇을 해도 무의미하다는 감각으로 고통받고 있다. 사실 지금까지는 자신이 하는 일을 좋아했다고 볼 수는 없다. 단지 주위 사람들로부터 칭찬을 받았기 때문에 에너지가 끓어올랐을 뿐이다.

삶에 지친 당신은 지금 기력이 쇠락해 있고, 심신 안정과는 거리가 먼 상태에 빠져 있다. 주변에서 일어나는 모든 일에 짜증이 난다. 너무 피곤하고, 모든 일에 화가 난다.

이유는 간단하다. 하나는 자신에게 만족하지 못하기 때문이다. 심신이 피곤하고 짜증이 나는 것은 오랜 세월 자기실현을 하지 못했기 때문에 자신을 비롯한 모든 일에 화가 나는 것이다.

다른 하나는 마음속의 무의식 영역에 증오가 있기 때문이다. 나를 이렇게 좌절하게 만든 현실에 대한 염증과 분노가 세상 모든 것을 향한 증오로 변해 버렸다.

이때 더 늦기 전에 치유의 방법을 찾아야 한다고 생각하는 사람이 있다. 그런 사람은 어쨌든 자기의 삶을 찾는다. 하지만 그런 깨달음이 없는 사람은 불현듯 찾아온 공허에 심장이 콱 막힌다.

이런 일이 한 번, 두 번 반복되면 그의 선택은 단 하나뿐이다. 나는 이 책을 읽는 독자 여러분만은 결코 그런 선택을 하지 않기를 바란다. 새로운 삶은 선택하는 순간 시작되기 때문이다.

우울한 사람은 마음을 밝게 할
구체적인 방법을 알고 싶은 게 아니다.
그냥 자신의 견딜 수 없는 마음을 들어주고,
그 마음을 알아주길 바라는 것이다.

4

우울증은
인생의 밀물이다

타인에 대한
배려심이 없기 때문에

우리는 살면서 타인의 아픔에 무관심해질 수 없다. 배려와 관심, 이해와 양보, 이런 것들이 더불어 살아가는 우리들의 자산이자 목표가 되어야 한다.

그러나 우울증 환자는 자기의 마음속 갈등만으로도 감당하기가 벅찬 일상을 보내야 하기 때문에 타인에 대한 배려가 터무니없이 부족하다. 배려는커녕 주위 사람들과 마음을 주고받기도 힘들다.

오스트리아의 정신과 의사이자 홀로코스트의 생존자로 유명한 빅터 프랭클Viktor Frankl은 우울증을 생명력이 저하된 상태라 일컬으며 이 문제를 이해할 수 없다면 우울증 환자에게 접근하는 태도가 시작부터 틀리게 된다고 말했다.

우울증에 시달리는 사람은 뭔가 요구당하는 감정에 견디기 힘든 고통을 느낀다. 그는 아주 오랫동안 '힘을 내야 한다!'는 의무감을 자신의 힘으로 위장해 왔다. 그렇게 억지를 부려 가며 해왔던 일들이 한계에 부딪혔다. 그의 입에서 삶에 지쳤다는 말이 자기도 모르게 새어 나오는 이유이다.

생명력이 저하된 사람에게는 그렇지 않은 사람의 생활양식이나 가치관이나 언행을 견디기 어렵다. 그렇기에 생명력이 풍부한 사람이 건네는 선의의 언행은 결국 생명력이 저하된 사람을 몰아붙이는 폭력이 되고 만다. 찰리 채플린Charles Chaplin은 이렇게 말했다.

"행동하는 힘과 상상력이 있다면, 그저 약간의 돈만으로 충분하다."

그렇다. 생명력이 풍부한 사람은 행동하는 힘과 상상력이 있고, 이런 것들만 있으면 아주 적은 돈이라도 살아갈 수가 있다. 그러나 오랜 세월 동안 스트레스로 인해 생명력이 저하된 사람에게 '당신은 가족이 있지 않나요?', '당신은 집도 있지 않나요?'라고 말해도 그가 짊어지고 있는 인생의 부담은 사라지지 않는다.

죽음으로부터
도망칠 기력조차 없다

생명력이 저하된 사람은 너무나도 많은 슬픔이나 괴로움을 마음속에 계속 축적하며 살아왔다. 고독, 불안, 그리고 숨 막힐 듯한 긴장감을 견디며 살아온 오랫동안의 피로가 정점에 달한 것이다.

그렇게 살다 보니 이젠 행복을 느낄 감각이 마비되고 말았다. 긴 터널 속에서 방황하는 그에게 빛은 보이지 않는다. 그런 사람에게 '산책이라도 나가서 기분을 풀고 오지 그래' 하고 말하는 것은 무자비한 짓이다. 그에게는 산책은커녕 숨을 쉬고 사는 것 자체가 괴로운 일이기 때문이다.

그들이 이 지경에까지 오게 된 이유에 대해서는 여러 가지 해석이 있다. 그중에서도 부정적인 생각의 올무에 사로잡혀 있다는 것이 제일 큰 원인으로 손꼽힌다. 이런 해석이 부분적으로는 맞는다고 볼 수 있지만, 그것만이 전부는 아니다. 그들이 지금 아무것도 할 수 없는 이유는 기본적으로 생명력이 쇠약해져 있기 때문이다.

죽음이 닥쳐올 때 생명력이 풍부한 사람은 도망치려 한다. 살아남으려고 한다. 그러나 생명력이 저하된 사람은 금세 포기한다. 더 이상 도망갈 기력조차 없다고 믿기 때문이다.

그렇게 삶에 지친 원인은 무엇일까?

그들은 왜 그렇게까지 생명력이 쇠약해져 버린 것일까? 그것은 지나친 능력 초과로 인해 생긴 스트레스에 계속 짓눌려 살아왔기 때문이다.

사람들은 전쟁터에서 겪는 스트레스는 이해한다. 실제로는 알 수 없더라도 엄청난 스트레스일 거라는 것쯤은 이해하지 못할 사람이 없다. 식량난을 겪은 시대의 괴로움에 대해서는 이해한다. 추울 때 입을 것이 없는 비참함에 대해서는 이해한다.

그러나 본성을 거스르며 살아왔기에 생긴 스트레스에 대

해서는 이해를 하지 못한다. 스트레스가 얼마나 무거운 짐이 되어 한 사람의 삶을 짓이겨 왔는지를 알지 못한다.

삶에 지친 사람들은 자신이 지금 구체적으로 어떤 곤란에 지쳐 있는지 알아야 한다. 그게 아니면 본성을 거스르며 살아왔기에 지친 것인지, 또는 현실에 저항하느라 너무 애를 쓰다가 지친 것인지를 다시 한 번 돌아봐야 한다.

만약 당신이 주어진 현실을 받아들이지 못하고 자기 방식에 매달려 사느라 너무 애를 써왔다면, 이 기회에 자신의 한계를 받아들이자는 다짐을 해야 한다.

이것은 시간이 걸리는 일이다. 어떤 이에게는 꽤나 많은 시간이 필요할지 모른다. 그래도 해야 한다. 그런 노력 끝에 비로소 자기의 진짜 모습을 찾게 될 것이다.

나는 왜 항상 이런 일이 생기는 것일까?

다음은 우울증에 시달리는 사람의 마음을 이솝우화를 빌려 표현한 이야기이다.

항상 다른 동물들이 자기를 인정해 주길 바라는 토끼가 있다. 오늘도 무엇을 하면 좋을지 몰라 심심해하던 토끼는 원숭이와 양이 나란히 걷고 있는 걸 보고 그들을 따라 걷기로 했다. 그런데 길이 두 갈래로 갈라지는 곳에서 원숭이가 말했다.

"이제부터 나는 이쪽 길로 갈 거야. 조금 더 가면 내가 정말 좋아하는 과일나무가 있기 때문이지."

그러면서 재빨리 사라지는 원숭이를 보며 토끼는 갑작스럽게 벌어진 상황에 어찌하면 좋을지 몰랐다. 하지만 자기 곁에는 아직 양이 있다고 생각하자 조금 안심이 되었다. 그런데 잠시 후 저녁 무렵이 되자, 양이 이렇게 말했다.

"토끼야, 너는 어디까지 가니? 나는 이곳에서 잠시 쉴 거야. 잠시 후에 내 친구가 오기로 했는데, 둘이서 맛있는 풀이 있는 초원으로 갈 예정이거든."

토끼는 깜짝 놀랐다. 자신이 이 길을 선택한 것은 원숭이와 양이 있었기 때문이다. 점점 날이 저물어 가고 칠흑 같은 어둠이 찾아오고 있었다. 이제 양마저 가버리고, 아무도 없는 허허벌판에서 토끼는 별을 바라보며 이렇게 중얼거렸다.

"어째서 나에게는 항상 이런 일만 생기는 것일까?"

친구가 대학에 진학하기에 나도 대학에 가기로 했다. 모두가 성적이 좋은 대학에 진학한다기에 그 말에 따라 열심히 노력했다. 부모가 유명한 회사에 들어가라고 하기에 그렇게 마음을 먹었다. 그런데 나이가 들어 정신을 차리고 주변을 둘러보니 아무도 없다. 나는 무엇을 하고 싶은지도 모르겠다.

토끼처럼, 많은 사람들이 삶에 지쳤을 때에야 비로소 정신을 차린다. 유명한 대학을 졸업한 것도, 큰 회사에 다니는 것도 인생의 진짜 행복과는 거리가 한참 먼 이야기임을 그제야 깨닫는다.

그는 토끼가 했던 말을 똑같이 되뇐다. 나는 어째서 항상 이런 일만 생기는 것일까? 이 물음의 대답은 스스로 이렇게 살겠다고 생각했던 적이 한 번도 없기 때문이다. 다른 사람들에게 인정받는 일에만 신경 쓰면서 살아왔기 때문이다.

한밤중에 아무도 없는 벌판에서 혼자가 되어 버린 토끼에게 지금 제일 필요한 것은 무엇일까? 어른이 되어서야 자신의 삶이 단단히 잘못되었음을 깨닫게 된 그가 가장 먼저 해야 할 일은 무엇일까? 이제 그 답을 찾아야 할 때다.

마음을 쉬게 하는 법

"나에게 왜 항상 이런 일만 생기는 것일까?"

이 물음의 대답은 이렇다.

스스로 이렇게 살아 보겠다고

생각한 적이 한 번도 없기 때문이다.

제 5 장

봄이
찾아올 때까지 쉬자

1

자기의
마음과 몸을
소중히 다루자

우울증 환자의 뇌는
노인과 같다

우울증 환자의 뇌는 젊지 않다. 육체적으로는 젊어도 생명력
이 형편없이 떨어져 있기 때문에 생각만큼 활력이 없다. 미국
ABC방송의 아침 프로그램에서 우울증 특집을 했을 때 들
었던 잊을 수 없는 말이 있다. 해설자가 이런 말을 했다.

"간단하게 말하면 우울증 환자의 뇌는 노인의 뇌와 같다."

우울증에 걸린 사람은 너무나도 오랫동안 슬픔을 견디고
정서적인 학대를 견디면서 극심한 스트레스 속에서 살아왔기
때문에 뇌를 갉아먹힌 것이다. 육체적 연령이야 어찌 되었든

그동안 뇌가 지나친 괴로움으로 인해 노화되어 버린 것이다.

문제는, 뇌의 노화가 겉으로 보이지 않는다는 점이다. 따라서 주위 사람들은 젊어 보이는 그에게 자극적인 것을 계속 요구한다. 사람들은 노인에게 뛰라고 하지 않지만, 뇌가 노화된 사람에게는 뛰라고 요구한다. 뛰지 않으면 '왜 뛰지 못하지?' 하며 비웃는다.

아기가 차도 위를 걸으면 사람들은 위험하다고 말한다. 그런데 아기의 뇌를 가진 어른이 그런 식으로 걸으면 바보 같다고 놀린다. 사람들이 아무리 손가락질을 해도 뇌의 노화를 겪고 있는 그는 어쩔 도리가 없다.

뇌의 노화는 대개 20대를 넘기면서 시작되지만 본격적인 노화는 40대 이후라고 보면 된다. 이때 집중력, 기억력, 학습력, 정보처리능력 등의 저하가 나타나게 된다. 뇌의 노화가 심할수록 이런 증상들이 심해져 스트레스나 우울증, 불안증으로 이어지거나 술이나 약물에 중독될 가능성이 높아진다.

그런데 그나마 이런 것은 평균에 속하는 이야기이고, 스트레스 때문에 이른 나이에 뇌의 노화가 진행되니 문제가 심각하다. 노화란 한 마디로 늙는다는 것인데, 다른 것도 아닌 뇌가 급속도로 늙기 시작한다면 삶의 질은 걷잡을 수 없이 추락하게 된다.

사소한 일도
정리할 수 없게 되었다

삶에 지친 사람들은 어쨌든 쉬어야 한다. 그들은 마음도 몸도 지쳐 있다. 너덜너덜할 만큼 녹초가 되어 있다. 일반적인 상황에서는 간단한 일을 정리하는 것만으로도 마음이 편해지는데 삶에 지쳤을 때는 그조차 할 수가 없다.

사소한 일조차 제대로 정리하지 못하다 보니 쓸데없이 우울해진다. 정리하려고 마음먹고 손을 쓰면 3~4분 만에 해낼 수 있는 일인데도 삶에 지쳐 있으면 할 수가 없다. 신경이 쓰이지만 그저 앉아 있는 채로 시간을 보낸다.

그는 신문이나 텔레비전 같은 자신이 편해질 일만 붙잡고 있다. 그러다가 더 피곤해지면 신문을 읽을 마음도, 텔레비전을 볼 마음도 들지 않아서 그냥 잠자코 앉아만 있다.

열지 않으면 안 되는 봉투를 열 마음조차 들지 않는다. 열면 바로 해결될 일인데 봉투를 뜯을 마음이 들지 않는 것이다. 이 모든 것은 삶에 지쳤기 때문이다.

자, 삶에 지쳤다면 이제 쉬어야 한다. 이쯤에서 자신의 마음도 몸도 쉬게 해주자. 마음과 몸을 부드럽게 위로해 주자.

지금 휴식을 취하면 주위 사람들에게 피해를 입히지 않을까 신경이 쓰일지도 모른다. 하지만 지금은 쉬어야 할 때이고 쉬어도 괜찮다. 심신이 건강해지고 난 다음에 다시 그만큼 노력하면 된다.

주위 사람들의 비난을 두려워할 필요가 없다. 더 이상 주위로부터 사랑받으려고 애쓸 필요가 없다. 지금은 조용히 쉬어야 한다. 이런 날은 참 오랜만이야, 하고 생각할 정도로 푹 쉬어야 한다.

당신이 몸도 마음도 비워 내며 조용히 쉬고 있는데 그런 당신을 멸시하는 사람이 있다면, 그는 어쩌면 당신을 모질게 착취해 온 사람일지 모른다. 그런 사람과 관계를 끊어서 다행이라고 여겨야만 오롯이 당신을 위한 진짜 휴식이 된다.

삶에 지친 사람들은
자신의 몸도 마음도 쉬게 해주어야 한다.
지금은 쉬어야 할 때이고, 그래도 괜찮다.

___

휴식을 선택한 당신을
비난하는 사람이 있다면,
당신을 착취해 온 사람일지도 모른다.

2
자신에게
소홀한 사람과는
어울리지 마라

비참한 인간관계의
울타리에서 도망쳐라

삶에 지친 나머지 휴식을 선택한 당신에게 짜증을 내는 사람과는 인간관계를 끝내야 한다. 지금이야말로 인간관계를 정리할 때다.

당신이 쉬게 되면 인간관계를 알 수 있게 된다. 누가 당신에게 성실하고, 누가 불성실한지를 알 수 있다. 누가 당신을 이용하려는지, 거짓을 말하는지를 알 수 있다. 만약 당신이 이 기회에 지금까지의 착취당했던 인간관계를 끊을 수 있다면 자신감이 붙을 것이다.

당신은 지금까지 비참한 인간관계 안에 갇혀 있었다. 누구도 당신 편이 아니었으니 언제나 혼자였다. 그러니 그 현실로부터 도망치는 것이 최선의 길이고, 지금이 바로 좋은 기회다.

삶에 지쳐 지냈던 사람이 내 권유에 따라 인간관계의 울타리에서 벗어났더니 하루하루 자신이 강해져 가는 것 같다고 느낀다고 말했다.

미국의 심리학자 앤 쉐프Anne Schaef 의 세계적인 베스트셀러 《친숙함으로부터의 도주Escape from Intimacy》라는 책이 있다. 저자는 사람은 착취당하는 인간관계로부터 도망치게 되면 오히려 걱정하는 습관에 사로잡히고 신경질적이 되며 경계심이 매우 강해진다고 썼다.

사람은 아무리 불이익을 당해도 어떤 것에 오랜 기간 따르다 보면 모든 것이 당연해져서 그것이 없으면 자신에 대해서 불확실함을 느낀다고 한다.

한 마디로 말해서 오랫동안 착취당하는 인간관계에 속박되어 살면 그런 삶에 안심하는 인간이 된다는 것이다. 혼자 살아가는 고독감보다 착취를 당하더라도 여럿이 살아가야 안심이 된다는 것이다.

그러다 그들과 멀어지게 되면 심리 상태가 변한다. 시간이 지날수록 자신에게 자신감이 끓어오르면서 '내가 왜 모든 의미에서 손해 보는 짓을 해왔을까?'라고 생각하게 된다. 착취와 수탈로 얼룩진 삶으로부터 벗어나게 되니, 그로 인한 해방감이 그를 전혀 다른 사람으로 만든 것이다.

이미 삶에 지칠 대로 지쳐 버린 당신은, 당신을 어떻게든 붙잡아 두려는 사람과 헤어져도 손해 보는 일이 없다. 교활한 사람들과의 인간관계를 끊을 수 있다면, 이것은 일방적으로 좋은 일뿐이라는 확신이 한층 더 강해질 것이다.

멀찌감치 서서 그 사람들을 바라볼 때마다 멀리해서 얼마나 다행인지 한숨을 내쉴 것이다. 사람으로서 처음부터 가지고 태어난 해방감을 되찾으면 누구나 새로운 인생으로 다시 태어나게 된다는 이야기이다.

착취를 당하는데도
맞춰 주고 살았다

착취를 당하며 살아가는 사람은 자신은 기댈 곳이 없는 존재라고 느끼며 살아간다. 그래서 누군가가 옆에 없으면 살아갈 수 없는 것처럼 느낀다. 설령 그 사람이 자신을 억압하는 최고의 독재자라도 누군가와 어울리지 않으면 살아갈 수 없다고 느낀다.

그는 상대방에게 하인처럼 복종하고 헌신하는 관계인데도, 그 사람이 없으면 자신은 살아갈 수 없다는 착각에 빠져 지낸다. 그러한 이성의 상실이 오히려 그를 지탱하는 유일한 버팀목이다.

그러나 상실되었던 이성이 깨어나면 그는 '내가 왜 그런 사람에게 맞추면서 살았던 것일까?'라며 놀라겠지만, 그런 자각이 오기 전까지는 헌신하면 헌신할수록 모든 게 당연하다는 듯이 여길 뿐이다.

미국의 정신의학자 카렌 호나이Karen Horney 는 혼자라는 불안감 때문에 억지로 다른 사람들에게 맞춰 살다 보면, 그 결과 기댈 곳이 없어져서 그 사람이 없으면 살아갈 수 없다는 착각에 빠진다고 말했다.

그 결과는 참혹하다. 타인에게 예속되어 살아가는 사람은 자기 삶에 중요한 결정을 하게 되더라도 독립적인 선택을 할 수 없게 된다. 그런 삶이 연속되는 가운데, 그는 입만 열면 지쳤다고 말하는 우울증에 발목이 잡히는 것이다.

자신에게 소홀한 사람을
마음으로부터 쫓아내라

우리 주변엔 자신에게 소홀한 사람이 아주 많다. 자신을 아끼고 사랑하지 않고 헌신짝처럼 대하는 사람 말이다. 당신 주변에 그런 사람이 있다면 당장 당신의 마음으로부터 추방시켜라.

이렇게 말할 수 있는 관계는 무조건 착취, 피착취에 한해서만이 아니다. 당신에게 상처를 주는 모든 인간관계에 대해서도 똑같이 말할 수 있다.

우리는 나를 놀리는 사람에게 화가 난다. 놀림을 당하면 비참하게 느껴지기 때문이다. 그런데 문제는 사람은 자신을 놀리거나 우습게 여긴 사람에게 보복하고 싶은 나머지 오히려 집착하는 경우가 있다는 점이다.

그런 상황은 자기멸시를 하는 사람들로부터 곧잘 발견된다. 자기멸시를 하는 사람들은 자신이 다른 사람들한테 우습게 여겨지고 있는 상황을 마음 깊숙한 곳에 담아 두기만 한다. 그렇기에 나를 우습게 여기는 사람을 쉽게 대하지 못한다. 나쁜 놈이라고 대들지도 못한다.

나를 조롱하는 사람에게 집착해서는 안 된다. 자기 자신을 가볍게 여기는 사람은 과감히 잘라 내라. 짜증 나는 상황을 참아 가면서 굴종하지 말고 이젠 그들로부터 멀어지겠다고 결단을 하라.

나를 우습게 여기는 사람에게 집착을 끊음으로써 생기게 되는 자신감은 이제 당신의 삶을 펼쳐 나갈 최고의 무기가 될 것이다.

불안감 때문에 사람들에게 맞추다 보면
자신은 세상 어디에도 기댈 곳이 없고
상대방이 없으면 살아갈 수 없다는 착각에 빠진다.

지금까지 착취당했던 인간관계를
과감히 끊을 수 있다면,
이제부터 자신감이 붙을 것이다.

3
오늘은
성장으로 가는
출발점

내일의 행복을 맞이할
준비를 하자

인생에는 노력할 때와 쉴 때가 있다. 당신은 쉬지 않고 계속 노력해 왔으니 지금은 이제 그만 휴식이 필요한 때다. 당신이 휴식을 선택하면 내일의 행복을 맞이할 시간을 준비하게 되는 것이다. 휴식이 활동적인 시간을 준비하는 일임을 잊어서는 안 된다.

봄은 분명히 온다. 그때를 위해 쉬어야 한다. 스위스의 사상가 카를 힐티Carl Hilty 는 이렇게 썼다.

"고통이야말로 행복으로 가는 문이다."

당신은 그 문으로 가는 길을 선택해야 한다.

지금의 피곤은 앞으로의 삶에서 전혀 쓸데없는 것이 아니다. 지금의 '삶에 지친 상태'는 자신의 인생에 쓸모가 있는 필요충분조건의 하나라고 생각하자.

"왜 이 문제가 생겼는가, 내 삶의 방식이 어디서부터 잘못되었는가?"

이렇게 생각하면서, 거기서부터 답을 찾아가면 된다. 답은 누가 찾아 주지 않는다. 오로지 당신이 찾아내야 하는 것이다. 그래야만 당신이 온전히 일어설 수 있다.

지금이야말로
인생의 때를 벗겨 낼 때

여러 차례 말했지만 삶에 지쳤을 때야말로 지금까지 몸과 마음에 눌어붙어 있던 때를 벗겨 낼 시기이다. 그러니 심호흡을 한 번 크게 하고 나서 지금까지의 자신의 행동을 돌아보자.

그러면 누군가를 향한 원망이 아니라 그때 그랬어야 한다는 깨달음이 오고, 깊은 후회로부터 더 깊은 통찰이 온다. 여기에 더해서 자신이 왜 그렇게까지 필사적으로 살아왔는지에 대한 반성도 하자. 그러면 내 삶에 잔뜩 때가 끼어 있었음을 깨닫게 될 것이다.

다시 이솝우화를 빌려서 말하자면 이렇다. 말을 타고 목장에 가려고 하는데, 길 한복판에 제법 큰 돌멩이가 떡 버티고 있었다. 이때 돌멩이를 보며 '제기랄!' 하고 투덜거리는 사람이 있다. 그런가 하면 '에이, 어쩔 수 없네!' 하고 옆으로 비켜서는 사람도 있다. 하지만 긍정적인 사람은 다르다. 그는 돌아갈 때를 위해 표시를 해두자고 생각한다.

당신 인생에서 지금 골머리를 앓고 있는 문제는, 인생 전체에서 보면 결코 쓸데없는 것이 아니다. 이것 덕분에 틀림없이 내일의 삶을 희망으로 이끄는 표시판이 되어 편안히 살아갈 날이 올 것이다.

마음을 울리는 음악이나 책을 찾아라

쉴 때는 모든 것으로부터 벗어나서 오로지 휴식 하나에만 집중해야 한다. 좋아하는 음악이 있으면 그것을 들으면서 시간을 보내고, 좋아하는 소설이 있으면 그것을 읽으면서 시간을 보내라.

　음악이나 문학을 통해 마음속에 쌓인 증오의 배출구를 발견할 수 있다. 밑바닥까지 내려간 당신의 감정을 건드리는 뭔가가 음악이나 문학에는 틀림없이 존재할 것이다. 그 음악에, 그 책에, 온 마음으로 귀를 기울이자.

지금의 '삶에 지친 상태'는
당신의 인생에 쓸모가 있는
필요충분조건의 하나라고 생각하자.

쉬지 않고 노력해 왔으니 지금은 쉴 때다.
마음껏 휴식을 취함으로써
다음에 찾아올 행복의 시대를 대비하자.
그것이 지금 당신이 할 일이다.

제 6 장

지금은 살기 위한
결단을 내릴 시간

남을 위해서가
아니라
나 자신을 위해

삶에 지쳤기에
생각이 깊어졌다

삶에 지친 당신은 강인하지는 못했을지 몰라도 그랬기에 생각이 깊어졌다. 이제 어렵게라도 그 시기를 넘으면 전과 비교했을 때 배려심이 넘치는 사람이 되어 있을 것이다.

당신은 그동안 다른 사람들에게 맞추면서 살아왔다. 그 결과, 정작 자기 자신에게 불성실했다. 이제부터는 자신을 위해 성실하게 살아가야 한다. 그래야만 자연스럽게 다른 사람들에게도 성실하게 된다. 다시 이솝우화를 빌려 보자.

거북이가 개구리와 놀고 있었다. 거북이가 작은 물고기를 잡아서 개구리에게 나눠 주었다. 이에 개구리가 기뻐하자 거북이도 기뻐했다. 그런데 거북이와 한참을 놀다 보니, 개구리는 어느 순간 바다로부터 꽤 멀리 떨어져 나와 버렸음을 알아차렸다. 주변은 어두컴컴한 저녁이었다.

거북이는 여유롭게 헤엄치며 바다 끝까지라도 갈 듯이 평화로운 얼굴이었지만, 이렇게 먼 바다까지 나가 본 적이 없는 개구리는 걱정스런 얼굴로 거북이를 지켜볼 뿐이었다.

"내가 대체 무엇을 한 것이지? 어째서 여기까지 와버렸지?"

개구리는 자신이 거북이에게 무엇을 원하는지 알고 있었다. 무슨 말이라도 좋으니 자신의 외로움을 위로해 주며 함께해 주길 바랐다. 하지만 거북이는 모든 면에서 개구리의 친구가 될 수는 없었다.

이런 사실을 좀 더 빨리 알아차렸더라면 개구리는 자신과 어울리는 상대를 골랐을 것이다. 개구리는 어디로 돌아가야 하는지 모른 채 후회의 눈물을 쏟았다.

삶에 지친 당신은 개구리와 마찬가지이다. 외로운 사람은 칭찬받으면 즐겁다. 사람들이 자기를 주목해 주는 것이 행복하다. 하지만 그러는 동안 빠른 속도로 자신을 잃어버리게 된다.

개구리가 자기 자신에 대해 잘 알고 있었더라면 자신의 삶 안에서 즐거운 마음이 들 만한 일을 찾았을 것이다. 자신감이 더 있었더라면 거북이를 쫓아가지도 않았을 것이다.

개구리가 자기 삶의 방식에 자신감이 넘쳤더라면 애써 거북이에게 맞추며 살지는 않았을 것이다. 그렇게 살지 못했기에 개구리는 너무도 먼 바다에서 갈 길을 잃고 헤매는 신세가 되어 버렸다.

어렸을 때 부모님의 말씀에 맹목적으로 순종하며 살았던 착한 아이가 어른이 되고 나서 좌절할 때도 이와 마찬가지이다. 부모의 기대를 실현시키기 위해 온갖 노력 끝에 공직자가 되었다고 치자.

성실한 공직자로 누구보다 열심히 살았던 그는 40세가 되었을 때, 자신에게 공직자라는 신분이 어울리지 않는다는 사실을 깨달았다. 하지만 그 나이가 되어서 갓 대학을 졸업한 젊은이처럼 새로운 직업을 찾아 헤맬 수는 없는 노릇이었다.

그것은 개구리가 '어쩌다 이런 곳까지 와버린 것일까?' 하고 한탄한 상황과 마찬가지이다. 문제는 그렇게 되었을 때 우울증의 늪에 빠져 버리는 사람도 아주 많다는 사실이다.

그중에는 우울증의 늪을 빠져나오지 못해서 자살하는 사람도 있다. 자살까지는 아니더라도 어떻게 하면 좋을지 갈피를 잡지 못하고 술로, 마약으로, 도박으로 세월을 허비하는 사람이 많다.

내일 죽는다면, 나는 지금 무엇을 할 것인가?

삶에 지쳐 살아온 당신은 휴식을 취하기 전에 스스로에게 두 가지 질문을 해봐야 한다.

첫째, 만약 내일 죽게 된다면 지금 무엇을 하겠는가? 다른 사람들의 마음에 들기 위해 최후의 힘까지 쥐어 짜낼 것인가? 다시 한 번 더 지쳐 버린 몸에 채찍질을 할 것인가?

인생은 한 번밖에 없다. 그렇다는 사실을 확실히 믿는다면 스스로를 기만한 채 사람들에게 그렇게까지 무리를 해가며 맞추고 살아갈 필요가 있을까?

당신은 지금까지 인생은 한 번밖에 없다는 사실을 진심으로 생각해 본 적이 없었던 게 아닐까? 만약 인생이 한 번밖에 없다는 사실을 진심으로 생각했더라면 삶의 방식은 엄청 달라졌을지도 모른다.

그랬더라면 친구도, 연인도, 직업도, 취미도 선택의 기준이 달라졌을 것이다. 그랬다면 당연히 지금의 삶도 달라졌을 것이다. 생각 하나가 인생을 바꾼다는 것은 변함이 없는 진리이다.

나는 지금까지 무엇을 해온 것일까?

둘째, 자신의 마음에게 지금까지 무엇을 해온 것인지를 생각해 본 적이 있는지를 물어보는 것이다. 아마 생각한 적이 없는 사람이 대부분일 것이다.

삶에 지친 당신은 그런 생각을 머릿속으로 떠올리려고 하지 않았을 텐데, 그것은 왜 그럴까? 누군가의 기대에 부응할 수 없다는 사실을 두려워하거나, 아니면 그들을 증오했기 때문은 아닐까? 오로지 그런 마음으로 살아온 인생이라 지금은 빈 껍질만 남은 게 아닐까?

당신이 오늘 당장 할 일은 대체 누구를 위해 노력해 왔는지, 그것을 다시 한 번 생각해 보길 바란다. 분명히 삶에 지쳤는데 여전히 주위 사람들을 두려워하거나 증오하면서 '나는 지금까지 무엇을 해왔던 것일까?' 하고 생각하는 사람은 아직도 유아적 소망에 붙들려 있는 것이다.

그것은 정서적으로 미성숙한 상태, 심리적 성장이 여전히 이루어지지 않은 '아이 같은 어른'이라고 볼 수 있다. 주변을 돌아보라. 생각이나 행동이 아이처럼 유치한 수준에 머무는 어른들이 의외로 많다.

이런 사람은 자신의 심리 상태가 아직 세 살이나 네 살 정도의 아이에 지나지 않는다는 사실을 인정하지 않으면 안 된다. 그리고 바로 거기서부터 인생을 새로 출발해야 한다.

쉽지는 않은 일이다. 하지만 반드시 해야 한다. 자기 삶에 드리워진 어둠을 걷어 낼 사람은 자기 자신뿐이기 때문이다. 그렇게 함으로써 여태까지 경험해 보지 못한 새로운 빛을 가슴으로 받아들일 수 있기 때문이다.

인생은 한 번밖에 없다.
이것에 대해 당신은 지금까지
진심으로 생각한 적이 있는가?

당신이 오늘 당장 할 일은
대체 누구를 위해 노력해 왔는지
생각해 보는 것이다.

2
자 기 자 신 의
느 낌 을
받 아 들 여 라

**삶의 에너지가 회복되면
세상이 다르게 보인다**

주위 사람들 중에는 당신을 격려한다며 '그렇게 열심히 살아왔으니 스스로에게 자랑스럽지요?'라고 말하는 경우가 있을 것이다. 확실히 보통 사람들의 시선으로 보면 당신은 열심히 살아왔다. 따라서 자신을 자랑스럽게 여길 게 당연할지 모른다.

　그러나 안을 들여다보면 그렇지가 않다. 당신은 스스로를 자랑스럽게 여기지 않는다. 주위 사람들이 의아해할 정도로 당신은 자신을 인정하지 않는다.

왜 그럴까? 그것은 당신이 해온 일의 질이나 양의 문제가 아니다. 당신이 짊어져 온 부담감의 무게도 아니다. 그건 이미 마음이 제 능력을 잃었기 때문이다.

너무나 오랫동안 스트레스를 견디며 노력해 온 결과 즐거움도, 기쁨도, 사랑도, 아무것도 느낄 수 없게 되어 버린 것이다. 그런 무감각은 삶에 지쳐 버린 사람들에게 나타나는 공통의 증상이다.

그들은 자신이 처한 현실을 바꾸기보다 마음가짐부터 먼저 바꿔야 한다. 삶에 지쳤을 때와 살아갈 에너지가 회복되었을 때엔 세상이 전혀 다르게 보인다. 주위 사람들도 다르게 보이고, 자기 자신도 다르게 느껴진다.

상황을
있는 그대로 받아들여라

어느 중소기업의 사장은 부실한 재정 상태에 쫓겨서 회사의 재건이 불가능하다고 생각했다. 이제 아이가 학교도 그만두게 될지 모를 만큼 힘든 상황에 처해서 그는 모든 것이 너무도 암담했다.

그러나 제3자가 객관적인 입장에서 볼 때, 그 정도로 심각하게 생각할 일은 아니었다. 회사에 부채가 많기는 해도 열심히만 운영한다면, 때가 되면 이익으로 돌아설 기회가 얼마든지 있을 것이었다.

하지만 사장은 너무나 지쳐 있었기 때문에 그렇게 절망적으로 생각하면서 자신은 틀렸다는 확신으로 문제를 해결하려고 한 것뿐이다.

이런 증상은 패배주의에 물들었을 때 전형적으로 나타나는 모습이다. 사장은 회사가 싫은 것이다. 심지어 아이도 싫은 것이다. 만약 회사가 좋고 아이가 좋다면 사장은 힘을 낼 것이다. 바로 여기가 포인트다.

이런 사람은 자신의 마음속에 녹아 있는 혐오감이나 증오심 같은 부정적인 감정을 스스로 의식하지 못해 오랜 기간 지쳐 있는 것이다. 우울증에 걸린 사람도 이 사장과 마찬가지이다.

사장에게 필요한 것은 힘을 내면 회사를 회복할 수 있다고 이야기하는 사람이 아니다. 그보다는 등을 두드려 주며 이렇게 말해 줘야 한다.

"너무 무리하지 마라. 가끔은 놀기도 하고, 잘 먹고, 그리고 푹 자라."

요컨대 사장에게 여유를 찾으라는 충고가 필요하다는 얘기다. 사장은 무엇에 쫓기듯 허둥지둥 살면서 자신의 마음속에 흐르는 진정한 느낌을 인정하지 않았기에 이 지경이 되어 버린 것이다.

현실에서 한 발짝 물러나 자신을 바라보면서 자기의 마음속에 흐르는 느낌을 바라보면, 지금까지 보지 못했던 것들이 보인다. 삶에 지쳐 살아온 사람들은 그런 일들을 외면해 왔기에 마음이 닫혀 버리는 고통을 겪는 것이다.

이제 가면을 쓴 얼굴이 아니라 있는 그대로의 얼굴로 세상 앞에 설 때다. 지금이 아니면 두 번 다시 기회가 없다는 마음으로 자신을 던질 때다.

스스로를 자랑스럽게 여기지 않는 것은,

마음이 제 능력을 잃었기 때문이다.

무감각은 삶에 지친 사람들의 공통점이다.

현실에서 한발 물러나 자신을 바라보면서

당신의 마음속에 흐르는 느낌을 느껴 보라.

그동안 보지 못했던 것들이

눈에 들어올 것이다.

3
과거에
매달리지 마라

과거에 얽매여
앞으로 나아가지 못한다

우울증 환자의 시간은 멈춰 있다. 몸은 현재를 살고 있지만 마음은 과거에 사로잡혀 있다. 그가 가장 자주 하는 말은 '그 때 그렇게 했으면 그 일은 잘되었을 텐데……'라는 것이다.

자동차를 운전하면서 백미러에 계속 눈길을 주며 운전하면 누구라도 사고를 일으킬 것이다. 우울증에 걸린 사람들은 그런 경우와 같다. 그는 앞으로 달려 나가면서도 정작 앞은 보지 않고 자신이 지나온 길에 정신이 팔려 있다.

심리적으로 건강한 사람은 그가 왜 앞을 보지 않고 백미러만 보면서 운전할까 의아해한다. 사실은 앞을 볼 수 없기에 백미러를 보면서 운전하고 있는 것이다.

과거에 집착하는 것은 지금 움직이지 못하기 때문이다. '이제 그만 적당히 해!'라고 말하고 싶을 정도로 과거에만 매달려서 살아가기 때문에 앞으로 나아갈 수 없는 것이다.

우울증에 발목이 잡힌 사람은 지금 무엇을 하면 좋은지 알수가 없다. 심지어 자신이 무엇을 하고 싶은지 알지도 못한다. 너무도 오랫동안 자신이 무엇을 하고 싶은지를 고민하지 않았던 것이다.

그래서 자신은 지금까지 이러저러한 일을 해왔다는 경험을 자신 있게 말할 수 있어야 한다. 우울증에 시달리는 사람에게는 그런 당당함이 없었기에 앞으로 나아갈 수 없었던 것이다.

생산적으로
살아가야 한다

과거라는 빈 깡통을 매달고 다니는 것은 그 사람이 '에이널

스테이지anal stage 성격'이거나 '집착형 성격'이기 때문이라
고 볼 수 있다. 정신의학자 지그문트 프로이트Sigmund Freud는
이렇게 설명했다.

"에이널 스테이지 성향이란 태어난 지 얼마 안 된 아기가
생후 1년 동안 입과 입술의 자극에서 성적 쾌감을 얻는 시기
인 구순기口脣期를 거치고, 그 뒤 배설 훈련을 시작하는 2세부
터 4세 정도까지의 항문기에서 성장이 멈춘 사람들이다."

프로이트는 그런 성격을 가진 사람은 마음속에 증오심이
착 달라붙어 있어서 과거에만 집착할 뿐 앞으로 나아가지 못
한다고 말했다. 그만큼 유아기에 자신도 모르게 흡수된 감정
은 평생 동안 사라지지 않는다는 얘기다. 그러나 프로이트는
해법을 제시한다.

"어느 연령대에 증오심을 품게 되었더라도 인간은 누구나
그것을 해소시킬 수 있는 기능을 가지고 있다. 그러니까 사람
의 심리적 성장이 일시적으로 멈췄더라도 결국엔 다시 성장
이 시작되고, 인생에 결정적인 영향을 끼치는 일은 없다."

증오를 해소시킬 수 있는 능력에서 가장 중요한 힘은 생산
적으로 살아가는 것이다. '생산적'이란 말의 사전적 의미는

사람으로 태어나 자연자원이나 가공물의 원재료를 이용하여 인간 생활에 필요한 물품을 만들어 내는 일과 관련된 모든 행위를 말한다.

한 마디로 말해서 누군가를 위해서, 앞날을 위해서, 그리고 그 무엇보다도 자기 자신을 위해서 창의적 발상으로 일을 한다는 것이다.

아이 때의 증오는 과거가 아니다

어린 시절에 다리를 다쳐서 아팠다. 그런데 엄마가 상처를 침으로 닦아 낸 뒤에 약을 바르고 낫게 해주었다. 그러면 그 아픔이라는 경험은 과거의 것이 된다. 이 경험이 아이의 마음에 영향을 줄 만한 일은 어디에도 없다. 그리고 아이는 이 경험으로부터 삶의 지혜를 배운다.

그런데, 이때 엄마가 아이의 상처를 보며 픽 웃어넘기며 무시했다고 치자. 그러면 마음의 영역에서 그 상처는 과거의 경험이 되지 않는다. 육체적인 아픔은 분명히 과거지만, 섭섭함이 증오로 변했다가 결국 원한으로 성장한다.

육체적으로 느꼈던 아픔은 과거지만 심리적으로는 현재의

경험으로 남는 것이다. 일상에서 순간은 그냥 지나가 버리지만 마음속에서는 시간이 멈췄다. 그리고 바로 거기서 과거에 대한 집착이 되어 버린다.

20년 전, 어린 나이에 엄마에게 버림받았다. 그가 열 살이 되었을 때의 일이다. 이때는 마흔 살이다. 하지만 그의 마음속에는 어린 시절의 공포가 고스란히 남아 있다.

'이미 지나간 일이지 않느냐?'고 사람들은 말한다. '지금은 잘 살고 있으니 그걸로 되지 않느냐?'고 한다. 그러나 마음속에 잔해처럼 남겨진 공포는 사라지지 않았다. 어린 시절의 공포는 영원히 지워지지 않는 낙인이 되어 그의 몸의 일부가 되어 버리는 것이다.

그렇게 사라지지 않은 공포 속에서 다시 10년이 지나 쉰 살이 되어서도 마음속에는 여전히 증오가 남아 있다. 부모로부터 외면을 받은 아이의 심리는 어른이 되어도 그 사건이 결코 과거의 일이 아닌 것이다.

단순한 증오의 감정이라면 사라질지도 모른다. 그러나 어린 시절에 사랑받지 못한 슬픔이나 버림받은 공포 같은 것들로부터 생긴 증오는 간단히 사라지지 않는다.

다른 사람들이 보면 그의 슬픔이나 공포에 대해 알 길이 없다. 그렇기에 사람들을 그를 가리켜 언제나 과거에 얽매여 있다고 말한다. 그리고 다시 20년이 지나 일흔이 되었다. 그러나 증오의 그림자는 여전히 사라지지 않고 있다.

사람들이 정신을 차리라고 윽박질러도 그의 마음속에 똬리를 틀고 있는 증오는 사라지지 않는다. 사람들은 보이는 부분만 본다. 그렇기에 이제 잊어도 되지 않느냐고 말한다. 그러나 본인에게는 그 슬픔이나 공포는 현재의 슬픔이자 공포로 생생하게 숨을 쉬고 있는 것이다.

자신도 아무리 한탄해도 안 된다는 걸 알고 있다

우울증에 걸린 사람은 '왜 지긋지긋할 정도로 과거에 집착하는 것일까?'라는 물음에서, '과거에 집착한다'는 말에는 두 가지 의미가 숨어 있다.

하나는 과거의 실패를 언제까지나 계속 후회하는 것으로, 그처럼 후회함으로써 실패에 대한 면죄부를 얻을 수 있다고 생각하기 때문이다. 그리고 그처럼 후회하고 자신을 몰아붙임으로써 자신의 가치를 계속 유지하려고 한다.

과거에 집착한다고 말하는 것의 또 다른 의미는, 자신이 과거에 받았던 피해를 언제까지나 계속 호소할 수 있다는 것이다. 그렇게 함으로써 자신의 존재감을 확인받으려는 심리가 그의 안에 깔려 있는 것이다.

이처럼 피해의식에 사로잡혀서 사물을 바라보는 사람들이 너무도 많다. 그것은 오늘을 사는 많은 사람들의 마음속에 증오가 도사리고 있음을 가리킨다.

그와 동시에 그는 사랑받기를 원한다. 그렇기에 피해의식에 사로잡혀서 사물을 바라보는 사람은 해결 방법은 생각하지 않고 이렇게만 외친다.

"제발 나를 인정해 줘, 사랑해 줘, 알아 달라고."

사람들이 있으면 괜히 소란을 피우는 아이가 있다. 그 아이는 외롭기 때문에 그러는 것이다. 주위 사람들의 주목을 받길 원하기 때문에 소란이라도 피워서 관심의 대상이 되려는 것이다.

피해를 과장해서 호소하는 어른의 심리도 마찬가지이다. 그가 과거에 집착하는 이유는 과거에 입은 피해의 괴로움을 언제까지나 계속 호소하고 있으면 현재의 괴로움이 조금이나마 사라지기 때문이다.

그들이 입만 열면 한탄의 말을 쏟아 내는 것은 현재의 괴로움을 없애기 위해서이다. 그렇게라도 한탄하고 있으면, 그 순간 심리적으로 조금 편해지기 때문이다. 그러다 주목이라도 받게 되면, 역시 마음이 좀 편해지기 때문이다.

"부모님이 그렇게까지 냉혹하고 비겁하지 않았더라면, 내 인생이 이렇게까지 비참하지 않았을 텐데……."

이렇게 벗어나지 못하고 있는 과거에 대해서 한탄함으로써 현재의 불행한 상황을 견디려고 하는 것이다.

그는 계속 그렇게 한탄하며 자신의 상처를 세상 밖으로 드러내려고 한다. 자신의 증오를 떠들어 대면서 어떻게든 그것을 표출하려고 한다. 아무리 이야기해도 증오가 풀리지 않고, 상처가 낫지 않는데도 말이다. 그는 그렇게 언제까지나 계속 한탄만 할 뿐이다.

그것이 현재의 현실적인 문제 해결에 도움이 되지 않는다는 것은 한탄하고 있는 본인도 잘 알고 있다. 그러나 변할 수 없는 과거를 한탄함으로써 심리적으로 지금 편해지기 때문에 어쩔 수 없는 선택인 것이다.

불행한 사람의 사고는
악순환된다

한탄만 연발하는 사람은 과거만이 아니라 특히 현실을 똑바로 보고 싶어 하지 않는다. 그러면서 누구나 인정하는 사실이나 확연히 보이는 현실을 받아들이지 않는다.

예를 들어 집에 먼지가 심하게 쌓여 있다. 이러다 호흡기 질환에 걸릴지도 모를 정도로 심하다. 그때 그는 '옛날에는 이보다 더 심했다'고 하든가 '옛날에는 좋았다'고 말한다. 그러면서 치우거나 이사할 생각을 하지 않는다. 그렇게 할 에너지가 없기 때문이다.

그가 과거에 집착하는 것은 현재의 괴로움을 편하게 만들기 위해서이다. 그리고 반대로 지금이 더 괴롭기 때문에 과거로부터 벗어날 수 없는 것이다.

지금이 불행하기 때문에 과거에 사로잡힌 채 살아간다. 과거에 사로잡혀 있기에 현재를 살아갈 수 없다. 현재를 살아갈 수 없기에 지금이 불행하다. 이런 악순환이 그의 삶을 통째로 집어삼키고 있는 것이다.

심리적으로 건강한 사람은 현재의 환경을 한탄하고 과거

에 집착하는 사람에게 언제까지 그렇게 과거에 집착할 거냐고 묻는다. 과거는 아무리 한탄해도 바뀌지 않으니 현재를 살라고 말한다.

심리적으로 건강한 사람은 지금이 행복하기 때문에 불행한 과거로부터 벗어날 수 있고, 당당하게 현재를 살아갈 수 있으며, 현재를 살아갈 수 있기에 오늘이 행복하다. 그야말로 선순환의 연속이다.

따라서 이렇게 말할 수 있다. 오늘이 행복한 사람이 불행하다는 사람에게 자신과의 차이점에 대해서는 생각하지 않은 채 과거에 집착해서 살아간다고 몰아세우는 것은 잔인한 일이다. 앞으로 나아갈 수 없는 사람을 몰아붙이는 것은 배려가 없는 행동이다.

과거라는 빈 깡통을 매달고 다니는
사람의 시간은 멈춰 있다.
몸은 현재를 살고 있지만
마음은 지나온 길에 사로잡혀 있는 것이다.

그가 지나간 과거를 한탄하는 것은
그 순간은 심리적으로 편해지기 때문이다.
그리고 반대로 지금이 더 괴롭기 때문에
과거로부터 벗어날 수 없는 것이다.

제 7 장

그들은 스스로
먼저 행동하지 않는다

1

삶에 지친 사람은
기다린다

> **그들은 스스로
> 먼저 행동하지 않는다**

미국의 심리학자 마틴 셀리그만Martin Seligman 은 우울의 중심
적 증상들로 다음 세 가지를 제시했다.

1. 수동성helpless
2. 비관적 태도hopeless
3. 무력감powerless

먼저 그가 우울의 중심적 증상으로 제시한 수동성을 보자.

'하나의 문이 닫히면 다른 문이 열린다'는 격언이 있다. 이 말은 이렇게 되면 어쩔 수 없다고 여기는 게 아니라 그렇게 되면 이렇게 하면 된다고 보는 긍정적인 삶의 방식이다.

그러나 우울증에 시달린 나머지 삶에 지쳐 버린 사람은 다른 문을 열 기력이 없다. 스스로 나무에 올라가서 사과를 따려고 하기보다는 나무에서 사과가 떨어지길 기다리는 사람이다. 삶에 지친 사람들은 기다린다. 언젠가 자신이 기다리는 것이 오겠지 하는 막연한 마음으로 무턱대고 기다릴 뿐이다.

그것은 나태함과는 다른 의미이다. 오히려 너무 노력했기 때문에 더 이상 스스로 나무에 올라가 사과를 딸 수 있는 에너지가 남아 있지 않은 것이다.

또는 가만히 기다리면 누군가 따주겠지 하는 기대감도 있다. 이것은 사과 그 자체를 원하는 게 아니라 사람들이 자신을 위해 뭔가를 해주는 게 기쁜 것이다. 그만큼 사랑받기를 원하는 것이다.

삶에 지친 사람은 남들이 뭔가를 해주기만을 바란다. 사람들이 자신에게 웃어 주길 원하면서도 정작 자신은 사람들에게 웃는 얼굴로 대하려고 하지 않는다.

그는 어떤 일이든 적극적으로 할 수 없다. 스스로 뭔가를 하려는 의욕이 없다. 무엇을 하면 편해질지 알아도 그것을 해낼 기력이 남아 있지 않다.

그는 스스로 방을 정리할 마음이 없다. 방을 정리하면 기분이 좋아진다는 걸 알면서도 말이다. 방에 꽃을 두면 분위기가 밝아진다는 걸 알아도 스스로 꽃을 놓아둘 마음은 없다. 다른 사람들이 꽃을 가지고 와서 멋지게 장식해 주기를 기다리고 있다.

그렇게 모든 게 수동적이기 때문에 당연히 매일 곤란한 일들이 늘어난다. 아무것도 아닌 일들이 엄청난 곤란으로 돌변하고, 돌아보면 그의 삶은 그런 쓰레기들이 가득하다.

수동적이기에 스트레스가 늘어만 간다

곤란한 일이 닥쳐오기에 수동적으로 되는 게 아니라 수동적인 상태이기 때문에 그 사람 스스로 일을 곤란하게 만드는 것이다. 수동적인 태도나 생각습관이 곤란한 일들을 불러들인다. 고민을 스스로 만들어 내는 습관이 그의 인생을 망치는 것이다.

왜 그렇게 수동적이 되는 것일까? 그것은 삶에 지친 이유와 마찬가지이다. 마음속에 증오가 빠져나갈 출구가 없기 때문이다. 표현하려는 증오의 감정과 그것을 억제하려는 의식의 힘이 마음속에서 갈등하기 때문에 에너지가 소모되어 버린 상태이다.

그 사람이 수동적인 것은 아직 유아적 소망이 충족되어 있지 않았기 때문이기도 하다. 유아적 소망은 수동적 소망이다. 엄마가 뭔가를 해주길 바랐던 소망이다.

돌봐 주길 바란다, 지켜 주길 바란다. 이야기를 들어 주길 바란다, 어리광을 받아 주길 바란다, 만져 주길 바란다……. 상대방이 뭔가를 해주길 바랐던 유아기의 소망이 아직도 남아 있는 것이다.

그도 이런 삶을 끝내고 싶어 한다. 그러나 마음만큼 몸이 움직이지 않는다. 몸을 움직여야 사과를 딸 수 있다는 건 알지만, 그럴 의욕이 없는 것이다.

결국 문제는 의욕이다. 우울증에 시달리는 사람이 시급하게 찾아야 할 것은 적극적으로 무엇을 하고자 하는 욕망이다. 이런 마음의 능력을 되살려 내어 다시 신발끈을 매는 용기가 필요하다. 내일이 아니라 오늘, 다음이 아니라 지금 그런 의욕을 이끌어 내야 한다.

마음을 쉬게 하는 법

삶에 지친 사람은 무턱대고 기다린다.
언젠가는 바라는 것이 찾아오겠지, 하며
사람들이 자신을 위해 뭔가를 해주기만을 바란다.
그렇게 수동적으로 사는 동안
아무것도 아닌 일들이 엄청난 곤란으로 돌변한다.

2
도움을 바라는
마음을 버려라

│ 도움을 기다리는 마음을 버리면
행운이 찾아온다

셀리그만이 말한 우울증의 두 번째 중심적 증상은 비관적인 태도이다. 그들은 미래에 대해 빨리 비관하고, 매사에 극히 소극적인 태도로 일관한다.

턱 밑까지 조여 온다는 느낌이 들 때, 사람들은 어떻게 대응할까? 상황을 부정적으로 보는 사람과 자신의 신념으로 어떻게든 살아남으려는 사람은 각각 다르게 대응한다.

절체절명의 순간에 대해 말할 때 가장 먼저 떠오르는 사람

중의 하나는 로빈슨 크루소일 것이다. 그는 망망대해의 무인도에 혼자 남겨졌다. 누가 봐도 절망적인 상황인데도 로빈슨 크루소는 살아남았다. 무엇이 그를 살려냈을까?

자신이 언젠가는 반드시 구조될 거라는 낙관적인 생각으로 온몸을 무장했던 그는 그랬기에 살아남기 위해 어떻게든 발버둥을 쳤다. 말 그대로 긍정의 힘이다.

삶에 지쳤다면 이런 자세가 필요하다. 어떤 일이든 있는 그대로 받아들이다 보면 언젠가 행운이 찾아올 거라고 생각하는 것 말이다. 나에게 다가올 밝은 미래를 믿고 긍정적인 에너지로 살다 보면 지난한 삶으로부터 벗어날 수 있을 것이다.

사람들이 뭔가를 해주길 바라는 소망도 버리자. 단지 버리기만 해도 그다음 순간 행운이 찾아온다고 믿어라. 이것이 로빈슨 크루소를 살린 기적의 명약이다.

고통만 호소할 뿐 해결 방법은 생각하지 않는다

어떤 사람이 이명 때문에 너무 괴로워서 이비인후과에 갔다. 의사는 이 병은 고칠 수 없다고 말했다. 그래서 그는 더 절망에 빠졌다.

다른 사람도 똑같이 이명이 생겼다. 마찬가지로 이비인후과 의사에게 고칠 수 없다는 말을 들었다. 그럴 때 '맞아, 이 이명은 이제 고칠 수 없어' 하고 곧이곧대로 믿어 버리는 사람과 '아니야, 반드시 고칠 거야!'라고 생각하는 사람이 있다. 우울증에 시달리는 사람은 대부분 고칠 수 없다고 말하며 지레 포기한다.

그러나 살아갈 에너지가 있는 사람은 고친다고 생각한다. 그렇기에 고치기 위해 노력한다. 예를 들어 식습관을 바꿔 보거나 이명에 좋다는 약을 먹는다. 이에 반해 삶에 지친 사람은 이미 고칠 수 없다는 말의 포로가 되었기 때문에 일찌감치 포기하게 된다.

그러면서 나의 병은 고칠 수 없다며 투정을 부린다거나 불만을 터뜨리며 울고불고하는 사람은 심리학자의 눈에 애정 욕구가 심한 사람으로 보인다. 그런 식으로 고통을 호소함으로써 주목과 동정을 얻으려고 하는 것이다.

괴로움의 호소는 애정 요구이자 동시에 애정 확인 행위이다. 그러나 그의 문제는 호소만 하고 해결할 생각은 하지 않는다는 점이다. 해결하려면 현실에 직면해야 하는데, 그는 그렇게까지는 힘이 들어서 할 수가 없다.

대부분의 경우, 비관적 태도는 사태를 악화시킨다. 직장에서 잘릴지도 모른다고 생각하면 스트레스를 받게 된다. 현실에서 정말 잘리지 않게 되었는데도 잘릴지 모른다고 두려워하면서 스트레스를 받는다. 그 스트레스로 인해 기력이 터무니없이 소모된다.

애인에게 버림받을지 모른다고 두려워하다 보면 스트레스를 받게 된다. 그리고 그 스트레스로 인해 심신이 너무 소모되어 매력이 줄어든다. 그러면 그는 정말로 버림받게 될지도 모른다. 두려워하지 않으면 스트레스로 소모될 일은 없고, 소모되지 않으면 버림받지 않을지도 모르는 일이다.

삶에 지쳤다면 이런 자세가 필요하다.

어떤 일이든 있는 그대로 받아들이다 보면

. 언젠가 행운이 찾아올 거라고 생각하는 것 말이다.

사람들이 뭔가를 해주길 바라는 마음도 버리자.

단지 버리기만 해도 그다음 순간

행운이 찾아온다고 믿어라.

3
마음의 빈곤이
문제다

자신이 하고 있는 일을
즐길 수 없다

마틴 셀리그만은 우울증으로 나타나는 세 번째 증상으로 무
력감을 제시했다. 무력감이란 자신이 아무런 힘이 없음을 깨
닫거나 무엇을 해도 소용이 없다는 걸 깨달았을 때의 허탈한
심경을 말한다.

어떤 사태가 생겼을 때 무력감을 느끼는지 아닌지는 그 상
황을 바라보는 사람의 마음가짐이 문제가 된다. 큰일을 하고
있는 사람이라서 무력감이 없는 게 아니고, 작은 일을 하고
있는 사람이라서 무력감을 느끼는 게 아니다.

마음을 쉬게 하는 법

심리학자들은 무력감은 자신이 하고 있는 일을 즐기느냐 그렇지 않느냐의 문제라고 말한다. 무엇을 해도 즐거움은커녕 지겨운 감정만 있다면, 억울한 일을 당해도 상대방을 원망하거나 증오할 마음이 없다면, 이런 사람은 무력감에 빠졌다고 할 수 있다.

무력감을 느끼는 사람은 마음에 저축이 없다. 마음의 저축은 살아갈 에너지를 가리키는데, 그들에게는 이것이 없다. 삶에 지친 나머지 인생을 지탱할 에너지를 몽땅 상실했기 때문이다.

강물은 계곡과 바위 사이를 꾸불꾸불 흐르기에 물고기들이 모여든다고 한다. 강물이 직선으로 빠르게만 흐른다면 물고기들이 살지 않는다는 말이다.

사람도 마찬가지이다. 인생에서 여러 가지 굴곡진 경험을 하며 그것을 가슴속에 차곡차곡 비축한 사람은 마음속에 의욕과 용기라는 물고기들이 헤엄치고 있다.

마음이 풍요로운 사람은
강하다

어느 대학교 총장이었던 사람의 이야기다. 퇴직 후에 그는 그 대학 어느 학부의 야간 수업을 맡게 되었다. 야간 수업은 듣는 사람도, 그리고 선생도 에너지가 필요하다.

나도 와세다대학교 문학부에서 야간에 사회사상사 수업을 맡은 적이 있어서 야간 수업이 얼마나 고생스러운지 잘 안다. 그때 나는 낮 시간의 수업을 끝내고 대학교 식당에서 혼자 저녁을 먹은 다음에 다시 수업을 하러 갔는데, 그때가 30대인데도 너무 힘들었다.

그런데도 대학교 총장까지 지낸 노교수가 야간 수업을 진행하는 건 체력적으로 굉장히 힘들었을 것이다. 하지만 그분은 언제나 싱글벙글하며 불만이 전혀 없었다. 대학에서 자신의 실력을 알아봐 주고 후학을 가르칠 기회를 주어 너무 고맙다고 했다.

그 이야기를 전해 듣고, 나는 그분을 존경하게 되었다. 그는 자신에게 주어진 일을 사명감을 가지고 수행하고, 거기서 삶의 보람을 찾는다는 철학을 실천했던 것이다.

마음을 쉬게 하는 법

그분이 얼마 뒤에 그 학교에서 정년퇴직하고 한 지방대학의 총장이 되었다. 그곳에서 있었던 이야기가 신문에 크게 소개된 적이 있는데, 그분이 거기서도 수업을 진행한다는 것이었다. 공무에 바쁜 총장이 직접 수업을 맡는 일은 드문 일이라서 나도 기사를 자세히 읽었다.

그분은 자신이 하는 일을 마음속으로부터 즐기고 있다고 말했다. 그렇기에 하루하루 힘이 난다고 말했다. 나는 그런 모습에서, 인생에게 빚진 것이 없는 풍요로운 마음을 볼 수 있었다.

마음에 가난한 사람, 자기 삶에서 단 한 번이라도 충족감을 느끼지 못하는 사람은 늘 무력감에 빠져서 허우적댄다. 그는 다른 사람들의 눈치를 보며 무슨 일을 할 때마다 그들이 어떻게 생각할지만을 걱정한다.

앞서 말한 대학교 총장이 존경스러운 것은 그런 삶과는 담을 쌓고 자신이 진짜 좋아하는 일을 한다는 것이다. 그분은 마음이 강하고 풍부하기에 남의 시선 따위는 전혀 관심사항이 아니다.

마음속에
자신의 성을 쌓아라

어느 대학에 강의는 물론이고 대학의 업무와 행사에 대단한 열의를 가지고 참여하는 교수가 있었다. 신문지상에도 자주 이름이 오르내리고 이따금 TV에도 출연할 만큼 명성이 자자했다.

그런데 몇 년 후 그 교수는 학교의 중요한 직책에서 점점 후배들에게 밀려나게 되었다. 자신이 대단하다고 생각했던 그는 낙담과 절망 끝에 그만 우울증에 걸리고 말았다.

그는 마음속에 자기만의 성城을 가지고 있지 않았던 것이다. 지금 삶에 지친 당신도 마음속에 자신만의 성이 없는 것은 아닐까?

어떤 비바람에도 끄떡없는 성이 아니었기에 주변의 상황 변화에 쉽게 무너졌던 것이다. 스스로는 잘나간다고 믿었지만, 사실은 다람쥐처럼 자기만의 쳇바퀴 안에서 빙빙 도는 것이기에 너무 쉽게 후배들의 추월을 허락한 것이다.

대학에도 행정상의 직책들이 많다. 총장, 대학원장, 학부장, 연구소장, 몇몇 위원장 등 여러 요직들이 있다. 밀려났다고 느껴서 우울증에 걸린 교수에게도 학내에 자신의 위치는 있었을 것이다.

그것은 학내의 요직으로서의 포지션이라는 의미가 아니다. 교육과 연구를 할 수 있는 자리라는 의미이다. 그는 바로 이 지점에 머무르려고 하지 않았던 것이다. 사람들의 입에 오르내리고, 학생들의 박수를 받고, 언론에도 오르내리고 싶은데 그러지 못했기에 우울증에 발목이 잡힌 것이다.

마음속에 자기만의 성이 있으면 학교에서 어떤 위치에 있더라도 앞에 소개한 전임 총장처럼 싱글벙글하면서 자기 삶을 즐길 수 있다.

어느 자리에 있든 스트레스가 없는 사람은 자신의 성을 마음속에 가지고 있다. 그렇기에 사회 속에서 자신만의 확고한 위치를 차지하고 있는 것이다. 우울증에 걸린 교수는 자신만의 견고한 성은커녕 모래로 만든 탑을 지었기 때문에 이것이 허물어지자 밀려났다고 느낀 것이다.

자신의 자리를
발견한다

어디에 있든 자신의 자리를 어렵지 않게 발견하는 사람과 그렇지 못한 사람이 있다. 당신은 어떤가? 우울증 환자는 좀처럼 자신의 자리를 발견하지 못하고 우왕좌왕하는 습관을 버리지 못한다.

어느 중학교에서 있었던 이야기이다. 학교에서 여러 역할을 나누고 그것을 학생들에게 맡겼다. 그중에서 학교 근처의 철도역 청소를 돕는 일은 희망자가 아무도 없었다.

그런데 한 아이가 제비뽑기로 철도역의 청소 담당을 맡게 되었다. 그 일은 그 아이가 원하던 1순위가 아니었지만, 해보니까 열차를 타러 온 사람들이 깨끗하게 청소된 공간을 즐거운 기분으로 이용하는 게 보람이 있어 그 일을 즐기게 되었다.

이런 아이는 어디에 있든 자신의 자리를 곧바로 만들어 즐겁게 지낼 수가 있지만, 우울증에 시달리는 사람은 그럴 수가 없다. 그는 자기가 하는 일을 좋아하기는커녕 허구한 날 불평을 일삼으며 투덜거린다.

마음을 쉬게 하는 법

어디를 가도 자신의 자리를 만들어 낼 수 있는 사람은 우울증에 걸리지 않는다. 마음속에 자신의 성을 쌓아 놓고 있는 사람은 무엇을 해도 어떻게든 해낼 수 있다고 생각하기 때문에 웬만한 일에는 눈 하나 깜빡하지 않는다. 이런 모습이 우리가 찾아가야 할 삶이 아닐까?

스스로 하는 일을 마음속으로부터
즐기는 사람이야말로
마음이 풍요로운 사람이자
진정한 충족감을 경험한 사람이다.

마음속에 자기만의 성을 튼튼히 쌓은 사람은
어디서든 자기의 자리를 쉽게 찾는다.
당신은 어떤가?

제 8 장

삶을 위한
에너지를 모으는 방법

1 / 행복은 마음속에서 스스로 넓혀 가는 것

아직도 어린아이처럼 사랑받고 싶다

앞에서 우울증에 시달리는 사람은 유아기 때 사랑받지 못한 기억을 어른이 되어서도 가지고 있다고 썼다. 이 문장을 여러 번 강조한 이유는 유아기 시절의 애정결핍이 우울증에 중대한 영향을 끼치기 때문이다.

애정을 듬뿍 받아야 할 시기에 그런 체험을 제대로 하지 못한 사람들은 어른이 되어서도 애정을 갈구하는 사람으로 살아간다. 그러면서도 그런 감정을 억누르며 상대방에게 억지로 맞추면서 살아오다가 끝내 지치고 마는 것이다.

그들이 지쳐 버린 가장 큰 이유는, 노력하지 않고 행복해지는 방법을 원하기 때문이다. 스스로 움직이려는 의지가 없기 때문에 하늘에서 뚝 떨어지듯이 누군가 손을 뻗어 주기를 바란다.

그러나 세상은 그렇지가 않다는 게 문제다. 나무 아래서 입을 벌리고 열매가 떨어지기를 기다리는 사람의 어리석음을 비웃으면서도 그들은 매일같이 그렇게 살고 있다.

상대방을 위하는 것이 어른의 행복

어른의 행복이란 마음속에서 자기 자신을 넓혀 나가는 것이다. 그런데 우울한 사람들은 행복은 오로지 받는 것이라고 생각한다. 그렇기에 아무리 받아도 채울 수가 없다.

상대방을 위하는 것이 어른의 행복인데, 그들은 남들이 주는 사탕을 먹는 것이 행복이라고 여긴다. 자신을 이해해 주길 바라도록 노력하지 않고 아무도 나를 이해해 주지 않는다고 투덜대는 것으로는 진짜 행복을 얻을 수 없다. 그것을 알면서도 그들은 백마 탄 왕자님을 기다리는 소녀처럼 행복이 찾아오기를 기다리기만 한다.

심리적으로 건강한 사람, 삶의 에너지가 풍부한 사람은 이렇게 생각한다.

"나는 돈은 없지만 건강한 몸이 있다."

"나는 미인은 아니지만 밝은 성격에 매사를 즐겁게 생각하는 습관을 가지고 있다."

"나는 명예는 없지만 편히 쉴 수 있는 가정이 있다."

이렇게 말할 수 있는 이유는 생명력이 풍부하기 때문이다. 살아갈 에너지가 강하기에 언제나 나침반이 희망과 행복의 방향을 가리키는 것이다.

그러나 당신은 삶에 지쳐 있기에 이런 생각을 할 수 없다. 지쳐 있기에 남에게 신경을 쓸 겨를이 없고, 지쳐 쓰러져 있기에 무작정 다른 사람의 손길을 기다리고 있는 것이다.

삶에 지쳐 있다면 남에게 베풀고 사랑하는 일부터 해야 한다. 행복을 달라고 하기 전에 남에게 감사하고 베풀고 사랑하는 일부터 하라는 말을 잊지 말기 바란다.

마음속에서 자기 자신을 넓혀 나가는 것.

그리고 상대방을 위하는 것.

이것이 어른의 행복이다.

2

휴식을
취하는 것도
삶의 일부분

**지금까지 자기 자신을
죽이고 살아왔다**

여러 형태의 스트레스 중에서 가장 다루기 힘든 것은 유아적 소망이 충족되지 않아서 생긴 것이 아닐까 싶다. 전쟁을 경험한 스트레스는 누구라도 이해할 수 있다. 애인과 헤어져서 생긴 스트레스도 누구나 공감할 수 있다.

그러나 유아적 소망이 충족되지 않아서 생긴 스트레스는 이해받기가 어렵다. 구체적인 해결 방법이 없기 때문에 그렇고, 겉으로 드러나지 않기 때문에 더 그렇다.

마음을 쉬게 하는 법

입만 열면 삶에 지쳤다고 말하는 당신을 주위 사람들이 도저히 이해할 수 없다고 말하는 것도 이런 사정이 있기 때문이다. 표면적으로 보이는 당신의 생활은 전혀 문제가 없다.

경제적으로 전혀 문제가 없고, 회사에서 권고사직을 당할 리도 없다. 주택대출금이 밀려 있는 일도 없고, 가족들에게도 문제가 없다. 그러니 주위 사람들이 보면 '왜?'라는 의문을 가질 수밖에 없다.

그런데 어린 시절의 불운한 환경 탓에 유아적 소망이 충족되지 않은 사람들 중에는 우울증이 아니라 시끌벅적 제멋대로 행동하는 사람이 있다.

그들은 어디를 가나 소란을 떨고 걸핏하면 다른 사람과 다투며 살아가기에 우울증과는 거리가 멀게 보인다. 사실이 그렇다. 그런 사람은 그저 사람들 사이에 골칫거리로 살아갈 뿐, 전혀 삶에 지쳐 있지 않다는 게 다르다. 그렇다는 것은 유아적 소망의 결핍에도 우울증에 걸려 삶에 지치는 사람은 따로 있다는 뜻이다.

유아적 소망이 충족되지 않은 사람은 같은 부류의 사람이라도 제멋대로 살아가는 사람과는 달리 참고 견디며 살아왔고 부지런히 노력했으며 억울함도 견뎌 냈다.

그렇게 그들은 자기 자신을 죽이고 살아온 것이다. 심리학에서는 그것을 사회에 대한 과잉 적응이라고 진단한다. 하지만 그로 인한 스트레스가 살아갈 에너지를 빼앗고, 그 사람의 뇌를 바꿔 버렸다.

이 기회에
삶의 방식을 바꾸자

그렇기에 삶에 지친 당신은 노력을 통해 자신의 문제를 해결하려고 해서는 안 된다. 그에게 필요한 처방은 단 하나, 휴식을 취하는 것이다. 단순히 쉬는 것만으로도 충분하다. 다른 선택은 필요 없다.

당신은 평소에 전속력으로 살아왔다. 모든 순간을 그렇게 전력 질주해 왔으니 문제가 된 것이다. 사람은 노력하다가 지치면 휴식을 취하면서 성장해 가는 것이다. 무조건 노력하는 것만으로 성장하는 게 절대 아니다. 노력하는 것도 살아가는 것이지만, 쉬는 것도 역시 살아가는 것이라는 사실을 명심해야 한다.

마음을 쉬게 하는 법

"나는 필사적으로 노력하며 살아왔다. 그런데 좋은 일이 아무것도 없었다. 그저 힘들었을 뿐이다."

이렇게 말하는 사람은 기본적으로 틀렸다. 노력하는 것만으로는 어떤 해결도 할 수 없다. 삶에 지친 당신에게 지금 필요한 것은 노력하는 것도, 힘을 내는 것도 아니라 쉬는 일이기에 이 기회에 삶의 방식을 바꿔야 한다.

사람은 노력과 의지만으로는 성공할 수 없다. 거기에 훌륭하게 살아갈 지혜가 필요하다. 그렇게 함으로써 자신에게 밝고 멋진 인생이 반드시 기다리고 있다고 믿는 것이다.

긍정적인 것들로 마음을 돌리면 어두웠던 얼굴이 밝아지고, 뭔가가 달라진다.' 살아갈 자세를 바꾸면 주위에 모이는 사람들도 달라진다. 이제 당신에게 필요한 것은 이런 삶으로의 전환이다.

마음의 역사를 새로 써보라

앞에서 쉬기 위해 좋아하는 음악을 들으면 좋다고 했는데, 지금까지 마음의 세계에 대한 역사를 쓰는 것도 휴식을 위해 좋은 방법이다.

마음의 흐름을 있는 그대로 쓰는 것이다. 증오했던 것은 증오한다고 써라. 죽이고 싶은 사람이 있으면 그를 죽이고 싶다고 써라. 다른 사람들에게 보여 주지 않는 것이니 마음대로 써라.

멋진 말들을 쓰려고 하면 아무리 써내려가도 마음의 휴식이 될 수 없다. 사람들 마음에 들고 싶다는 마음이 있으면 아무리 써도 흡족해지지 않는다.

중요한 것은 쓰면서 울적했던 감정을 토해 내는 것이다. '아. 이것이 내 인생이구나'라고 알아차릴 때까지 쓰는 것이다. 처음에는 어떻게 쓰면 좋을지 모를 수 있다. 이런 때는 일기를 쓰듯이 있는 그대로 쓰면 된다. 한참 쓰다 보면 마음이 불타오르고, 살아갈 에너지가 되돌아온다.

자기만을 위한
하루를 보내라

삶에 지친 당신은 마음속에 증오나 적의를 품고 있음을 인정해야 한다. '나는 당신들이 싫다'고 생각하는 자신의 감정을 자각하라는 뜻이다.

당신은 스스로 생각하는 것보다도 훨씬 더 사람들을 원망하고 있다. 그리고 그런 감정을 꾹 눌러 참아 왔다. 그러다 삶에 지친 것이다. 아마 사람들을 얼마나 원망했는지를 알아차리게 되면 스스로 놀랄 것이다. 그렇게까지 자신을 속이면서 악착같이 버텨 왔다는 게 신기할 따름이다.

그렇게 자신도 알아차리지 못하는 동안에 매일매일 스스로에게 상처를 입혀 왔다. 회사에 가서 주위 사람들에게 좋은 얼굴을 하는 게 싫은데도 애써 그런 감정을 감추고 매일 좋은 얼굴을 했다.

매일 그렇게 해온 일이기에 의식되지는 않았지만, 마음은 매일같이 상처를 받았다. 똑똑 떨어지는 물방울이 돌에 구멍을 만들어 내듯 매일 받는 스트레스가 마음에 상처를 내고 있었다. 그 모든 일들은 결국 당신의 생명력을 조금씩 앗아갔다.

그러다 이제 회사에 가는 것조차 싫어지고, 집에 돌아가는 것조차 싫어지고, 아무 일도 하기가 싫어진다. 오스트리아의 정신과의사 발터 울프Walter Wolfe 는 이렇게 말했다.

"그의 지친 마음은 어제 생긴 일이 원인이 아니다. 매일 스스로를 속이며 지낸 삶의 결과다."

해결책은 하나뿐이다. 적어도 오늘만큼은 자신만을 위한 하루를 살아 보자. 그런 하루가 내 인생에 절대적으로 필요하다고 스스로를 설득시키자.

삶에 지친 당신에게
지금 당장 필요한 것은
노력하는 것도, 힘을 내는 것도 아니라
휴식을 취하는 것이다.
단순히 쉬는 것으로도 충분하다.

3
사소한 말에
상처받지 마라

왜 상대의 말을
진지하게 받아들이는가?

삶에 지친 당신이 휴식을 취하는 동안에 생각할 것이 있다. 그것은 당신이 누군가가 하는 몇 마디 말을 너무 심각하게 받아들이고 있지 않은가 하는 문제다.

삶에 지친 사람은 주위 사람이 하는 말을 너무나 진지하게 받아들인다. 일반적인 경우엔 다른 사람들이 하는 말을 그 자리에서 적당히 대응하거나 해석하면서 대처한다. 때에 따라서는 적당히 흘려듣고, 곧 잊어버린다.

그러나 삶에 지친 사람은 누군가 던지는 가벼운 말조차 몹시 심각하게 받아들인다. 누군가의 요구에 'No!'라고 단호하게 거절하지 못하고 어쩔 줄 몰라 쩔쩔맨다.

그것은 원래 성격이 그렇기도 하지만 항상 상대방의 말을 심각하게 받아들이라고 요구받으면서 자랐기 때문이다. 그만큼 적의와 증오의 환경 속에서 자랐다는 뜻이다.

보통은 아무도 없는 산 속에서 '부장! 너 죽어 버려!'라고 말한다고 해서 정말로 죽기를 바라는 마음에서 하는 것은 아니다. 그냥 일시적인 감정을 분출하는 말일 뿐이다. 그것은 그저 죽기를 바랄 정도로 부장이 밉다는 의미를 담은 말이다.

'죽어라!' 하는 증오의 말도 정말로 그 말이 의미하는 대로 사용하는 경우와 일시적인 감정에서 나온 가벼운 말로 사용하는 경우가 있다. '멍청한 놈!'이라는 말도 마찬가지다. 정말로 상대방을 멍청하다고 생각할 때와, 잠시 그 사람의 행동을 보고 화가 나서 문득 던지는 말일 때가 있다.

여기 증오의 말이 갖는 의미 그대로 사용되는 가정에서 자란 아이와 그렇지 않은 가정에서 자란 아이가 있다. 증오가 마음속에서 쌓인 눈이 얼어붙은 것처럼 된 사람과 그렇지 않은 사람이 있다.

문제는, 마음속에 차곡차곡 쌓인 눈이 딱딱하게 얼어붙은 것처럼 된 부모가 아이에게 '너는 비겁하다!'고 비난했을 때가 무서운 것이다. 그것은 일시적인 감정의 말이 아니기 때문이다. 아이에게 있어서 그 말 자체가 공포로 평생을 가는 상처가 될 수가 있다.

상대의 말에
추궁당한다고 느낀다

삶에 지친 사람이 주위 사람들의 말을 진지하게 받아들이거나 히스테릭하게 반응하는 것에는 또 다른 원인이 있다. 삶에 지친 사람은 항상 말 속에 '추궁'이라는 의미가 포함되어 있는 환경 속에서 자랐기 때문이다.

이들은 남들이 던지는 가벼운 말에도 애써 변명을 하거나 그런 질문을 하는 상대의 태도에 두려워져서 뭔가 큰일처럼 느낀다.

그들은 왜 그렇게 가벼운 말들을 칼날에 베인 듯이 진지하게 받아들이는 것일까? 그것은 어릴 때부터 부모에게 엄청난

마음을 쉬게 하는 법

추궁을 당했기 때문이다. 만약 모른다고 하면 그런 것도 모르냐고 계속해서 추궁을 당했고, 안다고 말하면 네 까짓 게 어떻게 아느냐며 괴롭힘을 당했던 것이다.

그래서 어른이 되어서도 상대방이 가볍게 물어도 전전긍긍하게 되었다. 모르면 모른다, 알면 안다고 말해도 아무 일도 일어나지 않는 환경에서 자란 사람은 도저히 이해할 수 없는 유아기 때의 경험이 그에게는 존재하는 것이다.

이제 이런 사정을 알았다면, 마음속에서 용수철처럼 솟아오르는 어린 날의 상처를 보듬어 주자. 더 이상은 그렇게 살지 않겠다고 약속하는 순간, 당신은 우울증을 털고 다시 살아갈 수 있다.

우울증은 마음의 감기라는 말이 있다. 감기에 걸리면 재빨리 약을 먹어 다스리듯, 마음의 감기도 새로운 마음가짐으로 다스리자. 그럴 수 있다고 믿는 것으로부터 새로운 삶은 시작된다.

누군가 가볍게 던지는 몇 마디 말조차
몹시 심각하게 받아들이고
상처받고 있지는 않은가?

더 이상 그렇게 살지 않겠다고
스스로에게 약속해 보자.
그럴 수 있다고 믿는 것으로부터
인생은 새로워진다.

끝마치며

행복으로
가는 길을 알려 주는
나침반이기를

이 책에서 '삶에 지친 사람'이라고 하는 것은 어제오늘 격한 노동을 해서 피곤해진 사람이 아니다. 실업자가 되어서 경제적으로 곤란한 사람도 아니다. 실연을 해서 마음을 앓는 사람은 더욱 아니다.

그는 오랜 시간에 걸쳐서 부지런히 노력하며 살아왔는데, 어떤 알 수 없는 이유로 더 이상 아무것도 할 마음이 생기지 않게 된 사람이다. 더 힘을 내어 노력하려고 하지만 더 이상 노력할 수 없을 만큼 기진맥진한 상태이다.

그들이 삶에 지친 것은 오랜 기간 무리를 하면서 살아온 것이 원인으로, 살아갈 에너지가 고갈된 사람이다. 이렇게 되면 맛있는 음식을 먹어도, 좋은 술을 마셔도 즐거운 일이 없게 되니 문제가 된다.

그들은 재미있는 유머를 들어도 재미있다고 느끼는 일이 없다. 흥미진진한 프로그램을 봐도 그저 시끄러울 뿐이라며 텔레비전을 끄고 싶어 한다. 하지만 그렇다고 해서 아무것도 하지 않고 있는 것은 더 견디기 힘든 이율배반이 그를 괴롭힌다. 이를 이솝우화 식으로 말하자면 다음과 같다.

원숭이는 뒤집기를 정말 잘했다. 그래서 원숭이는 밀림 안의 동물들 모두로부터 존경받고 있었다. 거북이는 원숭이처럼 모두의 존경을 받기 위해 뒤집기를 하지 않으면 안 된다고 생각했다. 뒤집기가 서툰 거북이는 엄청 노력을 하며 연습을 했지만, 등껍질이 너무 무거워서 좀처럼 뒤집을 수가 없었다.

그러던 어느 날, 마침내 뒤집기에 성공할 수 있게 되었다. 하지만 기쁘다고 생각한 것은 그 순간뿐, 뒤집힌 거북이는 더 이상 원래대로 돌아갈 수 없었다. 그래도 거북이는 뒤집힌 채로 열심히 살아가기로 했다. 하지만 그건 불가능한 일이었다. 점차 거북이는 지쳐 갔고 살아갈 기력을 잃고 말았다.

영어의 'worry'라는 단어를 우리는 '걱정'이라고만 해석한다. 그러나 이 말은 우리가 알고 있는 의미와 전혀 다른 뜻이 있다고 한다. 다음과 같이 원래 두 가지 의미가 있다.

하나는 우리들이 원래 알고 있는 '걱정'이라는 뜻이다. 불안이나 고민이나 부담 등의 심리 상태 같은 걱정거리를 가리키는 말로 행복과는 반대되는 의미이다.

다른 하나의 의미는 '문제에 대한 적극적인 관심'이다. 달리 말하자면 건전한 걱정거리를 말하는데, 해석하자면 행복도가 높은 사람이라도 걱정이 적은 것이 아니며 그들도 고민거리가 많이 있다는 뜻을 내포하고 있다.

여기서 내가 하고 싶은 말은 행복한 사람이라고 해서 고민거리가 없지는 않다는 점이다. 사람들의 '행복도 조사'를 해 보면 우리들이 말하는 걱정과 행복은 마이너스, 플러스의 상관관계를 이루지만 고뇌와 행복은 그러한 관계를 이룰 수 없다고 한다.

정리하자면 고뇌가 없는 인생, 문제가 없는 인생은 없다는 말이다. 우리는 누구나 해결하지 않으면 안 되는 문제들을 떠안고 살아간다. 그 문제에 대해 심각하게 생각하는 사람과 대수롭지 않게 여기는 사람이 있을 뿐이다.

마음을 쉬게 하는 법

삶에 지쳤다는 것은 일반적으로 계속해서 어려운 문제를 떠안고 노력하는 삶을 사는 것인데, 의외로 그렇게 사는 사람들은 삶에 지치지 않는다. 삶에 지치는 사람은 이 책에서 설명해 온 타입들이다.

당신이 이 책을 집어 들었다는 것은 우울증에 휘둘리는 자신으로부터 도망치기 위한 선택일 것이다. 이 책이 그런 당신에게 행복으로 가는 길을 알려 주는 나침반 같은 역할을 했기를 바란다. 이 책을 덮으며 정말이지 휴식 같은 휴식을 취하겠다고 다짐한다면 저자로서 더한 기쁨은 없을 것이다.

옮긴이 이정은

고려대학교를 졸업하고 일본 히토쓰바시대학一橋大學 대학원에서 석사학
위와 '한일 근대의 인쇄 매체를 통해 나타난 근대여성 연구'라는 주제로
박사학위를 받았다. 현재 일본에서 대학강사로 활동하고 있다. 번역서로
《만만하게 보이지 않는 대화법》,《도망치고 싶을 때 읽는 책》,《자기 자
신을 좋아하게 되는 연습》,《의욕을 일으켜 세우는 심리학》등이 있다.

마음을 쉬게 하는 법

초판 1쇄 인쇄일	2021년 09월 17일
초판 1쇄 발행일	2021년 09월 27일

지은이	가토 다이조
옮긴이	이정은
발행인	이지연
주간	이미숙
책임편집	정윤정
책임디자인	이경진
	권지은
책임마케팅	이운섭
경영지원	이지연

발행처	㈜홍익출판미디어그룹
출판등록번호	제 2020-000332 호
출판등록	2020년 12월 07일
주소	서울시 마포구 독막로18길 12, 2층(상수동)
대표전화	02-323-0421
팩스	02-337-0569
메일	editor@hongikbooks.com

제작처	갑우문화사

ISBN	979-11-9142-050-0 (04180)

표지 사진	© Atlaspix/Alamy

신재용의 증세에 따른
1:1
동의보감 ②

도서출판
이유

신재용의 증세에
따른 1:1 동의보감 ②

ⓒ 2004

지은이 / 신재용
펴낸이 / 김래수

초판 발행 / 2004년 7월 15일
2판 1쇄 발행 / 2005년 4월 20일

기획 / 정숙미
편집 / 김성수
북디자인 / N.com(02-749-7123)
분해 · 제판 / 성광사(02-2272-6810)
인쇄 / 청송문화인쇄사(02-2676-4573)

펴낸 곳 / 도서출판 이유
주소 / 서울시 동작구 상도5동 103-5 성은빌딩 3층
전화 / 02-812-7217 팩스 / 02-812-7218
E-mail / eupub@hanafos.com
출판등록 / 2000. 1. 4 제20-358호

ISBN 89-89703-53-0 04510
　　　 89-89703-51-4(세트)

신재용의 증세에 따른

1:1

동의보감 ②

SBS-TV 김승현과 정은아의 '좋은 아침'에 여러 차례 출연했지만 이번에 출연한 '시청자 원격진단' 프로그램은 어느 때보다 의미가 컸다고 생각합니다. 왜냐하면 저의 일방적인 의학상식을 전달하는 데 초점이 있었던 것이 아니고 시청자들이 궁금해하고 절절하게 고통스러워하는 하소연을 듣고 함께 아파하고, 함께 고뇌하면서 함께 해결점을 찾아보려는 데 주안점을 둔 프로그램이었기 때문입니다.

그러나 텔레비전을 통해 할 수 있는 이야기는 한정적입니다. 더 깊이 이야기할 수 없고, 더 자세히 밝힐 수 없는 제한이 있을 수밖에 없는 것이 방송의 특성이기 때문입니다. 그리고 여러 가지 다양한 아이템과 많은 분의 하소연을 될수록 수렴해야 되기 때문에 어려움이 있기 마련입니다.

그래서 방송에서 못다 한 이야기, 자세히 못한 이야기를 속 시원히 들려드려야 하겠다는 절박한 심정으로 책을 엮어보기로 하였습니다.

우선 책을 어떻게 엮을까 고심하다가 〈1대 1〉의 개념으로 책을 엮기로 마음을 정했습니다. 진찰실에서, 혹은 사랑방에서 1대 1로 단둘이 마주 앉아 함께 아파하고, 함께 고뇌하고, 함께 마음을 나누며, 함께 문제점을 풀어 가는 심정으로 책을 엮으려고 한 것입니다.

까닭에 이 책은 방송에서 못다 한 이야기는 물론 제가 하고 싶고, 많은 분들이 듣고 싶어하는 모든 것이 망라되어 있음에 자긍심을 갖게 합니다.

1권과 2권으로 나누어 편집하면서 여성의 질병이나 어린이 질병은 물론 남녀노소를 불문하고 어느 가정에서나 흔히 볼 수 있고 흔히 고뇌할 수 있는 갖가지 질병들을 가급적 폭넓게 다루려고 했습니다. 아마 큰 도움이 되리라고 저는 확신합니다.

끝으로 제가 마지막 방송에서 말씀을 드린 바 같이 어려운 병이 있어도 절망하거나 포기하지 마십시오. 우리 곁에는 항상 그에 도움이 되는 음식이 있기 마련이기 때문입니다. 약은 둘째입니다. 그러나 음식은 하루도 빼지 않고 365일 드셔야 합니다. 이왕 드실 바에는 걱정이 되는 질병을 예방도 할 수 있고 또 치료에도 도움이 되는 음식을 드신다면 더욱 좋지 않겠습니까!

바로 이 책에는 그런 음식들을 친절히 알려드리고 있습니다. 그러니 절망이나 포기를 하지 말고 실천해 보시기를 바랍니다. 삶이 풍요로워질 것이며 건강과 행복으로 충만해지실 것입니다.

항상 건강하십시오.

'SBS-TV 김승현과 정은아의 좋은 아침'
'신재용의 TV 동의보감-시청자 원격진단' 방송을 마치는 날 아침

素兀 신재용 올립니다.

● 여는글

알 아 두 세 요

신재용 박사와 독자와의 1:1 진료상담실

1. 피부, 건강지수의 바로미터!

피부로 보는 건강

2. 약재 복용시 이 식품은 같이 먹지 마세요!

3. 약효 좋은 식품 & 약재 보감

❶ 약용으로 자주 쓰이는 식품 ❷ 기를 보해주는 약재 ❸ 피를 보해주는 약재
❹ 양기를 채워주는 약재 ❺ 음기를 채워주는 약재

피부, 건강지수의 바로미터!

● 건강한 피부는 약산성…
나이가 들수록 피부는 점점 알칼리로 변한다.
피부는 약산성으로 유지해야 피부 단백질인 콜라겐의 탄성이
좋아지고 세균·곰팡이·이물질로부터 보호할 수 있다.

건강한 피부의 pH는…

태아 : pH 4.4(완벽한 약산성)	**성인** : pH 5.5~6.5
아기 : pH 4.5~5.5	**장년** : pH 6.5~

피부는 '신체의 거울'…

우리 몸 안에 어떤 질병이 생겼을 때 피부는 독특한 변화를 보이는데, 눈이 '마음의 거울'이라면 피부는 '**신체의 거울**'이라고 할 수 있다. 이와 같이 피부는 외부의 여러 가지 자극에 **방어**하는 기능이 있는 반면, 이런 자극에 의해 언제든지 병을 일으킬 수 있다.

피부 타입의 종류는…

① **지성 피부** 피지 분비가 활발해 아무것도 바르지 않아도 유분기가 많아 특히 얼굴이 번들거린다. 약산성 비누로 피부 건강을 유지하는 것이 좋다.

모공 확대로 딸기코, 요철 피부, 귤껍질 피부, 여드름, 뾰루지 등의 원인이 된다.

② **건성 피부** 전반적으로 피지와 수분의 분비량이 부족한 타입으로 주름이 생기기 쉽다. 몸을 씻을 때는 비누로 과도하게 문질러 씻지 않는 것이 포인트.

피부의 이물질을 닦아내는 듯한 미지근한 물에 가볍게 씻는 것이 중요하다. 멜라닌 색소 분해 기능이 저하되면 기미, 주근깨, 잡티, 검버

섯 등 색소 침착의 원인이 된다.

③ **민감성 피부** 피부 조직이 섬세하고 얇아 화장품을 바꾸거나 기후가 바
뀌면 피부에 트러블이 생기기 쉽다. 특히 모세혈관이 확장되어 얼굴이 붉
어지는 피부는 세안시 자극을 최소한으로 줄여야 한다.

세안할 때 손의 강한 자극도 트러블의 원인이 될 수 있으므로 아침 세안
에는 미지근한 스팀타월을 이용해 노폐물을 닦아내고, 저녁 세안 후에는
수건으로 문지르지 말고 가볍게 두드려 흡수시킨다.

피부가 건강해지는 생활요법은…

① 물은 하루에 8잔 이상을 마신다

각질층의 이상적인 수분함유량(15~20%)을 유지하기 위해서는 하루에
8잔 정도의 물을 마시는 습관을 들인다. 물은 체내의 수분 보충뿐 아니라
몸 속의 노폐물을 걸러주는 역할을 하기 때문이다.

② 충분한 수면을 취한다

밤 10시에서 새벽 4시 사이의 피부는 세포의 신진대사가 높아지며 낮보
다 약 10배 정도 활동적이다. 각질화된 세포들이 피부에서 떨어져 나가기
위해 더욱 빨리 피부 표면으로 이동하며 세포는 재생과 DNA 회복 과정을
가속화시키며 밤 동안에는 빛이 없기 때문에 자연적인 독소 방지제인 멜라
토닌을 방출한다. 그러므로 잠을 충분히 자면 다음날 아침, 맑고 투명한 피
부의 주인공이 될 수 있다.

③ 신선한 공기를 마신다

신선한 공기를 마실 때는 복식호흡을 하는 것이 좋다. 산소는 피부 세포
가 살아 숨쉬는 것을 돕고 신진대사를 촉진시켜 준다.

피부로 보는 건강

혈색이 없고 창백해진다 : 양기가 절대 부족하다

양기 부족으로 혈액순환이 원활하지 않아 얼굴에 혈액이 줄어들면 얼굴이 창백해지고 광택이 없어진다. 양기를 돋워주는 참깨, 마늘, 인삼, 돼지고기, 부추 등을 섭취하면 몸속이 따뜻해지며 에너지 대사를 활발하게 해준다.

얼굴이 검고 푸르스름하다 : 간이 나쁘다

얼굴색이 약간 푸르스름하면서 검어질 경우, 간이 피로에 지쳐서 기운의 순환이 안 되고 기가 한 곳에 뭉친 상태이다. 간염이나 중추신경 질병 등의 질병을 의심해 볼 수 있다. 또 월경불순으로 어혈이 있을 수 있다.

얼굴이 누렇게 뜬다 : 당뇨병, 위장 질환이 있다

얼굴색이 누렇게 뜬 것은 소화에 필수적인 담즙 배설에 문제가 생긴 것으로 담즙이 피부로 넘쳐 나타나는 것이다. 혹은 비기가 약해져 기혈을 생산하지 못해 피부에 자양분을 전하지 못할 때도 누렇게 된다. 당뇨병, 위장 질환이 나타날 수 있다.

얼굴이 갑자기 검어졌다 : 신우염, 방광염, 부인과 질병을 조심한다

얼굴이 갑자기 검어진다면 신장의 양기가 떨어졌다는 것. 이런 사람들은 신우염, 방광염, 부인과 질환에 걸릴 확률이 높으므로 정기적인 건강 검진이 필요하다.

얼굴이 지나치게 붉다 : 고혈압, 류머티스를 조심해야 한다

양볼이 지나치게 벌겋게 달아오른 것은 신장의 활동이 지나치게 왕성하다는 증거. 이런 사람들은 다혈질의 고혈압, 심장 질환, 류머티스 질환 등을 의심해 볼 수 있다.

알아두세요

피부 건강의 천적, '모낭충'

'피부 두더지'라고 불리면서 피부의 노폐물을 먹고 사는 미생물인 '모낭충'은 대부분의 사람들에게서 나타나기는 하지만 그 숫자가 많아지면 모공을 확장시켜 피부 트러블을 일으키기도 하고 피부노화를 촉진하며 악성 여드름이나 딸기코 등의 증세를 부르는 주범이기도 하다. 개나 돼지의 경우는 병원성이 강해, 탈모·피부 발적 등을 일으킨다.

뾰루지가 볼에 났다 : 위장 장애가 문제다

볼에 트러블이 생기는 것은 위장 건강에 이상이 생겼다는 신호. 신경성 위장 장애를 치료하거나 위를 튼튼하게 해서 소화력을 높이면 사라진다.

갑자기 눈밑이 거무스름해졌다 : 어혈의 문제

혈액순환이 원활하지 못하면 생리통·월경불순 등을 일으키고, 어혈이 생겨 피부 트러블로 일어나게 된다. 눈 아래에 거무스름한 그늘이 보인다면 어혈이 생겼다는 단적인 증거이다.
어혈을 없애고 피를 깨끗하게 하려면 상추, 홍화차, 검은콩 달인 물을 먹는다.

얼굴이 붓는다 : 신장 질환 의심

얼굴이나 몸이 붓는 원인은 주로 소화기 장애, 신허로 붓는 경우가 있다. 장의 기능이 저하되면 수분의 흡수·배출이 원활하지 못하고 신장 기능이 떨어져도 불필요한 수분을 배설할 수 없다. 이 때 몸이 붓거나 퍽퍽한 느낌이 드는 것이다.

뾰루지가 이마에 났다 : 장이 나빠졌다

장이 나빠지면 이마에 즉각 피부 반응이 생긴다. 변비나 설사가 반복되는 등 장 기능이 약한 사람은 거의 이마쪽 피부에 문제가 많다. 섬유질을 많이 섭취하는 것은 장 치료의 기본이다.

뾰루지가 입 주변에 날 때 : 자궁이나 방광을 의심한다

입 주변에 뭔가 많이 난다면 자궁 계통의 열이 입 주위로 올라와 생기는 것. 특히 인중이 탁하고 어두운 색을 나타내면 자궁 질환을 의심할 수도 있다. 그 색이 집중되어 점처럼 나타나면 자궁의 종양이 있는지를 의심해야 한다.

기미가 생겼다 : 자궁이 냉하고 혈액순환이 안 된다

기미는 흔히 햇볕에 오래 노출되었을 때 멜라닌 색소의 반응으로 생기는 것으로 알고 있다. 하지만 한방에서는 혈액순환이 좋지 않거나 변비, 신장이 약할 때와 자궁이 냉할 때 기미가 잘 생긴다고 본다. 소화기 계통이 좋지 않은 경우에도 잘 생긴다.

입술색이 변한다 : 색에 따라 질병이 다르다

입술이 누렇다면 소화기의 병, 검은 빛을 띠면 어혈 때문이다. 핏기 없는 입술은 기가 허한 것이고, 지나치게 붉으면 호흡기 질병을 의심해 볼 수 있다. 입술이 퍼렇게 변하면 코에 질환이 있을 수 있다. 심장이나 폐에 문제가 있을 때에도 혈액 속 산소가 줄어들어 입술이 보랏빛이 된다.

약재 복용시
이 식품은 같이 먹지 마세요!

감초가 들어 있는 처방일 때는

돼지고기 · 배추 · 해조류는 같이 먹지 마세요.

창이자가 들어 있는 처방일 때는

돼지고기 · 말고기 · 쌀뜨물을 같이 먹지 마세요.

반하 · 창포가 있는 처방일 때는

양고기 · 양의 피 · 설탕을 같이 먹지 마세요.

황련 · 호황련이 들어 있는 처방일 때는

돼지고기 · 찬물을 먹지 마세요.

오수유가 들어 있는 처방일 때는

돼지고기 중에서도 특히 돼지의 심장은 먹지 마세요.

지황 · 하수오가 들어 있는 처방일 때는

육류의 피 · 파 · 마늘 · 무를 먹지 마세요.

단사 · 공청 · 경분이 들어 있는 처방일 때는

피가 묻은 모든 음식은 먹지 마세요.

우슬이 들어 있는 처방일 때는

쇠고기를 먹지 마세요.

세신 · 여로가 들어 있는 처방일 때는

너구리고기 · 생나물을 먹지 마세요.

길경 · 오배가 들어 있는 처방일 때는

돼지고기를 먹지 마세요.

박하가 들어 있는 처방일 때는

꿩고기를 먹지 마세요.

형개가 들어 있는 처방일 때는

노루고기 · 복어 · 비늘없는 생선 · 게를 먹지 마세요.

창출 · 백출이 들어 있으면

참새고기 · 복숭아 · 등푸른 생선 · 배추를 먹지 마세요.

자소엽 · 쳔문동이 들어 있는 처방일 때는

잉어를 먹지 마세요.

맥문동이 들어 있는 처방일 때는

붕어를 먹지 마세요.

목단피가 들어 있는 처방일 때는

마늘 · 오랑캐나물을 먹지 마세요.

부자 · 오두 · 천웅이 들어 있는 처방일 때는

메주 · 기장을 먹지 마세요.

당귀가 들어 있는 처방일 때는

따뜻한 면을 먹지 마세요.

위령선 · 뮤봉령이 들어 있는 처방일 때는

면탕 · 차를 먹지 마세요.

단삼 · 복령 · 복신이 들어 있는 처방일 때는

산성식품, 특히 식초를 먹지 마세요.

육두구가 들어 있는 처방일 때는

소금을 먹지 마세요.

약효 좋은 식품 & 약재 보감

일상의 식탁에서 음식을 먹더라도, 건강에 좋은 음식을 먹도록 하세요.

맘 먹고 지어 먹는 보약보다 지금 당신이 먹고 있는 음식이나 차 한 잔에도

당신의 건강을 지켜줄 약효 좋은 음식이 있답니다.

그리고 약용으로 자주 쓰이는 식품이나, 어떤 약재가 어떤 효능을 갖고

있는지를 알면, 모르고 먹는 것보다 약효를 두 배로 살릴 수 있을 거예요!

1. 약용으로 자주 쓰이는 식품

✳ 땅콩

땅콩은 '낙화생(落花生)' 이라고도 한다. 맛이 달고 성질은 평하다. 비장과 폐에 작용하는데, 폐를 부드럽게 풀어주고 비위를 든든하게 하며 지혈작용도 있다.

마른기침 · 반위 · 각기 등에 쓰고, 산모가 젖이 부족할 때 먹으면 좋다.

땅콩의 속껍질은 지혈작용이 특히 뛰어나기 때문에 혈우병, 수술 후의 출혈, 내장 출혈, 간장의 병으로 인한 출혈 등에 쓴다.

● 산모의 젖이 잘 나오게 하는 데 쓰려면 돼지족 1쌍에 땅콩 600g을 넣고 흐물흐물해질 때까지 고아서 소금이나 파 등의 양념을 하지 말고 그대로 수시로 한 그릇씩 먹는다.

● 해수(咳嗽)가 심할 때, 담을 제거하는 데도 쓸 수 있는데, 날것으로 가루를 만들어 끓는 물로 복용한다. 1회에 40g씩 하루 세 차례 식후에 복용한다.

※ 땅콩은 참외와는 잘 맞지 않으므로 같이 먹지 않는 것이 좋다.

✴ 잣

'해송자(海松子)'라고도 한다. 맛이 달고 성질이 따뜻한데, 심장과 폐를 보하고 풍을 없애주며 대소변을 잘 통하게 한다.

예로부터 잣은 자양강장식품으로 이름이 높고, 병후의 회복에 잣죽을 먹으면 좋다. 동맥경화를 예방하는 데도 효과가 있고, 몸이 허약한 데, 마른 기침이 있을 때, 허약하면서 변비가 있을 때, 풍으로 몸의 여기저기가 아픈 데 등에 쓴다.

● 기침에는 잣, 호두, 꿀을 2 : 4 : 1의 비율로 하여 호두와 잣을 갈아서

꿀에 버무려 두었다가 식후에 뜨거운 물에 차처럼 타서 마신다.

● 종기가 있을 때 외용약으로 쓸 수 있는데, 잣을 달걀 흰자와 함께 짓찧어 종기가 난 환부에 붙인다.

※ 양고기와는 잘 맞지 않으므로 양고기를 먹을 때는 많이 먹지 않는 것이 좋다.

※ 기장

기장은 기(氣)와 비위를 보하기 때문에 건강에 좋은 곡물이다. 평소 밥을 지을 때 조금씩 넣어 먹으면 맛도 좋고 영양도 풍부해지므로 일거양득이다.

기장에는 메기장과 찰기장이 있는데, 색깔에 따라서 청기장·황기장·백기장으로도 구분한다.

청기장·백기장은 성질이 약간 찬 데 비해, 황기장은 달고 평하다. 비경, 위경, 폐경, 대장경에 작용하여 기를 보하고 비위를 보한다. 곡물 중에서 비위에 가장 좋은 것에 속하므로 비위가 허약한 사람은 찰기장을 상식하면 좋다.

● 특히, 비허(脾虛)로 설사를 하는 사람은 청기장 반 되에 약누룩(신곡) 1홉을 넣고 죽을 쑤어 먹는다.

● 곽란에도 백기장으로 죽을 쑤어 먹으면 좋다.

✳ 전복

　전복은 조개류의 일종으로 암초나 돌에 붙어서 서식한다. 전복은 맛이 짜고, 성질이 평하며 독이 없다.

　눈을 밝게 해주며 간(肝) · 폐(肺)의 풍열(風熱)과 청맹(靑盲)을 다스린다.

　전복은 어류 중에서 단백질이 특히 풍부한 것으로 유명한데, 필수아미노산이 풍부하므로 건강식으로 아주 좋다. 특히 중년기 이후의 건강식으로 권할 만하다.

　전복은 산모의 젖을 잘 나오게 하는 데도 쓰이고 간 기능을 좋게 하거나 몸이 쑤시는 데, 열을 푸는 데도 쓰인다.

● 산후의 젖 부족에는 삶아서 고기와 탕을 먹으면 좋다.

✳ 다시마

　다시마의 성질은 차고 맛이 떫고 독이 없다.

　파래나 다시마와 같은 해조류는 요오드가 많이 함유되어 있어서 갑상선종의 치료에 좋고 가슴의 적취(積聚)를 풀고, 복(腹) 중에 뭉친 적(積)을 터뜨리며, 대소변을 순조롭게 하고 일체의 수종증(水腫證)을 치료한다.

다시마는 차로 만들어 먹거나 국을 끓일 때 넣어 먹을 수 있는데, 자양식품으로서 동맥경화에 특히 좋은 식품이다. 강장제로도 효과가 있고, 모발을 잘 나게 하며, 소화가 잘 되게 한다.

알칼리성 식품으로서 고혈압의 발생을 억제하는 효과도 있다.

✻ 잉어

잉어는 예로부터 잔치음식으로 귀하게 쓰여왔다.

저수지, 늪, 강에서 사는데 몸에 비늘이 있고 힘이 세며 등은 흑색에 가깝고 배는 담황색이다. 입아귀에 한 쌍의 수염이 있어서 금방 다른 물고기와 구별된다.

통째로 쓸 수도 있고 살, 뼈, 껍질 등을 갈라서 쓰기도 한다.

맛은 달고 성질은 평한데 비경과 신경에 작용한다.

오줌을 잘 나오게 하고, 부은 것을 내리며, 젖이 잘 나게 한다.

부종, 각기, 황달, 소갈, 기침, 젖이 잘 나오지 않는 데에 쓴다.

잉어고기는 임신중의 부종 및 태기 불안을 다스리며, 잉어기름은 소아의 경풍(驚風), 경간(驚癎)을 다스린다.

2. 기를 보해주는 약재

✳ 영지(靈芝)

'불로초(不老草)'라는 이름을 가진 영지버섯은 인삼에 버금갈 정도로 민간에서 보약으로 많이 사용하고 있다.

맛은 달고 성질은 평(平)하다.

심, 폐, 비, 간에 작용한다. 오장의 기를 보하고, 정혈작용을 하며, 근육과 뼈를 튼튼하게 하고, 정신을 안정시키고 기운을 차리게 한다.

허약 체질의 보약으로 쓰고 간염, 고혈압, 동맥경화, 만성 기관지염, 협심증, 빈혈, 갑상선기능항진증 등의 치료에 사용한다. 영지는 신체 전반에 면역 능력을 높여주며 진통작용도 있는데 위장, 신장, 간장, 대장, 심장, 관절에 오는 여러 질병을 치료하고 전신쇠약에 좋다.

영지를 달여 마시려면 삼탕(三湯)을 하여 즙을 내고 그것을 섞어서 찬 곳에 보관하여 물을 마시듯이 먹는다.

고혈압, 빈혈, 심장 질환, 허약 체질의 원기보강, 간 기능 개선 등을 위해 흔히 상용한다.

● 직장인들은 알약으로 만들어 간편하게 사용할 수도 있다. 영지버섯을 달여 끈끈해질 정도로 바짝 졸여 '영지버섯조청'을 만든 다음 영지버섯가루와 꿀을 넣어 1g 정도 크기의 알약을 만든다.

✼ 인삼

말리지 않은 것을 '수삼(水蔘)', 햇빛에 말린 것을 '백삼(白蔘)', 특별한 방법으로 쪄서 말린 것을 '홍삼(紅蔘)' 이라고 한다.

맛은 달면서 약간 쓰며 성질은 따뜻하다.

폐와 비장에 작용하여 기를 보한다. 진액(津液)을 늘려주고, 갈증을 풀고, 숨이 찬 것을 낫게 하고, 설사를 멈추며, 소화가 잘 되게 하고, 위를 튼튼히 하고, 정신을 맑게 하고, 눈을 밝게 한다.

만성 위염, 구토, 설사, 출혈, 탈수, 당뇨, 심계항진, 신경쇠약, 피로, 빈혈 등 여러 질병에 단미(單味)로 쓰거나 다른 약재와 함께 쓴다.

● 기허증에 인삼을 쓸 때는 황기나 백출을 함께 쓰면 비기(脾氣)를 보하는 작용이 더 강해진다. 복령을 함께 쓰면

보기작용이 더 좋아진다.

● 인삼을 단미로 쓰는 처방에는 『인삼고(人蔘膏)』가 있다. 원기가 부족하여 온몸이 노곤하고, 땀을 잘 흘리며, 정신이 맑지 못하고, 식욕이 없으며, 말하기가 싫은 경우에 좋은 효과가 있다.

만드는 법은 인삼을 물에 달여 달인 물을 담아 두고 다시 물을 붓고 달이는 것을 몇 차례 해서 인삼을 씹어 보아 아무런 맛을 느낄 수 없을 때까지 하며, 달인 물을 합쳐 다시 바짝 졸여 고약처럼 되게 한다. 이것을 하루 다섯 숟가락쯤 먹는다.

● 인삼을 단미로 쓰는 처방으로 가장 많이 쓰이는 것은 『독삼탕(獨蔘湯)』이다.

인삼 20g을 물 1사발 가량 붓고 1시간 정도 달인 후 1컵 정도의 분량으로 줄면 아침 · 저녁 2회로 나누어 복용한다. 기운이 없고 탈진할 때, 특히 몸이 냉한 사람에게 좋은 약이다.

● 식욕부진에 좋은 처방으로 꿀, 황기, 인삼을 10 : 5 : 4의 비율로 하여 물에 달여서 달인 물을 졸여 고약처럼 만든 다음 가루내어 보관하였다가 반 숟가락 정도를 미음에 타서 마신다.

※ 열증(熱症)이나 고혈압에는 사용하지 않는다.

✳ 오미자(五味子)

다섯 가지 맛이 있다고 해서 오미자라는 이름이 붙었지만, 독특한 신맛이 나고 성질은 따뜻하다. 폐, 신장, 비장에 작용한다. 기력을 보하고 기침을 멈추며 해열, 해갈한다.

오장의 기능을 보하며 허로(虛勞)로 몹시 여윈 것을 보한다.

허약, 피로, 무력감, 기침, 숨가쁨, 갈증, 자한(自汗 : 저절로 땀이 나는 것), 건망증, 설사, 유정(遺精) 등에 널리 쓰인다.

● 단방(單方)으로 쓸 때는 기침, 가래, 강장약으로 쓴다. 먹는 방법은 여러 가지인데 가장 좋은 방법은 알코올 용액으로 추출하여 드링크제로 하는 것이지만 번거롭고, 간단하게 먹으려면 분말로 해서 물에 하루 종일 담가 두었다가 그 물만 따라 마시는 방법이 있고, 또 분말을 끓는 물에 타서 차처럼 마시는 방법도 있다.

● 강장약으로 쓸 때는 분말을 그대로 먹는데, 한 번에 10g 정도씩 하루 세 번 먹는다.

● 천식, 기관지염에 좋은 처방으로 『오미자황탕』이 있다. 오미자 8g, 마황 · 행인(살구씨) · 감초를 각각 4g씩 준비하면 1첩 양이 되는데 500cc의 물을 붓고 끓여서 반으로 줄면 세 번으로 나누어 하루 동안 먹는다.

※ 그러나 위궤양, 정신흥분 상태, 간질, 뇌압이 높은 것, 혈압이 급히 변하는 고혈압 등에는 쓰지 않는다.

※ 황기

맛은 달고 성질은 약간 따뜻한 약재이다. 비장, 폐, 삼초(三焦), 신장에 작용한다.

기를 보하여 땀이 나는 것을 멈추게 하며, 오줌을 잘 나오게 하고, 화농을 없애 새살이 잘 돋게 한다. 피로회복을 빠르게 해주는 효능이 있다.

허약 체질이나 병후의 보약으로 많이 쓰이며, 식은땀 나는 데, 붓는 데, 당뇨, 내장하수 등에 쓰인다. 만성 위염, 위·십이지장 궤양, 위염, 신장 및 혈관의 여러 장애, 신장염 등에도 쓰인다. 특히 피부에 작용하여 땀구멍이 허약해서 항상 작은 열에도 땀을 흘리는 증사에 탁월한 효력이 있다.

● 식은땀을 많이 흘릴 때 황기닭을 해 먹으면 땀이 걷힌다고 해서 민간요법에서는 황기닭을 많이 사용한다. 보통 성인인 경우 항상 피곤하고 기운이 없으며 땀을 많이 흘릴 때는 닭 1마리에 황기 40g과 인삼 20g을 넣고 찹쌀 1홉과 대추·밤 5개씩을 넣은 후 푹 고아 황기는 버

리고 고기와 죽과 국물을 먹으면 여름철 식은땀에 좋은 효과가 있다.

● 단미로는 오줌을 잘 나오게 할 목적으로 쓸 수 있다. 황기 8g을 물에 달여 먹는다.

● 민간요법으로 많이 쓰는 황기죽이 있다.

황기(생것)와 멥쌀을 1 : 2의 비율로 한다. 먼저 황기를 달여 짜서 걸쭉한 즙을 만들고, 거기에 쌀과 설탕 약간을 넣어 죽을 끓인 후에 귤껍질 가루를 약간 넣고 잠시 더 끓인 뒤 불을 끈다. 하루 두 끼로 나누어 먹는데 따뜻하게 먹어야 더 좋다.

✳ 감초(甘草)

'약방에 감초'라는 말이 있듯이, 감초는 흔히 다른 약에 넣어 맛을 좋게 하는 정도의 약쯤으로 알고 있는데, 이것도 사용하기에 따라서 훌륭한 보약이 될 수 있다.

감초의 맛은 달고 성질은 평하다. 12경맥에 모두 작용한다. 비장과 폐를 보하고 몸을 덥게 하고 기침을 멈추며, 해열 · 해독 작용이 있다.

위궤양 · 위경련 등 각종 위장병, 기관지염 · 간염 · 인후두염 · 위염 등 각종 염증에 쓰고 그 이외에 심장, 폐의 허증을 다스린다.

옛 문헌에는 갓난아이의 입안을 감초 달인 물을 적신 가제로 닦아주거나 몇 방울 떨어뜨리면 태독(胎毒)을 풀고 사독(邪毒)을 막을 수 있다고 하였으나 지금은 그런 방법을 잘 쓰지 않는다.

● 단방으로 사용하는 것은 어린이가 허약하거나 야뇨증이 있을 때, 혹은 인후에 병이 있을 때 등이다. 달여 먹이거나 감초를 구워 가루낸 뒤 꿀로 빚어 알약으로 만들어 먹인다.
● 감초가 들어가는 처방 중에 『감길탕(甘桔湯)』이 있다.
감초 5g, 도라지 15g을 한 첩으로 하되 거칠게 가루내어 물에 달여 먹는다. 찬바람을 쐬어 목안이 붓고 아프며 말소리가 낮거나 쉰 목소리가 나는 데 쓴다.

3. 피를 보해주는 약재

✽ 당귀

맛이 달고 매우며 성질이 따뜻하다. 심경, 간경, 비경에 작용한다. 조혈작용이 있고, 혈액의 순환을 순조롭게 하고, 월경을 고르게 하고, 진통작용이 있으며, 대변을 잘 통하게 하고, 지혈작용도 한다.

일체의 풍병, 혈증, 허로 증상을 낫게 한다. 나쁜 피를 몰아내고 새 피를 보충한다.

부스럼, 불임증, 냉증 등을 낫게 하므로 여성의 성과 미용 등에 두루 효과가 있어 여성병 치료에도 많이 쓰인다.

옛 얘기에 아기를 잉태하지 못해 칠거지악으로 쫓겨난 아낙네가 당귀를 먹은 덕택으로 자식을 낳아 당연히 시집으로 돌아오게 되어서 당귀라는 이름을 붙였다는 속설에서도 보듯이, 불임증과 부인병에는 탁월한 효과가 있다.

개당귀라는 독초와 혼동하기 쉬운데, 야생의 것을 함부로 채취해 먹지 않도록 한다.

● 두통에는 당귀 12g 정도를 하루분으로 물에 달여 두 번에 나누어 먹는다.

● 빈혈에는 당귀와 천궁을 2 : 1의 비율로 섞어 거칠게 가루낸 다음 물과 술을 섞은 데에 넣고 달여 먹는다.

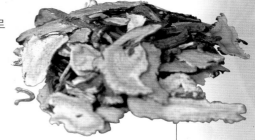

● 『당귀보혈탕(當歸補血湯)』이라는 처방이 있는데, 당귀 8g, 황기 20g을 한 첩으로 하여 달여 먹는다. 이것은 혈액이 부족하여 입안이 마르고 물을 자주 마시며 얼굴과 눈이 붉고 기운이 약한 데 쓴다.

● 산후의 부인에게 쓰는 경우가 많다. 산후의 자궁출혈에는 당귀에 파의 흰뿌리를 넣고 술에 달여 먹는다.

● 산후의 복통에는 당귀와 꿀을 물에 달여 먹으며, 산후에 자한(自汗)이 있으면 당귀 12g, 황기·작약 각각 8g, 생강 5쪽을 한 첩으로 하여 물에 달여 먹는다.

● 부인병에 있어 온갖 병과 허로증상을 낫게 하는 데는 당귀와 지황을 2 : 1의 비율로 아주 곱게 가루내어 졸인 꿀에 반죽해서 약 0.3g 정도로 알약을 만들어 한 번에 15알씩 미음으로 먹는 방법도 권할 만하다.

✳ 작약(芍藥)

작약에는 백작약(白芍藥)과 적작약(赤芍藥)이 있는데, 보통 작약이라고 하면 항간에서는 함박꽃이라고 하는 것으로 백작약을 가리키는 경우가 많다.

작약은 맛이 약간 쓰고 시며 성질은 약간 차다.

간장, 비장, 폐에 작용한다.

혈을 보하고, 진통 및 지혈 작용이 있고 땀을 멈추며 간화(肝火)를 내리고, 오줌을 잘 나오게 한다.

오장을 보하여 배가 부은 것, 월경이 통하지 않는 것을 낫게 하며, 어혈을 풀고 고름을 삭인다.

혈허로 배가 아픈 데, 위장 경련으로 배가 아픈 데, 신경통, 류머티즘성 관절염, 월경통, 간화로 머리가 어지러운 데, 신경쇠약, 월경과다, 식은땀 등에 쓴다.

● 혈액순환이 잘 되지 못하여 배가 심하게 아프거나 팔다리가 당기면서 아픈 데는 작약에 감초를 넣어 달여 먹는다. 백작약 16g, 감초 8g을 한 첩 양으로 한다. 이것을 좌골신경통, 요통, 담석증, 신석증에 아픔을 멈출 목적으로 쓸 수도 있다.

● 백작약, 감초에 부자를 넣은 『작약감초부자탕』이 있는데, 오슬오슬

춥고 땀이 많이 나면서 팔다리가 아픈 데, 풍한사(風寒邪)에 상한 데, 땀을 내도 병이 낫지 않고 도리어 더욱 오슬오슬 추운 데 쓴다. 감기, 신경통, 류머티즘성 관절염의 약으로 쓴다.

✱ 지황

지황을 캐서 모래에 묻어둔 것을 '생지황(生地黃)'이라고 하고, 햇빛에 말린 것을 '건지황(乾地黃)'이라 하며, 쪄서 말린 것을 '숙지황(熟地黃)'이라고 한다.

맛은 달며, 성질은 차다. 심장, 비장, 간장, 소장에 작용한다. 각종 출혈을 낫게 하고 열을 내리고 오줌을 잘 나가게 하고, 어혈을 없앤다.

● 몸을 가볍게 하고 쉬 늙지 않게 하려는 목적으로 지황을 쓸 때는, 지황 뿌리를 달인 물에 꿀을 넣고 다시 달여 물이 졸아 고약처럼 되게 한 후 작은 알약으로 만들어 먹는다. 매일 아침 하루 10g 정도를 따뜻한 술로 먹는다.

● 음허화동(陰虛火動)이나 열병으로 음이 상한 때, 음허(陰虛)로 열이 나고 갈증이 생기고 입안과 혀가 마를 때, 맥문동·현삼·목단피 등을 배합해서 쓰면 좋다.

4. 양기를 채워주는 약재

✻ 녹용

사슴은 초여름에 묵은 뿔이 저절
로 떨어지고 털이 보송보송 난 새
뿔이 돋아나는데, 피를 담은 이 새 뿔을 가을에 채취하여 건조시킨
것을 '녹용' 이라고 한다. 채취할 때를 놓치면 뿔이 각질화해서 차
츰 칼슘이 침착되고 굳어져 단단해지는데, 이를 '녹각' 이라고 한
다. 녹용은 산지에 따라서 약효의 차이가 많이 나고, 같은 뿔이라
도 끝 부분은 상품(上品)이지만 머리쪽 뿌리 부분은 하품(下品)이
되는 것이니 녹용을 구입할 때는 신경을 써야 한다.

녹용의 맛은 달고 성질은 따뜻하며 간장, 신장에 작용한다. 신장
의 양기를 보하고 혈을 보하며 근육과 뼈를 튼튼히 한다.

몸이 허약한 데 강장 목적으로 많이 쓰이며, 신장의 양기가 허해
서 어지러운 데, 이명, 귀가 잘 안 들리는 데, 허리와 무릎이 시리고
맥이 없는 데, 오줌을 자주 누는 데, 음위증, 어린이 발육이 나쁜
데, 월경이상, 자궁출혈, 신경쇠약, 신장병, 심장혈관 질환, 피로
등 광범위하게 쓰인다.

● 녹용이 들어가는 보약 처방은 여러 가지가 있다. 예를 들면 잔병치례가 잦고 발육이 나쁜 어린이, 허약한 어린이에게는 『귀용탕(歸茸湯)』을, 중년 여성의 건강 미용에는 『귀비탕(歸脾湯)』에 녹용을 가미하고, 노인들의 보약으로 『십전대보탕』에 녹용을 가미하고, 성인 남성의 피로, 식욕부진, 조로에는 『녹용대보탕』을 쓸 수 있다.
● 태음인 체질의 여성으로 혈허증이 있을 때는 『녹용건비탕』을 쓴다. 『건비보원전(健脾補元煎)』에 녹용을 가미한다.

❋ 두충

두충은 '사선(思仙)'이라는 별명을 가지고 있는데, 두충을 먹어야 득도한다고 하는 옛 선인들의 기담(奇談)이 전해온다. 맛은 맵고 달며 성질은 따뜻하며 간장, 신장에 작용한다. 간장과 신장을 보하고 근육과 뼈를 튼튼하게 하며, 허리와 다리의 통증을 낫게 하고, 정력을 보강시켜 주며, 남녀의 생식기에 음습함과 가려움증을 낫게 하고, 몸을 가볍게 한다.

● 중년기 이후에 체력감퇴 등을 치료하는 데 좋은 『연령고본단』이나 정력감퇴, 음위증에 좋은 『장양단』 등이 이 두충을 주로 하

고 있는 것을 보면, 두충의 보양 효과가 크다는 것을 알 수 있다.

● 단방으로 요통 치료에 쓰는 것도 있다. 풍이나 냉으로 허리가 아플 때는 두충 600g(썰어서 볶은 것)을 술 3되에 10일 동안 담가 두었다가 걸러서 하루에 30cc 정도 마신다. 번거로우면 볶은 것을 가루로 만들어서 술로 하루 8g 정도 먹어도 된다.

✳ 산수유

산수유는 열매가 빨간데, 관상수로 재배하면 보기도 좋고 열매를 과일로 먹을 수도 있어 일거양득이다.

맛은 시고 성질은 약간 따뜻하며 간장, 신장에 작용한다. 근육과 뼈를 튼튼하게 하고, 땀을 멈추며, 속을 덥게 하고, 원기를 돋우고, 유정(遺精)을 낫게 하며, 정액을 맑게 하고, 성 기능을 높인다. 제일 큰 약리작용이라면 소변을 볼 때 막힘없이 잘 나가게 하고, 고혈압을 일시적이나마 낮추어 주는 효과가 있다.

신허(腎虛)로 허리나 무릎이 시큰거리고 아픈 데, 야뇨증, 음위증, 현기증, 이명증, 자한증, 월경불순 등에 쓴다.

● 가정에서 손쉽게 먹으려면 산수유 100g에 물 한 컵을 붓고 물이 절반이 될 때까지 달여 고운 면포로 짠다. 여기에 설탕을 넣고 약한 불로 끓여 부드러운 면포로 짜내서 식히면 굳어서 젤리처럼 된다. 이것을 숟

가락으로 떠먹으면 된다. 맛도 좋고 약효도 충분히 낼 수 있다.

❋ 음양곽

음양곽은 세 개의 가지에 아홉 개의 잎이 달려 있기 때문에 '삼지
구엽초(三枝九葉草)'라고도 하는데, 음양곽이라고 부르는 데는
일화가 있다.

옛날 중국의 사천성에 음양(淫羊)이라는 산양이 있었는데, 하루
는 100회가 넘게 교미를 해서 조사해 보니 '곽(藿)'이라는 식물을
먹고 있어서 그 식물을 음양곽이라 하게 되었다는 것이다. 이런 일
화가 전해지는 것도 음양곽의 좋은 강장 효과 때문이다.

맛은 맵고 달며, 성질은 따뜻하고 신장과 간장에 작용한다. 신장
의 양기를 보하고 성 기능을 높인다. 강정, 소염, 진통, 이뇨, 강장
작용이 있으며 신장과 뼈와 근육을 튼튼하게 한다.

음위증, 성 호르몬 장애, 소변 장애, 이명증, 건망증, 월경불순,
불임증 등에 쓴다. 허약 체질의 보양에도 쓴다.

● 음위증, 불감증 등 성 생활에 장애가 있는 사람이 성 기능을 높이기
위해 쓰려면, 음양곽 500g을 3되의 술에 3일 동안 담갔다가 조금씩 자
주 먹는다. 본래 음양곽은 술에 우려서 먹으면 효과가 더 좋기 때문이
다. 아무튼 양기가 허해져서 허약한 경우에 적극적으로 먹으면 좋다.

5. 음기를 채워주는 약재

＊ 구기자

《본초강목》에는, 옛날 중국 서하지방 여인들은 구기자 나무의 열매, 잎, 뿌리, 줄기 등을 사시사철 번갈아가면서 먹었다고 한다. 이렇게 구기자를 먹음으로써 무병장수하고 아름다운 피부를 유지했다고 기록되어 있다.

옛날 중국 어느 저잣거리에서 중년 여인이 백발의 남자 노인을 회초리로 때리고 있었다. 지나는 사람마다 있을 수 없는 일이라고 분개했는데, 그녀는 이렇게 말했다는 것이다.

"내 나이 아흔여섯이고 이 아들은 일흔두 살일세. 자식이 어미 말을 듣지 않기로 때리는데, 자네들이 왜 나서는가?"

구기자는 맛은 달고 성질은 약간 차며, 간장과 신장에 작용한다. 음(陰)과 간신(肝腎)을 보하고, 정수(精水)를 늘리며, 눈을 밝게 한다. 허로 손상을 낫게 하고, 피부와 관절의 풍사(風邪)와 열독(熱毒)을 없애고, 부은 것을 가라앉힌다.

몸이 허약한 데, 간신이 허하여 어지럽고 눈이 침침한 데, 음위증, 허리가 시큰거리는 데, 무릎에 힘이 없는 데, 폐결핵, 신경쇠

약, 당뇨병, 마른기침 등에
쓴다.

● 단방으로 쓰려면 붉고 굵
은 구기자 다섯 되를 찧어서
으깨어 큰 삼베주머니에 넣
고 좋은 술 두 말에 담가 두
었다가 2주일 뒤부터 마시는데, 취하지는 않을 정도의 양으로 하여 잠
자기 전에 마신다. 신장과 간장을 보하고 피부를 윤택하게 하며 근육과
뼈를 튼튼하게 한다.
● 병후의 회복을 위해서 쓰거나 허약 체질의 개선에 쓰려면 구기자(봄
과 여름에는 줄기와 잎을 쓰고, 가을과 겨울에는 뿌리와 열매를 쓴다)
3kg을 물에 달여 찌꺼기를 짜 버리고 다시 졸여서 엿처럼 되게 해서
매일 10g 정도씩 술과 함께 먹는다.

✳ 맥문동

맛은 달고 약간 쓰며, 성질은 약간 차고, 폐·심장·위장에 작용
한다. 폐음(肺陰)을 보하고 기침을 멈춘다. 그러므로 폐음이 상한
데서 오는 마른기침, 피가래, 가슴이 답답하며 마음이 불안한 때
에 쓴다.

갈증을 없애며, 심열(心熱)을 내리고, 진액(津液)을 늘려주며, 오줌을 잘 나오게 하고, 대변을 부드럽게 한다.

입안이 마르고 갈증이 나는 데, 열이 나고 가슴이 답답한 데, 토혈, 각혈, 소변이 잘 안 나오는 데, 변비 등에 쓴다. 허약 체질의 보약으로 쓸 수도 있고, 산모가 젖이 잘 안 나오는 데도 쓴다.

● 『맥문동탕(麥門冬湯)』이라는 처방이 있다.

맥문동 8g, 인삼 · 오미자 각각 4g씩을 한 첩으로 하여 달여 먹는다. 보약 · 강심약으로 쓰고 열로 인해서 갈증이 나고 식은땀을 흘리고 숨결이 약한 증세에 쓰면 효과가 좋다.

● 맥문동과 쌀로 죽을 쑤고 설탕을 조금 넣어 하루 세 끼 먹는 것이 있다. 기침, 각혈, 허로로 인해 번열(煩熱)이 있는 데, 위음(胃陰)이 부족하여 음식을 먹기만 하면 곧 토하는 데, 노인이 열병으로 진액이 상하여 목이 마르고 갈증이 있는 데 등에 쓴다.

※ 천문동

천문동은 아주 추운 겨울철을 넘기는 생약(生藥)으로서 냉한(冷寒)한 음성약(陰性藥)이다.

맛은 달고 쓰며, 폐·신장에 작용한다. 폐와 신장을 보하고, 열을 내리며, 기침을 멈추게 하고, 숨이 차고 기침이 나고 고름이나 가래를 토하는 것을 낫게 한다.

폐열(肺熱)을 없애며, 소갈을 멈춘다. 신음(腎陰)을 보하여 근육과 뼈를 튼튼하게 하고 피부를 윤기있게 한다. 대변을 잘 통하게 하고 가래를 쉽게 뱉게 하므로 허열(虛熱)을 낫게 한다.

음이 허해지려고 미열이 있으면서 갈증이 나는 데, 소갈병·마른기침·백일해·토혈·변비 등이 있을 때 쓴다. 허약한 사람의 보약으로도 쓴다.

● 민간요법에서는 입속이 해지고 구내염이 있을 때, 천문동을 현삼(玄蔘)과 같은 양으로 가루내어 꿀로 반죽한 다음 0.3g 정도 크기의 알약으로 만들어 하루 3g씩 먹으면 효과가 있다.

● 피부가 거칠고 기관지가 건조한 때는 천문동을 짓찧어 생즙을 내어 따뜻하게 하여 술과 함께 마시면 좋다.

● 당뇨병일 때는 천문동을 생즙으로 내어 식후 1시간쯤에 1큰술씩 마신다.

● 폐기(肺氣)를 보하고 폐결핵이나 당뇨병을 낫게 하는 데는 천문동, 맥문동, 오미자를 진하게 달여 꿀을 넣어 마신다. 호마, 숙지황을 함께 가루내어 꿀에 개어서 한 번에 20~30g씩 오랫동안 복용하면 늙는 것과 얼굴의 주름살을 없애준다.

✵ 더덕

　생긴 모습이 인삼과 비슷해서 '사삼(沙蔘)'이라고도 하는데, 맛은 달고 쓰고 약간 차다. 폐와 위장에 작용한다. 음을 보하고, 열을 내리며, 기침을 멈추게 한다. 위를 보하고, 진액을 늘려주며, 늘 졸리는 것을 낫게 하며, 해독작용을 한다.

　폐음의 부족(肺陰虛)으로 열이 나면서 기침을 하는 데, 입안이 마르고 갈증이 나는 데, 오랜 기침, 기관지염, 기타 폐의 여러 질병에 쓴다.

　잘 놀라는 것, 가슴과 명치 끝이 아픈 것, 오한이나 발열 등을 낫게 하며 속기운을 보하고 위를 보한다.

● 폐결핵에 쓰려면 더덕 20g 정도를 1회분으로 하여 물에 달여 하루 3회 먹는다. 기침이 심한 경우도 마찬가지이다.

● 음부가 가려운 경우에는 더덕을 가루로 만들어 4g 정도씩 물로 먹는다. 더덕가루를 음부에 발라주는 것도 좋다. 종기나 독충에 물렸을 때 도 같다.

폐암

최근 들어 폐암이 날로 늘고 있다. 흡연 및 오염환경 등으로 인한 인체 유해 물질이 호흡을 통해 폐의 건강을 해치게 되고, 더군다나 대체적으로 남성에게서 발병하는 것으로 생각하지만, 요즘은 여성에게서도 많이 나타나고 있는 실정이다.

폐암의 원인은…

● 폐암은 담배 외에도 오염된 공기, 농약, 카펫 등이 원인이 될 수 있다고 한다. 흡연 외에도 석면과 방사선 가스의 일종인 라돈, 그리고 수없이 많은 어떤 요인들이 폐암의 원인으로 꼽히고 있다. 특히 석면 관련 작업장에서 일하는 비흡연자도 비(非)석면 작업장 종사자보다 폐암 발생률이 1.4~4배나 높다.

● 물론 담배를 피우는 석면 근로자는 담배를 피우지 않는

알아두세요

폐암을 일으키는 원인은…

● 담배가 80~90% 영향을 준다.
● 비타민 A가 결핍되었을 때도 나타난다.
● 오염된 공기와 콘크리트로 지어진 건물.
● 라돈, 우라늄, 석면, 방사능 등.

비석면 작업장의 근로자보다 100배나 더 폐암 발생률이 높다. 그렇지만 우리 나라 폐암 환자의 대부분은 흡연이 주요 발병 원인이다.

● 폐암은 다른 암으로부터 전이된 전이암도 있다. 우리 몸의 모든 혈액은 새로운 산소를 받기 위해 다시 폐로 돌아오기 때문에 전이암이 많다. 그렇지만 폐에 직접 생긴 원발성 폐암이 많다.

● 폐암은 편식과 관계가 많다고 한다. 특히 비타민 A 결핍 등이 관계한다.

● 방사능도 폐암의 원인이 될 수 있다.

● 유전적 요인도 관계가 있다.

흡연이 폐암에 미치는 영향은…

● 폐암은 55~65세의 남성들에게서 많이 볼 수 있다. 여성보다 남성에게 10배 가량 발병률이 높다고 한다. 진단 확정부터 사망까지 대략 6개월이 경과한다.

우리 나라의 경우 매년 3만 명이 흡연과 관련된 질병으로 사망한다고 보고된 바 있는데, 이는 매년 교통사고로 사망하는 1만 3,000명보다 많은 수치다. 물론 전세계적으로 매년 250만 명이 흡연에서 비롯되는 질병으로 사망한다는 사실이 세계보건기구에 의해 발표되기도 했다.

● 담배에 들어 있는 니코틴 외에 또 하나의 대표적인 독성 물질이 바로 타르다. 타르에는 수십 종의 발암 물질 등 유독 물질이 들어 있다. 그래서 담배연기를 빨아들이면 타르 성분이 폐를 통해 혈액으로 스며들고 타르가 혼합된 혈액이 몸 속의 기관들을 돌아다니며 독성 물질을 온 몸

구석구석까지 전파시킨다. 또 잇몸이나 기관지 등에 직접 작용해 표피 세포 등을 파괴하거나 만성 염증을 일으키기도 한다. 그리고 그 속에 있는 발암 물질이 상기도에 암을 일으키고 일부는 혈액 속에 흡수된 후 온몸으로 퍼져 각종 장기에 암을 일으킨다.

● 담배는 유리기를 형성하며, 유리기는 단백질이나 DNA를 서로 엉키게 하고, 리소솜을 파괴해서 소화효소로 하여금 세포화합물을 녹이게 한다. 그러므로 담배는 암의 큰 원인이 된다. 흡연이, 담배 연기 속의 벤조피렌 등 수백 여 종의 성분들이 발암 물질로 작용하기 때문에, 폐암의 원인이 되는 것은 잘 알려진 사실이다.

암이 발생하는 원인으로 잘못된 식생활이 30~70%라면, 흡연에 의한 것이 30~40%라고 한다. 미국의 와인더와 그레이엄이 흡연을 암의 원인으로 보고한 이래, 영국의 돌과 힐이 흡연자는 비흡연자보다 폐암에 걸릴 위험도가 13배 정도 높다고 발표한 바 있다.

● 특히 현재 발생하는 모든 암의 30~40%가 흡연에서 기인되는 것으로 밝혀지고 있으며, 후두암의 경우는 비흡연자에 비해 20.3배 이상 발병율이 높다고 하며, 세계보건기구의 보고에 따르면 폐암 중 80~90%, 방광암 중 40%가 흡연으로 인해 발생한다고 한다.

흡연 연령과 태도가 미치는 영향은…

● 간접흡연의 위험성도 높아서 흡연자와 함께 생활하는 비흡연자의 경우, 그렇지 않은 환경에서 생활하는 비흡연자보다 폐암에 걸릴 위험

성이 높다. 따라서 흡연자는 금연을 해야 하며, 흡연자든 또는 흡연자와 근접해서 생활을 해야 하는 비흡연자든 폐 속에 신선한 공기를 되도록 많이, 그리고 심호흡을 생활화하는 것이 좋다.

● 특히 심호흡을 하면서 가끔 가슴을 가볍게 두드려 주면 효과적이다. 가슴을 두드릴 때는 환자를 똑바로 눕게 한 다음 양쪽 가슴의 늑골 사이를 가볍게 마사지하고 다시 엎드리게 한 다음 목에서 10cm 아래까지를 마사지해 준다. 이 때 겨드랑이가 막히면 심폐 기능이 떨어지므로, 겨드랑이도 가볍게 두드려 주도록 한다.

흡연과 성장이 관계 있나요?

● 담배 1개피를 피울 때마다 수명이 14분 30초씩 단축된다고 WHO에서 발표한 적도 있고, 흡연자는 비흡연자에 비해 평균수명이 약 8~10년 단축되는 것으로 알려져 있다. 담배는 심장에 영향을 주는 혈관인 관상동맥을 수축시켜 심근에 빈혈을 야기하거나, 심장에 산소 공급을 저하시키고, 심근을 파괴시키기도 하기 때문에, 이런 경우엔 조그만 스트레스나 과로에도 사망할 수 있는 소지가 생긴다.

● 또 호흡기의 섬모 활동을 마비시킴으로써 호흡기에서 불순물을 배출할 능력을 줄이며, 이렇게 분비물이 쌓여 기관지를 좁힘으로써 환기 작용을 방해한다. 따라서 폐결핵 · 만성 기관지염 · 기관지확장증 · 폐기종 · 기관지염 · 천식과 같은 호흡기 질환이 많이 생긴다.

만성 기관지염과 폐기종, 만성 폐쇄성 폐 질환 중 85%가 흡연때문에 발생한다고 한다.

● 또 소화불량, 변비, 만성 장염, 소화성 궤양 등의 소화기 질환에도 잘 걸린다. 피부 온도는 2~3℃, 심지어는 5~7℃까지 떨어지며, 피부 노화 등을 유발한다. 기타 시력감퇴·시신경염·약시 등의 시력 장애가 수반되며, 치근막염, 치조골 질환 등 치과 질환을 병발시킨다. 두통, 불면증, 현기증, 신경자극 등을 일으키고 두뇌 기능 장애와 표현력 및 지각 저하 현상이 일어나기도 한다.

● 담배 속의 니코틴 성분 때문에 마약 중독과 같은 습관성이 생긴다. 이런 습관성 중독 상태 때 이를 공급해 주지 않으면 두통, 불면이 생기고 불안, 초조하며 안절부절 못하게 되는 금단현상이 일어난다. 니코틴이 지나치면 신경을 마비시켜 환각 상태에 이르게 하기도 한다.

● 담배를 피움으로써 흡입되는 독성 물질 중 또 한 가지는 일산화탄이소다. 일산화탄소를 계속 흡입할 경우 혈액의 산소운반 능력을 떨어뜨려 그 결과 만성 저산소증 현상을 일으켜 신진대사에 장애를 가져오고, 기억력 상실, 구토, 호흡곤란 등의 증세를 일으키고, 조기 노화현상을 일으킨다. 농도가 60% 이상이 되면 사망에까지 이를 수 있다.

담배를 끊으면 폐암에 걸릴 확률이 낮아질까?

● 담배를 끊는다고 금방 폐암 발생률이 떨어지지는 않는다. 그러나 점차 시간이 지나면서 발생률이 낮아져 13년 정도가 지나면 비흡연자와

같은 정도의 폐암 발생률을 보인다고  한다. 우선 2시간만 금연을 해도 혈관 속에 가득 차 있던 니코틴 성분이 현저히 줄게 되고 이틀이 지나면 혈관 속에는 더 이상 니코틴 성분이 남지 않게 된다. 그리고 금연 후 6시간이 지나면 점차 맥박이 느려지면서 혈압도 떨어지기 시작한다. 떨어졌던 혈압이 정상수준으로 돌아가는 데는 사람에 따라, 흡연기간에 따라 차이가 커서 약 3일에서 30일 정도 걸린다.

● 폐 기능은 금연 후 바로 좋아지기 시작해서 반 나절이나 하루만 지나도 벌써 일산화탄소가 몸 밖으로 배출되어 숨이 차는 증상이 호전되는 것을 자각할 수 있다. 이틀이 지나면 몸에서 풍기던 담배냄새가 사라지면서 미각과 후각이 현저하게 좋아지는 것을 느낄 수 있고 일 주일 정도 지나면 폐 속에 고여 있던 점액, 즉 가래가 묽어지면서 기침을 통해 몸 밖으로 배출되기 시작하는데 약 3개월 정도가 지나면 폐 기능이 흡연하지 않는 사람과 비슷한 수준으로 회복된다. 그리고 폐 기능이 정상화되는 것과 동시에 남성에게는 정액의 움직임이 활발해지고 정자의 수도 증가하는 현상이 나타나게 된다.

● 금연을 시작한 지 1년이 지나면 혈액순환이나 몸의 모든 기능이 정상수준으로 회복되어 심장마비로 인한 돌연사의 위험률이 흡연자의 절반 수준으로 떨어진다. 그리고 5년이 지나면 심장마비의 위험성이 비흡연자와 같은 수준으로 적어지고 폐암 발생률도 흡연자의 절반 수준으로 떨어진다.

폐암의 주 원인인 담배를 금연할 때의
생활요법과 좋은 간식거리는…

1. 생활요법

● 오래 전 독일에서는…

담배를 피우는 사람은 발견 즉시 체포하여 오랏줄에 묶어 사흘 낮밤을 거리에서 구경거리로 삼는 형벌을 가했다. 러시아에서도 담배를 피우는 사람은 코를 자르거나 시베리아로 유형을 보내겠다고 포고령을 내렸다. 터키에서는 아므라트 4세가 직접 밤마다 평복을 차려 입고 거리에 암행시찰을 다니면서 흡연자를 찾아내어 참수형에 처했다. 심지어 담뱃대만 갖고 있어도 체포했으며 가산까지 몰수했다. 그러나 어떤 극형도 단연 효과를 얻은 것이 없다. 그래서 영국의 엘리자베드 1세, 찰스 1세, 프랑스의 루이 14세 등은 극형을 중지하고 과중한 세금을 징수하도록 방침을 바꾸었다.

● 흡연욕구를 일으키는 음식을 피하는 것이 좋다

커피 · 홍차처럼 카페인이 든 음료를 마시면 신경이 자극되어 흡연욕구가 생길 수 있으므로 피하는 것이 좋다. 또 육식이나 고추 · 후추 · 식초와 같은 자극적인 조미료 · 단 음식 · 기름에 튀긴 음식 · 과식도 흡연욕구를 상승시키므로 피하도록 한다. 식사 후에도 흡연욕구를 참기 힘들므로 식사 후 커피나 차를 마시지 말고 즉시 양치질을 하는 것이 좋다.

● 비타민 B와 C를 충분히 섭취해야 한다

담배를 한 개피 피울 때마다 비타민 C가 25mg씩 손실되므로 흡연자들은 비타민 C의 하루 필요량(성인 남녀 모두 55mg)보다 많이 섭취할 필요가 있다.

● 니코틴 중독을 해소하는 데는 녹차가 좋다

녹차 속의 카데킨 성분이 니코틴을 해독시키는 역할을 하기 때문이다. 이 사실은 시즈오카의 오카다 후미오에 의해 실험적으로 입증된 바 있다.
검정콩에도 니코틴 해독 성분이 있기 때문에 많이 섭취하는 것이 좋다.
리신, 아스파라긴산 등의 필수아미노산이 풍부하고 리놀레산과 리놀레인산을 갖고 있는 검은콩은 자양작용이 뚜렷하고 이뇨작용과 해독작용을 한다.

● 된장은 담배의 니코틴 독을 푼다

긴 담뱃대 속에 담뱃진이 막혔을 때 옛 사람들은 된장을 끓여 담뱃대 속에 따라 넣어 소제했다.

된장 끓인 것을 넣는 순간 신기하게도 즉시 담뱃진이 확 뚫렸던 것이다. 니코틴은 점막면에서 매우 쉽게 흡수된다. 예를 들면 강아지 혀에 니코틴을 두 방울 정도 떨어뜨리면 1~2분 이내에 중독이 되어 죽는다. 또한 완전한 피부 표면에서도 흡수되며 중독을 일으킬 수 있다.

그래서 예로부터 니코틴 해독에 대한 여러 가지 방법이 알려져 왔는데, 《본초봉원》에는 "오랫동안 담배의 독성을 받아 폐와 위가 맑지 못한 사람은 설탕을 달인 물로 이것을 치료한다."고 했으며, 《의오》에는 "담배 독소에는 흑설탕을 우물물에 타서 복용한다."고 했다.

● 《본초강목습유》에는…
"그 독에 중독되었을 때에는 호황련을 달여 차에 넣어서 복용한다."고 했다. 호황련은 맛이 쓰고 성질이 찬 약재인데 건위작용과 항균작용이 있으며, 과다한 끽연으로 구역감이 있거나 머리가 맑지 못하고 입이 마르며 번조하고 구취 등이 있을 때 도움이 되며, 특히 니코틴 해독작용이 있는 것으로 알려져 있다.

● 따뜻한 물로…
샤워를 하거나 뜨거운 물 속에 10분 정도 몸을 담그는 탕욕을 해주면 금연으로 인한 긴장감이나 불안, 두통 등을 해소할 수 있고 불면증으로부터 벗어나는 데도 도움이 된다.

● 금연으로 인해 변비가 올 수도 있으므로…
섬유소가 많이 든 음식을 주로 섭취하고 생수를 많이 마셔서 흡연을 해야 배변이 되던 습관을 고치는 것도 중요하다.

2. 금연을 위한 추천 간식

추천간식 1 해바라기씨
흡연은 혈관을 수축시키고 혈압을 높이며 혈액을 응고시키고 혈전을 생기게 하는 등 나쁜 영향을 준다. 이 때는 해바라기씨가 좋다. 수용성 비타민인 콜린이 부신피질 호르몬의 분비를 촉진하여 혈액순환을 원활하게 해주며, 해바라기씨 즉 '항일규자'는 약 50%의 지방유를 함유하고 있는데, 그 중에는 70%의 리놀산, 인지질이 들어 있으며, 인지질은 지혈증과 고콜레스테롤 혈증에 대하여 예방 작용이 있다.

호박씨

중국에서는 예로부터 호박씨를 고급요리에 재료로 써 왔다. 호박씨에는 질 좋은 불포화지방산과 머리를 좋게 해주는 레시틴이 많이 들어 있다. 또 간장의 작용을 돕는 메티오닌이 많이 들어 있다. 따라서 만성적인 기침, 천식 또는 어린이의 백일해에 호박씨를 질냄비에 넣고 까맣게 볶아 만든 가루를 꿀이나 설탕물에 갠 다음 여러 번에 나누어 조금씩 먹으면 증상이 훨씬 가벼워진다.

땅콩

땅콩의 지방은 콩의 3배, 비타민 B_1이 12.6배이다. 리파아제, 레시틴이 풍부해서 콜레스테롤을 녹이는 작용을 한다. 단, 껍질이 굳어져 딱딱해진 것은 오래 되어 기름기가 산화되었을 수 있고, 또 곰팡이가 생기면 발암 물질인 아플라톡신이 생긴다.

당근

당근의 비타민 A는 암세포의 성장을 억제하는 효과가 뛰어나다. 사마귀에는 갈아 놓은 당근에 소금을 조금 섞은 뒤 반죽해서 두껍게 붙여주면 효과를 볼 수 있다. '만병의 묘약' 이라고 할 만큼 영양분들이 균형을 이루고 있는 질 좋은 채소이며, 점막의 저항력이 떨어져 천식과 위궤양이 쉽게 올 때 두루 좋다. 당근은 식물성 섬유가 풍부할 뿐 아니라 비피더스균을 활성화하는 성분도 들어 있어서 장의 기능도 정상화되고 장운동이 활발해져 변비도 해소된다.

단, 당근을 잘게 자르거나 으깨면 당근 속의 산화효소인 리포옥시다제에 의해 카로틴이 급속이 산화해 버린다.

오이

베타 카로틴은 강한 항산화 성분으로 항암작용을 한다.

녹차

녹차는 니코틴을 해독한다. 이것은 녹차의 카데킨 성분에 의한 효과라고 한다. 또 체지방을 감소시켜 비만증을 개선하며 혈중 지질을 떨어뜨려 혈액순환을 원활하게 하고 혈관을 유연하게 한다.

레몬차

레몬에는 비타민 C, E 등의 함량이 특히 많다. 레몬은 신맛이 강한 피로회복제이다. 배뇨 때 요도가 아프고 소변이 뻑뻑할 때도 좋다.

● 금연 후 다시 13년(혹은 10년)이 지나면 폐암 발생률이 10% 이하로 떨어져 비흡연자와 동일해지며 구강암, 후두암, 식도암, 방광암, 신장암, 췌장암의 발생률도 현저하게 떨어진다.

폐암으로 나타나는 증세에는…

● 비강과 인후는 호흡기의 관문이며, 후두부는 기관으로 연결되어 기관은 다시 좌우 기관지 및 세기관지로 나누어져 폐포에 이르게 된다. 이 중 인후에서부터 비교적 큰 기관지까지를 '상기도' 라고 한다.

폐포는 총면적이 약 70~80㎡나 되며 기저막과 한 층의 상피세포로 되어 있는데, 호흡운동을 원활하게 도우며, 산소와 이산화탄소의 교환이 이루어지게 하며, 세균이나 먼지 등을 먹어치우는 식탐작용을 한다.

> **알아 두세요**
>
> **폐암의 증상은…**
> ● 가래, 마른기침.
> ● 가래는 특히 아침에 심하다. 덩어리진 가래, 피가 섞인 가래가 나오는 것이 특징이다.
> ● 숨이 차고, 가슴에서 쌕쌕 소리가 난다면 이미 암이 많이 진행된 상태이다.

● 폐는 좌우에 1개씩 자리하여 흉곽 내를 채우고 있는, 반원추상 암적색 장기로 표면에 청흑색 반점이 있다. 양쪽 폐의 뾰족한 상단을 '폐첨'이라 하는데, 쇄골 위 2~3cm 높이에 있다. 우측 폐는 밑으로 횡격막에 닿아 있고 간장에 치받쳐져서 오목하게 들어간 폐저부를 형성하고 있으며, 좌측 폐는 심장에 의해 바깥쪽으로 눌려서 오목하게 들어가 심압흔을 형성하며 그 하단은 우폐보다 약간 낮게 위치하고 있다.

우폐는 3폐엽, 좌폐는 2폐엽으로 나뉘어 있고, 양쪽 폐 안쪽의 내측면―즉, 종격면의 거의 중앙에 종격으로부터의 기관지, 폐동맥, 폐정맥, 림프관, 신경 등이 다발로 되어 들어 있다.

　　● 폐암은 기관지와 폐포 사이의 상피에 발생한다. 이렇게 폐암은 95% 가량이 기관지에서 발생하기 때문에 '기관지암'이라고도 부르는데, 기관지 점막을 자극하면 마른기침, 객담, 가슴 통증, 가쁜 숨, 오래토록 낫지 않는 감기 비슷한 증세가 나타난다. 빈혈, 체중감소 등이 나타나며, 점차 호흡곤란이 오고 혈담까지 나온다.

　　● 폐의 내부에는 신경이 없기 때문에 폐암은 아무런 증상도 없이 진행되는 것이 특징이다.
　　따라서 기침이나 가래, 혈담 등의 증상이 나타난다는 것은 이미 폐암이 상당히 진행되었다는 증거라고 봐야 한다.

　　● 특히 잦은 기침은 폐암 환자의 약 75%가 호소할 정도로 흔한 폐암의 초기 증상이므로 기침 때문에 일상생활에 지장을 받거나 잠을 이루지 못할 정도로 심하다면 일단 병원을 찾아 기침의 원인을 찾아보는 것이 좋다.

　　● 호흡곤란도 폐암의 주요 증상이다. 폐암 말기에는 비대해진 암 덩어리 때문에 숨이 찬 경우도 있지만 대개는 폐암으로 인한 흉막삼출, 폐의 허탈, 상기도 폐색 등이 호흡곤란의 원인으로 작용한다. 가래에 피가 섞여 나오거나 피를 토하는 것도 폐암의 주요 증상 중 하나이다.

● 폐암 환자들 가운데 약 30~40%가 흉부의 통증을 호소하기도 한다. 폐의 가장자리에 생긴 암이 흉막과 흉벽을 침범하면 날카로운 통증이 가끔 생기고, 암이 갈비뼈로 전이되었을 때도 흉부 통증이 나타나며, 암이 흉막으로 전이되어 악성 흉막삼출증이 생기면 통증이 쉬지 않고 계속되는 특징을 보인다.

특별히 목을 혹사시킨 일이 없는데, 목소리가 쉬거나 쉰 목소리가 오랫동안 회복되지 않을 때도 폐암을 의심해 볼 수 있다. 성대를 조절하는 회귀 후두 신경은 폐와 폐 사이의 공간인 종격동을 지나가는데, 폐암이 이 신경을 침범하면 성대마비와 함께 쉰 목소리를 내게 되는 것이다.

● 폐암이 주위에 있는 큰 혈관을 누르게 되면 얼굴과 목 부위에 부종을 일으킬 수 있고, 암이 신경조직에 침범하면 어깨와 팔, 손의 근력 저하와 함께 통증이 나타날 수도 있다.

● 그밖에 피로와 식욕부진, 체중감소 등도 뒤따르게 되는데 이는 모든 암에 공통적으로 나타나는 증상이라고 할 수 있다.

● 폐암은 예후가 극히 안 좋다. 평균 생존률이 10~13%에 불과한 악성 중의 악성이다. 그러나 제1기에서 발견된 경우 생존율은 27~33%에 달한다고 하니, 조기 발견과 조기 치료만이 관건이다.

● 원발성 폐암은 그 조직형에 따라 편평상피암(유표피암), 선암, 대세포암, 소세포암, 기타 및 분류 불능의 암으로 분류한다. 일반적으로 소세포암이 가장 악성도가 높고, 다음이 선암이며, 대세포암과 편평상피

암은 치료 시기에 따라 비교적 예후가 좋은 편이다.

● 폐암은 또한 발생 부위에 따라 굵은 기관지에 발생되는 '폐문형(중심형)'과 말초에 발생되는 '폐야형(말초형)'으로 분류하는데, 편평상피암·소세포암은 폐문형이 많으며 선암은 거의 폐야형이다.

● 폐암은 병기에 따라서 상당히 다른 병상(임상증상, X선상)을 드러낸다. 그리고 전이가 빠른 암이기 때문에 근치를 위해서는 특히 조기발견, 조기치료가 필요하다. 현재는 지름 2cm 이내의 소형인 것을 진단하는 노력이 행해지고 있으며, 조기에는 흉부 X선 사진에 이상을 인지하기보다는 혈담, 기침 등의 자각 증상이 출현되는 것이 있으며 객담의 세포진으로 양성 소견이 얻어지는 율이 높다.

여성 흡연과 임신의 영향은…

● 담배를 피우게 되면 월경불순이 오게 될 확률이 안 피우는 여성보다 3배가 높다. 비흡연자의 월경불순이 100명당 13명 꼴이라면, 흡연자의 월경불순은 36명 꼴이며, 폐경이 빨리 앞당겨지는 경우역시 비흡연자는 2명 꼴이지만, 흡연자는 20명 꼴이다. 담배를 피우면 조기에 너무 빨리 폐경이 되

알아 두 세요

여성흡연자의 생리적 현상
● 경구피임제를 사용하는 여성이 흡연할 경우, 심장 질환 확률이 높다.
● 자궁과 난소의 혈관을 수축시켜 수족냉증이 심해진다.
● 모유 분비량이 적어진다.
● 모유를 통해 타르, 니코틴, 일산화탄소가 아이에게 전달된다.

는 확률이 안 피우는 사람들보다 10배는 더 빨리 온다. 더구나 불임증은 비흡연자에 비해 56%나 더 많으며, 어렵사리 임신이 되었다 하더라도 흡연 때문에 혈관이 수축되어 난소에서 혈액순환이 악화됨으로써 조산이나 미숙아를 출산하게 되거나 유산할 확률이 높다. 경구피임제를 복용하는 사람이 흡연을 할 경우, 심장 질환의 발생 위험이 높다고 한다.

● 임신부가 흡연을 하면 태반의 혈류량을 감소시킴으로써 신생아는 저체중아가 되기 쉽고, 허약하며, 때로는 미숙아나 기형아로 태어날 가능성이 높다. 또한, 여자의 흡연은 불임율을 높이고 유산이나 조산 빈도도 역시 높다.

● 또 벤조피렌이라는 담배 성분은 남녀 생식세포에 대해 돌연변이를 일으켜 선천성 기형이 생길 수 있다.

● 흡연은 말초신경의 혈액순환을 방해하고 스트레스에 약하게 만들며 비타민 C를 파괴해 탈모를 촉진시키는 역할을 한다. 흡연자의 95%에서 탈모증이 일어난다는 얘기도 있을 만큼 흡연이 탈모에 미치는 영향이 크므로 담배는 반드시 끊어야 한다.

폐암을 예방·치료하는 식품 & 약재

● 파래

해조류는 발암 물질인 스트론튬으로부터 정상세포를 보호한다.

해조류인 파래는 '석순'으로 불리는데, 여기에는 메틸 메티오닌과 비타민 A가 풍부하게 들어 있다. 메틸 메티오닌 성분은 니코틴의 해독을 푸는 데 아주 뛰어난 효과가 있다.

또 파래에 든 비타민 A는 담배 때문에 손상된 폐의 점막을 재생하고 보호해 주는 작용이 대단하여 폐암에 걸리지 않도록 막아준다.

담배를 피우는 경우라면 특히, '파래무침'을 많이 먹도록 한다.

● 당근

당근은 대기오염으로 인한 활성산소의 기능을 억제시키고, 폐암 활성을 억제하는 베타카로틴이 다량으로 함유되어 있어 비타민 A를 보강해 준다.

또 식물성 섬유가 풍부하고 비피더스균을 활성화시켜서 장의 기능도 정상화시키고 장의 연동운동도 활발하게 해준다. 껍질째 이용하는 것이 좋다.

● 김

알칼리성 홍조류인 김은 영양이 풍부한 먹거리로, 특히 비타민 B_{12}는 해조류 가운데 김에만 들어 있다.

● 상백피

상백피는 뽕나무뿌리껍질을 말하는데, 기침을 멈추고 가래를 삭이는 효능이 있어 기관지 염증, 천식의 치료에 아주 좋은 약물이다. 단, 혈압이 낮은 암 환자는 복용에 신중해야 한다.

비만일 때도 끓여서 차처럼 마시면 좋은 효과를 볼 수 있다.

당뇨가 있으면서 담배를 피우는 경우는 당도 떨어뜨리고 가래도 없앨 겸 해서 상백피를 쓰는 것이 좋다.

● 양파

양파는 폐암 예방에 좋은 알리신을 함유하고 있다. 양파에는 황화알릴 성분이 있어 발암 물질을 해독하는 효소들을 작동시킨다. 또 이 효소들은 백혈구의 수를 증가시킨다.

● 고구마

고구마는 베타 카로틴 성분을 많이 함유하고 있어서 비타민 A의 보강에 좋고, 호흡기를 강화하는 식품이다.

'미인이 되려면 고구마를 먹으라.' 는 옛말에는 고구마가 배변을 원활하게 하여 맑고 고운 피부를 지켜준다는 뜻이 담겨 있다. 고구마의 세라핀이 변통을 부드럽게 해주고, 고구마에 든 섬유질이 배변을 촉진하는 작용을 한다. 껍질째 쪄서 많이 먹으면 좋다. 식물섬유나 세라핀은 껍질 부분에 많기 때문이며, 또 껍질에 들어 있는 미네랄이 당분의 이상발효를 억제 시켜 주기 때문이다.

또 고구마의 비타민 C 보유량은 뿌리 채소 중에서 단연 으뜸이다. 그러나 고구마에 검은색 반점이 생기면 이 포메아마론이라는 독성 물질이 생긴다.

● 장어

장어는 살코기의 3배나 되는 엄청난 양의
비타민 A를 갖고 있다. 너무 놀랍게 많이 갖
고 있기 때문에 여성들 미용에도 좋다고 알려
져 있다.

비타민 A가 암을 예방·치료하는 효과가 있다.

● 백화사설초

백화사설초는 체내의 응어리를 다스리고 각종 독소를 해독시키는 역
할을 하기 때문에 청열해독약으로 꼽는다. 간암을 예방하고 치료하는
효과가 있는 것으로 알려져 있다. 폐암에도 좋다.

백화사설초를 복용할 때는 60~100g을 매일 끓여 하루에 2~3번 나
누어 보리차 대용으로 마시면 된다. 대추를 30g 정도 섞어 끓여도 좋다.

● 질경이

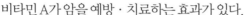

시골 길가에서 흔히 볼 수 있는 질경이는 사람의 발에 밟혀도 소달구
지에 깔려도 질기게 살아남는 여러해살이풀이다. 그래서 '질경이' 라는
이름을 붙인 것이다. 그 잎, 뿌리 모두 식용 혹은 약용하지만, 특히 그 씨
를 귀한 약재로 쓰고 있다. 이 씨가 바로 '차전자' 다.

'질경이는 소변을 원활하게 해주고 가래를 삭이며 위를 튼튼하게 해
준다.' 고 하였다. 특히 질경이의 잎에는 플라보노이드와 타닌 등의 성분
이 들어 있어 소화액의 분비를 촉진시키고 기침을 멎게 하며, 이뇨작용
을 한다. 호흡중추에 작용하여 기침을 안정시키고 기관지의 점액 분비
를 증가시켜 가래를 삭인다. 암을 억제하며, 청열·소염·지사 작용이

강하여 만성 기관지염, 폐암 등에도 쓰인다.

씨는 짓찧어 껍질을 깐 후 곱게 가루내어 보리가루, 메밀가루와 섞어 떡을 만들어 먹는다.

● 사과

섬유질이 많고 솔비톨이 많아서 변비 치료에 도움이 되지만, 핀란드 헬싱키 소재 국립보건원 연구진은 사과를 많이 먹으면 폐암 발생률을 58%까지 줄일 수 있음을 미국 학회지를 통해 발표한 바 있다.

사과에 풍부한 플라보노이드라는 항산화 물질이 우리 몸의 세포들을 산화시키는 물질을 제거함으로써 폐암 발생을 확실히, 효과적으로 감소시킨다는 것이다.

● 다래

원숭이가 즐겨 먹는 복숭아 같이 생긴 열매라고 해서 '미후도'라고 부른다. 특히 뿌리는 암 등에 효과가 있다.

● 어성초

폐암 등에도 어성초의 효능은 탁월하다고 한다. 어성초를 1일 12~20g씩을 물 500~700cc로 끓여 반으로 줄면 하루 동안 차처럼 여러 차례 나누어 마시는 것도 좋고, 혹은 어성초 · 동규자 · 토복령을 적당히 배합하여 함께 끓여 마셔도 폐암 치료에 도움이 될 수 있다고 한다.

중국에서 사용하고 있는 폐암 치료제 중 『어성초동규자탕』이라는 처방이 있는데, 그 주재료가 어성초이다.

● 감제풀(호장)

어린줄기는 식용하며 뿌리, 줄기는 약용하거나 염료로 사용한다. 약명으로는 '호장'이다.

폐암을 예방 · 치료하는 한방 처방

『과기건호탕』

폐암으로 *끈끈한* 점액성 가래가 심할 때 처방한다.

처방 사삼 · 황기 · 선학초 · 과루인 · 어성초 각각 30g, 귤락 · 길경 각각 9g, 천문동 15g, 전호 · 백전 · 마두령 · 소계 각각 12g, 송향 3g.

복용법 위의 약재들을 분량대로 준비하면 1첩 양이 된다.

약탕관에 500cc의 물을 붓고 물의 양이 반으로 줄면 약을 짜고

다시 300cc의 물을 붓고 재탕까지 달여 짠 다음 초탕과 재탕을 섞어

1일 2회로 나누어 식후에 따뜻하게 복용한다.

『평소단』

일반적인 폐암 증세에 기본적으로 처방한다.

처방 지각 30g, 건칠(볶은 것) 6g, 오령지 15g, 울금 · 백반 · 선학초 · 소석 각각 18g, 마전자 12g.

복용법 분량대로 준비한 약재를 곱게 가루낸 다음 찬물을 조금씩

섞으면서 반죽하여 한 알에 0.3g 크기의 알약을 만든다.

이 알약을 1회에 1.5~6g씩, 1일 3회 공복에 복용한다.

『과기두봉란』

폐암으로 마른기침이 심하고, 흰 포말의 가래가 심할 때 겸용한다.

처방 사삼 · 백전 · 소계 · 황기 · 산두근 · 반하 · 노봉방 · 사퇴 ·

전갈 · 과루인 각각 30g.

복용법 위의 약재들을 같은 양씩 준비하여 곱게 가루낸 다음 물로 반죽

해서 녹두알 크기의 알약을 만든다. 1회 3~6g씩, 1일 3회 복용한다.

『애봉탕』

기침을 하면서, 농이 섞인 가래가 심하여 숨이 차고 흉통까지 있을 때

쓴다.

처방 노봉방 · 사퇴 · 전갈 · 진피 · 산두근 · 복령 · 생강 각각 9g,

애엽 18g, 홍기 30g, 반하 15g, 감초 3g.

복용법 약재들을 분량대로 준비하면 1첩이 된다. 물 500cc를 붓고

초탕을 달인 다음 다시 재탕까지 끓여서 섞어 1일 3회로 나누어

공복에 복용한다.

『두자단』

피가 섞인 혈담이 있을 때 쓴다.

처방 해조 · 곤포 · 패모 · 백합 · 사삼 · 귤락 각각 12g,

산자고 · 노봉방 · 사퇴 · 전갈 각각 9g, 와룽자 15g.

복용법 분량대로 준비한 약재를 섞어 곱게 가루낸 다음 물로 반죽해서 녹두알 크기의 알약을 빚는다. 1회 4.5~9g씩, 1일 3회 공복에 복용한다.

『남봉탕』

열이 아주 심할 때는 기본 처방인 『평소단』을 『남봉탕』 끓인 물로 복용한다.

처방 판람근 · 금은화 · 지정 각각 30g, 산두근 · 노봉방 각각 9g, 용규 · 십대공로영 각각 1.5g.

복용법 분량대로 약재를 준비하면 1첩이 된다. 물 500cc를 붓고 초탕과 재탕까지 달여 1일 2회로 나누어 복용한다.

『두공환』

극심한 통증을 참기 어려울 때 복용한다.

처방 산두근 · 진피 · 건강 각각 60g, 노봉방 · 사퇴 · 감초 · 전갈 각각 30g, 애엽 120g, 오공 10개.

복용법 준비한 약재들을 곱게 가루낸 다음 물로 반죽하여 녹두알 크기의 알약을 만든다. 1회 3~6g씩, 1일 3회 공복에 복용한다.

Question 1 **담배를 피우지도 않는데, 폐암 진단을 받았어요?**

Answer ● 폐암을 모두 담배가 가지고 오는 것은 아니다. 가족력, 편식, 또는 다른 암의 전이로 나타나는 경우도 있다. 폐는 모든 피들이 한 번은 거쳐가는 곳이다. 환경적으로 지하 생활을 했다거나 아니면 먼지가 많이 일어나는 등 좋지 않은 나쁜 환경에서 있었다거나 하는 경우에 폐암이 많이 온다. 또한, 담배를 피우는 사람 옆에서 담배의 벤조피렌 성분을 들이마시게 되면 영향을 받을 수밖에 없다.

● 간접흡연이란 남이 피우는 담배연기를 간접적으로 또는 수동적으로 흡입함으로써 담배를 피우는 것과 같은 상태를 말한다. 미국 내의 모든 원자력발전소에서 나오는 방사능보다도 옆에 앉은 사람이 피워대는 담배연기가 더 해롭다는 보스턴 대학의 매크리컨 교수의 발표처럼 간접흡연에 의하여 사무실이나 주변 환경이 오염되고 비흡연자들이 건강 피해를 받는 예들은 수많은 보고가 있다.

● 부모가 흡연함으로써 자녀가 기관지염, 폐렴이 잘 걸리며 임신부가 흡연함으로써 태아에 심한 장애를 일으키며, 또한 남편이 담배를 피움으로써 아내가 각종 폐 질환 및 폐암에 걸려 사망하는 확률이 담배를 피우지 않는 경우보다 1.2~3배가 높다는 보고가 있다.

● 최근 영국의 보고에 의하면 창문을 열고 실내에서 담배를 피워도 옆사람이 간접흡연의 피해를 입게 된다고 할 정도로 심각한데, 그 정도는 자동차 배기 가스가 체내에 흡수된 것과 비슷할 정도라고 한다.

● 담배연기 중 간접흡연과 관계되는 것은 불이 붙고 있는 끝에서 나오는 생연기 즉, 부류연(副流煙)인데 담배를 피우는 사람이 연기를 흡입했다가 다시 내뿜을 때 나는 주류연(主流煙)보다 니코틴이 3배가 더 많고, 타르는 3.5배가 더 많으며 일산화탄소는 5배나 되는 등 담배가 갖고 있는 해로운 물질이 그대로 들어 있어 대단히 해롭다.

Question 2 **기관지에 좋다고 담배를 피우라는데요?**

Answer ● 애연가를 '화선이 기둥서방'이라고 불렀다. 담배가 원나라 때 기생 화선의 무덤에서 피어난 풀이라고 믿었기 때문이다. 그래서 담배를 '화선이 밟은 귀신 풀'이라는 뜻으로 '답화귀'라고 표현했다. 물론 남쪽에서 나는 영험한 풀이라 해서 '남령초'라 부르거나 요사스러운 풀이라 해서 '요초'라

고도 하지만, 한 왕녀가 죽은 후 이 풀 냄새를 맡고 살아났다고 해서 '반혼초' 라고도 하고, 혹은 담질이라는 병을 앓던 여인이 이 풀로 고쳤다고 해서 '담 파귀'라고도 불렀다고 한다.

그러나 답화귀나 담파귀는 모두 '담바고'에서 변형된 말이라고 하며, '담바 고'는 인디언의 담뱃대를 뜻하는 스페인 말인 타바코에서 비롯된 말이라고 한다. 이 담바고가 18세기에 '담파'로 줄여지고, 그것이 '담배'라는 우리말의 뿌리가 되었다고 한다.

● 이 담배에는 니코틴이 엄청나다고 한다. 니코틴이라는 말은 포르투칼 주 재 프랑스 대사 '장 니코'에 의해 담배가 프랑스에 도입되었기에 그의 성인 '니코'를 따서 붙인 말이다.

담배에는 니코틴만 문제가 되는 것이 아니다. 공기 중 유해한 일산화탄소 양 보다 무려 400배의 일산화탄소가 담배 속에 포함되어 있으며, 이산화질소는 5ppm만 있어도 위험한데 담배 속에는 50배나 들어 있으며, 맹독성 물질인 청산도 위험량의 160배를 넘게 들어 있다고 한다.

비타민 C도 많이 파괴하는데, 담배를 피지 않던 사람에게 3일간 하루 10개피 씩 담배를 피우게 하자 혈중 비타민 C가 피지 않던 때보다 평균 17%나 감소 했다고 한다.

● 어느 누가 담배는 기관지에 좋다고 말했는지 모르지만. 세상사람 대부분 이 담배는 백해무익이라고들 말한다. 굳이 안 좋은 것을 좋게 말하는 것은 자 신이 흡연하는 것을 합리화시키려고 한 말은 아닐지….

대장암

우리 나라에서도 대장암 발생 빈도가 증가 추세이다.
서구화된 식사와 장기간에 걸쳐 축적된 동물성 지방이 주범이다.
대장암을 예방하기 위해서는 동물성 지방의 섭취를 줄이는것이
바람직하고, 예방과 치료를 위해서는 섬유질 식품을
많이 먹도록 한다.

대장암의 부위와 정의는…

●대장암은 위암처럼 대장에 악성 종양이 생긴 경우를 말한다. 대장이
주로 하는 일은 흡수되지 못한 음식물 찌꺼기에서 물과 전해질을 흡수
한 뒤에 대변을 만들어 배출하는 일이다. 우결장(右結腸)은 물과 전해질
을 흡수하고, 좌결장(左結腸)은 대변을 간직하거나 배설한다.

●대장은 사람에 따라 다르지만 대개 1.5m 내외이며, 횡행결장의 중
앙부에서부터 맹장 쪽을 우결장, 직장 쪽을 좌결장으로 나눈다. 맹장이
가장 넓고 그 곳으로부터 항문 쪽으로 나아갈수록 좁아져서 S자 결장과
직장의 접합부에서는 맹장의 3분의 1의 너비가 된다. 직장은 길이가 15

~20cm로서 항문으로 이어진다.

● 대장암은 발생 부위에 따라 결장암과 직장암으로 나누어진다. 대장암은 대장 중 직장과 S자 결장에서 약 반 정도가 나타나며, 상행결장이나 횡행결장에는 상대적으로 적다.

● 궤양성 대장염을 비롯해서 대장 선종(腺腫) 등의 용종이 있으면 대장암이 생길 수 있다. 용종은 폴립이라고 하는데 볼록하게 자라는 작은 혹이다. 여기에는 상피세포가 변질되어서 생기는 선종(腺腫)이 있는데, 이것은 나중에 대장암이 될 수 있다. 그래서 이 선종을 '종양성 폴립'이

알아두세요

대장의 형태는…

1. 구조적 형태
● **충수돌기** 꼬리처럼 볼록 나온 데를 충수돌기라고 한다. 우리가 흔히 '맹장염에 걸렸다'고 표현하는 곳이 충수돌기이고, 바로 맹장이다.
● **상행결장** 맹장에서 올라가는 길을 상행결장이라고 한다.
● **횡행결장** 상행결장과 하행결장을 잇는 가로 형태의 부분이 횡행결장이다.
● **하행결장** 횡행결장에서 아래로 내려오는 부분이 하행결장이다.
● **S자 결장** 하행결장에서 꼬부라진 곳을 영어로 S자 비슷하다 해서 S자 결장이라고 한다.
● **직장** S자 결장에서 곧장 내려가는 부분을 직장이라고 한다.
● **항문** 직장에서 마지막 연결되는 부분이 항문이다.

2. 위치적 형태
● **우결장** 대장의 오른쪽을 말하는데, 주로 물이나 전해질 같은 것을 흡수 한다.
● **좌결장** 대장의 왼쪽을 말하는데, 주로 대변을 운반 · 저장 · 배설하는 기관이다.
대장암은 대변이 더 많이 머물러 있는 S자 결장이나 직장에 더 많이 발생한다.

라고 하며, 넓은 의미에서는 '가족성 대장 폴립'이다. 그만큼 가족성의 유전 인자가 인정되는 경우가 많으며 악성화의 빈도가 높다.

● 자궁암, 난소암 같은 여성 생식기 종양 등이 있는 경우에 대장암이 생길 수 있다.

대장암이 생기는 원인은…

● 식생활

대장암의 발생은 동물성 지방, 특히 쇠고기의 섭취와 비례한다. 육식을 주로 하는 사람은 채식을 하는 사람에 비해 발암 물질인 담즙산과 콜레스테롤이 3배 이상이나 배설된다. 대장 속의 대변에 있는 세균으로부터 발암 물질이 나오는데, 먹는 음식에 따라 발암 물질의 농도가 달라진다. 즉 비타민 C, 알파-토코페롤, 섬유질에 의해서 발암 물질의 형성이 감소되므로 육식보다는 채식 위주의 식생활이 좋다.

콜레스테롤에서 3케토스테로이드라는 발암 물질이 형성되는데, 체내의 콜레스테롤 양에 의해 좌우된다. 100℃ 이상 가열한 음식물, 튀긴 베이컨, 햄버거, 계란 등에는 발암 물질인 열분해 생성물이 있다.

칼슘이 부족한 상태에서 지방이 많은 음식을 먹게 되면 대장에 해로운 유리담즙과 지방산의 형성을 촉진한다. 지방을 많이 섭취하면 이것을 녹이기 위해 담즙이 많이 분비되고 특히 지방산인 올레인산과 담즙산인 디옥시콜릭산은 조금만 있어도 대장세포를 손상시켜 발암 물질에 대한 감수성을 증가시킨다.

그리고 지방이나 단백질이 많고 섬유질, 전분, 무기질이 적은 음식물을 섭취할 경우는 대변이 알칼리성이 된다. 변이 알칼리성이 되면 담즙산 등 산성 지질은 더욱 용해성이 강해지고 대장세포에 독성이 있게 되어 암을 유발할 수 있다.

알아두세요

대장암 예방 · 치료를 위한 식이요법은…

● 대장암을 예방하기 위해서는 동물성 지방의 섭취를 줄이는 것이 바람직하다. 대장암에 걸렸을 때는 육류, 가금류, 계란, 모든 유제품, 어류, 해산물 등이 나쁘다고 한다. 물론 대장암에 걸렸을 때는 설탕, 청량음료, 버터, 메밀, 통밀빵, 국수, 팬케이크, 쿠키 등도 좋지 않다고 한다.
● 상행결장암에는 잎채소가 더 좋고, 횡행결장암에는 양배추나 양파나 호박 같은 것이 더 좋으며, 하행결장이나 직장암의 경우에는 둥근 뿌리채소가 더 좋다.

● 가족력

대장암은 청 · 장년층에서 많이 나타난다. 그러니까 20세 이후부터 잘 발생하여 40대부터 발생 빈도가 증가한다. 그러나 가족 단위로 발생하는 수가 많은데 이런 가족력이 강한 대장암일 때는 더 젊은 나이에도 올 수 있다. 특히 가족성 용종증은 거의 대장암이 된다.

● 운동부족, 스트레스, 음주

기호식품과의 관계에서도 특히 술과 대장암에 대해서는 많은 연구가 진행되었는데 술은 일반적으로 대장암과 관계가 있다고 생각되며, 맥주를 15ℓ 이상 매달 섭취하는 사람은 대장암에 많이 걸린다. 담배에 대해서는 여러 가지 이견이 있는데 현재로서는 담배가 대장암과 관계 있다고 보지는 않는다.

● 인종이나 지역적인 차이

유태인의 경우에 대장암에 걸릴 확률이 높으며, 서유럽의 사람이 대장암에 많이 걸린다.

대장암의 전조 증상은…

● 대체로 늦게 발견된다

대장은 다른 장기에 비해 탄력성과 확장성이 좋기 때문에 암의 증세가

알아 두세요

대장암을 예방·치료하는 생활요법

① 규칙적으로 운동을 한다. 운동을 자주 하면 신진대사가 원활해지고 장 기능이 튼튼해져 변을 빨리 배출하고 변비를 막아준다. 빠른 배변은 장내 발암 물질의 농도를 희석시키는 효과가 있다.

② 생선과 육류는 불에 태우거나 훈제하는 조리법을 피하고 기름에 튀기는 것도 좋지 않다. 가열 과정에서 발암 성분이 만들어져 암의 원인이 될 수 있다.

③ 정어리, 고등어, 꽁치, 방어 등의 생선류와 들깨를 많이 먹는다. 이들 식품들은 암세포의 증식을 억제하는 효과가 있는 것으로 널리 알려져 있다.

④ 정기적인 대장내시경 검사를 통해 폴립(대장 용종)을 미리 제거한다.

⑤ 지방질이 많은 육류, 정제한 곡류나 설탕 등 순수한 당류는 가능한 한 자제하는 것이 좋다. 백미나 흰빵 등 정제한 곡류는 섬유질이 거의 없어 변비를 일으키기 쉽다. 육류와 지방은 장내에서 부패성 세균에 의해 발암 물질로 변해 대장암의 발생 위험을 높인다.

⑥ 평소에 신선한 야채와 과일을 많이 섭취하는 등 식이섬유를 충분히 섭취하는 것이 중요하며 정제하지 않은 곡류·콩·버섯·해조류에도 섬유소가 풍부하다. 섬유소는 발암 물질의 생성을 억제하고 변비를 예방해 대장 점막이 발암 물질과 접촉할 수 있는 기회를 줄여준다.

다른 암보다 비교적 늦게 나타난다.

● 조기발견이 필요하다.

대장암 환자의 2.5% 정도만 조기발견되었을 뿐, 80% 가까이는 종양 세포의 침윤이 이미 대장벽을 넘어 말기에 달했을 때 알게 되어 예후가 나쁘다고 한다.

● 3대 전조 증상

①환자의 자각 증상은 대부분이 항문 출혈에서부터 시작한다. 대체로 통증이 없기 때문에 단순한 치질로 생각하기가 쉽다. 대변에 피가 묻어 나오거나 또는 변과 아무 관계없이 피만 나오는 수가 있다. 피와 점액이 섞이거나 피와 고름이 섞여 악취가 날 때는 암일 수 있다.

②따라서 대장암의 증세로 약간의 어지럼증을 동반한 빈혈을 일으킬 수 있다.

③또 변통 이상이 나타난다. 변을 보는데 가늘고 끊어지거나 변이 동동 떠오르기도한다. 또한 하루에도 몇 번씩 변을 본다.

암이 진행됨에 따라 직장의 내강이 좁아지는데 소장의 통과 장애와는 달리, 대장 하부의 통과 장애는 복부팽만이나 구토 등의 증세가 따르지 않는다. 그러므로 만성적으로 지속되어 온 변비의 상태에서 암이 발견 되는 경우도 있다.

● 여하간 이런 여러 전조 증상을 깨달았을 때 진찰을 받아야 하며, 특히 조기발견을 위해 정기적으로 검진을 해야 한다. 적어도 1년에 한 번은 대장 내시경을 해야 한다.

대장암의 증상은…

암이 대장의 어디에 어느 정도로 발생하는가에 따라 그 증상이 다르지만 대체로 3대 증상이 나타난다. 대체로 하복부의 통증, 대변의 굵기의 변화, 혈변, 배변 습관에 따라 암의 발생 위치가 다르다.

① 대변습관에 이상이 온다.

대변횟수가 평소보다 많아지거나 변비가 생긴다.

② 대변의 질이 바뀐다.

대변이 묽어지다가 대변에 점액질이 섞여 나오고, 피가 섞여 나오기도 한다.

③ 복부팽만감과 복통 또는 아랫배가 가스가 찬 것처럼 답답하면서 아파온다.

대장암의 부위별 특징은…

대장암은 그 발생 부위에 따라 직장암과 결장암으로 나뉜다. 암이 생기는 장소는 항문과 가장 가까운 직장이 가장 많다는 이야기다. 다음이 S자 결장이다. 이 두 곳에 암이 생기는 경우가 전체의 70%이다.

암이 어느 부위에 발생했느냐에 따라 그 증상이 조금씩 다르다.

● 왼쪽 대장(좌결장)에 생긴 암 : 대변 습관과 변의 모양이 변하고 혈변을 본다

혈변, 또는 장폐색이나 통변 이상으로 알게 되는 경우가 많다.

혈변은 주로 선홍색이 특징이며, 통변 이상 증상으로는 대변이 가늘고 배변 후에도 뒤가 묵직하며, 변비가 많다. 배에 가스가 차 팽만감을 느끼고 간헐적으로 아프다.

변이 정기적으로 나오지 않고 짜는 듯한 통증이 있다. 대변의 굵기가 점차 가늘어진다.

설사와 변비가 반복한다. 대장이 협착되거나 폐색되어 꾸르륵거리는 소리가 잘 난다

● 특히 직장에 암이 생겼을 때 : 잔변감과 함께 혈변이 있다

통증이 늦게 온다. 배변 후에도 대변이 덜 나온 것처럼 잔변감이 있거나 빨간 피가 대변 표면에 덮여 나오는 혈변이 나올 수 있다. 이 곳의 암은 치질과 혼동을 해서 방치하는 수가 많다. 일반적으로 팽만감이 있다. 아랫배가 당기는 듯 아프다. 복통이 없으면서도 피가 섞인 설사가 장기간 지속되는 경우가 많다.

콜타르 같은 암적색 대변이 나온다, 변비가 계속된다, 대변이 가늘어지고 변비와 설사가 번갈아 있다. 그리고 10년 이상 치질을 앓고 있을 때는 특히 주의해야 한다.

● 우측 대장(우결장)에 생긴 암 : 체중감소, 빈혈, 회색변을 본다

출혈이 있더라도 분변에 섞여 알아보기 어렵고, 또는 무기력 · 피로 · 빈혈 · 발열 등이 나타날 수 있다. 이외에도 배가 살살 아프다. 묽은 변과 체액이 완전히 섞인 변, 또는 검거나 불그스레한 암적색 변이 나올 수 있다. 빈혈로 인해 노권하고 피로감을 느낀다. 우측 복부에서 응어리가 만져진다.

맹장, 상행결장, 횡행결장 등 오른쪽 대장에 암이 생겼을 때	발열과 빈혈 등의 증상을 통해 알게 되는 수가 많다.	이외에도 배가 살살 아프다. 묽은 변과 체액이 완전히 섞인 변, 또는 검거나 불그스레한 암적색 변이 나올 수 있다. 빈혈로 노권하고 피로감을 느낀다. 우측 복부에서 응어리가 만져진다.
하행결장, S자 결장 등 왼쪽 대장에 암이 생겼을 때	변통 이상, 하혈, 장폐색 등의 증상으로 알게 되는 수가 많다.	배에 가스가 차 팽만감을 느끼고 간헐적으로 아프다. 변이 정기적으로 나오지 않고 짜는 듯한 통증이 있다. 대변의 굵기가 점차 가늘어진다. 설사와 변비가 반복한다. 빨간 피가 대변 표면에 덮혀 나온다. 대장이 협착되거나 폐색되어 꾸르륵거리는 소리가 잘 난다.
직장에 암이 생겼을 때	통증이 늦게 온다. 배변 후에도 대변이 덜 나온 것처럼 잔변감이 있거나 빨간 피가 대변 표면에 덮어 나오는 혈변을 볼 수 있다. 이곳의 암은 치질과 혼동을 해서 방치하는 수가 많다.	일반적으로 팽만감이 있다. 아랫배가 당기는 듯 아프다. 복통이 없으면서도 피가 섞인 설사가 장기간 지속되는 경우가 많다. 콜타르 같은 암적색 대변이 나온다. 변비가 계속된다. 대변이 가늘어지고 변비와 설사가 번갈아 간다. 그리고 10년 이상 치질을 앓고 있을 때는 특히 주의해야 한다.

대장암의 진행 단계는…

1. **제0기** – 암이 점막에 머물러 있는 단계(대장의 점막이 훑켰다고 할 정도).

2. **제1기** – 암이 대장벽에 머물러 있는 단계(암이 대장의 벽까지 들어가 진전된 경우).

3. **제2기** – 암이 대장벽을 넘어섰지만 인접 장기까지에는 미치지 않

은 단계(대장벽을 뛰어넘어 인접 장기나 임파 쪽으로 조금 전이가 된 경우).

4. 제3기 – 암이 인접 장기에 침윤하거나 림프절 전이가 일어난 단계(림프에 전이된 경우).

5. 제4기 – 복막, 간, 폐 등으로 원격전이가 일어난 단계(대장과는 상관없이 먼 곳으로 전이가 된 경우).

대장암에 걸리기 쉬운 사람이 따로 있을까?

● 대장암은 20대에서 70대까지의 모든 연령층에서 볼 수 있지만 90% 이상이 40대 이상에서 발생하고 10년이 지날 때마다 발생률이 2배씩 증가한다. 남녀 차이는 별로 없다.

● 암에 대한 가족력이 있는 경우, 또는 과민성대장증후군을 앓는 사람처럼 비교적 융통성이 없고 지나치게 양심적인 사람, 우울하거나 히스테리컬한 성격에 많다.

● 대장의 만성 염증, 선종이 있었던 경우에는 더 쉽게 대장암에 걸릴 확률이 높다.

● 혈액형에 따라 생각해 볼 수 있는데 A형은 신경성 질환에 잘 걸린

다면, B형은 장이 냉한 편이면서 약하고, AB형은 특히 수면부족에 가장 약하다. 그러나 암에 가장 약한 것은 O형이다.

알아 두세요

대장암에 걸릴 위험이 있는 유형은…

● 음주자
● 치질이 10년 이상 된 사람
● 나이가 40대 이상인 사람
● 가족력으로 용종이 발생한 경우
● 장에 염증이 있는 경우
● 성격적으로 융통성이 없거나, 양심적·도덕적인 사람
● 코부터 턱 부위가 살이 없이 뾰족한 이미지를 가진 사람

● 콧구멍이 뻥 뚫려 시원하며 코에서 턱까지 살집이 좋고 색깔이 좋다면 대장 기능이 좋은 것이며, 피부가 두툼하고 매끄러운 사람은 대장벽이 두껍고 대장 유통도 좋다. 아랫배까지 널찍하고 탄력이 있다면 더욱 좋다.
 그러나 그렇지 못한 사람은 대장암에 취약하다.

● 과음하는 사람은 대장암에 걸릴 확률이 높다.

● 치질이 10년 이상 있는 사람에게서 잘 발생한다. 치질이 생겼다면 진단 즉시 치료를 받아 고질적인 상태까지 가지 않도록 한다.

● 가족적으로 용종이 있는 경우에는 더 어린 나이에도 대장암이 나타날 수 있다.

● 손톱의 뿌리쪽에 반달처럼 생긴 하얀 조반월이 없는 경우는 숙변이 장에 꽉 차서 흡수율이 나빠지고 대장암을 비롯해서 폐 질환이나 뇌혈전에 걸릴 위험이 있다.

대장 용종은…

● **개요** 대장 용종은 성인의 15~20%에서 발생하며 장내 상피세포에서 발병하여 장관 속으로 톡 튀어나와 있는 작은 혹을 말하며, '폴립'이라고 한다. 폴립은 소화기 중에서도 특히 대장에 많이 생긴다.

● **종류** 편평한 것과 줄기를 가진 것이 있다. 대부분의 용종은 양성이지만 그대로 방치해 두면 용종의 성분에 따라 악성 종양으로 발전될 수 있다. 이러한 환자는 적어도 30% 정도에서 다른 용종을 더 가지고 있다.

● **가족성** 종양성 폴립은 대장 전역에 걸쳐 선종(腺腫)이 미만성으로 발생하는 것으로서 가족성의 유전인자가 인정되는 경우가 많으며 악성화의 빈도도 높다.
한편 연소성 폴립은 6~10세의 어린이에게 가장 많이 발생하는 것으로서 가족성으로 발생한다.

● **증상** 대부분의 용종은 증상이 없다. 그러나 어떤 용종은 출혈, 점액 분비, 장 기능의 변화, 간혹 드물게는 복통을 일으키기도 한다. 또 용종은 한번 생겼던 위치에서 다시 생길 수 있다. 그러므로 용종이 일단 대장에서 발견되었다면 대장 내시경을 통하여 정기적으로 검사를 받아야 한다.
어떤 폴립(예를 들어 포이츠-제거스 증후군)의 경우에는 식도 이외의 모든 소화관에 생기며, 특히 구강점막·손가락·발가락 등에 대칭적으로 멜라닌 색소가 침착하는 경우도 있다.

● **예후** 대장암은 대장 용종을 거쳐 암이 되기까지 약 10~15년이 걸리는데, 초기에는 증상을 거의 못 느끼지만 점차 암 덩어리가 커지면서 체중감소, 빈혈, 소화불량, 복부팽만, 변비, 배변 횟수 증가, 출혈 등의 증상이 나타난다.

● **치료** 용종을 제거하지 않고 그대로 놔둘 경우에는 점점 자라며, 용종의 성분에 따라 암으로 변화될 수 있기 때문에 반드시 제거해야만 한다.

● **식이요법** 육류나 인스턴트 음식 같은 서구식 식생활로 바뀌면서 대장 질환이 크게 증가하고 있다. 따라서 갑작스런 배변습관의 변화나 출혈 증세나 가족력이 있는 사람은 정기적으로 검사를 받는 것이 좋다.

대장암을 예방하려면…

최근 급격하게 증가하고 있는 대장암은 변비로 인해 장의 압력이 증가, DNA가 변형되어 암세포가 발생하는 것이다. 대장암 예방에는 식이섬유가 좋은데 야채, 과일, 해조류 등에 많이 함유되어 있다. 식이섬유만 모아놓은 음료를 섭취하는 것도 권할 만하다. 유산균 음료와 생수를 하루에 8잔 이상 마시는 것도 도움이 된다.

섬유소가 풍부한 야채와 과일을 많이 섭취하고, 대장암은 유전적 소인이 있기 때문에 가족 중에 대장암 병력이 있거나 대장암 발생확률이 증가하는 40대 이상에서는 정기적으로 대장 내시경 검사를 하는 것이 좋다. 그리고 증상이 없는 경우에도 대장암이 잘 발병하는 연령인 40~50대는 대장검사를 하도록 권장하고 있다.

대장암을 예방 · 치료하는 식품 & 약재

● 짚신나물

짚신나물은 민간요법에서 지혈제로 알려져 있고, 대장암 뿐만 아니라 모든 암세포를 선택적으로 파괴하는 작용이 있는 것으로 알려져 있다. 위암, 식도암, 대장암, 간암, 자궁암, 방광암 등에 두루 쓸 수 있다.

짚신나물은 '용아초', '선학초' 라고 한다. 신선이 타고 다니는 학처럼 그렇게 귀하고 귀하다 해서 붙여진 이름이다.

강장성 수렴 지혈작용, 항염증작용, 항균작용, 진통작용, 건위작용, 강심작용을 한다. 《약경 · 습유부》에는 "물방울이 바위를 뚫는 줄을 뉘 알았더냐. 장과 위에 드나들며 단단한 덩어리를 연하게 하는 기능이 있구나."라고 했다.

어린잎은 나물로 해서 먹고, 뿌리는 약으로 쓴다.

10~15g을 물에 달여 하루 3번에 나누어 식전에 먹는다.

● 우방(우엉의 뿌리)

우방에는 이눌린 · 점액질 · 단백질 등이 함유되어 있는데, 항암 실험에서 암세포 증식 억제율이 90% 이상 되는 것으로 밝혀졌다.

우엉은 소들이 잘 먹기 때문에 '소의 풀'이라는 뜻으로, '우방'이라고 한다. 씨의 겉껍질에 가시가 많아서 쥐가 지나가다가 걸리면 벗어나지 못하기 때문에 '서점자'라고 한다. 뿌리는 이눌린, 아룩토즈, 타닌, 리그닌, 셀룰로오즈, 비타민 A · B · C 등을 함유하고 있다.

《본초강목》에는 "종기의 독을 없애고, 응체한 기를 순조롭게 해준다."고 하였다. 비듬이 많을 때도 효과가 있다. 그래서 프랑스에서는 우엉을 '머리의 피부병을 고치는 풀'이라고 부를 정도다. 우엉은 껍질에 영양가가 많고 맛도 좋으므로 껍질째 익히거나 볶아서 먹는 것이 좋다.

특히 우엉에 들어 있는 셀룰로오스와 리그닌 등의 식물성 섬유가 변통을 촉진하여 변비를 풀어주는 작용을 하고, 당질 속의 이눌린 성분이 노폐물이 순조롭게 배설되도록 돕는 이뇨작용을 하는 것이다. 우엉에 들어 있는 알기닌이라는 성분은 성 호르몬의 분비를 촉진시키고 혈액순환을 좋게 하여 몸 속의 오래된 피를 몸 밖으로 내보내는 작용을 한다. 그리고 우엉의 식물성 섬유는 변통을 촉진하여 변비를 없애고 장내에 유익한 세균이 번식하는 데 도움을 준다.

● 마늘

마늘은 암을 억제하고 암의 진행을 지연시킨다. 게르마늄은 생체 방어기구 활성화 물질인 인터페론이라는 물질을 생성케 하여 주는 물질로서, 체내에서 이물질을 집어삼키는 대식세포나 자연 방어세포를 활성시켜 암세포 등을 억제하거나 공격하게 한다. 게르마늄이 암에 효과가 있다고 하는데, 중요 식품에 포함된 양(단위 PPM)은 다음과 같다.

마늘 754, 신선초 460, 영지 350, 인삼 250~320

마늘에는 특유의 영양소인 생리활성 물질, 즉 스코르디닌 성분이 들어 있어서 내장을 따뜻하게 하고 신진대사를 높이며 기력을 높이고, 또 알리신 성분이 음식으로 섭취된 비타민 B1과 장에서 결합하여 알리지아민으로 변하여 비타민 B1을 잘 흡수시켜서 피로를 덜 느끼게 해준다. 정장작용을 하며, 소화 기능을 돕는다.

또 미국의 와이즈버거 박사는 쥐의 암세포에 마늘 정유를 주입한 실험에서 놀라운 효과를 얻었다고 발표한 바도 있다.

● 동충하초

산림청 임업연구원이 서울대 농업생명과학대학과 공동으로 연구한 것에 따르면, 동충하초 배양액에서 분리한 '코디세핀'이라는 물질은 대장암과 노화를 유발하는 가스 괴저균에 대한 강한 살균력을 보였다고 한다.

● 귀리

귀리에는 멜라토닌이 다량 함유되어 있다. 귀리의 멜라토닌 함유량은 생강이나 토마토의 3.5배, 바나나의 4배 가량이다. 귀리는 오트밀 상태든, 또는 귀리빵이든 혹은 우리 선조가 귀리떡을 만들어 젓가락으로 집기 어려울 정도로 미끈거리는 것을 먹었듯이 어떤 형태로든 많이 먹을

대장암의 예방 · 치료에 뛰어난, '동충하초'

동충하초가 대장암에 특히 좋다고 한다.

동충하초란, 곰팡이의 일종인 동충하초균이 살아 있는 곤충의 몸 속에 기생하다가 버섯으로 자란 것이다. 이 때 동충하초균에 감염된 곤충은 버섯이 나오기 전까지는 죽어도 썩지 않고 미이라 형태를 유지하는 것이 특징이다.

누에를 이용해 키울 수도 있다. 누에는 뽕잎을 먹는다. 이 뽕잎에 항암 성분이 있다.

복수암에 걸린 쥐에게 동충하초 추출물을 15일간 투여한 결과, 쥐의 생존 일수 36일에 비해 202.6%의 수명 연장 효과를 보였다고 하는데, 이것은 시중 항암제보다 1.5배나 더 강력한 항암 효과라고 한다.

토코페롤을 투여한 쥐보다 1.5배 가까운 지구력 증가 효과를 보임으로써 암에 의한 무기력증을 회복하는 데 도움이 될 것으로 보고 있다. 또 쥐의 복강내에 동충하초 추출물을 넣고 식균세포의 활성화를 지표로 면역증강 효과를 검색한 결과, 강력한 식세포 활성화 증강 효과가 입증되었는데, 차세대 항암제로 각광 받고 있는 면역증강제 자이모산보다도 2배 가까운 면역 증강 효과였다고 한다.

일본 연구에서는 담낭암 쥐에서 생명 연장을 보였다고 했으며, 면역 글로브린 G 등의 항체 생산 능력을 높이고 면역 저하 때 감염증을 방지했다고 한다.

수록 좋다. 귀리는 아토피 피부에 외용하면 좋듯이 피부암에 좋고, 대장암에 아주 도움이 된다.

또 산후에 오로가 제대로 나오지 않아 어혈로 하복통이 심할 때 귀리한 줌을 끓여 먹으면 금방 편해지듯이 부인암에도 도움이 된다.

● 감자

감자는 콩만큼 영양이 좋고, 특히 3대 독소(식독, 수독, 혈독)를 제거하며, 면역능력을 도와준다.

항암 치료로 인해 체내·체외로 진액이
소진되어 모두 건조해진 것을 윤택하게
해주며, 갈증을 풀어주는 효능이 있다. 또
감자는 속쓰림, 메스꺼움, 상복부 불쾌감만 없애는 것이 아니라 설사에
도 효능이 있다.

감자에 들어 있는 비타민 C에는 해독작용, 세포조직의 재생을 촉진시
키는 작용이 있다.

● 꾸지뽕나무

예로부터 잎과 줄기와 뿌리를
끓여 각기, 폐렴, 폐결핵, 감기,
고혈압 등을 치료하는 데 좋은 약
재로 써 왔다. 또 열매는 산을 찾
는 이들의 허기진 배를 채워주기
도 했다.

그런데 최근 일부 약학을 비롯
한 관련업계 연구자들이 꾸지뽕
나무에 항암 효과가 뛰어난 성분
이 다량 함유되어 있다고 밝혀 화
제가 되기도 했다.

> **알아 두세요**
>
> **꾸지뽕나무 음료를**
> **만들려면…**
> 먼저 꾸지뽕나무잎과 줄기를 3~
> 4cm 크기로 절단한 다음, 햇볕에 1
> 주일간 자연 건조시키고 이것을 감
> 초·인삼·대추 등과 일정 비율로
> 혼합한 다음, 중탕기에 넣고 수시로
> 끓인 다음 음료로 마신다.
> 실제로 수 개월간 이 꾸지뽕나무
> 음료를 마셔본 사람들에 의하면 간
> 암이나 당뇨병 치료, 감기 예방 등
> 에 효과가 있다고 한다.

한국과학기술연구소 유전공학연구소 유익동 박사의 「꾸지뽕나무로
부터 분리한 신규 플라보노이드계 화합물 제리쿠드라닌의 화학구조 및
생물 활성」이란 논문에 의하면, 지리산 일대에 자생하고 있는 꾸지뽕나
무의 줄기껍질에 폐암, 대장암, 피부암, 자궁암 등에 효과가 높은 성분

이 다량 함유되어 있다고 보고되고 있다.

꾸지뽕나무는 산지와 촌락에 자라는 낙엽소교목으로, 키가 7~8m 정도 자란다. 열매는 일반 뽕나무보다 훨씬 크고 7~8월에 익으며, 꽃은 녹색으로 4~5월에 핀다. 특히 잎은 깻잎처럼 타원형이며 솜털이 나 있는 데다, 일반 뽕나무와 달리 나무줄기에 가시가 돋아 있다.

또, 잎이나 줄기를 자르면 하얗고 진한 액체가 흘러나온다. 구지뽕나무는 약효가 뛰어나지만 잎 특유의 냄새와 쓴맛으로 인해 먹기 힘들기 때문에 지금은 냄새를 제거해 쉽게 먹을 수 있는 음료가 개발되어 있다.

● 표고버섯

표고버섯도 항암작용을 많이 한다고 알려져 있다.

표고버섯을 꿀물에 담갔다가 꿀물을 듬뿍 먹은 다음 부풀어오르면 잘게 썰어 바람이 통하는 그늘진 곳에서 자주 뒤집어 주면서 말린 다음 곱게 가루로 빻는다. 이 가루를 조미료처럼 음식에 섞어 상식하게 되면 대장암의 예방·치료에 많은 도움이 된다.

● 느릅나무

위암, 위궤양, 대장암, 직장암, 출혈성 내장기 질환에 매우 다양하게 사용되는 약초이다

● 현미·쌀겨 기름

현미의 메탄올 추출물이 돌연변이 억제 효과가 있으며 또한, 현미의 쌀겨는 비타민 B_1이 풍부하여 볶아서 양념처럼 1회 9g 정도씩을 먹으면 좋다. 단, 볶아서 오래두면 지방질이 없어진다. '강유'를 만들어 먹어도

좋다. 현미의 쌀겨에 있는 수용성 헤미셀룰로오스는 대장암 예방 효과가 있고 암세포의 증식을 억제하는 물질이 들어 있다.

현미는 장의 연동운동을 항진하고, 유해 물질의 장내 흡수를 막으며, 당질을 에너지로 변화시키며, 노화를 방지하고, 자율신경 기능의 일정을 꾀하며, 내장기를 튼튼하게 해줄 뿐 아니라 혈액의 흐름을 좋게 하고, 체력을 증진시키며, 뇌와 신경에 필요한 에너지를 공급하고, 온몸의 신경조직과 근육의 작용을 정상으로 유지시키는 것이다.

현미를 누렇게 볶아 물을 붓고 뭉근한 불로 끓인 다음 중탕을 해서 매일 아침 먹는다. 어린아이들도 잘 먹을 수 있어서 예방 차원의 식품으로 좋다.

또한, 현미의 쌀겨로 기름을 짠 것을 아이들에게 어떤 음식이든지 조금씩 넣어 먹이게 되면 그것 자체가 엄청난 영양소를 함유하고 있는 데다가 대장암을 예방하게 된다.

● 셀러리

셀러리는 미나리과에 속하는 식물이다. 셀러리에 함유된 섬유질은 발암 물질을 생성하는 유해 세균을 흡수 · 배설하는 작용과 장내 유해 물질이 소장으로 역류하는 것을 방지하는 작용을 한다. 비타민 B_1, B_2의 함유량이 많아서 체내의 노폐물을 처리하는 데도 도움이 된다. 특히 대장암 환자에게 좋다.

● 브로콜리

브로콜리는 비타민 C의 덩어리다.

존스홉킨스 대학병원의 연구결과, 브로콜리
의 술포라페인 성분이 항암 효소를 합성하는
데 큰 기여를 한다고 했다. 이 성분이 정상세포
에 도달하면 페이즈 2 효소라는 단백질 그룹을 활
성화시키는데, 이 효소가 발암 물질을 세포 밖으로 몰아내는 분자에 접
착하여 없앤다고 한다.

● 케일

케일은 양배추의 원종으로 섬유질이 풍부하다. 엽록소가 풍부하고,
비타민 A가 양배추보다 약 100배 정도 많다. 또 비타민 C가 많으며 칼슘
이 양배추보다 훨씬 많이 들어 있다. 세계보건기구에서도 케일을 최고
의 야채로 평가하고 있다.

● 무화과

무화과야말로 대장암을 예방 · 치료하는 데는 그만이다.

평소에 장 계통이 안 좋은 사람들의 경우, 무화과를 먹으면 굉장히 효
과가 좋다.

무화과에 들어 있는 벤즈 알데히드 성분이 암을 억제한다. 무화과는
위장의 활동을 좋게 해주고 변비나 설사에 다 좋다. 또한, 비타민 A · C,
칼슘, 인 등이 풍부해 치질, 하혈을 개선한다.

● 시금치

시금치 등 녹황색 채소를 매일 먹는 사람의 경우, 대장암 발생은 무려
40%나 감소한다.

항암 효과가 뛰어난 양파

양파는…

● 글루타치온 유도체가 있어서 간장에 좋다.

● 위액 분비를 촉진시켜 소화력도 높여주고, 변비를 없애준다.

● 진통 · 해독 작용이 크다.

● 정자 생산을 돕고, 성 활동을 촉진시킨다.

● 신진대사를 원활하게 하고, 세포에 활력을 불어넣어 준다.

● 심장근육을 부활시키고, 모세혈관을 튼튼하게 보호해서 혈액순환을 순조롭게 한다. 그래서 중풍이나 뇌출혈, 뇌의 혈전을 예방해 준다.

● 불면증을 없애며, 혈전을 예방하고, 이미 생긴 혈전을 녹이는 작용을 한다.

● 또 인체에 도움이 되는 양질의 콜레스테롤을 늘리고 인체에 해가 되는 나쁜 콜레스테롤을 줄이며, 혈압을 떨어뜨려 준다.

● '피로회복 비타민'으로 불리는 성분을 함유하고 있어 피로회복 작용이 뛰어나다.

● 뇌와 신경에 필요한 에너지를 공급하여 정신을 향상시키고 마음을 편안케 해준다.

● 양파는 양파대로 속살을 날것으로 먹고, 그 붉은 겉껍질은 벗겨 버리지 말고 모아 뒀다가 물을 넉넉히 붓고 끓여 차처럼 수시로 마시면 동맥경화증에 아주 도움이 된다.

양파의 붉은 겉껍질에는 항암 성분이 들어 있고 혈관을 튼튼하게 해준다.

● 양파는 비타민 B_1을 우리 몸에서 소비되지 않고 잘 활용하도록 도와주는 역할을 한다. 비타민 B_1이 모자라면 어떻게 될까? 마음이 초조해지고 안절부절해서 아이들이 진득해지질 못한다. 양파는 정서적으로 신경을 안정시키는 역할을 한다.

● 동서고금을 통해 잘 알려진 강장식품으로, 스태미너를 강화하는 작용이 뛰어나다.

● 정맥류를 풀게 할 만큼 혈액순환을 촉진시킨다. 정맥류란 다리에 퍼런 핏줄이 울퉁불퉁 지렁이 기어가듯 솟아난 것을 말하는데, 그만큼 혈액순환이 안 된다는 신호이다. 프랑스에서는 말들이 정맥류에 걸려 절뚝거리면서 잘 걷지 못할 때, 치료법으로 양파를 사료에 섞어 먹인다.

양파, 어떻게 먹을까?

● 양파는 서양에서 건너온 파의 일종이라는 뜻으로 붙여진 이름이다. 파는 파이지만 둥근 파라고 하여 '옥총' 이라고도 하는데, 옥총은 일본식 표현이며 '다마네기' 라고 한다.

아라비아인을 한자로 회회인이라고 부르듯, 페르시아 원산인 양파를 '회회총' 이라고도 한다.

그러나 중국의 약물학 서적인 《본초강목》이나 우리 나라의 종합 의서인 《동의보감》에는 '산총' 이라는 이름으로 씌어져 있는데, 둥글고 큰 마늘 모양을 하고 있는 파의 일종이라는 뜻이다.

이름이야 어떻게 불리든 양파는 동서고금을 통해 잘 알려진 강장식품이다.

● 양파도 설파이드류의 성분을 함유하고 있어서 인슐린 분비를 촉진하는 작용이 있고, 때로는 그 자체가 인슐린과 같은 작용을 하기 때문에 더없이 좋은 당뇨병을 예방 · 치료하는 식품이 된다.

● 양파는 익히거나 볶거나 하면 효과가 없다. 가급적 생것 그대로 먹어야 하는데 휘발성 성분인 유화알릴이 파괴되지 않아야 효과가 있기 때문이다.

● 양파는 특히 항암 효과가 뛰어난 것으로 알려졌다. 양파는 하루에 반 개 이상 먹는 것이 좋다. 양파 속의 효소를 온전히 섭취하기 위해서는 생것으로 먹어야 하는데 생양파를 그대로 씹어 먹거나 강판에 갈아 즙을 내 마시면 된다.

● 여름철에는 양파만큼 좋은 것이 없다. 양파는 열성 식품이어서 여름에 양파를 먹으면 이열치열의 효과가 있어 무더위를 잘 이겨낼 수 있다.

여름철에 식욕이 떨어지고 소화가 잘 되지 않고 배가 굉장히 냉해질 때, 그러면서 더위에 지쳐 집중력과 학습능력이 현저히 저하되었을 때 양파를 먹으면 좋다.

● 양파에는 포도당, 과당, 인, 비타민 B_1 · B_2 · C 등도 들어 있다. 특히 양파에는 유화알릴이라는 성분이 함유되어 있는데, 이 성분이 매운맛과 자극적인 냄새의 주인공이다. 이 맵고 자극적인 유화알릴이 양파가 지니고 있는 약효의 비밀이다.

● 양파를 현미식초에 하룻밤 담갔다가 꺼내어 잘 말려서 곱게 가루내어 양념통에 넣어 보관해 두었다가 음식을 먹을 때마다 조미료로 듬뿍 쳐서 먹으면 거부감 없이 먹을 수 있다.

김안순 씨가 개발한 대장암에 좋은 자연식 5가지!

1. 한방수육

마늘, 대추, 오갈피, 느릅나무껍질, 뽕나무, 솔잎, 인삼 등 7가지 재료를 넣고 된장을 약간 푼 물에 돼지고기를 푹 삶는다. 돼지고기 냄새가 안 나고 포화지방이 빠져서 고기를 먹어도 부담이 없다.

2. 마늘잼

마늘을 까서 물을 넣고 살짝 삶아 독한 맛을 1차로 우린다. 옹기에 마늘을 넣고 물을 약간만 넣어 조금 익히다가 꿀을 넣는다. 마늘과 꿀의 비율은 1 : 1. 흐물흐물해질 때까지 푹 졸인 후 식혀 병에 담아놓고 매일 아침 3스푼씩 먹는다. 간식으로 빵에 발라 먹기도 한다.

3. 콩보약

메주콩 다섯 되를 준비해 10~20시간 더운물에 불렸다가 물을 붓고 푹 끓여 익힌 다음, 시루에 짚을 몇 가닥씩 깔면서 퍼담는다. 따뜻한 곳에 놓고 담요나 이불을 씌워 발효가 잘 되도록 청국장을 띄운다. 청국장이 다 되었다 싶으면 햇빛에 말려 건조시킨다. 이것을 냉동실에 넣어 두었다가 믹서에 갈아 가루로 만들어 하루에 1스푼씩 먹는다.

4. 선식

표고버섯, 느릅나무, 오갈피, 늙은호박 말린 것, 율무, 수수, 조, 찹쌀, 현미, 대추, 검정콩, 짚신나물, 뽕잎, 다시마, 쌀눈, 쑥 등을 재료로 한다. 간에 무리가 안 갈 정도로 양을 조절해서 방앗간에 가서 가루로 만든다. 이밖에 호두나 잣, 해바라기씨, 호박씨 등도 준비를 해서 가루로 만들었다가 선식을 타 먹을 때 함께 섞는다. 선식 재료에 미리 섞어 빻으면 기름이 배어 나오기 때문에 먹기 직전에 섞는다.

5. 요구르트

시판하는 요구르트 기계를 준비해 유산균이 들어 있는 요구르트 배양액을 만든다. 냉장고에 넣어두며 하루에 1개씩 먹는다.

Question 1 **궤양성 대장염을 앓았는데 대장암에서 안전할까요?**

Answer ● 궤양성 대장염 및 크론씨 병과 같은 만성 염증성 질환을 앓고 있거나, 대장의 양성 혹은 일종인 대장 선종은 대장암을 일으킬 수 있다고 한다. 그리고 가족 중에 대장암이나 다수의 대장 선종을 진단 받은 경우에도 대장암 발생율이 높다.

● 궤양성 대장염의 증상으로는 아랫배 즉 하복부의 통증, 대변의 굵기가 연필 또는 리본처럼 얇게 나오거나 혈변, 변비, 배변습관 변화 등이 있을 수 있다. 설사와 변비가 교대로 일어나고 변을 본 후에도 배변감이 남아 있는 증상이 있다. 배변의 이상으로 장이 깨끗하지 못하면 대변에 함유되어 있던 발암물질의 작동으로 암이 발생할 확률이 높아진다.

● 궤양성 대장염의 원인에 대해서는 여러 학설이 있으나 아직 결정적인 것은 없다. 예를 들어 감염설, 알레르기설, 비타민 결핍설, 스트레스설, 자율신경실조설 등 분분하다. 이렇게 원인은 물론 발생 병리도 부분적인 것 이외에는 거의 모르고 있기 때문에 궤양성 대장염을 '특발성 궤양성 대장염'이라고 한다. 대장 표층 부분의 염증이 보통 점막에 국한되면서 대장면에 넓게 병변이 나타난다.

점막이 부어올라 빨갛게 되고 울혈이 되면서 혈변을 보거나 통증이 많이 오거나 혹은 곱이 낀 대변을 보거나 아니면 변을 하루에도 여러 차례 보느라고 들락거리게 된다. 또한, 점막이 두꺼워져서 가성 폴립이나 점막의 과형성을 수반할 수도 있다.

● 자각 증상으로는 혈변, 설사, 복통, 잦은 변의, 곱똥 등이며 만성적인 경과를 취하면서 증세가 완화되었다가 재연되는 반복적인 상태를 보인다.

● 궤양성 대장염이 있을 때는 이질풀을 달여 먹는다.

이질풀은 어린순은 나물로 먹고, 줄기와 잎 또는 열매가 달린 전초를 약으로 쓰는데, 약명으로는 '노관초·현초·현지초'라고 한다. 이질풀을 우리말로 '쥐소니'라고 하는데, '쥐소니'를 비롯해 '쥐손이풀' 과에 속해 있는 동속 식물은 모두 같은 약명을 붙여 약용한다. 성분은 정유를 함유하며, 정유 중의 주된 성분은 제라니올이며, 이외에 케르세틴과 기타의 색소를 함유하고 있다.

이질풀은 이름 그대로 이질에 효과가 있다. 그래서 이질, 설사, 복통 등에 쓰인다. 유해한 중금속을 체외로 배설시키고, 발암작용을 억제하는 효과가 있음도 알려졌다. 설사와 변비를 반복하며, 변이 가늘고 시원하게 나오지 않거나 배변 후 잔변감이 있을 때, 이질풀과 쇠비름 각 20g을 물 500~700cc로 끓여 반으로 줄여 하루 동안 나누어 먹는다.

● 녹색채소를 섭취하는 것이 좋은데, 섬유질이 너무 많게 먹는 방법보다는 대변의 양을 많게 하고 연동운동을 항진시키기 위해서 그냥 쌈처럼 먹는 것이 더 좋다. 또한, 녹황색 채소를 국물로 해서 먹거나 죽으로 해서 먹는 것도 좋다.

Question 2 잦은 변비도 대장암의 원인이 될까요?

Answer ● 대장암이 변비를 일으킬 수도 있고, 변비가 대장암을 촉발하는 계기를 만들 수도 있다.

변비가 있으면 변 자체에 있는 나쁜 성분들이 장 점막과 접촉하는 시간이 길어진다. 그래서 암을 일으키기가 굉장히 쉽다. 4~5일에 한 번 정도 변을 본다면, 장 속에 분변이 그 4~5일 머물러 있는 동안 인체에 좋지 않은 가스 등이 무조건 혈류를 타고 들어가서 간까지 가면 간도 나빠지게 만든다.

그렇기 때문에 변비는 정말 고쳐야 되고, 또 아울러서 대장암이 있을 때는 변비 또는 설사 등이 있을 수 있으므로 단순한 변비라고 생각하지 말고 혹시나 대장에 기질적인 병은 없는지를 검사해 보는 것이 좋다.

《동의보감》에서는 "대변을 이틀에 한 번 보는 것까지는 좋다. 그런데 그 이상이 되면 대장암도 생길 수 있고 무조건 문맥을 통해서 나쁜 성분이 들어가기 때문에 간이 안 좋아지고 아울러서 피부 미용에는 변비만큼 안 좋은 것이 없다."고 했다.

유방암

유방암은 지방질 또는 육류를 과잉 섭취하는 사람에게
빈발하고, 연령별로는 35세 이후 특히 50세 이상에서
발생률이 높다. 조기에 초경을 경험하였거나 임신하지
못한 여성이나 독신녀, 30세 이후에 첫아기를 출산한 여성,
모유로 양육하지 않은 여성에게 발생 빈도가 높다.

유방암이 나타나는 원인은…

아이를 품고 키우는 곳이 자궁이라면, 아이에게 영양분을 직접 전달하
는 기관으로 엄마에게나 아이에게나 중요한 기관이 유방이다.

유방암은 조기에 발견하여 수술이나 방사선 치료 또는 항암제 투여 등
으로 치료해야 한다.

● 섭취 음식에서…

고지방, 고단백, 고칼로리 및 피임약을 비롯한 호르몬 약재의 과용도
문제다.

에스트로겐은 원래 유선관의 성장을 촉진하고 유방 간질조직의 생성
을 촉진하며 지방 축적이나 유두륜의 착색 등 생리 기능을 담당하는 호

르몬이지만, 여기에 이상이 생기면 이 호르몬 자체가 발암 인자로 작용하거나, 발암 인자의 작용을 촉진하거나 유방조직에 발암 물질이 잘 작용할 수 있는 조건을 만들어 주는 것으로 보인다.

● 나이에서는…

서양에서는 50~60대, 우리 나라는 40~50대에 많이 생긴다. 점점 연령대가 낮아져 가는 추세다.

● 호르몬과의 관계는…

초경이 12세 이전, 폐경이 50세 이후이면 유방암이 생길 확률이 보통 여성보다 1.5배가 높다. 그만큼 에스트로겐 호르몬을 분비하는 기간이 길기 때문이다. 따라서 폐경 후 여성 호르몬을 쓸 경우도 46%나 많이 생긴다는 하버드 의대의 발표가 있다.

● 개체성에서는…

지리적 · 인종적 차이가 있으며, 개체성으로는 비만하면 2배나 더 위험하다.

● 출산과의 관계는…

출산 횟수가 적거나 35세 이후에 첫출산을 한 경우에는 4배 정도 발병율이 많으며, 늦둥이를 낳을수록 위험도가 높아진다. 물론 독신녀나 결혼을 했더라도 출산을 하지 않은 경우에서도 많이 발병한다. 수녀는 결혼한 여성보다 5배 정도 더 걸린다고 알려졌다. 또 수유 경험이 없는 경우도 마찬가지다.

● 암의 소질을 가지고 있을 경우에는…

한쪽 유방암을 앓았을 때 다른 한쪽에도 암이 생길 경우는 5배에 이른다. 자궁내막암이 있는 경우에도 더 잘 생긴다.

유방암의 증상은…

유방암의 초기에는 모든 암들이 그러하듯이 무증상이다.

그러다가 유방암이 진행되면 다음과 같은 증상이 나타난다.

① 유방에 통증이 없는 멍울이 생기면서 유방의 피부가 오렌지 껍질처럼 울퉁불퉁해진다. 멍울은 흔히 많은 여성에게 나타나지만 특히 멍울의 표면이 올룩볼록하고 경계가 분명하지 않고 딱딱하며 뿌리가 깊이 박힌 듯 잘 움직이지 않는 것이 특징이다.

② 점점 통증이 오면서 강도가 심해진다.

③ 유두에서 분비물이 흐른다. 분비물도 역시 생리적인 분비물

> **알아두세요**
>
> ### 비만과 유방암의 관계는…
>
> 비만한 여성은 유방암에 걸릴 확률이 훨씬 높다.
>
> 자궁내막암도 비만한 여성이 그렇지 않은 여성보다 높듯이 유방암도 그렇다.
>
> 특히 비만하면 유방의 멍울을 확인하는 것이 그렇지 않은 여성보다 불리해서 유방암의 조기발견의 시기를 놓치는 경우도 있다.
>
> 그리고 폐경 이후의 여성이 비만할 때 유방암에 걸릴 확률은 점점 높아진다.

이 있을 수 있다. 병적 분비물의 경우에는 한쪽 유두에서 나온다는 것, 한 개의 유선관에서 나온다는 것, 자연적으로 흘러나온다는 것이 특징이다. 심할 때는 혈액이 섞인 분비물이 나온다.

④유방암의 진행에 따라 대칭적인 좌우 유방의 모양이 달라지거나 겨드랑이에서 혹이 만져질 수도 있다.

유방에 멍울이 생기면 유방암일까?

● 대부분 생리 때 생리통을 느끼듯이 멍울이 느껴지는 수가 많다.

● 부유방, 부유두일 수도 있다. 특히 임신이나 수유기에 커져서 알게 되는 수도 있다.

● 〈섬유낭종성 변화〉일 수도 있다. 유방에 섬유질이 늘고 낭종이 생기는 것이다. 생리주기에 따라서 변화할 수 있다. 젊은 여성의 반 이상이 〈단순성 섬유낭종성 변화〉를 겪는다. 그러나 이 중에는 상피의 세포가 많이 자라는 과형성─즉 〈상피과형성〉은 전형적인 것과 비전형적인 것이 있는데, 비전형적인 경우에는 때로 유방암으로 변할 수 있다. 보통 여성보다 4~5배 더 유방암 발생율이 높다. 한편 〈경화성 선종〉이 있다. 섬유질이 늘어나서 경화되고 유선 조직이 늘어난 경우인데, 정상인보다 유방암이 될 가능성의 경향이 다소 높다고 한다.

● 유방의 멍울 중 섬유와 유선 조직으로 이루어진 동그란 혹으로 양성 종양 가운데 제일 흔한 것이 〈섬유선종〉이다. 20~30대 젊은 여성에게 많고 때로 중고등 여학생이나 할머니한테서도 발견되기도 한다.

대부분 혹이 한 개이지만 종종 여러 개가 양쪽 유방에 모두 생기기도 한다. 점점 커지는 경향이 있고 폐경 전에는 저절로 없어지지 않는다.

● 〈유두종〉 때도 유두에서 피가 난다.

● 이외에도 물혹, 거대섬유선종, 엽상낭육종, 지방종 등이 유방에 멍울로 있을 수 있다.

유방의 크기와 암과의 관계는…

보통 11~13세까지 발육기에 접어들면 여자들은 에스트로겐과 프로게스테론 같은 여성 호르몬을 분비하기 시작한다. 이들 호르몬은 성인으로서 임신에 필요한 신체 변화를 일으킨다. 가장 눈에 띄는 신체적 변화는 겨드랑이와 외음부에 털이 나고 또한, 젖가슴이 발달하기 시작하는 것이다.

유두륜은 내부에서 수유관이 가지를 쳐 모유를 만들어 내는 작은 유선들에 연결됨에 따라 부풀어오르기 시작한다. 이들 수유관 각각은 지방에 파묻혀 있는 조직 단위 즉, 엽마다 분포되어 있는데 이 엽은 각기 섬유 조직에 의해 분리되어 있다. 수유관은 마치 자전거 바퀴의 살처럼 유두 밑의 중앙으로 모여 모유를 모아 놓는다. 대개 유방에는 12~20개의 엽이 있고 각각은 유두에 개구하게 된다.

바로 이 유관에 암이 대부분 생긴다. 즉 유관암이 대부분이다.

유방암과 유전의 관계는…

특히 유방암의 가족력이 있는 경우의 위험도는 약 3~9배에 이른다. 특히 어머니와 그의 자매까지 유방암의 경력이 있을 때 그 딸에게 유방암이 올 확률은 2배로 엄청나게 커진다.

가족력에서 유방암에 걸렸던 적이 2명이 있었다면 확률은 5배로 증가한다.

즉 유방암은 유전적 소질이 크기 때문에 조금의 이상한 증상이 있으면 바로 전문의를 찾아 진단을 받고, 치료를 시작해야 한다.

유방암의 진단은…

유방암은 조기에 발견해야 하며, 그러기 위해서 자가 검진을 할 필요가 있다. 20세 이상의 여성이라면 매달 한 번은 반드시 해야 할 자가검진인데, 20~30대에서는 3년마다 병원 진찰도 겸해야 하고, 30~40대에는 매년 진찰 받으면서 1~2년에 한 번 유방 촬영을 하고, 40대 이상에서는 매년 진찰과 촬영을 겸해야 한다.

폐경 전 여성은 월경 후 5~7일 사이에 진찰을 받는 것이 좋다. 월경 직전까지 유방 조직이 증식하고 비대해져 팽만감과 불편감이 있던 것이 이 시기에 가장 적어지기 때문이다.

유방암의 자가진단법에는…

과거에 비해 유방암의 발생 빈도가 증가하고 있으나 대부분의 여성들은 자가진단법을 정확히 알고 있지 못하다. 조기 발견을 위해서는 자가진단법을 정확히 알고 숙지하는 것이 필요하다고 하겠다.

30~40대 여성은 2년에 한 번씩, 40대 이상은 1년에 한 번씩 병원에서 정기검진을 받아야 하고 한 달에 한 번씩 자가진단을 해야 하며, 자가진단은 10대 후반부터가 적당하다.

생리가 끝나고 2~3일 지난 후엔 유방조직이 부드러워져 검사하기에 적당하다.

폐경인 여성은 매월 첫째날을 자가진단일로 정하는 것이 편리하다. 사소한 변화도 쉽게 발견할 수 있다.

유방암 자가진단법 4가지

1. 샤워 중 만져보기

촉진하고자 하는 쪽의 팔을 머리 뒤로 올리고 실시한다.

물기나 비누물에 젖어 매끄러워진 유방의 모든 부위에 머리 뒤로 올리지 않은 팔의 손가락 끝마디 부분을 대고 유두쪽을 향해 서서히 쓸어내리듯이 움직이면서 유방 내에 덩어리가 만져지는지, 만져진다면 이 덩어리가 단단하면서 표면이 매끄럽지 못하고 주위와 고정되어 잘 움직이지 않는지, 부분적으로 피부가 두꺼워진 곳은 없는지를 보면서 조심스럽게 만진다. 비누칠을 한 상태에서 유방을 촉진하는 것도 도움이 된다.

2. 거울 앞에 서서 관찰하기

큰 거울에 벗은 상체를 드러내고 선 다음 양쪽 팔을 머리 위로 들어올린 후 어깨를 뒤로 젖힌 상태를 취하거나 양손을 허리에 대고 양어깨를 젖히는 자세를 취하여 관찰한다. 눈으로 보아서 유방의 크기가 달라지지 않았는지, 유방의 피부 어느 곳이 움푹 들어가지는 않았는지, 유방의 피부가 부은 데는 없는지, 유두가 함몰되지는 않았는지 등의 변화가 있는지를 알아보는 방법이다.

● **눈으로 관찰할(시진) 때의 자세에는 3가지가 있다.**

①양팔을 머리 위로 들어올린 자세이다.

②양손을 허리에 대고 어깨를 뒤로 젖힌 자세이다.

③허리를 굽혀 유방이 늘어지게 한 자세이다.

3. 누운 자세에서 만져보기

촉진하고자 하는 쪽의 어깨 밑에 접은 수건을 낮게 고이고 그쪽 팔은 머리 위로 올린 후 상체의 힘을 완전히 뺀 후 실시한다.

오른쪽 유방을 촉진하려면 오른쪽 어깨밑에 얇은 베개나 접은 담요 등으로 낮게 고이고 오른팔을 머리 위로 놓은 다음 어깨 및 가슴의 힘을 완전히 뺀 상태에서 왼손의 손끝으로 시계바늘 방향으로 유방의 바깥에서

부터 유두쪽으로 향해 촉진한다. 이 때 유방은 시계의 글자판을 연상하면서 12시 방향에서 시작하여 1시, 2시 방향으로 돌아가면서 유방의 바깥에서부터 유두를 향해 반복으로 시행한다.

멍울이나 딱딱하고 두꺼워진 데가 없나 확인한다.

왼쪽 유방의 촉진은 같은 방법으로 오른손 끝으로 시행한다.

4. 유두의 분비물 확인하기

손가락으로 유방을 짜 보는데 유두 분비물이 있으면 색깔을 기억했다가 병원 진찰시 이야기해야 하고 만일 피가 섞인 붉은 분비물이 나오면 바로 병원 진찰을 받아야 한다.

보통 축구공처럼 딱딱하고 표면이 거친 멍울이라면 암 덩어리일 가능성이 많고, 테니스 공처럼 탄력이 있으면서 부드러운 멍울이 만져지면 정상세포이다.

유방암을 예방 · 치료하는 식품 & 약재

● 옻닭

옻을 새끼손가락 길이만하게 잘라 100g 정도를 내장을 제거한 닭의 뱃속에 넣고 푹 고아서 탕으로 만들어 먹는 것이 바로 옻닭이다. 탕국물로도 먹고, 살도 발라 먹고, 찹쌀을 넣어 죽도 끓여 먹고, 그래서 옻닭을 전문으로 하는 식당에 가면 여느 닭요리 식당에 간 것처럼 여러 형태의 옻닭 요리를 다 시식해 볼 수 있다.

옻은 원래 복강내의 종양성 질환, 즉 위암에 걸렸거나 난소 또는 자궁

암 치료 효과가 좋은, '옻'

최근 여러 연구에 의하면 옻의 진액에서 엄청난 항암 효과를 가진 물질(MU2)를 추출했는데, 이것은 기존 항암 치료제인 '테트라 폴리틴' 보다 훨씬 효과가 뛰어나 암세포 증식을 억제한다고 한다.

또 '머틸칼레이르' 라는 항암 물질도 검출했는데, 이것은 노화 방지에도 효과가 있다고 한다.

다만 10명 중 1명꼴로 일으키는 옻 알레르기가 문제이다. 옻 알레르기에는 감초가 이를 해독시킬 수 있으며, 차조기잎이 해독제가 될 수도 있다.

에 종양이 생겼을 때 특효가 있다고 알려져 있다. 옻에는 생칠과 건칠이 있는데, 생칠은 독이 많기 때문에 밀폐된 가마 안에서 가열해 탄화시킨 뒤 약용해야만 독성도 줄고 위장의 손상도 없다.

옻닭은 옻과 닭을 함께 먹는 까닭에 옻을 탈 염려가 적다. 그래도 알레르기성 체질을 갖고 있는 사람들은 피하는 것이 좋다. 옻에는 '우르시올' 이라고 하는 화학 물질이 있기 때문에 전신에 알레르기 피부염을 일으킬 위험이 있다.

옻닭을 먹어본 경험이 있는 사람들, 먹었어도 탈없이 잘 보냈던 사람들도 어느 때는 옻이 올라 고생하는 수가 있다.

● 상추 · 상추씨

유방암 예방에 가장 좋은 것은 상추다. 특히 수유중에 상추를 많이 먹거나 상추씨를 가루내어 2g씩 온수로 먹는다. 여드름이 나는 사람, 특히 상습적으로 변비가 있으면서 여드름이 심할 때는 상추가 너무 좋다.

● 양배추

이온과 염소가 많아 이 두 가지 미네랄 성분은 강력한 정화작용을 한다.

PEITC라는 발암 인자가 발암 물질을 만들지 못하게 하며, DNA를 보호한다. 또 백혈구 수를 증가시킨다. 암세포를 파괴하는 종양 괴사 인자, 즉 TNF를 활성화시킨다.

양배추의 플라보노이드, 페룰 산, 메틸―메치오닌―술포늄클로라이드 등의 작용으로 백혈구가 늘면서 그 기능이 강화되어 TNF를 많이 만들어 내게 한다.

또 발암성이 있는 에스트로겐을 포함한 각종 호르몬이 세포에 달라 붙으려고 할 때, 세포에 먼저 달려가서 발암성 호르몬이 세포의 표면에 달라 붙지 못하게 한다.

● 콩

콩에는 이소플라본이라는 천연 항암 물질이 들어 있는데, 여성 호르몬(에스트로겐)을 먹는 것과 같은 효과를 보여 식물성 에스트로겐이라고 불리기도 한다. 때문에 골다공증 · 발한 · 불면증 · 성욕감퇴 등 갱년기 증상을 예방하는 데 효과적이다. 최근 에스트로겐이 유방암 발생을 촉진시킬 수 있다는 문제가 제기되고 있지만 콩 단백질은 강력한 항암 기능을 하고 있으며, 이미 진전되고 있는 유방암에 대해서는 치료 효과까지 기대할 수 있다는 보고서도 발표되었다.

또한, 혈액순환을 촉진하며, 혈관을 부드럽고 튼튼하게 하여 탄력성을 높인다. 콩에는 우유보다 많은 칼슘이 들어 있다.

한편 청국장에는 1g당 10억 마리정도의 유익균이 있는데, 이 유익균이 체내로부터 단백질 분해 효소 및 섬유질 분해 효소를 다량 만들어 내어, 이 두 효소들에 의해 콩이 분해하여 '멜라노이딘'이 8배로 증가하여 항산화작용이 활발해진다. 특히 '파이틱산'은 항암작용을 한다. 또 '트립신 억제제'가 있어서 암을 예방하며 '제니스테인' 역시 항암 물질로 작용한다.

물을 주어 순을 낸 것을 '청수두권'이라 하고, 마황이라는 한약재 뿌리를 끓인 물을 차게 식혀 그 물로 순을 키우면 '황수두권'이라 한다. 황수두권을 가루로 만들어 4g씩, 1일 3회 따뜻한 물에 먹으면 된다.

● 무

무는 발암 물질에 의한 유전자의 돌연변이로 생기는 암을 방지한다. 날것으로 먹어야 효과가 크다. 특히 무에는 카로틴이 많은데 파란 부분이 있는 쪽이 좋고 껍질째 먹어야 더 좋다.

무를 두껍고 크게 썰지 말고 단면적이 작게 무채처럼 하거나 날것 또는 무밥으로 먹는다.

또 무잎에는 다량 함유된 카로틴은 체내에서 비타민 A로 전환되는데, 이 카로틴이 암이나 무서운 만성 질환을 일으키는 원흉인 활성산소를 무력화시키는 데 큰 도움이 된다.

● 카레

카레는 암을 일으킬 수 있는 독성 물질이 DNA에 달라붙지 못하도록 하는 역할을 한다. 카레는 울금, 사프란, 진피, 생강, 후추, 겨자 등을 혼합한 향신료이다.

● 울금

생강과 식물 강황, 울금, 아출의 덩이뿌리이다. 맵고 쓰고 찬 성질의 약재이다. 이기, 지통, 이담, 이뇨 작용을 한다. 항암 효과도 있는 것으로 알려져 있다.

그러나 단독으로 쓸 때는 기허, 음허한 경우에 주의해야 한다.

● 케일

케일은 지중해의 케일 섬이 원산지로 양배추의 원종이다. 케일은 짙은 녹색으로 엽록소 또한 풍부하다. 케일 중에는 비타민 A가 양배추에 함유된 비타민 A보다 약 100배 정도가 많다. 또 비타민 C가 많으며 칼슘이 양배추보다 훨씬 많이 들어 있다.

소화기 질환, 변비, 각종 피부 질환 개선에도 도움을 준다. 또 잇몸 염증의 치료에도 효과적이고, 혈압을 조절하는 데에도 도움이 된다.

세계보건기구(WHO)에서도 케일을 최고의 야채로 평가하고 있다.

● 천문동

"뿌리의 껍질과 심을 제거하고 가루내어 복용하거나 혹은 생으로 즙을 짜서 끓여 조청으로 만들어 1~2수저씩 술로 복용하라."고 《동의보감》에서 밝혔다.

또 천문동을 끓인 물로 얼굴을 씻으면 피부가 깨끗해지고 탄력 있으면서 희어진다고도 했다.

그리고 유선암, 유방 양성 종양, 특히 유방소엽이 증식된 때는 종양의 크기에 관계없이 천문동의 외용 및 내복만으로도 큰 효과를 보았다는 보고가 있다.

단, 터져서 피가 나기 시작하는 유선암 및 광범위하게 전이된 말기 유선암인 경우에는 효과가 좋지 않은 것으로 밝혀졌다.

천문동을 끓여 수시로 마셔도 좋고, 천문동 60g을 시루에 쪄서 하루 세 번에 나누어 먹어도 효과가 좋다.

● 차가버섯

"뚜르또비크"라고도 불리며 신체 저항력, 내수, 물질 교환, 종양 발생 억제, 혈압 조절, 위암·자궁암에 효과가 있다.

미국의 모 잡지사 기자가 통나무집에서 3개월 동안 차가버섯으로 불을 때는 난로 앞에서 불을 쬐고 생활했더니 자궁 속의 검붉은 피와 함께 자궁의 종양이 빠져나왔다는 기록이 있다.

차가버섯은 타이가 기후대의 자작나무 삼림지대에서 자생하는데, 자작나무에 바이러스가 침투하여 자작나무와 싸우는 과정에서 생기며, 10년 정도 자작나무 몸 속에서 성장한 후 나무의 껍질을 깨고 표면으로 나오고, 이 버섯은 자작나무의 몸 속에 2m 정도의 긴 뿌리를 내리고 그 뿌리를 이용하여 자작나무의 수액을 섭취하며 자라는 매우 독특한 천연 버섯이다. 러시아 병원에서 암 치료를 위해 공식적으로 처방되는 약재로 인정받고 있다.

알렉산드로 솔제니친의 소설 《암병동》은 솔제니친 자신이 1950년대

말 카자흐스탄에 강제 추방당해 입원해 있으면서, 말기라고 진단을 받았던 암을 성공적으로 치료한 실화를 바탕으로 삼고 있는데, 이 소설 이후 잘 알려진 버섯이라고 한다.

성장한 버섯의 표면은 매우 거칠고 검으며 많은 균열을 가지고 있고 속 부분은 황색을 띠며 단단하고 옅은 노랑 색의 엽맥이 있다. 차가버섯은 Barren flower(열매를 맺지 못하는 식물) 종류로서 성장한 버섯의 몸에 균사가 없다. 따라서 자체적으로 번식하지 않는 특성을 지니고 있다. 일반적인 버섯은 균사와 포자가 다른 생물이나 유기체에 자리를 잡고 착생하지만, 차가버섯은 자작나무가 외부에서 침투하는 바이러스와 싸우는 과정에서 태어난다.

차가버섯에는 면역 증진 물질로 항(抗)암 및 제(除)암 작용을 하는 다당류, 다당-펩티드, 뉴클레오시드, 테르펜계 등의 물질이 다량 함유되어 있다. 이 물질들은 신체의 면역 기능을 담당하는 T-세포의 기능을 증진시켜 체내의 면역세포가 암세포를 효과적으로 파괴하도록 유도한다. 특히 차가버섯의 균체 성분은 아가리쿠스의 23배나 되는 SOD(활성산소 소거효소)와 β-D 글루칸, 리그닌 등이 함유된 것으로 증명된 바 있다.

● 청경채

칼슘, 나트륨 등 각종 미네랄과 비타민 A · C의 효력을 가진 카로틴이 많다.

● 기타 식품

율무 세포의 비정상적인 발달을 억제한다. 목이버섯과 함께 '목이버섯 율무죽'을 쑤어 먹으면 좋다.

무화과 벤즈 알데히드 성분이 암세포의 성장을 억제한다.

해조류 발암 물질인 스트론튬으로부터 정상세포를 보호한다.

고구마 고구마생즙에는 발암 물질인 스트론튬으로부터 정상세포를 보호하는 성분이 들어 있다.

살구씨 · 복숭아씨 아미그달린이 베타글루크로니다제에 의해 분해되어 생긴 청산이 암세포를 분해해 버린다.

 신재용의 강력 추천

암 예방 · 치료에 좋은 배합 곡류

● 현미

현미에는 비타민 B1 · B2, 식물성 기름이 풍부하다.

단, 현미에는 칼슘, 철, 비타민 C 등이 부족하므로 쑥을 섞어 음식을 만드는 것은 아주 현명한 방법이다. 쑥은 항암식품의 하나이다.

● 쑥

쌀은 녹말과 단백질, 무기질 등으로 구성되어 있으며 단백질은 식물성 식품 중 가장 우수하다. 하지만 지방, 섬유소, 칼슘, 철 등이 부족하여 다른 식품에서 따로 섭취해야 하는 특징이 있다. 이것을 보완해 주는 식품이 쑥이다. 쑥은 쌀에 부족한 각종 영양소가 풍부해 쑥과 쌀을 섞어 음식을 만드는 것은 아주 현명한 방법이다.

● 카레

카레는 암을 일으킬 수 있는 독성 물질이 DNA에 달라 붙지 않게 한다.

단, 카레에는 고추, 생강, 겨자 등 매운 맛을 내는 재료를 혼합한 카레가 있는데 그런 것을 쓰면 더 좋을 것 같다. 이들 재료들은 모두 항암식품으로 잘 알려진 것들이기 때문이다.

● 감자

감자를 '토두' 라고 한다. 땅 속의 콩이라는 뜻이요, 콩만큼 영양이 좋다는 이야기이다. 식독, 수독, 혈독에 의해 형성되는 '담음' 을 제거해 준다. 면역능력을 도우며, 부신피질 호르몬의 생산을 촉진하여 스트레스로부터 지켜준다.
단, 감자에 부족한 단백질과 지방을 보충하기 위해 치즈를 배합한다면 상호보완 작용으로 영양의 상승 효과를 가져와 거의 완벽한 식품이 된다.

● 조

메조를 한자로 '속(粟)' 이라 하고, 차조를 '줄' 이라고 한다. 암에는 차조가 좋다. 차조에는 멥쌀보다 단백질과 비타민이 풍부하게 들어 있으며 칼로리도 훨씬 높다.

● 고구마

베타 카로틴 성분을 많이 함유하고 있다. 비타민 C 보유량은 뿌리채소 중에서 단연 으뜸이다.

● 무

디아스타제가 함유되어 있어 소화를 촉진시키고, 식물성 섬유가 있어 장내의 노폐물을 청소해 준다. 혈액이 깨끗해져 세포가 탄력을 얻는다.
무의 껍질에 소화 효소와 비타민 C가 많으니까 껍질째 요리하는 것이 좋다.

● 율무

율무는 효소의 효능도 강해 세포에 활력을 주며, 노폐물을 체외로 배출시키고, 특히 부인과 계통의 호르몬 기능을 강화한다. 진통, 소염, 소종 작용이 있으며 칼로리도 매우 높다.

● 귀리

멜라토닌이 다량 함유되어 있다.
귀리 1,769 · 생강 583 · 토마토 500 · 바나나 460 (단위 Pg/g)이므로 귀리는 생강 · 토마토의 3.5배 · 바나나의 4배 가량이다.
귀리는 오트밀 상태든, 또는 일부 제과점에서 팔고 있는 귀리빵의 형태든 어떤 방법으로든 많이 먹는 것이 좋다. 옛날 우리 선조는 귀리떡을 만들어 젓가락으로 집기 어려울 정도로 미끈거리는 떡을 안간힘을 써가며 집어먹곤 했는데, 떡집에 부탁해서 귀리떡을 만들어 먹어도 좋을 것이다.
귀리는 또한 산후에 어혈이 안 빠질 때 먹으면 효과가 좋다.

유방암의 예방·치료에 좋은 차

상추씨차

① 상추씨를 100g 정도 준비한 다음 체에 받쳐 깨끗이 씻는다.

② 500cc의 물을 붓고 끓인 다음 물만 받아 하루 세 번으로 나누어 따뜻하게 마신다.

신재용 박사와 독자와의 1:1 진료상담실

Question 1 **자궁암 치료 후 유방에 뭔가 만져지는 것 같은데 유방암일까요?**

Answer ● 자궁내막암이 있었던 경우 유방암이 올 확률은 높다. 또 난소암 환자 중에는 자궁내막암이나 유방암이 함께 있는 경우가 있다. 따라서 조기에 진찰을 받도록 해야 한다. 아울러 유방암 예방에 좋은 음식을 많이 먹도록 한다. 예를 들어 지방이 적은 음식, 섬유질이 많은 음식, 요구르트, 콩, 저지방 유제품, 과일 등이 좋다.

Question 2 **유방에 멍울이 만져지면 유방암일까요?**

Answer ● 유방에 멍울이 있다고 해서 모두 유방암은 아니다.

생리를 전후하여 멍울이 만져지면서 통증을 느낄 수도 있다. 이런 현상은 유방이 발달하는 과정에서 생긴 멍울이기 때문이다.

때로 생리가 있을 시기나 스트레스를 많이 받을 경우에 이 멍울이 쿡쿡 찌르는 듯 통증이 있을 수 있는데, 이는 신경성이므로 걱정하지 않아도 된다.

그런데 수 년 동안 멍울이 잡히면서 없어지지 않는다면, 보리로 길러 놓은 엿기름 가루를 1~2티스푼씩을 먹는다. 그러면 멍울이 없어지게 된다.

외용법으로는, 짓찧은 연근을 유방에 붙이고 그 위에 스팀 타월을 얹어 찜질한다. 또는 미역을 손바닥 크기로 썰어 꿀물에 담갔다가 유방에서부터 겨드랑이 밑까지 촘촘하게 붙인 다음 붕대로 감고 하룻밤 잠을 잔 후 아침에 떼낸다. 그러면 마른 한지 떼듯이 살짝 벗겨지는데 여러 차례 반복하면 유방에 잡히던 멍울이 많이 줄어든다.

Question 3 유방암 수술을 했는데, 재발에 대한 걱정이 많아요.

Answer ● 수술이 잘 되었다면 재발은 걱정하지 않아도 될 것이다.
암에는 환경을 맑게 하고 기후를 고르게 하는 것이 중요하다. 맑은 공기(산소)를 흡입할 때는 암세포가 제대로 증식을 하지 못한다. 태양광선―특히 자외선에 과다하게 노출하지 않는 것이 좋으므로 공기가 좋은 환경에서 생활하는 것이 좋다. 흡연 환경을 피하고 밀폐된 공간에서 생활하는 것은 좋지 않다.
단, 유방암은 한쪽에 온 경우 다른 쪽에도 올 수 있는 특성을 갖고 있기 때문에 정기적으로 진단을 받으면서 주치의의 지시를 따르는 것이 좋다.

Question 4 남자들도 유방암에 걸릴 수 있나요?

Answer ● 서구의 경우 남성 유방암은 여성 유방암의 100분의 1 정도 비율이라고 한다. 기본적인 내용은 여성 유방암과 같지만 병이 많이 진행된 뒤에야 진찰을 받기 때문에 대체로 경과가 나쁘다.
그러나 남성의 여성형 유방 중 사춘기에 생기는 것은 여성 호르몬과 남성 호르몬의 불균형으로 생기는데 주로 섬유질과 유관이 커질 뿐 유선이 생기지 않으며, 간경화로 생기는 것은 간 기능이 나빠 정상적으로 분해해야 할 여성 호르몬이 체내에 과잉 축적되기 때문이다.

Question 5 유방암 때문에 항암 치료를 했는데, 후유증으로 생긴 탈모와 백발을 어떻게 해야 하나요?

Answer ● 《의종손익》이라는 의서에 다음과 같은 글이 있다.
"남쪽에 있는 관왕묘의 묘지기가 수염과 머리털이 점점 빠져서 한 올도 없었는데…, 하루는 어떤 사람이 골풀의 속살과 맥문동을 달여 먹으라고 하였다. 그대로 약을 먹었더니 한 달이 되어 머리털이 다시 나서 전과 같이 되었으니 정말 이상한 일이다. 대체로 위의 두 가지 약은 심, 폐의 화를 잘 없애고 풍을

제거하고 건조한 것을 윤택케 해서 머리털을 자라게 한다는 것을 알 수 있다."

● 머리가 날 때 검은머리보다 흰머리가 더 많이 날 때는 참깨를 먹도록 한다. 참깨에는 리놀산이라는 불포화지방산이 있고 단백질에는 메티오닌 등의 필수아미노산 등이 다량 함유되어 있으며 전신의 건강을 증진시켜 준다. 또 항암작용과 고혈압 예방에 효과가 큰 오메가-3 지방산이 있으며, 또 노화억제와 천연 항생 물질로 주목받고 있는 리그닌이 함유되어 있다.

참깨죽은 참깨와 현미에 물을 부어 믹서에 간 다음 체에 걸러 즙만 받아 물을 부어 고루 저으면서 센불에서 끓이면 된다. 혹은 참깨와 다시마로 조미료를 만들어 먹는다. 참깨를 잘 씻어 말려 볶은 것과 다시마를 알루미늄 호일에 싸서 검게 구워 볶아 가루낸 것을 같은 양씩 배합하면 된다.

Question 6 유방암을 완치했는데 아기가 태어나요. 아기에게 모유 수유를 해도 괜찮을까요?

Answer ● 유방암이 이미 완치되었고 추적 검사 결과 이상이 없는 상태에서 임신을 했다면 모유 수유를 걱정하지 않아도 된다.

유방암 치료를 어떻게 받았는지에 따라 수유 가능 여부가 결정되는데, 유방암의 대부분이 유관부암이므로 경우에 따라서는 모유 분비에 문제가 있을 수 있으므로 주치의와 상의해야 한다.

유방암 치료가 모유 분비에 영향을 미치지 않는다면 수유를 해도 된다. 혹시 모유를 통해 아기에게 영향을 줄까 걱정하는 것 같은데 그럴 염려는 없다. 수유는 아기에게 영양만 먹이는 것이 아니라 사랑을 함께 먹이는 것이기 때문에 사랑을 무력화시키는 것은 이 세상에 아무것도 없다.

Question 7 유방암 검사는 언제부터 해야 할까요?

Answer 증상이 있거나 멍울이 잡힌다면 어느 연령이든 빨리 검사를 받아야 한다. 그러나 증상이 없어도 앞에서 말한 바와 같이 나이가 차면 정기적으로 자가진단과 병원진단을 받는 것이 좋다. 초경의 빠름과 늦음에 따라 유방암에 걸릴 확률이 달라진다. 초경이 빠른 여성들은 후에 유방암이 생길 가능성이 좀더 높다. 그러나 너무 어린 나이에는 자가진단을 위주로 한다. 어린 아이들이 방사선 검사같은 것을 하게 되면 오히려 그것이 유방암을 일으키는 요인도 될 수 있기 때문에 자가진단만 해도 된다.

난소암

난소암은 주로 40세 이후 여성의 연령층, 불임이나 출산 경험이 없는 경우, 비만한 경우, 유방암 · 자궁내막암 · 직장암이 있었던 환자에게서 많이 발병할 수 있다.

난소는 어디에 있나요?

난소는 자궁 양쪽 끝의 난관 바로 아래쪽에 있다. 크기가 작고 옆으로 길쭉한데, 마치 껍질을 벗겨낸 아몬드와 같은 크기와 형태를 취하고 있으며 진주색에 가까운 흰빛을 띠고 있다. 여성이 열네 살이나 열다섯 살이 되면 난소는 한 달에 한 번씩 난자를 만들어 낸다. 이 난소에서 나온 난자가 정자를 만나 임신을 하게 되는데, 난소에 염증이 생기면 자궁부속기에 함께 생기게 된다. 이처럼 난소는 한번 병들면 난관까지 같이 병이 올 수 있는데 염증 뿐만 아니라 일종의 물혹과도 같은 난소난종이 생기게 된다.

그런데 난소염, 난소낭종 외에 우리를 가슴아프게 하는 것이 바로 난소암이다.

난소에 생긴 물집 잡힌 혹 중에서 약 20% 정도가 난소암이 된다. 난소암은 비율적으로는 많지 않지만, 그 중에서도 '상피성 난소암'이라고 하는 것이 많이 생긴다. 난소의 한쪽에 생기는 것이 대부분인데, 환자 중 약 20~40% 정도는 양쪽에 함께 생기기도 한다.

난소의 이상으로 나타나는 병증은…

● 난관염

염증이 진전된 후 난관의 자궁구가 유착된 상태에서 막혀 버리게 되면 염증성의 물이나 고름이 내강에 고이게 됨으로써 난관이 자루 모양과 같이 증대하여 난관유수종이나 난관유농증을 일으키게 되며, 이것들이 파열하게 되면 쇼크사를 일으키는 경우도 있다.

● 난소염

보통 난관염과 난소염을 합해 '자궁부속기염'이라고 한다. 대체로 난소만 염증을 일으키는 것은 적고 난관염과 함께 오는 수가 많다.

● 난소낭종

난소에 생기는 혹, 즉 난소의 종양 중에서 가장 많이 발생하는 것이 난소낭종이다. 이와 같은 낭종들은 30~50세에 많이 발생한다. 주머니 같은 것이 생겨 그 속에 분비물이 고이는 병이다.

고이는 분비물의 내용에 따라 3종류가 있다.

주머니 벽이 엷고 보통 한 개로 그 내용물이 물과 같이 투명한 액체가 있는 '장액성 낭종', 낭종 중에서 제일 많고 대단히 커지면서 젤라틴과 같은 것이 가득 차 있는 '뮤신성 낭종', 노란색 지방과 함께 혈관·신경 등을 포함하고 있는 '피양 낭종' 등이 있다.

증상으로서는 낭종이 상당히 커질 때까지 뚜렷한 통증이나 출혈 등이 없고 자각 증세도 별로 없으나, 심하게 되면 골반내 신경이나 혈관·직장·방광 등이 압박되어 하복통이나 요통 또는 월경 이상이나 배뇨와 배변 곤란 등이 있다.

그리고 낭종의 크기는 여러 가지로 나타난다. 주먹 크기에서 어른 머리 정도까지 있고, 어떤 것은 복강 전체를 채울 정도의 큰 것도 있다. 복강 전체를 채울 정도의 크기가 되면 복부가 팽만되고 호흡곤란, 가슴이 뛰는 증상 등을 병발하게 되며 때로는 복수가 차게 된다.

양성 종양일 때는 정상적인 월경으로 임신을 할 수도 있고, 부정 출혈도 나타나지 않지만, 피양 낭종과 같이 악성일 때는 월경불순이나 무월경이 나타난다.

한편 줄기가 길고 움직임이 많은 낭종에서는 넘어지거나, 떨어지거나, 뛰거나 또는 임신 등으로 복압이 갑자기 변동되면 그 줄기가 비뚤어져 경염전을 일으키게 된다. 이 때에는 복막염 증상과 비슷하게 갑작스런 하복부의 통증과 함께 메스꺼움과 구토가 있게 되며, 자궁출혈도 있게 된다.

갱년기 전후 여성의 경우는 작더라도 수술로 제거하는 것이 좋다.

난소암의 원인은…

● 난소암의 경우에는 형태·증세·종류가 아주 많다. 그 중 상피성 난소암이 가장 흔해서 80%를 차지하며, 미국의 경우 해마다 2만 6,000여 명의 새로운 환자들이 발생할 정도라고 한다.

상피성암에도 장액성 낭선암, 점액성 낭선암, 자궁내막양암 등으로 나뉘는데 증상이나 특성에는 큰 차이가 없다. 양쪽 난소에 모두 생기는 경우도 20~40%는 된다.

알아 두세요

난소암은…

● 염증, 난종의 물혹 등이 생기는 난소의 질병은 난관까지 옮겨진다.
● 난소암은 난소의 혹 중에서 20%를 차지한다.
● 상피성 난소암은 난소암의 90%를 차지하고 있다.
● 한쪽에 난소암이 발생하는 것이 보편적이나 20%~40%는 양쪽 모두에 난소암이 발생하기도 한다.

● 난소에 생기는 많은 혹 가운데 80%는 양성이며, 주로 젊은 여성에게 생기고 나머지 20% 정도가 난소암으로 주로 40대 이후 여성에게 많이 생긴다.

● 그런데 이 난소암은 원격 부위로 전이될 때까지 아무런 증상을 전혀 느낄 수 없을 뿐만 아니라 조기발견이 늦어져서 70~80% 정도가 이미 상당한 상태로 진행된 후에야 발견되는 경향이 있고, 까닭에 진단을 받은 지 5년 이상 생존하는 경우는 많지 않다.

그러나 난소암 중 악성의 정도가 조금 덜한 경계성 악성의 경우는 90% 이상의 환자가 5년 이상은 살 수 있다.

● 난소암은 초경이 늦거나 폐경이 빠를수록 발생률이 낮다고 하며, 출산 경험이 없는 경우에 발생률이 높고 다산한 경우에 그 빈도가 매우 낮다고 하는데, 경구피임약을 복용한 경험이 없는 경우

보다 복용 경험이 있는 경우에 발생률이 낮다고 한다.

난소암과 유전과의 관계는…

① 난소암은 가족력이 강하다.

② 난소암 환자 중에는 유방암이나 자궁내막암이 함께 있는 경우가 있으므로 주의해야 한다.

③ 기름진 음식도 깊은 관련이 있다.

④ 2차성 난소암이라고 해서 위암이나 대장암 등에서 전이되어 온 경우도 있다. 2차성 난소암일 경우에는 양쪽 난소에 모두 생긴다.

난소암을 예방 · 치료하는 식품 & 약재

● 왕자귀

자귀나무는 밤에 잎이 오므라든다. 그래서 밤이면 잠자는 것이 귀신같기 때문에 '자귀' 라는

증후성 기능성 난소낭종의 종류는…

1. 난포낭종

난자를 둘러싸고 있는 난포가 정상적인 방법으로 성장하지 못하고 난자를 배출하지 못했을 때도 낭종이 만들어질 수 있다. 이런 경우에 난포는 배란이 일어나야 할 시점을 지나쳐 버리고 성장을 계속하게 된다. 때로는 지름 7~8cm의 크기까지 자라며 통증이 있을 수도 있다.

이런 종류의 낭종은 대부분 시간이 지나면 저절로 사라진다. 하지만 지속적인 경우라면 수술을 해야 한다. 일부 의사들은 피임약을 처방하여 인위적으로 배란을 멈추게 해서 낭포를 퇴화시키려고도 하지만, 새로 나오는 저용량의 피임약은 배란을 막고 낭종에 영향을 주기에는 그 효과가 약하다.

2. 황체낭종

황체는 배란기에 난포로부터 성숙한 난자가 배출될 때 만들어진다. 이 과정에는 약간의 출혈이 동반되기도 한다. 경우에 따라 황체낭종은 아무런 징후도 나타내지 않기도 하고, 통증을 유발하기도 한다.

만일 낭종이 터져서 내용물이 골반강으로 쏟아져나오게 되면 칼로 찌르는 듯한 통증을 느낄 수 있다. 하지만 이런 증상이 보다 만성적인 경우라면, 그 통증은 훨씬 둔하고 약간 쑤시는 정도일 수도 있다.

난포든 황체든 기능성 난소낭종이 암으로 이어지는 경우는 거의 없다. 어떤 여성들은 평생 동안 단 한 번 증상을 느끼기도 하고, 또 어떤 여성들은 반복적으로 증상을 느끼기도 한다.

하지만 반드시 기억해 둘 것은 문제가 발생한 지 단 몇 시간, 며칠 만에도 난소낭종은 빠르게 발생할 수 있다는 것이다. 마찬가지로, 난소낭종은 빠르게 사라질 수도 있다.

3. 양성 난소낭종

난소는 완전한 인간으로 성장할 수 있는 세포를 가지고 있기 때문에 다양한 낭포가 될 수 있는 세포도 가지고 있다. 양성의 비기능적인 난소낭종은 배란과는 상관없는 난소의 세포가 성장하기 시작할 때 만들어진다.

이름을 붙였다고 한다. 또한, 잎이 무성하여 서로 엇갈려 겹쳐 있는데, 바람만 불면 잎들이 제각기 흩어지면서 그 소리가 여자의 혀처럼 시끄럽다고 해서 '여설목' 이라 부르기도 한다.

해울 작용(우울증을 해소시키는 작용), 자궁수축 작용이 있다. 따라서 각종 부인과 질환에 응용한다. 또 암세포로 인한 옹종을 삭이는 효과가 있다.

고혈압

고혈압은 자각 증세가 거의 없다. 체중과다, 자극적인 식습관이
고혈압의 원인일 수 있다. 고혈압이 있으면 합병증으로
뇌졸중이나 심장마비가 올 수 있으므로 주의해야 한다.
되도록 싱겁게 먹고 체중을 줄이도록 한다.

혈압은…

● 수시로 변한다

환자가 아닌 정상적인 사람도 때때로 혈압이 낮아지거나 높아진다. 하루 중에도 수시로 변하는데, 아침에 눈을 뜰 때 혈압이 비교적 높고 오전 10시 전후에 최고치가 되며 차차 떨어져 수면중인 오전 2시경에 가장 낮다. 또 정신적으로 안정을 취할 때는 혈압이 내려가지만 흥분 상태일 때는 혈압이 올라간다. 식사 후나 커피를 마신 후, 담배를 필 때도 혈압이 올라간다. 날씨가 추우면 혈관 수축으로 혈압이 올라가고, 날씨가 따뜻하면 혈관이 열려 혈압이 내려가게 된다. 따뜻한 목욕탕 물 속에 앉아 있어도 혈관이 열려 혈압이 다소 내려간다.

운동과 같은 신체 활동중에도 혈압이 올라가는데, 특히 운동선수의 경우는 심장이 펌프질하는 힘이 워낙 좋기 때문에 최대 운동시 혈압이 일반인보다 더 많이 올라가게 된다. 이렇게 운동으로 올라간 혈압은 운동이 끝나고 5분 정도 지나면 다시 정상으로 되돌아가는데, 보통 운동 전의 혈압보다 더 내려가게 된다.

조심할 것은 낮은 운동 강도에도 혈압이 갑자기 급상승하는 사람이 있는데, 그것을 모르고 심한 운동을 하다가 뇌출혈 등의 위험한 상태에 빠지는 경우가 있다.

● 수시로 재는 것이 좋다

혈압은 상황에 따라 각기 달라질 수 있으므로 혈압을 측정할 때는 편안히 앉아서, 심장의 높이 정도로 팔을 올려 놓고 측정한다. 혈압을 재기 전에는 약 10분 간의 안정 시간이 필요하며, 30분 이내에는 흡연과 커피를 금해야 한다. 자주 혈압을 체크하는 고혈압 환자의 경우에도 위의 사항을 지키는 것이 좋다.

또 건강에 이롭지 못한 음식을 입맛에 맞추어 먹던 식습관을 버리고 혈압을 내리는 식품을 먹는 것이 좋다. 칼로리가 높고 염분이 많이 들어 있거나 인스턴트 식품 등은 피하도록 한다.

고혈압은…

● 자각 증상이 없다

고혈압 환자는 30대 후반부터 서서히 혈압이 올라가는 경우가 많은

데, 통계에 의하면 부모 중 한쪽이 고혈압이었을 경우 그 자녀도 고혈압이 발병하기 쉽다고 한다. 그렇다고 고혈압이 체질에 의해서만 나타나는 것은 아니다. 다른 모든 성인병과 마찬가지로 체질에 나쁜 생활습관이 겹쳤을 때 고혈압이 발병하게 된다.

고혈압은 대부분 30대에서 50대 사이에 발병하지만, 아무런 증세 없이 서서히 혈압이 높아지기 때문에 언제 발병하는지는 알 수 없다. 고혈압을 '침묵의 살인자'라고 하는 것도 자각 증세 없이 합병증이 발병하여 생명을 빼앗아가기 때문이다.

만일 고혈압의 자각 증세로 두통, 어깨결림, 현기증, 구토증 등이 있었다면 혈압이 상당히 높아졌다는 것을 뜻한다. 자각 증세가 있을 때까지 고혈압을 방치해 두면 뇌졸중, 심장병 등 생명과 관련되는 심각한 질병

알아 두세요

세계보건기구(WHO)의 고혈압 판정 기준!

고혈압의 판정에는 여러 가지 척도가 있을 수 있지만 일반적으로 세계보건기구(WHO)의 기준이 이용된다.

성인병 예방이라는 측면에서 혈압을 생각할 경우에는 최저 혈압이 90mmHg 이상이 되면 주의할 필요가 있다.

① 고혈압은 최고 혈압이 160mmHg 이상이거나, 최저 혈압이 95mmHg 이상인 것을 말한다.

② 성인의 정상 혈압이란 최고 혈압이 140mmHg 미만이면서, 최저 혈압이 90mmHg 미만일 때를 말한다.

③ 정상과 고혈압 중간에 있는 혈압, 다시 말해서 최고 혈압이 140mmHg~160mmHg 사이에 있으며, 최저 혈압도 90mmHg~95mmHg 미만일 때는 경계역 고혈압이다.

날마다 같은 조건에서 혈압을 측정하는 것은 성인병 예방 측면에서 보더라도 바람직한 일이다. 그러나 계측 수치에 지나치게 몰두하지는 말아야 한다.

을 일으킬 수 있다.

● 대부분은 혈압 조절이 비교적 쉬운 '본태성 고혈압' 이다

고혈압에는 2가지 종류가 있다.

첫째, 신장이나 부신 등의 질병에 의해서 오는 '2차성 고혈압' 이다. 2차성 고혈압은 흔하지는 않아 고혈압 전체에서 차지하는 비율은 10% 정도이며, 원인이 되는 병을 고치면 혈압도 정상으로 돌아간다.

둘째, 원인 불명의 '본태성 고혈압' 이다. 본태성 고혈압은 검사를 해도 혈압을 올릴 질병은 발견되지 않지만 혈압 조절은 어렵지 않다. 고혈압 환자의 대부분은 본태성 고혈압이다.

알아 두세요

고혈압의 분류

1. 본태성 고혈압
● 유전적이거나 원인이 밝혀지지 않은 고혈압으로 치료가 어렵다.
● 부작용, 합병증을 살피며 꾸준한 치료가 필요하다.

2. 속발성 고혈압
● 다른 질병으로 인해 고혈압이 온 경우로, 질병의 치료와 함께 고혈압 치료가 가능하다.

고혈압의 원인은…

● 짜고 매운 음식이 혈압을 올린다

고혈압을 일으키는 나쁜 생활습관으로는 식사를 들 수 있다. 특히 염분의 과잉 섭취는 가장 나쁘다. 고혈압인 사람은 짜고 매운 것을 좋아하는 경향이 있는데 하루에 10g 이하로 줄이도록 한다.

또는 염분을 그다지 많이 섭취하는 것도 아닌데 혈압이 쉽게 올라가는 사람들도 있다. 그런 사람들은 염분에 특히 민감하게 반응한다. 반대로 염분을 많이 섭취하는데도 혈압이 잘 올라가지 않는 사람도 있다.

● 과식에 의한 비만이 혈압을 올린다

비만이 되면 심장이나 혈관계에 부담을 주어 혈압이 올라간다. 실제로 고혈압은 비만인 사람에게 더 잘 나타나며, 체중을 줄이면 혈압이 내려간다. 칼슘이나 칼륨의 섭취 부족도 혈압을 올리는 원인이다.

● 술 · 담배가 혈압을 올린다

흡연과 고혈압과의 관계는 상당히 밀접하다. 담배에 함유되어 있는 니코틴이 교감신경을 자극해서 혈관을 수축시키는 카테콜아민이라는 물질을 혈액 속으로 내보내 혈압이 일시적으로 상승한다. 담배를 피우면 스트레스가 풀려 혈압이 낮아진다고 믿는 사람도 있는데, 이것은 과학적으로 증명되지 않은 근거없는 이야기이다.

담배는 또한 고혈압 환자에게 뇌졸중과 심장마비 등의 합병증을 일으키므로 꼭 금연해야 한다.

알코올도 혈압을 올리는 요소이다. 소량의 음주는 정신적 긴장을 풀어주어 혈압을 내리게 하는 효과도 있으나 고혈압 환자가 술을 마시면 동맥경화증이 촉진되고 혈관 손상이 증가되므로 반드시 절주한다.

고혈압의 위험성은…

혈압이 높을수록 사망률도 높다. 같은 고혈압 중에서도 남자는 여자보다 2배 가량 사망률이 높고, 젊어서 혈압이 높은 약년성 고혈압이나 고지혈증과 당뇨병이 동반되면 생명 단축이 보다 빨라진다. 고혈압의 48%에서 중풍이 온다.

고혈압과 유전의 관계는…

고혈압은 우성 유전 질환의 하나이다. 태음인에게 유전 인자까지 강하면 일찍부터 고혈압이 올 수 있다. '본태성'이며, 고혈압 환자의 80~90%가 여기에 해당된다.

후천적으로 어떤 질환이 원인이 되면 '속발성' 고혈압이다. 신장 기능 이상을 특히 '신성(腎性) 고혈압'이라 하는데, 갑상선기능항진증 등 내분비 질환 · 임신중독 · 대동맥 수축에 의한 협착증 · 당뇨병 · 뇌염이나 만성 뇌막염 등은 있지만 비교적 많지 않다.

고혈압의 특별한 증상은…

● 심장의 수축기 혈압을 '최고 혈압'이라 하고 확장기 혈압을 '최저 혈압'이라고 한다. 그리고 그 차이를 맥압이라고 한다. 보통 성인은 40mmHg 이하의 맥압을 보인다.

① 수축기 혈압 140mmHg, 확장기 혈압 90mmHg 이상을, 여러 기준이 있는데도 불구하고 가장 일반적으로 '고혈압'이라고 한다.

② 좌우 혈압이 다르게 나타나지만 그 차이가 크면 병적이다. 예를 들어 동맥경화 때는 20~30mmHg나 차이가 나고 편마비 때는 마비 쪽의

혈압이 높게 나타난다.

③ 혈압은 하루 중에도 하오가 높은 편인데 대개 하루에 10~20mmHg 정도의 차이가 난다.

● 한의학에서는 고혈압을 다음과 같이 4가지 타입으로 나눈다.

① **간열** 머리가 아프고 어지러우며 얼굴과 눈이 빨개지고 눈곱이 잘 끼는 타입이다.

② **음허양항** 머리가 무겁고 화를 잘 내는 타입이다.

③ **간신음허** 허리와 발뒤꿈치가 아프고, 밤에 소변이 잦은 타입이다.

④ **음양양허** 가슴이 두근거리고 답답하며 양기가 부족하고 새벽에 설사가 잦은 타입이다.

● 다시 말해서 혈압이 높으면 흥분을 잘하고 어지럼, 불면, 피로 등의 증상이 나타난다. 가끔 뒷머리와 목덜미가 뻣뻣하며 뻐근해지기도 한다. 그렇게 되면 현기증, 불안감이 뒤따르면서 심장 기능 저하에 의해 호흡곤란과 심계항진이 온다. 신장 기능도 떨어져 야간 빈뇨나 부종이 동반한다. 그리고 끝내는 뇌, 심장, 신장 등 주요 장기에 치명적인 합병증을 초래하여 50%는 관상동맥 질환으로, 33%는 뇌졸중으로, 10~15%는 신부전으로 사망한다.

콜레스테롤과 고혈압의 관계는…

● 콜레스테롤은 그리스어로 '담즙'과 '고체'라는 뜻이다. 처음에 사

람의 담석에서 발견되었기 때문에 붙여진 이름이다. 콜레스테롤의 기능은 담즙산의 전구체가 되어 음식물 속의 지질의 흡수를 돕는다. 또 여러 가지 스테로이드 호르몬의 전구체가 되어 당질 대사와 전해질 조절, 생식 기능의 조절 등 생체에서 중요한 기능을 한다.

물론 비타민 D 전구체가 되기도 하고 세포막의 구성 성분으로써 세포의 구조를 유지하고 세포막의 안팎으로의 물질 투과 기능에 관여하는 역할도 한다.

● 콜레스테롤에는 저비중지단백(LDL)이 있는데 콜레스테롤을 필요로 하는 장기로 운반하여 세포 속으로 들어가게 하는 것이다. 이에 반하여 고비중지단백(HDL)은 불필요한 콜레스테롤을 간장으로 운반하는 역할을 하며, 이것이 몸에 이로운 콜레스테롤이다.

● 콜레스테롤 혈중량이 정상(180~200mg/dl)보다 높아진 경우를 과콜레스테롤 혈증이라고 하는데, 동맥경화증을 일으키게 되고, 심근경색이나 뇌혈전증 등의 원인이 될 수 있다.

고(高) 콜레스테롤혈증의 증상

콜레스테롤은 동맥경화증이나 심장병 등의 모든 성인병은 물론, 노화와 사망과도 매우 밀접한 관계가 있다. 대체로 자각 증상을 느끼지 못하는 경우가 많고 일부에서는 다음과 같은 증상을 자각하기도 한다.

즉 뒷머리 통증 · 머리 무거움 · 어깨 굳음 · 귀울림 · 어지럼 · 가슴 답답함 · 수족 저림 및 마비 · 맥박의 빠름 등이다.

혹은 갈증이 심해지고 물을 많이 찾게 되며 때로는 자꾸 졸며 식욕이 떨어지고 메스꺼워 하기도 한다. 심근에도 혈액량이 줄면서 산소와 영양의 공급이 부족해 심근 활동이 떨어지게 되는데, 이 때 심장은 허혈 상태에 빠지게 된다.

때로 가슴이 죄어들면서 숨이 막히는 것 같은 고통, 가슴이 강하게 압박 받는 고통, 가슴속이 타는 듯 뜨거운 고통으로 나타나기도 한다.

숨이 가쁘거나 피로, 잦은 하품 등을 호소하기도 한다.

콜레스테롤을 줄이려면…

● 콜레스테롤은 생체 자체에서 생합성이 되기도 하지만 음식물 중에 포함된 콜레스테롤이 소장에서 흡수되어 생기기도 한다. 100g당 콜레스테롤 양(mg)을 비교하면 달걀 노른자가 1,130으로 가장 높다. 버터, 오징어, 소의 간도 비교적 높다.

알아 두세 요

콜레스테롤을 줄이는 식이요법

● 지방질 고기, 동물의 장기, 치즈, 달걀 등은 섭취에 유의한다.

● 고등어, 정어리, 꽁치 등의 등푸른 생선의 기름은 혈관 확장과 손상된 혈관을 회복시키는 기능을 한다.

● 녹황색 채소를 하루 5회 이상 먹고 규칙적인 운동으로 표준체중을 유지한다.

● 콩이 콜레스테롤을 떨어뜨린다는 것은 잘 알려진 사실이다. 콜레스테롤 수치를 내리기 위한 단백질 필요량은 1일 160g 정도면 충분하다는 발표가 있다.

● 운동이 꼭 필요하다.

동맥경화란…

동맥경화란, 혈액 내에 콜레스테롤이 침전되어 단단한 덩어리를 만들어 혈액순환에 장애를 주는 것을 말한다.

● 유전적으로 쉽게 동맥경화를 일으키는 체질을 가진 사람도 있고, 혈액 내의 콜레스테롤이 동맥의 내벽에 침착되어 동맥 자체의 탄력성이 없어져 동맥의 내막이 섬유성으로 두꺼워지고 거기에 지질이 쌓이는데, 이것이 진행되어 혈전을 형성하면 동맥 속 구멍이 좁아지거나 막히게 되어, 그 동맥으로부터 산소와 양분을 받는 장기는 각기 기능을 충분히 발휘하지 못하게 된다. 이것이 동맥경화증이다.

● 동맥경화는 거의 모든 동맥에 나타나는데, 제일 많이 나타나는 곳은 복부대동맥과 그로부터 하행하는 총장골동맥이다.

다음으로 심장의 관상동맥, 뇌동맥, 신동맥이다.

관상동맥의 경화 협심증이나 심근경색, 심부전과 부정맥을 일으키기도 한다.

뇌동맥의 경화 뇌동맥경화증, 뇌경색(뇌연화증), 뇌출혈 등을 일으킨다. 뇌경색과 뇌출혈을 합해서 '뇌졸중'이라고 한다. 뇌동맥경화증은 흥분, 긴장, 피로 때 어지럽고 토할 것 같고 머리가 무겁고 귀에서 소리나며 행동이 느리고 힘이 없어진다. 뇌경색(뇌연화증)은 뇌동맥경화가 가장 심할 때로 의식을 잃고 말을 못하고 반신마비가 된다. 뇌출혈은 뇌혈관이 터지는 것으로 증상은 뇌경색과 같으나 고혈압과 관계가 깊다.

신동맥의 경화 신위축(신경화증), 요독증 등을 일으킨다. 신위축증은 신장의 동맥이 경화될수록 신장의 크기가 줄어들어 작아지는 것을 말하는데 야간 빈뇨, 노폐물 배설 불리, 악성 고혈압 등을 일으킨다. 요독증은 신장 기능이 극도로 약해져 소변을 볼 수 없어 소변독에 의해 생기는 무서운 병이다.

동맥경화와 고혈압과 관계는?

미국에서 발표한 동맥경화의 위험인자는 다음과 같다.

따라서 이런 위험 인자에 대해 대책을 세워 실천하는 것이 중요하다.

① 고콜레스테롤혈증이 위험 인자의 첫째다.

② 탄수화물과 당분도 위험 인자가 될 수 있다.

③ 과음과 카페인 음료가 위험 인자이다.

④ 고혈압이 위험 인자이다. 고혈압의 경우는 그렇지 않은 경우보다 10년 동안에 약 4배에 가까운 심장병·뇌혈관 장애를 일으키는데, 특히 최대혈압이 160mmHg 이상일 때나 최소혈압이 95mmHg 이상일 때는 더 주의를 해야 한다.

⑤ 담배가 위험 인자이다.

⑥ 비만이 위험 인자이다.

⑦ 당뇨병이 위험 인자이다.

⑧ 운동부족이 위험 인자이다.

⑨ 정신적 스트레스가 위험 인자이다.

⑩ 심장병이 위험 인자이다.

동맥경화와 치매

뇌의 기질적인 장애로 인해 유발되는 정신 장애가 치매이다. 그 중에 다발성 경색성 치매가 있다. 뇌의 혈액순환이 원활하지 못해 신경세포가 괴사되어 생기는 치매를 말한다. 평소에 고혈압, 동맥경화 소인이 있었을 때 잘 생긴다. 치매 환자 중 10~20%가 여기에 속한다.

동맥경화와 심근경색

심근경색은 급성 심장마비로 사망할 확률이 상당히 높은 동맥경화증의 합병증이다. 발작이 시작되면 흉골 하단 상복부에 통증이 오면서 열이 나고 호흡이 곤란해지며 혈압이 떨어지는 증상을 보인다. 또 맥은 약하고 빠르며 안색이 창백해지고 식은땀과 구토 증상도 동반되는데 이와 같은 발작 증상이 몇 시간 또는 며칠동안 지속되기도 한다.

고혈압을 예방 · 치료하는 식품 & 약재

● 레몬

레몬은 비타민 C의 대명사이다. 구연산은 신맛을 내는데, 이런 강한 신맛은 소금 섭취를 줄여야 하는 고혈압 환자들에게 도움이 된다.

피로회복, 갈증, 배뇨통, 상열에 의한 두통이나 가슴 두근거림, 등이나 어깨에 담이 걸리는 데 좋으며, 감기 예방, 숙취 해소, 간 기능 쇠약과 피부 트러블에 좋다.

비타민 C · E, 칼슘, 구연산 등의 함량이 특히 많다. 비타민 P와 같은 역할을 하기 때문에 콜레스테롤을 제거하여 혈액을 맑게 해준다. 그래서 고혈압, 동맥경화증을 예방할 수 있다.

레몬 & 레몬차의 효과적인 이용법

1. 레몬차 내복 · 외용
너무 팔팔 끓여 뜨겁게 하지 않는 것이 비타민 파괴를 줄일 수 있다. 차게 했을 때 레몬의 청량감을 더 느낄 수 있다. 겨울철에 뜨겁게 끓인 레몬차를 마시면 감기를 예방하는 효과가 있다. 레몬 껍질을 잘게 썰어 물에 담가 우러나면 욕탕제, 세안제, 린스 등으로 외용할 수도 있다.

2. 레몬과 치아
대항해시대에 많은 선원이 괴혈병에 걸리게 되었는데, 이 예방과 치료에 레몬이 이용되었다. 그런 것으로 미루어 레몬 양치는 잇몸이 까맣게 되고 피가 잘 나는 데 효과가 있다. 또 레몬은 우리 몸이 산성으로 되는 것을 막아 약알칼리 상태를 유지해 준다. 산성이 되면 치아의 색이나 상태도 나빠지기 마련이다.
영국의 생화학자 크레브스 박사는 체내의 각 영양소는 에너지를 방출하여 마지막에는 탄산가스와 소변이 되어 배설되는데, 이 체내 대사가 균형 있게 이루어지려면 8개의 산이 필요하며, 그 중에서도 구연산의 역할이 크다고 했다. 따라서 어떤 방법으로든 레몬을 많이 이용하는 것이 건강에 도움이 된다.

● 호도기름

호도는 불포화지방산이 풍부하여 성인병에 효과가 있고, 콜레스테롤 수치를 낮추어 주는 역할을 한다.

호도를 먹었다고 해서 콜레스테롤이 많아지지는 않는다. 이것은 호도

기름이 콜레스테롤의 체내 합성 및 그 산화와 배설에 일정한 영향을 미치기 때문이라고 한다.

《동의보감》에는 "호도는… 기혈을 보하고 하초 명문을 보한다."고 했는데, 이것은 엄청난 열량을 지닌

✏️ **주의 하세요**

호도는 여름철에는 먹지 않는다. 다음 해 4~5월이 지나면 기름기가 절어서 맛도 없고 영양가도 떨어진다.

강정식이기 때문에 열에너지를 간직한 생명의 문인 명문을 보한다고 표했던 것이다. 호도는 신경안정제 역할을 할 뿐 아니라 세포의 방수성을 높이고, 수분 배출을 도우며, 뇌세포를 활성화시키고, 원기를 돋우며 정력을 강화하기도 한다.

● 수박

수박에 함유된 아미노산의 일종인 시트롤린이라는 성분이 작용해서 체내 독소를 요소로 변화시켜 소변으로 배출시킨다. 그래서 심장병, 고혈압 등에 의한 부종에도 좋다.

수박씨에는 리놀산이 많아서 동맥경화증 예방에 도움이 된다. 특히 혈압강하 작용, 진정작용, 통증완화 작용이 있다.

● 참깨 · 토란

토란 특유의 미끈거리는 성분은 무틴으로, 이것이 체내에서 글루크론산을 만들어 간장이나 신장을 튼튼히 해주고 노화방지에도 효과를 나타낸다.

참깨에는 리놀산이라는 불포화지방산이 있고 단백질에는 메티오닌 등의 필수아미노산 등이 다량 함유되어 있어 동맥경화증을 예방하고, 간 기능을 강하게 하며 전신의 건강을 증진시켜 준다. 따라서 '참깨 토란 조미료'를 만들면 아주 좋다.

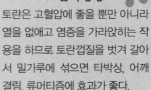

토란대를 말려서 가루내어 참깨, 천일염 볶은 것을 배합하면 된다. 토란대에는 칼슘, 인, 칼륨, 비타민 B군, 당질, 단백질 등이 함유되어 있어서 조미료는 대단한 위력을 발휘한다.

● 가지

가지는 고혈압 증상을 완화시켜 주는 작용을 한다. 그리고 무엇보다 동맥경화증 같은 순환기 계통의 질병을 예방하는 효과가 아주 뛰어나다고 알려져 있다. 가지는 칼슘, 철분 등의 무기질은 많지만 비타민 함유량이 적어 식물성 기름으로 조리하면 비타민 E의 흡수를 높일 수 있다. 콜레스테롤이 염려되는 사람은 많이 먹도록 한다.

● 감자

감자는 식독, 수독, 혈독을 제거해 준다. 면역 능력을 도우며 부신피질 호르몬의 생산을 촉진하여 스트레스로부터 지켜준다. 또 감자는 비만 예방에 좋다.

감자는 칼륨 대사에도 작용을 한다. 칼륨이란 세포의 여러 가지 생리작용에 중요한 역할을 하며, 당질 대사나 근육 수축에도 꼭 필요한 성분으로 개, 쥐 등에게 칼륨을 전혀 주지 않으면 성장이 멈추고 사지 마비 등을 일으켜 결국에는 죽는다고 한다.

칼륨은 또 체내 여분의 나트륨을 배출시키기도 하여 고혈압이나 동맥경화 또는 중풍 등에 위험한 중·노년층에게도 여분의 나트륨을 배출시켜주는 효력을 가지고 있다. 실제로 감자에는 쌀의 16배나 되는 칼륨이 함유되어 있다.

감자에는 가열해도 파괴되지 않는 비타민 C가 많이 포함되어 있어 어떻게 요리하든 상관이 없다.

● 검은콩

검은콩에는 리놀산과 비타민 E 등이 들어 있어 혈압이 올라갈 때도 좋고, 신장 기능이 약한 경우에도 효험을 볼 수 있는 먹거리다. 검은콩은 독을 없애는 작용을 한다. 현대는 아무리 주의를 해도 약물, 먹거리, 수돗물 등으로 몸에 독이 쌓이기 마련이다. 그래서 적어도 한 달에 한 번씩은 검은콩을 먹는 것이 좋다.

● 토마토

토마토는 특히 지방대사를 촉진시키므로 비만에도 효과가 있고, 루틴 성분을 갖고 있어 모세혈관을 튼튼하게 하고 혈압을 내려준다. 칼륨은 염분의 과다섭취를 막아준다. 비타민 B_6는 피를 맑게 해주는 정혈작용

도 뛰어나다. 따라서 고혈압, 동맥경화증
등을 예방하면서 치료하는 데에도 큰 도움
이 된다.

물론 치매를 예방하는 성분, 머리를 총
명하게 해주는 성분을 함유하고 있다. 따라서
뇌동맥경화증에 의한 치매 예방에도 도움이 된다.

● 구기자

베타인, 프로테인, 콜린, 비타민 A · B₁ · B₂ · C 등이 많이 함유되어
있다. 열매껍질에는 피사제인이 들어 있다. 특히 구기자에 함유된 베타
인은 몸 안에서의 콜린 대사산물의 하나이다. 따라서 총콜레스테롤을
줄인다. 또 간 기능을 강화하여 눈을 밝게 하고, 피로를 빨리 회복시킨
다. 이외에도 혈압을 떨어뜨리며, 동종피부이식을 할 경우 잘 붙는 생착
기간을 빠르게 한다.

구기자나무의 뿌리를 '땅의 정기를 듬뿍 받은 골수' 같다고 해서 '지
골'이라고 한다. 또 땅속 뿌리는 신선이나 먹던 것이라 해서 '땅속 신선'
이라는 뜻으로 '지선'이라고 한다.

뿌리의 껍질을 약으로 쓰는데, 이것을 '지골피'라고 하여 약으로 쓴
다. 어린잎으로 국이나 나물을 만들어 먹는다.

● 솔잎

솔잎에는 몸 안에서 합성할 수 없는 필수아미노산이 여덟 가지나 들어
있으며 칼슘, 철분, 비타민, 엽록소도 듬뿍 들어 있어서 사람의 몸에 아
주 이롭다.

솔잎 속에 들어 있는 테레빈 성분은 콜레스테롤을 줄여주고 말초혈관을 확장하며 호르몬 분비를 늘리는 작용을 한다.

마르지 않은 생솔잎 10~20g을 흐르는 물에 잘 씻은 뒤 찬물 100~150cc와 함께 믹서에 갈아 거즈에 부어 즙만 걸러낸다. 그리고 단맛을 적당히 섞어 하루에 두 번, 공복에 한 잔씩 마시면 된다.

《동의보감》에는 '솔잎을 따서 잘게 썰어 그늘에서 말려 다시 가루내어 술로 12g씩 복용하거나 죽에 타서 먹어도 좋고, 큰 검은콩을 볶아서 함께 가루내어 따끈한 물로 복용해도 더욱 좋다.'고 했다.

솔잎을 꿀에 버무려 용기에 넣고, 물과 꿀을 1대 1의 비율로 섞어 시럽을 만들어 붓고, 밀폐해 7일 후 여과해서 냉장고에 보관해 두고 생수 1컵에 1큰술씩 타서 먹는다. 냉장고에 보관하지 않으면 초나 술이 된다.

● 감잎

감잎차는 혈압을 내릴 뿐 아니라 혈관벽을 튼튼하게 만들어 주고 혈액도 정화시키는 작용을 하므로 고혈압 환자들에게 좋다. 또 비타민 C가 풍부하다.

감잎차는 봄철에 돋아나는 연한 감잎을 따서 가늘게 썬 다음 증기로 쪄서 그늘에 말리면 되는데 증기에 쪘다가 말리는 과정을 9번 정도 반복해야 한다.

이 과정이 끝나면 밀폐된 용기에 보관해 두고 필요할 때마다 6g 정도를 덜어내 뜨거운 물을 붓고 우려내서 마시면 된다.

Question 1 **고혈압이 쉽게 낫지 않는 이유가 있나요?**

Answer ● 고혈압은 생활습관병이며 생활수준이 나아지고 식사 패턴이 달라지고 외식이 늘며, 또 스트레스가 쌓이고 평균 수명이 늘면서 점차 증가 추세에 있다.

그리고 고혈압은 예전의 표현대로 하면 '성인병'이며, '성인병'이란 이미 비가역적인 변성이 생긴 질병이라는 것이다.

Question 2 **고혈압이 있으면 평생 약을 먹어야 하는지요?**

Answer ● 불행하게도 평생을 함께 해야 하는 경우가 대부분이다. 그러나 스트레스로부터 다소 가벼워지고 운동을 하고 동물성 단백질이나 포화지방류는 가급적 경계하며, 주식을 줄이고 과당이 다량 함유된 과일이나 설탕, 소금, 자극성 향신료, 알코올, 청량음료, 진한 커피, 과식, 지나친 수분섭취 등을 제한한다면 좋아질 수도 있다. 다만 부작용과 합병증의 가능성을 생각하면서 꾸준히 치료해야 한다.

Question 3 **본태성 고혈압이라는 진단을 받았는데요?**

Answer ● 본태성 고혈압은 속발성 고혈압처럼 어떤 질병 때문에 온 것은 아니기 때문에 빨리 고쳐지는 않지만 위험성은 그만큼 적다.

본태성 고혈압은 식이요법을 잘 하고, 정기적으로 검진을 잘 하게 되면 걱정하지 않아도 된다.

특히 본태성 고혈압이나 동맥경화일 때는 양파를 많이 먹도록 한다.

양파의 알맹이는 되도록 날것으로 먹고, 빨간 겉껍질은 물을 붓고 끓여 차처럼 자주 마신다. 양파의 겉껍질에는 퀘르세틴이라는 성분이 들어 있는데, 그것이 바로 루틴이라는 성분과 같다. 퀘르세틴의 역할은 혈관이 터지지 않게 탄탄하게 만들어 준다.

런던의 심장병 계통에서 제일 유명한 의사는, '양파는 어떤 심장병 약보다 훨씬 위대하다.'라고 표현했다.

심장이 뻐근해지면서 통증이 있는 증세도 함께 치료될 수 있다.

중풍

중풍은 여러 가지 후유증에 시달리게 되는데, 이 후유증은
경우에 따라 서서히 회복되기도 하지만 오랜 시간이 경과해도
차도가 없거나 또는 회복 불능의 상태에 빠지거나 혹은
그러다가 후유증에 시달리는 상태로 사망하는 수도 있다.

중풍이란…

중풍은 뇌혈관 질환으로 혈관이 막히는 것과 혈관이 터지는 것으로 나
눌 수 있다.

중풍이란 이름은 정상적이던 사람이 갑자기 움직이지 못하며 쓰러지
는 것이 바람맞은 것 같다 하여 붙여진 것이지만, 여러 가지 원인에 의하
여 뇌혈관이 막히거나 터짐으로써 뇌 혈액순환의 갑작스러운 정지와 뇌
신경의 괴사에 의해 발생하는 질환으로 '뇌졸중'이라 하게 되었다.

중풍(뇌졸중)은 심근경색(심장마비)에 해당하는 초응급 상황이므로
환자와 보호자의 사전지식과 신속한 대처가 필요하다.

중풍(뇌졸중)은 예방과 조기 재활 치료가 무엇보다 중요하다.

1차 예방은 고연령, 고혈압, 당뇨, 흡연에 따른 위험인자에 대한 철저

한 조절이 필요하다.

2차 예방은 이미 뇌경색이 발생한 경우에 있어서 재발과 악화를 방지하기 위한 것으로 1차 예방보다 훨씬 많은 노력이 필요하다.

중풍이 일어나는 원인에는…

매년 15만 명이 걸린다는 중풍은 '풍에 적중' 된 질병이다. 11월에서 3월 사이 추운 겨울, 그것도 특히 오전 6~9시 사이에 잘 발병하는 것이 특징이다.

《동의보감》에는 "대체로 사람이 40살이 넘어서 기운이 쇠약할 때에 지나치게 근심하거나 기뻐하거나 성을 내어 기를 상할 때에 온다."고 했다. 그러니까 기운이 쇠약할 때, 정신적인 스트레스를 받았을 때, 비만할 때 잘 오며 사실 빈혈 · 탈수 · 비만 등은 중풍의 주요 원인이다.

가족력을 갖고 있으면 발생 빈도가 높고, 피임약을 먹을 때 9배나 발병율이 높고, 담배를 피우면 3배나 더 위험하고, 심장 질환 때 안 좋고, 고혈압의 48%에서 중풍이 오며, 고지혈증이나 당뇨병 때는 15%에서 중풍이 올 수 있다.

중풍의 전조증은…

왕청임(王淸任)은 중풍 전조증으로 손발 떨림, 경련, 마비 및 걸을 때 다리가 꼬이는 것 등 34가지를 들고 있다. 그 중 가장 두드러진 전조증은 다음과 같다.

① 언어 장애, 즉 말이 제대로 안 되거나 혀 놀림이 부자유스러워진다.

② 지각 장애.

③ 안면근육 경련.

④ 손가락의 감각, 그 중에서도 특히 엄지손가락과 집게손가락의 감각이 둔해진다.

⑤ 심장박동의 이상, 가슴의 울렁거림이 있다.

⑥ 급격한 두통, 뒷머리가 무겁다거나 뻗치는 느낌이 있다.

⑦ 시력 장애나 눈의 이상(특히 안화가 나타나며 흑점이 이동할 때).

⑧ 얼굴의 충혈.

⑨ 어지럼증, 메스꺼움.

⑩ 귀가 멍하거나 귀울림증이 있다.

⑪ 아랫혈압이 상승할 때.

⑫ 외부 요인이 없이 돌발적이며 반복적이고 일과성으로 가역적인 어지럼증이나 수족마비증, 실어증 및 일과성 뇌허혈증 등이 있었을 때.

⑬ 특히 당뇨병·고혈압·고지혈증 같은 성인병을 앓고 있거나 심장판막증이 있는 경우, 비만하거나 과음, 과식하는 경우, 동물성 지방을 과다 섭취하거나 흡연을 하는 경우, 가족력이 있는 경우는 뇌졸중의 위험이 더욱 높아진다.

실제로 이런 증상을 느낀 환자 가운데 3분의 2가 5년 이내에 중풍을 일으켰다고 한다.

중풍에는 어떤 타입이 있을까?

중풍에는 중경락·중장부의 타입이 있다

한의학에서는 중경락(中經絡)인지 중장부(中臟腑)인지를 가려 대책을 세운다.

● 중경락(中經絡)

자기 살이 아닌 듯 피부의 감각이 이상해지거나 수족이 뻣뻣해지거나 혹은 마비되어 뜻대로 움직여지지 않거나 눈과 입이 비뚤어지는 구안와사가 나타나며 입가로 침을 흘리는 등의 여러 증상이 나타나지만, 그 증상이 가볍고 오한과 열이 번갈아 나타나지만 정신과 의식에 변화가 나타나지 않는다.

몸이 움츠러들면서 굳어지기도 한다.

● 중장부(中臟腑)

갑자기 정신이 아득하여 넘어진 후 반신을 쓰지 못하게 되며 눈과 입이 비뚤어지는 구안와사와 함께 혀가 굳어서 말이 자연스럽지 못하는 등 그 증상이 비교적 중하며, 정신과 의식이 흐려진다.

여기에는 폐증(閉證)과 탈증(脫證)이 있다.

폐증(閉證) 저작근이 긴장되어 입을 벌릴 수 없고 두 손을 꽉 쥔 채 펼 수 없는데, 여기에는 다시 양폐(陽閉)와 음폐(陰閉)가 있어 양폐는 얼굴이 붉고 호흡이 거칠며 톱으로 나무를 써는 듯한 가래 끓는 소리가 나고 대소변이 막히며, 음폐는 얼굴이 창백하고 입술은 보라빛을 띠며 가래가 잔뜩 끼고 손발도 차다.

탈증(脫證) 인사불성으로 눈은 꼭 감고 입은 벌리고 코를 골며 숨소리는 약하며 손을 떨고 소변을 지리고 땀을 흘리며 사지가 싸늘해진다.

중풍의 후유증에는…

● 중풍의 경중은 곧 회복될 수 있지만, 중증의 경우는 혼수 상태가 계속되다가 사망하는 수가 많다. 특히 72시간 이상 혼수 상태가 계속될 때는 거의 구제할 수 없다.

● 다행히 의식이 소생했다고 해도 여러 가지 후유증에 시달리게 되는데, 이 후유증은 경우에 따라 서서히 회복되기도 하지만 오랜 시간이 경과해도 차도가 없거나 또는 회복 불능의 상태에 빠지거나 혹은 그러다가 후유증에 시달리는 상태로 사망하는 수도 있다. 특히 발작 후 대소변을 가리지 못하면 회복이 나쁘며 따라서 중풍 후유증이 오래 남게 된다.

● 중풍 후유증에는 여러 가지 형태가 있다.
　① 안면신경마비로 입과 눈이 삐뚤어지는 것을 '구안와사' 라고 한다.
　② 구안와사와 함께 반신을 쓰지 못하는 반신불수를 '편고(偏枯)' 라고 하며, 속칭 '탄탄', 또는 '요퇴풍' 이라고 한다.
　'편고' 는 반신불수가 되고, 근육의 일 부분을 쓰지 못하고 아프다. 그러나 언어 장애나 정신 장애는 없다. 마땅히 따뜻하게 누워서 땀을 내는 것이 좋다.
　③ 혀가 굳어 말을 하지 못하고, 입술을 거두지 못하는 것을 '비병' 이라 하고, 속칭 '풍의' 라고 한다.
　'풍비' 는 정신 장애가 좀 있다. 신체가 아프지 않는데 사지를 들지 못하면서 한쪽 팔을 쓰지 못한다.
　'풍의' 는 갑자기 사람을 알아보지 못하고 목구멍이 막히고 혀가 굳어져 말을 못하고 병이 내장기 속 깊이 있는 것이다. 땀이 나고 몸이 부드러워지면 살고, 땀이 나지 않고 몸이 뻣뻣하게 굳으면 7일만에 죽는다.

● 치료를 해도 보통 다리보다 팔의 회복이 더디며, 그 중에서도 손가락의 움직임이 오래도록 낫지 않는다. 반신불수 중 이완성(마비된 쪽의 팔다리가 힘이 빠져 늘어진 것)은 경성(마비된 쪽의 팔다리가 뻣뻣해진 것)보다 회복이 좋지 않으나 3~4개월 이내에 기능이 회복될 때는 이전과 같이 사용할 수 있다.

● 걸을 수 있는지 여부의 판단은 다음 2가지 방법으로 알아본다.
① 다리를 편 채 들어올려보게 했을 때 발이 들어올려지면 지팡이 등에 의지해서라도 걸을 수 있다는 증거다.
② 발을 들고 있는 채로 무릎으로 굴신이 될 때는 혼자서 걸을 수 있다는 증거다.

신재용의 강력 추천

중풍 후유증으로 마비나 통증이 있는 경우 혹은 기혈이 허할 때는…
① 풍기·한기·습기에 손상되어 근골통이 심한 경우, 또는 출산이나 유산 후 유증으로 관절통이 있는 경우에는 숙지황 12g, 두충·우슬·당귀·구기자·백복령·백작용·육계·세신·백지·부자·자감초 각각 4g, 생강 3쪽을 함께 물 500cc로 끓여 반으로 줄여 차게 식힌 후 소량씩 나누어 마신다.
② 특히 풍기와 습기로 피부 감각이 둔해지고 온몸이 쑤시며 몸 한쪽을 쓰지 못하면서 살이 빠지고 갑자기 말을 하지 못할 때는 오령지·형개수·방풍·강활·독활·천산갑·골쇄보·초오(법제한 것)·감초절 각각 20g, 사향 2g을 함께 가루내어 한 번에 8g씩 데운 청주로 잠잘 무렵에 먹는다.

● 그러나 어느 경우든 6개월이 지나면 회복이 좋지 않으며, 보통 1년까지는 점차 좋아지지만 1년이 지나도 회복되지 못한 경우에는 더 이상 회복되기 어렵고 그대로 고정되어 버리는 경우가 많다. 단, 저림증은 2년까지도 점차 좋아질 수 있다.

중풍을 예방하려면…

● 태음인의 중풍 예방에는 연꽃씨와 무, 율무와 밤이 좋다

태음인 중 심장 기능이 허할 때는 연꽃의 씨와 말린 마 각 8g을 물 500cc로 끓여 반으로 줄인 후 하루 동안 나누어 마시고, 비장 기능이 허할 때는 율무와 말린 밤 각 12g을 물 500cc로 끓여 반으로 줄면 하루에 나누어 마시며, 눈이 충혈되고 입이 마를 때는 칡 12g을 물 500cc로 끓여 반으로 줄면 하루에 나누어 마신다.

● 소양인의 중풍 예방에는 산수유, 구기자가 좋다

소양인에게는 통용으로 산수유 8g을 물 500cc로 끓여 반으로 줄면 하루 동안 나누어 상복하거나 혹은 구기자나 구기자나무 뿌리 8~12g을 물 500cc로 끓여 반으로 줄면 하루 동안 차처럼 상복한다.

● 소음인의 중풍 예방에는 차조기잎, 삽주뿌리가 좋다

소음인에게는 기의 순환을 원활하게 해주기 위해 차조기잎(소엽) 12g을 물 500~700cc로 끓여 300~400cc로 만들어 하루 동안 나누어 마시고, 소화 장애가 있을 때는 삽주뿌리(백출)를 가루내어 4g씩을, 1일 3

회 온수로 복용하거나 혹은 8~12g을 물 500cc로 끓여 반으로 줄면 하루 동안 나누어 상복한다.

● 체질에 관계없이 중풍 전조증이 있을 때는 지병을 치료해야 한다

중풍 전조증이 있을 때는 기를 고르게 조화시켜 순환을 순조롭게 하는 것이 중풍을 예방하는 최상의 방책이다. 이것을 '조기(調氣)'라고 한다. 다시 말해서 뇌졸중, 즉 중풍은 전조 증상이 있을 때 적극적인 관리를 하는 것이 중요하다는 것이다.

전조 증상이 있을 때 검사를 받아보면 대개 고혈압이나 동맥경화와 같은 혈관 질환들이 진단되는데, 이들 질환을 치료하는 것이 뇌졸중을 예방하는 지름길이다. 특히 뇌졸중은 11월에서 이듬해 3월까지 추운 겨울철에 주로 일어나기 쉬우므로 평소 고혈압이나 동맥경화를 앓고 있는 사람이나 앞서 말한 전조증상을 경험한 사람들은 특히 조심해서 겨울철을 나야 한다.

'졸중' 상태로 쓰러졌을 때…

첫째, '졸중' 상태에서는 안정이 우선이다

뇌졸중으로 쓰러졌을 때는 주변의 도움이 절대적으로 필요하다. 쓰러진 사람을 마구 흔들거나 함부로 옮기는 것은 위험하므로 일단 안정을 취하도록 해야 한다. 머리를 심장보다 높게 해서 눕힌 다음 옷도 느슨하게 풀어주어야 한다.

졸도하면 곧 혀가 늘어져 질식하거나 토한 것이 기도로 넘어가지 않도

록 얼굴을 옆으로 돌려놓고 목을 뒤로 구부리고 아랫턱을 올려 기도를 충분히 당겨 넓혀 놓는다. 직사광선을 차단하여 약간 어둡게 하고 실내 온도를 적절하게 조절해 준다.

둘째, 빨리 손쓸수록 회복이 좋다

일단 응급조치를 통해 환자를 안정시킨 후 되도록 빨리 전문의의 치료를 받도록 해야 한다. 뇌졸중은 뇌 조직으로 산소와 혈액이 공급되지 않아 일어나는 질환이므로, 대처가 늦어질수록 뇌조직의 손상 부위가 늘어나고 후유증도 그만큼 심각해지기 때문이다.

그러나 병원에 연락하여 옮길 때는 그 시기가 문제이므로 의사와 상의를 하도록 하되, 자꾸 토하거나 흥분하여 몸을 심하게 움직일 때는 상태를 더 살펴본 후 병원으로 옮기는 것이 좋다.

셋째, 중풍으로 졸도하면 손끝에서 피를 뺀다

갑자기 졸도하여 인사불성이 되는 것을 '격부'라고 하며, '졸중(卒中)'이라고도 한다. 의식이 없을 때는 외상의 여부를 살피고, 콧구멍이나 입·귀 등에서 출혈이 없는지 혹은 숨쉬는 입김의 냄새가 어떤지를 잘 살펴보아야 한다. 의식이 없는 때에 몸부림을 치면 대개 방광에 소변이 차 있는 경우가 많으므로 도뇨기로 소변을 빼주어야 한다.

한편 이를 악물고 입에서 침을 흘리며 목에서 가래가 끓고 눈동자를 곧추뜨며 혼수 상태에 빠져 심히 위급한 상황일 때는 '인중' 경혈과 '십정' 경혈에서 피를 빼서 구급한다.

'인중'은 코와 윗입술 사이의 홈 중앙에 있으며, '십정'은 열 손가락 끝에 있는 경혈이다.

'졸중' 상태에서 의식을 회복했을 때…

첫째, 수분부터 시작해서 차츰 영양을 공급한다

의식을 회복해도 항상 호흡 상태 및 체온과 맥박을 체크하고, 수분부터 시작해서 차츰 영양분을 공급해 주고, 수족의 마비를 풀 겸 수족의 위치를 교정시켜 주기 위해 마비측을 자꾸 마사지해 준다.

둘째, 운동과 재활 치료를 꾸준히 해야 한다

뇌졸중의 후유증은 치료하기 까다롭고 치료 기간도 상당히 길다. 예를 들어 다리가 마비되었을 때는 적어도 6개월 이상 치료해야 하며 팔과 손의 마비 증세는 1년 이상 치료해야 회복되는 경우가 대부분이다.

따라서 마비나 언어 장애와 같은 후유증은 전문의의 치료와 함께 환자의 재활노력도 중요하므로 운동과 재활 치료를 꾸준히 해야 회복이 빨라진다.

후유증이 심각한 경우에는 완전히 회복되지 않을 수도 있으며, 회복이 된 이후에도 지속적인 관리가 뒤따르지 않으면 뇌졸중은 언제든 재발할 가능성이 높으므로 주의해야 한다.

셋째, 식이요법에 주의해야 한다

뇌졸중이 회복되는 동안에는 식이요법에도 주의를 기울여야 한다. 모든 음식은 양념을 약하게 해서 담백하게 조리해야 하며 정해진 시간에 정해진 양만을 섭취하는 것이 좋다.

또 뇌졸중 후유증을 회복시키는 데 효능이 있다고 알려진 약재나 식품들을 섭취하는 것도 도움이 된다.

중풍을 예방 · 회복시키는 식품 & 약재

● 아가위

아가위는 혈압을 조절하면서 피를 맑게 해주는 약재다. 건재약국에서는 '산사육' 이라는 이름으로 파는데, 아가위 12g에 물 500cc를 붓고 끓여 반으로 줄면 여러 번 나누어 마시도록 한다.

● 양파

뇌졸중을 예방하는 데는 양파의 갈색 껍질이 좋다. 특히 뇌졸중이 염려되는 환자에게는 겨울철이 위험하므로 추위가 닥치기 전에 매일 양파의 갈색 껍질을 달여 마시면 효과적인 예방책이 될 수 있다. 한 개의 양파 겉껍질을 30분 정도 달여 물을 마시면 되는데, 일단 뇌졸중으로 쓰러지고 난 이후에는 효과가 없으므로 반드시 미리 복용하도록 한다.

● 갯방풍

바닷가에서 자생하는 갯방풍을 한의학에서는 '방풍(防風)' 이라고 부른다. 중풍을 막는 약초라는 뜻으로, 이것을 꾸준히 복용하면 중풍에 걸리지 않는다.

갯방풍의 뿌리는 맛이 달고 성질이 따뜻해서 중풍

예방은 물론 다발성 신경통, 어지럼증, 두통, 관절통, 감기 등에 효험이 있고 위장을 튼튼하게 하며 신진대사를 돕는다. 여성의 냉대하, 비정기적인 자궁출혈에도 효과가 있다.

　뿌리를 여름에 캐서 말려 두었다가 달여 마시면 좋고 된장 절임으로 만들어 먹으면 맛도 뛰어나다. 그밖에 입욕제로도 이용할 수 있는데 말린 뿌리만 사용하거나 꽃, 줄기, 잎을 함께 사용할 수 있다.

● 사과

　매일 사과를 3개씩 먹으면 고혈압이 될 확률이 적어진다는 보고가 있다. 사과 속의 펙틴이나 칼륨의 효능이 아닐까 생각되어지고 있다. 물론 동맥경화나 뇌출혈도 적어지고, 감기 예방이나 변비의 해소에도 좋고, 미용에도 좋다.

　또 핀란드 학계에 의하면 사과는 암 예방에도 효과가 있다고 한다. 따라서 중풍 예방 차원에서 사과를 많이 먹어야겠지만 중풍의 후유증을 해소하기 위해서라도 사과를 많이 먹는 것이 좋다.

● 무

　뇌졸중으로 반신마비가 왔을 때는 무를 많이 먹는 것이 회복에 좋다. 무를 잘게 썰어 넣어 밥을 짓는 무밥을 주식으로 상식하거나 즙을 내 꾸준히 마시도록 한다. 뇌졸중 전조 증상이 있을 때는 무즙을 많이 먹는 것이 뇌졸중을 예방하는 데 좋다.

● 박하

박하는 중풍으로 인해 말을 하지 못하고 번민할 때 좋다.

생박하잎을 짓찧어 생즙을 내어 먹거나 혹은 말린 박하를 건재약국에서 구입하여 1일 4~6g을 물 300cc로 달여 반으로 줄여 하루 동안 나누어 마신다.

● 천마

천마는 반신불수에 큰 효험이 있는 약재다.

천마의 싹을 '정풍초(定風草)', 혹은 '적전(赤箭)'이라고 하는데, 이것은 천마의 싹이 바람에도 흔들리지 않기 때문에 붙여진 이름이다. 그래서 중풍에도 흔들지 않는 효과가 있다는 뜻이다. 천마 8~12g을 물 500cc로 끓여 반으로 줄면 하루 동안 나누어 마신다.

중풍을 치료하는 한방 처방

『희첨환』

처방 희첨(5월에 붉은 줄기의 잎을 따서 그늘에 말리며 깨끗한 잎을 밀주로 9번 찌고 9번 햇볕에 말린 것) 600g, 당귀 · 작약 · 숙지황 · 강활 · 방풍 각각 40g, 검은콩과 함께 삶은 천오 24g.

복용법 풍기로 다리에 힘이 없는 것을 치료하는 처방으로, 위의 약재들을 가루내어 꿀로 알약을 만든다. 매회 8g씩 공복에 따뜻한 술로 복용한다.

『보안만령단』

처방 창출 320g, 석곡 · 천마 · 당귀 · 자감초 · 천궁 · 강활 · 형개 · 방풍 · 마황 · 세신 · 천오 · 초오 · 하수오 각각 40g, 웅황 24g.

복용법 위의 약재들을 가루내어 4g 크기로 꿀알을 만들어 주사 18g을 입힌다. 환자의 나이, 체질의 강약, 병의 완급에 따라 용량하되 일반적으로 1회 1알씩 복용하는데, 식사한 지 한참 지난 시간에 온수나 『총백탕』으로 복용한다.

독성이 있는 약재가 들어 있으므로 전문의와 상의하여 신중하게 복용해야 한다.

『천남성환』

처방 우담남성 0.9g, 방풍 · 백지 각각 45g, 마황(마디를 제거한 것) 30g, 강활 · 독활 · 천궁 · 천마 · 백작약 · 길경(볶은 것) · 세신 · 백강잠(볶은 것) 각각 15g, 자감초 0.45g, 건강(볶은 것) · 사향 각각 0.3g, 빙편 3g.

복용법 이상의 약재를 곱게 가루내어 꿀로 반죽해서 살구씨 크기로 알을 빚어 주사로 옷을 입혀 1알씩, 따끈하게 데운 박하술로 복용한다.

뇌졸중

단일 질병으로는 사망률이 가장 높은 뇌졸중은
비만 · 과식 · 과음 · 동물성 지방의 과다섭취 · 운동부족이
주요 원인으로 뱃살이 찐 40대 남성에게서 많이 나타난다.
초기에는 두통, 현기증, 손발의 떨림 등이 나타난다. 심해지면
반신불수, 언어 장애 등의 발작이 있다.

뇌졸중에 걸리기 쉬운 체질은…

외형상으로 보면, 몸의 전체적인 균형에 비해 상체가 매우 비대하고
특히 배 부분에 살이 많이 찐 체형의 40대 이후 남성에게 뇌졸중이 많이
온다. 또한, 태음인 체질 및 졸중 체질에서 많이 나타난다.

뇌졸중의 유형…

졸중이란 '졸중풍'의 줄인 말이므로 뇌졸중은 중풍과 같은 것인데, 출
혈성과 허혈성이 있으며 허혈성에는 뇌혈전 · 뇌전색 · 일과성뇌허혈
증 등이 있다.

중풍에는 '중경락'과 '중장부'가 있으며, 그 차이와 특징을 다음과 같
이 정리할 수 있다.

뇌졸중 vs 중풍의 차이와 특징					
	반신불수	구안와사	언어 장애	의식 혼미	기타 특징
중락(中絡)	O	O	X	X	급발작, 전조증이 있다.
중경(中經)	O	O	O	X	건측에 저림, 경련이 있을 수 있다.
중부(中腑)	O	O	O	O	
중장(中臟)	O	O	O	O(필수)	
뇌출혈	O		O	O	급발작, 두통과 구토가 있다.
지주막하출혈	X			O	상당히 급발적, 두통과 구토가 극심하다.
뇌색전	O		O	때로 있다	매우 급발작, 두통이 없다.
뇌혈전	O		O	X	완만한 발작, 두통이 있을 수 있다.

뇌졸중의 원인은…

뇌졸중 중 뇌혈전이나 뇌출혈은 동맥경화, 고혈압이 주원인이다. 일과성뇌혈허증이나 뇌전색의 경우는 경내동맥계 혹은 추기저동맥계의 증상이 나타난다.

특히 뇌전색의 경우는 심장병 병력을 갖고 있는 경우가 많다.

지주막하출혈의 경우 청장년에 발병하는 것은 뇌동맥 기형이나 동맥류가 원인일 수 있으며, 중년 이상에 발병하는 것은 동맥죽상 경화가 원인일 수 있다. 지주막하출혈은 주로 편두통의 병력을 갖고 있을 수 있다.

뇌졸중으로 나타나는 증세는…

뇌출혈 뇌경색에 비해서 발병이 급격하고 휴식할 때보다 활동중에 바생하기 쉬우며, 의식 장애와 두통, 경련발작, 경부강직 등이 더 많이 발생한다. 뇌출혈에는 초기에 두통, 현기증, 손발의 떨림, 혀의 마비, 흥분 등의 자각 증세가 나타나며 어깨가 뻐근하고 기억력, 보행 능력이 감퇴되는 등의 증세가 보이기도 한다.

뇌혈전 초기 자각 증세 역시 혀의 마비, 손발의 떨림, 두통과 현기증이 가장 일반적이며 불면과 귀울림, 보행 장애, 기억력 장애를 호소하기도 한다.

> ✏️ **주의 하세요**
>
> ### 뇌졸중일 때는 동물성 지방을 삼가세요!
>
> ● 과음, 과식으로 인한 비만에 특히 주의하고 금연·금주해야 한다.
> ● 또한, 일상의 식생활에서 기름기가 많은 동물성 지방의 섭취를 피하고 가능한 한 채식을 하면서 질 좋은 단백질을 섭취한다.
> ● 정기적으로 혈압, 맥박, 체온을 체크하고 가벼운 운동이라도 자신의 체력에 알맞게 꾸준히 노력하도록 한다.

소뇌출혈의 후유증에도 한방 치료를 할 수 있나?

소뇌는 숨골이다. 뇌의 가장 아래 부위로 척수에 이어지는 뇌의 줄기에 해당하기 때문에 '뇌간'이라 하는데, 그 굵기가 가운뎃손가락 정도에 불과한 이 숨골은 호흡, 심장운동은 물론 생명 유지에 가장 중요한 중추들을 포함하고 있다.

뇌출혈 전체의 5~10%를 차지하는 소뇌출혈은 급속도로 의식 장애를 일으키고 사지마비나 각종 뇌신경 마비 등을 일으키며, 일반적으로 증세가 심한 타입이 많고, 예후도 불량하고, 또 수술요법도 마땅치 않은 뇌출혈의 하나이다.

소뇌출혈의 후유증으로 반신마비나 언어 장애 등이 있을 때는 중풍의 4타입 중 '중경(中經)' 병증의 타입으로 보고, 또 '중경' 병증을 세분하여 세 가지 유형으로 나눌 때 이런 후유증은 '담화폐조'의 타입이라고 하므로, 동서의학을 겸하여 치료할 경우 총유효률이 겸하지 않는 때보다 훨씬 높다.

뇌졸중을 예방·치료하는 식품 & 약재

● 아가위

뇌졸중으로 앓은 후 회복기에 아가위를 달여 먹으면 혈압도 조절하면서 피를 맑게 해주는 대단한 약재다.

건재약국에서 '산사육'이라는 약명으로 구입할 수 있는데, 1일 12g을 물 500cc로 끓여 반으로 줄면 하루 동안 여러 차례로 나누어 마시면 된다.

> **✏️ 주의하세요**
>
> ● 뇌졸중 회복기에는 음식을 담백하게, 정시에, 정량을 먹도록 한다.
> ● 해조류, 버섯류, 양배추, 양파, 칡, 아가위차나 옥수수차, 또는 해바라기 꽃받침과 줄기를 끓인 것을 차처럼 마시는 것도 도움이 된다.

●떫은 감즙

뇌졸중에는 떫은 감이 특효약이다. 감의 떫은 맛을 내는 타닌은 혈관을 튼튼하게 해주고 탄력성을 키워준다. 또한, 떫은 감은 좁은 혈관의 투과성을 낮춰 고혈압·뇌졸중을 예방하는 데 큰 도움을 준다.

떫은 맛이 진한 감을 7~8월에 따서 꽃받침을 떼내고 분마기에 넣어 곱게 짓찧는다. 여기에 물을 조금 섞어 거즈에 받친 다음 즙을 받는다.

먹을 때는 감즙 1컵에 무즙 1컵을 섞어 하루에 3회로 나누어 마신다.

> ✏️ **주의 하세요**
>
> 떫은 감은 알코올이나 따뜻한 물에 섞으면 타닌이 철분과 섞여 물에 녹지 않으므로 떫은 맛을 잃게 된다. 그렇게 되면 뇌졸중의 치료에 효과가 떨어지게 되므로 주의한다.

● 표고버섯

비타민 B와 D의 모체인 에르고스테롤이 풍부하며 독특한 감칠맛을 나타내는 구아닐산이 풍부하게 들어 있다.

구아닐산은 혈액의 콜레스테롤을 감소시키는 작용이 있어 고혈압, 심장병, 뇌졸중 환자에게 좋은 식품이다.

●무

뇌졸중 후유증에 의한 반신마비에는 무를 많이 먹으면 아주 좋다. 무즙, 무밥 등 모두 좋다.

무는 껍질째 먹는 것이 무의 영양을 고스란히 섭취할 수 있어 좋다.

● 머루

머루는 피의 흐름을 좋게 하고 몸을 보호하여 건강을 유지시킨다.

머루열매는 그냥 먹기도 하지만 열매를 말려 꿀에 재웠다가 머루정과를 만들어 먹어도 효과가 좋고, 술에 담가 머루주로도 마시면 뇌졸중을 예방할 수 있다.

● 해바라기씨

경화성으로 뒷목이 뻐근해지는 증세를 다스린다. 칼슘, 칼륨, 철분 등은 체내의 지방을 배출시키고 염분에 의한 혈압 상승을 억제하는 역할을 한다. 해바라기씨의 껍질을 벗기고 볶아 가루내어 1큰술씩 하루 3번 복용한다.

● 오리알

오리알에는 필수지방산인 리놀산과 아라키돈산이 풍부한데, 이 성분들이 고혈압과 뇌졸중을 예방하는 역할을 한다.

● 유자차

모세혈관을 튼튼하게 하고 혈액순환을 촉진시켜 뇌혈관에 이상이 생겨 발생하는 졸중풍을 예방한다.

● 검정콩

뇌졸중으로 혼절하여 이를 악물고 말을 못하거나 구안와사, 반신불수가 있을 때 검정콩을 볶아서 뜨거운 채 술병에 넣고 꼭 덮어 두었다가 그 술을 하루 세 번 마신다. '두림주(豆淋酒)'라고 한다.

● 귤껍질

귤껍질에 들어 있는 성분 중에서 헤스페리딘은 모세혈관을 튼튼히 하고, 테레빈유는 콜레스테롤을 떨어뜨리는 역할을 한다.

〈금귤〉도 동맥경화증으로 수족이 저리며 바들바들 떨리거나 무기력해진 데, 두통, 어지럼증, 귀울림, 불면증, 심장 통증이나 심장 박동의 이상에 좋다. 설탕에 재웠다가 먹는다. 예로부터 노인 천식의 묘약으로 알려진 방법이다.

● 땅콩

비타민 E의 함량이 높아 세포를 튼튼하게 하고 적혈구를 증가시키고, 체내에서의 철분의 흡수를 돕는다. 땅콩을 먹을 때는 붉은 껍질을 벗기지 말고 그대로 식초에 담갔다가 먹는 것이 가장 좋다.

● 강낭콩

파세올아민은 전분을 글로코스로 전환하는 효소 알파미라제의 작용을 저해하는 칼로리의 양을 감소시키는 효능이 있어서 비만을 개선하고, 동맥경화를 예방한다.

● 다시마결명자차

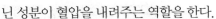

다시마에는 알칼리성 미네랄이
많아 고혈압 발생을 억제하는 효과
가 있고, 알칼리성 아미노산인 라미
닌 성분이 혈압을 내려주는 역할을 한다.
혈압강하 작용이 있는 결명자와 다시마를 함께 넣고 끓이면 뇌졸중이나
동맥경화 예방에 좋은데, 끓여낸 다시마는 차와 함께 먹어도 좋다.

● 꽃게

우리 몸에 달라 붙어 있는 나쁜 콜레스테롤 떼어낸다. 꽃게에는 인체
내 장에서의 콜레스테롤 흡수를 억제하는 스테롤류가 많이 포함되어 있
다. 특히 아미노산의 일종인 타우린 성분이 혈압을 정상으로 유지, 혈중
콜레스테롤이나 중성지방의 증가를 억제한다.

● 콩비지

혈관을 유연하게 해주는 역할을 한다. 리놀레산, 레시틴이 콜레스테
롤 제거하며, 혈관을 부드럽고 탄력 있게 한다.

비만

비만이 문제가 되는 것은 성인병 발병의 원인이 되기 때문이다. 섭취 에너지와 소비 에너지의 균형을 유지하고 체내에 쌓인 지방을 분해 · 배출할 수 있는 식품을 섭취하면서 규칙적인 운동을 하는 것이 중요하다.

비만의 정의

얼마나 비만한지를 아는 방법을 비만도 측정이라고 한다.

● 비만도는 실제체중에서 표준체중을 뺀 숫자를 표준체중으로 나누고 100을 곱한 것으로 계산한다. 단위는 %로 표시된다. 그러니까 54kg이 표준체중인 경우 실제체중이 60kg이라면 60에서 54를 우선 뺀다. 그럼 6이 된다. 이것을 표준체중 54로 나눈다. 그러면 0.11이 된다. 여기에 100을 곱한다. 그럼 11이 되고 단위는 %이므로, 이 경우는 표준체중보다 11% 더 비만하다는 얘기가 된다.

그렇다면 11%의 비만도는 어느 정도 비만한 것으로 보아야 할까?

비만도를 측정한 결과 표준체중에서 10% 내외이면 정상, 11~20%이면 과체중, 21% 이상이면 비만이라고 한다. 그러니까 11%의 비만도를 나타내고 있는 이 경우는 비만은 하되 과체중이라고 불릴 정도로 비만할 뿐, 아주 전형적인 비만증으로는 볼 수 없다는 얘기가 되겠다.

● 한편 퀘텔레의 지수라는 것도 있다. 비만을 측정하는데 매우 신뢰성이 높다고 알려진 방법이다. 이 지수는 체중(kg)을 키(m)의 제곱으로 나눈 것이다.

예를 들어본다. 60kg 체중에 키가 1.5m라고 하자. 그럼 키 1.5m를 제곱하면 2.25가 되고 이것으로 체중 60을 나누면 26.6이 된다. 따라서 이 경우의 퀘텔레 지수는 26.6이 되는 것이다.

이 정도의 지수라면 어느 정도 비만하다고 보아야 할까?

이 지수의 정상 영역은 남성의 경우라면 20~25로, 여성의 경우라면 19~24로 보며, 남녀 공히 30 이상이면 비만이라고 한다. 그리고 정상 영역 상한치와 비만 사이의 영역을 '과체중' 또는 '비만경향'이라고 한다. 앞에서 예로 든 퀘텔레 지수 26.6의 경우가 남자든 여자든 모두 정상 영역은 벗어나고 비만이라고 할 수 있는 30에는 미치지 못하므로 과체중 또는 비만경향이라고 할 수 있다.

기타 측정과 판단법
(1) 자기 조절 체중 계산법
조절 체중 = 표준체중 + (실제체중 - 표준체중)/4
(2) 기초 대사량 계산법
남자 : 66 + (13.7×조절체중) + (5×키(cm))
여자 : 65 + (9.6×조절체중) + (1.8×키(cm))

(3) 하루 열량 필요량 계산법

하루 필요열량 = 기초 대사량 × 활동 계수

활동계수 : 가만히 누워 있을 때=1.2 / 활동량이 적을 때=1.3

활동량이 보통일 때=1.5 /　활동량이 많을 때 = 2.0

(4) 허리/엉덩이 비율(Waist Hip Ratio)

W/H ratio = 허리둘레 / 엉덩이 둘레

남자 : 0.9 이하면 정상, 여자 : 0.8 이하면 정상 /

남자 : 1.0 이상이면 복부비만, 여자 : 0.9 이상이면 복부비만

비만의 종류는…

비만은 '증후성 비만' 과 '단순성 비만' 이 있다.

이외에도 비대형 · 증식형 · 혼합형으로 나눈다. 또한 분포 양상에 따라 배 부분에 과량의 지방이 축적된 중심성 비만과 엉덩이, 허벅지와 어깨에 축적된 말초형 비만으로 분류한다.

● 중심성 비만은 WHR(허리둘레/엉덩이 둘레)이 남성은 1.0 이상, 여성은 0.9 이상인 경우를 말하며, 체중이 많이 나가지 않더라도 복부를 중심으로 내장에 지방이 많이 끼어 있으면 각종 성인병의 온상이 된다.

● 증후성 비만은 내분비 이상, 기질적 원인, 약물, 유전 등이 원인이다. 그러니까 호르몬 분비에 이상이 있거나 그 조절에 문제가 있을 때, 또는 어떤 질병이 있을 때 오는 비만을 증후성 비만이라고 한다. 어떤 약물을 오용, 남용했을 때 오는 비만이나 혹은 유전적 경향에 의해서 오는 비만 역시 증후성 비만이라고 한다. 부모가 비만할 때 자식 또한 비만한 경우를 많이 볼 수 있는데 바로 이런 비만도 증후성 비만으로 본다.

● 그러나 비만의 95%는 단순성 비만이라고 한다. 그러니까 유전적 경향도 없고 어떤 질병도 없고 약물의 부작용에 의한 비만도 아닌 것이 단순성 비만이라는 것이며, 비만의 대부분이 여기에 속한다는 것이다.

● 한편 비만에는 비만이 진행중인 동적 비만과 비만 상태에서 정지, 유지되는 정적 비만이 있다.

● 증식성 비만은 어릴 때부터 뚱뚱한 경우이다. 즉 '소아 비만'은 유전적 소인과 환경에 의한 영향이 크며, 지방세포의 숫자가 증가하는 타입으로 '증식성 비만'이라고 한다.

● 비후성 비만은 사춘기 이후 비만해지는 것이다. 즉 지방세포의 크기가 크게 부풀어서 중성지방을 비축하는 타입으로 '비후성 비만'이라고 한다. 그러나 비만의 70%는 증식성과 비후성을 혼합한 타입이다.

● '조절성 비만'은 중추신경계 내에서 일어나는 식욕충동에 의해 섭취조절이 되지 않아 비만이 발생한 것으로 심인성 비만(대뇌피질의 작용으로 인한 식욕항진으로 발생)과 신경성 비만(시상하부의 병변으로 발생)으로 구별할 수 있다.

● 대사성 비만은 음식섭취의 양과는 관계없이 선천적 또는 후천적 원인으로 대사에 이상이 생겨 지방조직이 증식되거나 당이 에너지로 사용되지 못하고 지방조직으로 흘러 들어가 지방으로 변해 이것이 축적되어 비만이 발생하는 것이다. 비만 체질자는 근육세포내에서 산소의 작용이 활발하지 못하여 결국 당이 이용되지 못하고 지방조직으로 흘러 들어가 지방으로 변하게 된다.

● 중심성 비만은 주로 복부에 과량의 지방이 축적되어 있는 것으로 남성은 WHR(weist/hip ratio)이 1 이상일 때를, 여성은 WHR이 0.9 이상을 중심성 비만으로 분류한다.

● 말초성 비만은 엉덩이나 허벅지 또는 어깨에 과량의 지방이 축적되어 있는 것으로 살은 쪄 있지만 남성은 WHR이 1 미만일 때를, 여성은 0.9 미만일 때 말초성 비만으로 분류한다. 여기에는 5가지 체형이 있다.

①1형은 배를 중심으로 지방이 축적된 체형이다.

②2형은 가슴과 엉덩이에 지방이 많은 체형이다.

③3형은 온몸에 지방이 균형 있게 분포된 체형이다.

④4형은 상반신과 엉덩이에 지방이 축적된 체형이다.

⑤5형은 하반신을 중심으로 지방이 축적된 체형이다.

비만의 원인은…

그렇다면 왜 유전적 경향도 없는데 살이 찔까?

왜 어떤 질병도 없고 약물 부작용도 없는데 살이 찔까?

그러니까 단순성 비만이라고 부르는 것이다. 그리고 전혀 이상할 것이 없다. 그러나 원인이 전혀 없는 것은 아니다.

소비 에너지보다 섭취 에너지가 많아 체내에서 소비되지 않은 여분의 에너지가 체지방으로 저장, 비만으로 이어지는 것이다. 식사량은 많고 운동량은 적다는 얘기다. 다시 말해서 비만의 원흉은 혈액 중의 혈당과 지방이며, 식욕과잉과 운동부족이 비만의 주원인이라고 하겠다.

● 식욕과잉은, 혈당과 지방이 공복중추와 만복중추에 작용할 때 그 조절을 잘 이루어지지 못하게 하기 때문에 생긴다. 물론 대뇌피질의 탐욕성 혹은 실질세포수 감소나 활성도 저하에도 불구하고 뇌의 타성적 습관성 판단력으로 과잉 칼로리 섭취를 명령하는 것도 원인이 된다.

● 운동부족은, 당질과 지방을 에너지나 글리코겐이나 체단백으로 이용하지 못하고 지방세포에 축적시킴으로써 비만을 일으킨다.

비만의 또 다른 원인은…

1. 식사습관

가장 중요한 요인으로 작용하는 것을 알 수 있는데, 이 경우 식사량과 내용 및 섭취방법 등이 문제가 되며 특히 간식이나 야식을 하는 습관을 가지고 있는 경우가 많다.

① **활동부족** 정상량의 에너지를 섭취하더라도 활동량이 적어 에너지 소모가 감소하면 비만이 생길 수 있으며, 비만인들의 대부분은 움직이

알아 두세 요

비만 방지를 위한 식사습관은…

1. 하루 세 끼를 규칙적으로 먹는다

하루 3회 식사에서 2회로 줄이면 몸 안의 신진대사에 이상이 일어나 오히려 지방이 쌓이는 능력이 높아진다. 또한 공복감이 심해져서 음식을 대하면 오히려 자신의 양보다 더 많이 먹게 된다.

2. 한꺼번에 많이 먹지 않도록 한다

같은 에너지의 양이라고 하더라도 3회로 나누어 먹을 경우와 5회 이상 여러 차례로 나누어 먹을 경우, 3회로 나누어 먹을 때가 더 살이 찐다. 가능한 한 소량씩 여러 번으로 나누어 먹는 것이 비만을 예방할 수 있는 방법이다.

3. 잠자기 2시간 전에는 먹지 않도록 한다

식사 후 2시간 사이에 몸을 움직이면 에너지가 소비되지만, 밥을 먹고 난 후에 움직임이 없으면 칼로리가 체내에 쌓이게 된다. 따라서 밤에 자기 전에 음식을 섭취하면 그대로 체내에 쌓여 비만으로 이어질 수 있다.

지 않으려 하며 운동이 부족한 소극적 생활을 하는 것을 볼 수 있다.

②**유전적 요인** 비만한 아동의 60~80%에서 부모의 한쪽 또는 모두가 비만함이 통계적으로 알려져 있는데, 이러한 가족성 집중발생 현상은 가족의 식생활 방식과도 관련이 있으므로 유전에 의한 영향만을 분리하여 알아보기는 어렵다. 그러나 부모로부터 물려받은 체질적 성향과 그 가족의 식습관이 복합적으로 작용함은 사실일 것이다.

③**중추신경계의 이상** 에너지 섭취의 조절은 자율신경에 의해 조절된다. 이 자율신경의 상호 자극과 완화의 조절 기능이 무너질 경우 식사에 대한 억제와 조절이 안 되어 영양과잉의 원인이 된다.

2. 호르몬 요인

갑상선기능저하증, 쿠싱증후군 등 일부 내분비 질환에서 비만이 동반될 수 있으며, 기전은 확실치 않으나 부신피질 호르몬과 생식선 호르몬은 비만과 밀접한 관련이 있다.

3. 심리적 장애

비만증 환자에게서 감정의 미숙, 부모의 과잉보호로 인한 영향, 열등의식 등을 볼 수 있으며 사회에의 적응 곤란, 학업성적 불량 또는 부모의 사랑이 결핍된 경우에도 이 불만을 해소하기 위한 수단으로 음식물을 과잉 섭취하여 비만이 오는 경우를 흔히 보게 된다.

4. 사회 · 문화 · 경제적 요인

경제적 성장과 산업구조의 변화로 말미암아 식생활이 개선되고 활동량이 감소되면서 과체중과 비만 체형의 발생 빈도가 높아지고 있다.

비만이 우리 나라 사람의 고민으로 등장한 것은 그렇게 오래되지 않았으며 과거에는 비만이 풍족한 생활의 상징이었으나 요즘은 당뇨병, 동맥경화, 심장병 등 성인병의 가장 큰 원인이라는 사실이 밝혀지면서 자랑에서 고민으로 바뀌게 되었으며 건강관리를 위해서는 가장 중요한 쟁점이 되고 있다.

비만해지는 체질이 따로 있을까?

● 식사 후 몸이 후끈 달아오르는 느낌이 적은 체질은 살찔 체질이다

식사 후에는 에너지 대사가 상승하여 체온도 오른다. 식사 후에는 에너지 대사가 상승하기 때문이다. 마치 음식을 연료로 태워 열을 만드는 것과 같은 것이다. 이런 열을 '식이성 체열' 이라고 한다. 그런데 식사 후에도 몸이 후끈 달아오르는 이런 식이성 체열을 전혀 못 느끼는 사람이 있다. 식이성 체열을 크게 느끼는 사람은 음식을 연료로 많이 태워 없애는 것이니까 많이 먹어도 별로 살찔 걱정은 없겠는데, 식이성 체열을 별로 느끼지 못하는 사람은 음식을 연료로 많이 태워 없애지 못하니까 조금만 먹어도 살찔 염려가 있다. 그러니까 살찌는 체질은 안 찌는 체질보다 에너지 상승률이 저하된다는 것이다. 그 까닭은 자율신경이 충분히 반응하지 않기 때문이며, 이렇게 되면 체내지방의 축적과 합성을 촉진하는 호르몬인 인슐린이 상승하여 더욱 비만해진다.

● 어릴 때 통통했다는 얘기를 듣던 사람은 꼭 살찔 수 있다

어릴 때 통통하면 예쁘다고 하는데 통통하다 못해, 예쁘다 못해 너무 뚱뚱해져서 자신도 괴롭고 보기에도 좋지 않은 경우도 흔치 않게 많다. 최근에는 영양 상태가 좋아지면서 어린아이들의 비만 경향이 더 심각해 져 가고 있다. 이것을 '소아 비만'이라고 하는데, 소아 비만은 유전적 소 인과 환경에 의한 영향이 크며 치료가 어렵다는 것이 의학계의 지배적 인 견해다. 지방세포의 숫자가 증가하는 타입이기 때문이다. 이를 '증식 성 비만'이라고 한다.

반면에 사춘기 이후 중년기에 비만해지는 것은 지방세포의 숫자가 증 가하는 게 아니라 지방세포의 크기가 크게 부풀어서 중성지방을 비축하 는 타입이라고 한다. 지방세포가 크게 부풀어서, 비후해져서 오는 비만 이라고 해서 '비후성 비만'이라고 한다. 당질과 지방의 대사이상을 동 반한다. 소아 비만처럼 치료하기 어려운 것은 아니다.

그러나 실제로 비만의 70%는 증식성과 비후성을 혼합한 타입이다. 이 말의 뜻은, 실제로 비만의 70%는 소아 비만 경향과 중년 비만 경향을 동 시에 혼합해서 갖고 있다는 뜻이다. 다시 말해서 어릴 때 통통하다고 귀 염받던 아이, 또는 소아 비만이라고 불리던 아이들은 성장기 동안 설령 살이 빠졌다고 하더라도 중년기에 접어들면서부터 살이 찔 확률이 그만 큼 높다는 얘기다. 그래서 소아 비만의 특징인 증후성 비만과 중년 비만 의 특징인 비후성 비만을 혼합해 갖고 있다는 것이며, 비교적 고치기 어 려운 지방세포수 증가형 비만과 비교적 고치기 쉬운 지방세포 크기형 비만이 혼재되어 있기 때문에, 역시 비만은 고치기 그리 쉽지 않다는 결 론을 내릴 수 있다.

● 사상체질 중 태음인 체질이 살이 잘 찐다

사상체질은 태양인·태음인·소음인·소양인의 네 가지 체질을 말한다.

　이 중 태양인은 비만해진다면 상체 비만이 많이 올 수 있고, 소양인 체질은 비만해진다면 하체 비만이 많이 올 수 있고, 소음인 체질은 비교적 비만해질 체질이 아니지만 만약 비만해진다면 위장 장애나 대사 장애로 비만해질 수 있으므로 쉽게 고칠 수가 있다.

　허나 태음인 체질은 선천적으로 비만해질 수 있는 소질을 갖고 태어난 체질이라고 할 수 있다. 소아 비만도 태음인 체질에게서 많이 볼 수 있다. 설령 어릴 때는 홀쭉했다고 하더라도 중년기에 접어들면서 거의 대부분이 비만해지게 된다.

비만의 문제점은…

　① 성인병 발병의 원인이 된다. 살이 찌면 그에 정비례하여 췌장에서 분비되는 인슐린이 혈청 중에 증가하게 되고, 혈청 인슐린의 농도가 증가하면 당분과 혈청 지질이 증가하게 되고, 이로써 심장에 지방이 쌓이게 된다. 동맥경화가 진행되고 고혈압이나 심근경색, 뇌졸중, 당뇨병을 일으킬 염려가 있다.

　② 비만은 혈행 장애를 일으키며 특히 다리의 정맥이 울퉁불퉁 튀어나오는 정맥류를 일으켜 활동에 지장을 가져온다.

　③ 비만은 또 신경통, 치질, 습진 이외에도 지방간이나 담석증을 일으키기 쉽다.

　④ 남성의 경우라면 정력감퇴 · 발기불능 · 조루증 · 하초 냉증이 많이 나타나고, 여성의 경우라면 월경불순 · 냉증 · 불임증이 많이 나타날

수 있다.

⑤ 《동의보감》에는 '피부가 검고 마른 사람은 병이 들어도 치료가 쉽지만, 비대하고 살이 두툼하고 피부가 불그스레하면서 흰 사람은 병들면 치료하기가 어렵다'고 하였으며, 또 '비인다중풍' 즉 비만한 사람에게 중풍이 많다고 하였다.

비만을 치료하는 식이요법에는…

우선 섭취 에너지를 줄여야겠지만 무턱대고 단식을 하거나 다이어트를 시도하는 것은 위험하다. 최소한 필요한 에너지를 섭취하되 몸에 쌓인 지방을 분해, 배출할 수 있는 식품을 섭취하는 것도 비만 치료의 방법이다.

따라서 다음과 같은 "식사의 11원칙"을 지키도록 한다.

원칙1 식사를 거르지 말자. 거를수록 몸 안의 신진대사에 이상이 일어나 오히려 지방이 쌓이는 능력이 높아진다.

원칙2 한꺼번에 많이 먹지 말고 간식은 단번에 완전히 끊자. 될수록 식사 횟수를 늘리고 조금씩 먹어야 한다.

원칙3 취침 전에는 식사를 하지 말자. 식사 후 2시간 사이에 몸을 움직이면 에너지 소비가 되지만 곧 취침하면 에너지가 소비되지 못하고 쌓여 비만의 원인이 된다.

원칙4 당질을 많이 함유한 식품, 과일, 음료를 주의한다.

원칙5 지방은 불포화지방산이 많은 식물성 지방을 먹도록 한다. 식물성 기름은 체내에 쌓인 지방을 연소시키므로 체중 감량도 기대할 수 있다. 튀김류는 주의한다.

원칙 6 단백질은 체중 1kg당 1g이 필요하다. 흰살 생선류, 탈지분유 등으로 단백질을 공급하도록 한다.

원칙 7 식물성 섬유는 당질이나 지방의 흡수를 막는 작용이 있으므로 채소, 버섯, 해조류를 많이 섭취한다. 이들 식품은 식물성 섬유 외에 비타민, 무기질이 많은 저칼로리 식품이므로 안심하고 먹을 수 있다. 이들 식품을 먼저 먹어 어느 정도 배를 채운 후 밥이나 칼로리가 높은 음식을 먹도록 한다.

원칙 8 국물이 많은 음식을 먹어 공복감을 채운 후 야채, 부식의 순을 거쳐 적은 양의 식사를 하도록 한다.

원칙 9 국수, 라면은 피하되 피치 못하면 국물은 남긴다. 또 생크림 케이크나 카스텔라 등 빵도 피한다.

원칙 10 식사는 20분 이상 걸리도록 천천히 먹자. 단, 식사중에는 식사에만 몰두하고 텔레비전이나 책을 보며 식사하는 것은 금물이다.

원칙 11 자주 먹는 음식의 칼로리를 외우고 있는 것이 좋다. 자신의 일일 식사 칼로리량을 알아야 섭취 칼로리를 얼마로 제한할 것인지를 파악할 수 있기 때문이다. 일반적으로 소비열량보다 500kcal를 적게 먹으면 1주일에 0.5kg의 체중이 준다.

다이어트의 문제점은 무엇일까?

다이어트의 가장 큰 문제점은 '영양실조' 또는 '거식증' 이다.

거식증이란 식욕부진으로부터 시작하여, 블리미아(blimia) 단계 즉 식후 구토를 거쳐, 끝내는 에네렉시아(anorexia nervosa) 즉 정신적이나 감정적으로 음식과 체중과 식사하는 것에 혐오감을 갖고 말라죽는 순간까지 식사를 거부하는 병을 말한다. 실제로 이런 상태로 폐인이 되거나 죽음에 이른 경우마저 있다. 극단적인 다이어트에는 이런 어두운 그림자가 함께 할 수 있다는 것을 잊지 말아야 한다. 따라서 극단적인 다이어트는 하지 말아야 한다. 또 이뇨 효과가 있는 식품을 위주로 하여 다이어트를 하려는 요법이 있는데, 이것은 큰 잘못이다. 이것은 체내 수분을 빼내는 것일 뿐 체내의 지방축적을 제거하는 것이 아니기 때문이다.

체질별로 비만을 치료하는 좋은 음식이 있을까?

● 태양인-메밀, 모과가 좋다

상체 비만형이 잘 된다. 메밀, 모과가 좋고 맵고 자극적인 음식은 나쁘다. 메밀국수를 많이 먹어 그것으로 포만감을 느끼도록 하는 것이 좋다. 물론 메밀국수를 삶아낸 국물도 버리지 말고 다 마시도록 한다.

모과는 차나 술로 마시지 말고 모과를 얇게 썰어 햇볕에 잘 말린 후 알갱이가 지도록 거칠게 빻아서 식탁에 항상 올려 놓고 티스푼으로 1~2개씩 공복에 온수로 복용한다. 상체가 비만해지면서 하체에 힘이 빠져 다리가 후들거리고 무릎이 시큰거릴 수 있으므로 모과를 이렇게 상복하는 것이 바람직하다.

● 태음인-콩, 연뿌리가 좋다

선천적으로 비만해질 수 있는 소질을 갖고 태어난 체질이다. 태음인은 체질 자체가 비만해질 체질이다. 과식하고 운동을 제대로 안 하면, 벌써 어린 나이에 소아 비만의 경향을 띤다. 그리고 소아 비만의 경향을 갖고 있던 태음인 어린이는 성장해서도 살이 더 찔 확률이 너무 많다. 어릴 때는 괜찮던 태음인 어린이도 중년에 접어들면서 비만해질 확률이 매우 높다. 태음인은 두리뭉실 온몸이 다 비만해질 수 있지만, 그 중에서도 특히 복부 비만형이 잘 된다.

태음인에게는 콩, 연뿌리가 좋고 삼겹살, 닭고기가 나쁘다. 따라서 콩을 많이 먹되 '식초콩'을 많이 먹는 것이 좋다. 식초콩, 즉 '초두 담그는 법'은 백태라 불리는 작은 누런 콩이나 검은콩을 생것 그대로 식초에 담가야 하지만 먹기 역겨우면 볶아서 담가도 좋다. 하루 1~2회 이상 먹으면 더욱 좋다. 그러나 꼭 식전에 먹는 것이 좋다. 그래야 복부 포만감이 생겨서 밥을 많이 먹지 않게 된다. 물론 식초콩으로 하루 한끼 식사를 대용하면 더 좋다.

● 소양인—녹두, 가지, 보리 등이 좋다

소양인은 태음인처럼 살찔 체질은 절대 아니다. 그러나 만일 살이 찐다면 소양인은 하체 비만형이 잘 된다. 엉덩이에 살이 오르고 넓적다리 안쪽에 살이 많이 찔 수 있다. 태양인이 살찐다면 상체 비만형이 잘 된다고 한 것과는 전혀 반대 타입이다. 여하간 소양인에게는 녹두, 가지, 보리 등이 좋고 감, 푸른색 생선 등은 나쁘다. 가끔 녹두죽으로 끼니를 때우도록 하고 꽁보리밥에 열무김치로 식사를 대신하도록 하면 좋다.

● 소음인—사과, 시금치, 깨가 좋다

전혀 비만 체질이 아니므로 걱정할 필요가 없다. 다만 위장 장애나 대사 장애로 비만해질 수는 있으므로 평소에 몸관리를 하는 것이 좋다. 몸을 차게 해서는 안 된다. 소음인에게는 사과, 시금치, 깨가 좋고 돼지고

기나 찬 음료를 피하는 것이 좋다. 사과는 날 것 그대로도 좋지만 얇게 썰어 말려서 사과파이를 만들어 먹으면 더 좋다. 탈지분유에 사과즙을 타서 약간 따끈하게 해서 아침 대신에 마시는 것도 좋은 방법 중의 하나가 될 수도 있다.

비만을 예방 · 치료하는 식품 & 약재

● 양배추

양배추는 비만에 의한 노폐물 축적을 제거해 주는 효과가 있다. 양배추를 가늘게 채썰어 분마기에 갈아서 즙을 낸다. 이 즙을 그냥 마실수록 좋지만, 살짝 데워서 하루 3회, 한 번에 한 컵씩 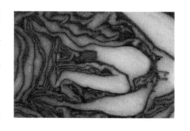 식간 공복에 마신다. 양배추에는 유기질 유황이 들어 있어 특이한 냄새가 나므로 마실 때 식초를 조금 섞거나 사과즙을 짜서 넣으면 좋다.

● 다시마

다시마는 칼로리가 거의 없다. 각종 미네랄이 풍부한 대표적인 알칼리성 식품으로 비만을 방지하고 성인병을 예방하며 미용에 뛰어난 효과를 보이는 식품이다. 살도 빼고 성인병도 예방하고 예뻐진다. 갑상선 호르몬의 생성을 도와 체내 신진대사를 활발하게 하고, 칼슘이 풍부해 뼈를 튼튼하게 해주므로 지나친 다이어트로 골다공증을 일으키는 것을 막아줄 수 있다.

다시마에는 아미노산의 일종인 라미닌 성분이 있어 혈압을 떨어뜨리므로 비만한 고혈압에도 좋다. 우선 질 좋은 다시마를 구해 손바닥 크기만하게 잘라 물에 불린다. 잘 불려진 다시마를 건져 마른행주로 싸서 토닥토닥 두드려 물기를 뺀다. 이것을 알루미늄 호일에 싸서 프라이팬에서 구운 후 분마기로 빻는다. 고운 가루를 만들지 말고 거친 알갱이로 만들수록 좋다. 고운 가루보다 거친 알갱이로 만들어 먹어야 장에 들어가서 장의 연동운동을 항진해서 변통마저 좋게 해주기 때문이다. 변통이 좋아야 비만도 덜해진다. 이렇게 건성으로 빻아 거친 알갱이로 만든 다시마를 식탁 위에 항상 올려놓고 1큰술씩, 하루 2회 정도 복용한다.

● 녹차

녹차는 소화작용과 육류나 기름에 함유된 지방을 분해함으로써 기름진 음식과 함께 먹으면 비만 방지에 도움이 된다. 또 녹차의 타닌 성분은 체내의 독소를 내보낸다. 그래서 비만에 좋은 것이다.

또 무기질, 비타민이 균형 있게 들어 있는 '철관음차'도 지방분해 작용이 뛰어나다고 한다. 철관음차란 오룽차의 6종류 중 하나로, 오룽차 중에서는 가장 양질의 차다. 기름기가 많기 때문에 비만증을 염려하지

않을 수 없는 중국요리에 빼놓을 수 없는 차 종류다. 발효하지 않는 녹차와는 달리 반발효를 시킨 이 차는 발효 도중 잎이 까맣게 되면서 형태가 마치 용처럼 굴곡지기 때문에 '오룽차'라고 불리는 것이다.

● 톳

해조류인 톳 역시 비만에 좋다. 7~8년 동안 사는 다년생 해조류가 바로 톳인데, 일명 '녹미채' 라고 한다. 바다 속 바위에 밀생하고 있는 갈조류에 딸린 바닷말로 제주도와 서남 연안에서 많이 난다.

톳은 해조류 중에서 가장 뛰어난 알칼리성 식품이다. 칼슘과 철분의 함량이 상당히 많다. 특히 칼슘의 양으로 말하면 다시마의 2배는 된다. 톳은 섬유성 물질이며 효용적 성분은 알긴산이다. 톳의 이 섬유소는 수분을 흡수해서 분변의 용적을 증가시키고 장벽을 자극하여 배변을 촉진한다. 또 칼로리가 상당히 낮고, 만복감을 준다. 만복감은 충족되고 칼로리는 낮고 아울러 변도 잘 보게 되므로 비만증에 좋을 수밖에 없다. 톳 말린 것을 물에 30분 정도 담가두면 한 7~8배 정도로 불어난다. 이것을 물기를 빼고 쓰면 된다. 무쳐 먹든 어떤 방법으로든 많이만 먹도록 한다.

● 두부

첫째, 두부에는 필수아미노산이 풍부한 단백질과 콜레스테롤을 저하시키는 리놀레산이 들어 있어서 성인병 예방에 좋으며, 비만 방지에도 좋다.

둘째, 두부는 만복감을 주어 과식을 억제하기 때문에 다이어트에 안성맞춤이다. 칼로리도 낮다. 배고픔을 무리하게 이겨내면서 다이어트하는 것보다 포만감을 느긋하게 즐기면서 다이어트할 수 있는 훌륭한 식품이다.

셋째, 두부 반 모에는 우유 한 컵과 거의 같은 양의 칼슘이 들어 있다. 다이어트를 하다 보면 스트레스를 받게 되고, 스트레스를 받게 되면 호르몬에 변화가 오게 되고, 그래서 많은 증상들이 꼬리에 꼬리를 물고 파생되기 마련인데, 두부 속의 칼슘이 항스트레스 작용을 하여 이런 것을 막아준다.

● 메주콩

메주콩 속의 리놀레산, 레시틴은 콜레스테롤을 분해하는 작용을 한다. 또 사포닌은 지방 흡수를 억제하고 지방 세포의 크기를 작게 해주는 효과가 있다. 그래서 메주콩은 비만에 아주 좋은 식품이다.

그리고 무리 없이 살을 빼기 위해서는 단백질을 충분히 공급해야 하는데, 그 점에서 질 좋은 단백질과 비타민을 많이 함유한 메주콩이 좋다. 메주콩을 잘 씻은 다음 1시간 정도 찬물에 담가 두었다가 진간장을 넣어 조리한다. 그래서 반찬으로 먹는다.

혹은 메주콩을 율무식초에 담갔다가 먹어도 좋다. 이것은 당분이 장에서 많이 흡수되지 않도록 도우면서 체내에서의 지방합성을 억제해 주기 때문에 비만을 예방하는 데 큰 몫을 한다. 메주콩을 용기에 넣고 율무식초를 붓는다. 콩이 부풀어 식초 표면으로 콩이 보이면 콩이 잠기도록 더 붓도록 한다. 1~2일 정도 지나면 먹을 수 있는데, 풋내가 나서 먹기 어렵다면 5~10일 정도 더 두었다가 먹으면 된다. 1일 10알 내외로 먹고, 식초는 식초대로 따로 커피잔 한 잔의 생수에 3~4티스푼씩 타서 마시도록 한다.

● 잣

잣은 비만 방지, 미용 효과, 심신 강화의 3요소를 다 갖추고 있다. 이것은 잣 속에 함유되어 있는 감마리놀렌산의 역할이다. 예로부터 불로장수의 묘약으로 알려진 잣을 《동의보감》에서는 '해송자' 라고 하여 기운

을 돋운다고 하였다. 하루 10개 정도씩 먹으면 1
개월 안에 변비가 낫는다. 2개월 정도면 잔
주름이 없어지고 피부가 젊어진다.

피부의 신진대사를 활발히 하는 비타
민 B2, 회춘의 비타민이라 하는 비
타민 E 외에 엄청난 양의 철분이
함유되어 있기 때문이다. 비만의 원흉은 과
식이요, 과식하면 뇌신경의 핀트가 안 맞아서 신
경이 흥분되기도 하는데 잣은 그런 신경을 가라앉힌다. 따라서 식전, 식
후에 잣을 먹는 습관을 들이면 뇌의 만복 중추를 자극해서 위장을 안정
시킨다. 그래서 비록 칼로리가 높은 식품이기는 해도 비만에 도움이 되
는 것이다. 물론 잣은 혈관을 강화하고 정혈작용도 하므로, 단순히 비만
해소라기보다는 생명 자체를 젊게 한다고 할 수 있다.

● 유산균 음료

장에는 나쁜 세균과 유익한 균이 함께 있다. 비피더스는 유익균의 대
표로 인체 성쇠의 열쇠를 쥐고 있다. 유산균 음료는 그런 비피더스균에
게 영양을 공급한다고 생각하면 좋을 것 같다. 비피더스균은 소장의 하
부에서 대장에 걸쳐서 생식하고 있는데, 초산과 유산을 만들어 내어 장
내에 나쁜 세균이 증식하지 못하도록 억제하는 작용을 한다. 성인병과
노화 방지에도 효과가 있다고 알려져 있으므로 비피더스균에게 영양을
준다고 할 수 있는 유산균 음료를 상식하면 변비가 해소되고 비만의 요
인이 제거되는 것이다. 유산균 음료를 마시면 젊음과 건강을 증진시키
면서 예쁘게 살을 뺄 수 있다고 확신해도 좋다.

● 율무차

율무는 이뇨 효과가 뛰어나므로 체내의 수분이 제대로 대사되지 못하여 속칭 물살이 찐 경우에 좋다. 소염·소종·진통 작용도 뛰어나고 피로회복과 자양·강장 작용도 한다. 그래서 신경통을 비롯해서 기미, 주근깨, 여드름을 예방하기도 하는 여성 미용제이면서 비만 치료제가 되기도 한다. 율무에 티가 섞여 있지 않도록 잘 골라 깨끗이 씻은 다음 체에 밭쳐 물기를 뺀 후 프라이팬에서 볶아 용기에 넣어 보관한다. 이것을 한 번에 12~20g 씩을 물 3컵으로 끓여 반으로 졸면 찻잔에 부어서 2~3회 분복한다. 설탕 대신에 꿀을 소량 타서 단맛을 낼 수도 있지만 조화로운 영양 공급을 목적으로 한다면 모를까 될수록 꿀은 쓰지 않는 것이 좋다. 그래서 율무차보다 오히려 율무식초를 권하기도 한다.

단, 율무가 좋다지만 임신중에는 먹지 않는 것이 좋다. 소화기 기능이 약할 때는 반드시 볶아서 쓰도록 하고, 부종이 심할 때는 생율무로 차를 끓이도록 한다.

● 배

간 기능을 원활히 하여 지방 축적을 줄이므로 야위게 하는데 도움이 된다. 과식과 갈증을 억제하기도 한다. 배는 껍질을 벗겨 4등분하고 심지 부분을 도려낸 후, 1cm 두께로 얇게 썰어 용기에 넣는다. 이제 배가 잠길 정도로 식초를 붓고 냉장고에 보관한다. 2~3일 후부터 1

회 8~12g씩 꺼내 컵에 담고 따끈한 물을 부어 10분쯤 우려내어 마시면 된다. 하루 3회 식간 공복에 먹는 것이 좋다. 신맛과 단맛과 향이 어우러져 마시기 아주 좋다.

배가 제철일 때 위와 같은 요령으로 1cm 두께로 저며 잘 말려 두면 필요할 때 요긴하게 쓸 수 있다.

● 위유차

위유는 나리과에 속하는 둥굴레의 뿌리줄기를 말린 것으로, 일명 '옥죽'이라고 한다. 인슐린을 조절하여 당뇨를 개선하는 작용이 있다. 비만의 원흉인 지방세포는 혈중을 흐르는 혈당과 지방을 재료로 해서 뚱뚱해져 가는 것이므로, 위유는 비만증에도 효과가 크다. 위유는 또 강심작용을 하고 혈압 강하작용을 하며 마른기침을 가라앉히기도 한다. 건재약국에서 구입한 위유를 깨끗이 씻어 체에 널어 2~3일 정도 바싹 말린다. 이것을 하루에 12g씩 물 6컵으로 은근히 끓여 반으로 줄여서 하루 동안 3회에 걸쳐 나누어 마시면 된다. 예로부터 인삼 대신 쓸 수 있을 정도로 자윤보익하는 작용이 강하다고 하지만 약간의 청열작용을 겸비하고 있으므로 허열을 겸했을 때는 써도 좋지만 허냉한 증상이 뚜렷할 때는 많이 들지 않는 것이 좋다.

Question 1 소아 비만은 얼마나 많은가요?

Answer ● 소아 비만이 폭증하고 있다는 신문기사가 있었다.
서울시 학교보건원의 18년간(79~96년) 조사 결과를 밝힌 이 기사를 정리하면 다음과 같다.

(1) 소아 비만이 1988년 남녀 10%를 넘어섰는데, 90년대 들어서는 20%에 다다랐다.

(2) 소아 비만이 남자의 경우에는 18년간 6.4배 증가했고, 여자의 경우에는 4.7배 증가했다.

(3) 표준체중의 150% 이상인 고도 비만학생이 1996년(1.05%)보다 1998년(1.29%)에 늘었다.

(4) 1998년 기준으로 고도 비만인 중학생은 1.03%, 고교생은 0.83%였다. 소아 비만은 미국이 5~20%, 일본이 5% 정도라고 한다.

Question 2 소아 비만의 기준은 무엇인가요?

Answer ● 표준체중보다 20% 이상 무거울 때, 키에 대한 몸무게가 97백분위수(百分位數) 이상일 때, 또는 피하지방 측정기로 피부 두께를 측정하여 남자는 18.6mm 이상, 여자는 25.1mm 이상일 때를 소아 비만이라고 정의한다.

Question 3 소아 비만은 유전이 되나요?

Answer ● 유전적 성향이 아주 강하다. 부모가 모두 정상일 때 소아 비만이 나타날 확률은 불과 10%에 불과한 반면 부모 중 한쪽이 비만했을 때 소아 비만이 나타날 확률은 50%나 되며, 특히 부모 모두 비만할 때는 80%의 확률이 있다.

물론 내분비 호르몬의 장애도 소아 비만의 원인이 될 수 있다. 예를 들어 갑상선기능 저하, 쿠싱증후군, 부갑상선기능저하증 등을 들 수 있다. 따라서 소아 비만의 경우, 어떤 질병에 의한 비만은 아닌지 확인할 필요가 있다.

Question 4 소아 비만은 성인이 되어도 비만해질 수 있나요?

Answer ● 비만 중 지속형은 유아기에서부터 비만한 것으로 지방세포의 수와 크기가 불어난 비만이다. 이 비만의 특징은 주로 몸통과 팔다리에 지방이 많이 축적된다는 것이다. 일본의 조사에 의하면 소아 비만의 75%가 이미 초

등학교 입학 전, 그 중 대부분이 3세 이전부터 비만 경향을 보였다고 한다. 3세, 특히 6세를 넘어 약간의 비만이라고 느낀다면, 이것은 이미 비만으로 진행된다는 것을 인식할 필요가 있다. 지방세포수가 많이 불어난 다음에는 체중감소가 거의 불가능하다. 또 유아기 비만이 어른이 되어 비만증이 될 가능성은 80%이다. 어른의 경우 정상체중보다 60% 이상 증가된 심한 비만증 중 과반수 이상이 소아 비만의 과거력이 있다.

Question 5 소아 비만의 또다른 원인이 있나요?

Answer ● 과보호 경향이 가장 큰 원인이다. 예를 들어 한 자녀, 부모가 35세를 지나 낳은 아이, 혹은 결손가정에서 자라난 아이에게 소아 비만이 많은 것이 그 증거다.

운동량의 감소도 소아 비만의 원인이 된다. 지체부자유 등으로 운동량이 적을 때 소아 비만이 많은 것이 하나의 예다. 산업사회의 발달로 놀이터의 축소와 함께 자동차의 보급이 확대되면서 운동의 기회가 박탈되어 가고 있으며, 특히 텔레비전이나 컴퓨터에 몰입하고 게임에 빠지는가 하면 가전제품의 자동화로 어린이들이 가사를 돕는 기회가 적어지는 것도 문제다.

Question 6 소아 비만은 어떤 질병을 일으키나요?

Answer ● 내분비 호르몬 장애의 유형에 따라 혹은 키가 작고 변비가 고착되는가 하면 혹은 멍이 잘 들고 고혈압, 당뇨병을 일으키기도 한다. 기관지염 · 폐렴 · 간염 등이 잘 일어나며, 특히 고지혈증 · 지방간 · 심장 질환 등 성인병이 조기에 발생할 가능성이 높다.

비만으로 인한 동맥경화는 아주 어린 시절부터 시작될 수 있는데, 계속 진행되어 중년층에 이르게 되면 정상으로 돌이키기 어려워지며, 그 결과 중풍이나 심근경색 등을 일으킬 수 있다.

또 요통, 관절통도 잘 일으키고, 피부가 겹치는 부위에 트러블이 잘 생긴다. 목 주위의 지방 때문에 숨쉬기 어렵게 되며, 코를 심하게 골며, 수면 무호흡증을 일으키기도 한다. 폐에서 산소와 이산화탄소 교환이 원활하지 못해, 낮에도 계속 졸음이 오는 이른바 피크위크 증후군이 나타나게 된다.

내분비계에도 이상을 일으켜 여자인 경우 사춘기가 빨라지며, 초경이 없거나 월경이 불규칙해진다.

Question 7 소아 비만은 신경성 증상도 일으키나요?

Answer ● 상당한 정신적 스트레스를 받게 된다. 열등감, 소외, 우울에 빠지고 모든 일에 불만족하게 된다. 유아기 이후에 발병한 비만 중 특히 고도 비만은 정서적으로 불안정하며 공격적이 되거나 스스로 자신을 공격하려는 경향을 띠기도 한다. 신경성 식욕부진이나 사춘기 쇠약증에 빠지기도 한다.

그러나 단순성 비만의 경우에는 기본적으로 지능이나 학업성적이 비만이 아닌 어린이와 비교하여 변화는 없다. 다만 일부의 비만 어린이에서 학업성적이 저하되기도 하는데, 그 원인은 비만에서 오는 열등감, 자신을 가지지 못하는 소극적 성격 때문에 공부에 열중하지 못한 까닭이다. 물론 지능 저하를 동반한 단순비만은 문제다. 소위 '왕따'의 대상이 되기 때문에 심각한 문제다.

Question 8 소아 비만에는 어떻게 식이요법을 해야 할까요?

Answer ● 항상 체중과 신장을 측정하여 비만의 추세를 관찰해야 한다. 특히 가족 중의 비만 유무에 따라 체크는 2개월마다 하는 것이 좋다.

미국에서는 소아 비만을 영양 질환의 하나로 보고 있다. 사회경제적인 발달로 증가하는 질환으로 인식하고 있는 것이다. 따라서 소아 비만을 과식 등으로 소모보다 섭취가 많은 외인성 비만이라고 부를 정도이므로, 밥을 잘 먹으면 보상으로 먹을 것을 주는 따위는 아예 처음부터 쓰지 말아야 한다.

그러나 "섭취열량을 소비열량보다 적게 하는 것만을 목적으로 한 단순한 식사요법은 의미가 없다. 식사를 제한하는 것이 아니라 식사 습관을 바꾸어 나가는 게 바람직하다."는 소아 비만 전문가의 말을 기억해 둘 필요가 있다.

Question 9 무엇을 먹지 말아야 할까요?

Answer ● 모유보다 분유를 먹인 아이 중 비만아가 많다. 따라서 모유를 신생아 때부터 3개월까지는 먹여서 유아기 비만을 예방해야 한다.

외식, 특히 뷔페 외식을 삼가고 눈앞에 먹을 것을 놔두지 않는다. '금강산도 식후경'이라고 음식 앞에서 어린이들이 도덕군자가 될 수 없기 때문이다.

크림빵, 케이크, 컵라면, 햄치즈버거, 핫도그, 스낵 등 어린이들이 즐겨 찾는 이런 음식들은 모두 안 좋다. 특히 스낵은 거의가 당질로, 열량의 과잉 섭취가 되는 원인이므로 철저히 피한다. 단음식의 과잉 섭취, 주스나 청량음료의 당류를 조심해야 한다.

통풍

통풍은 요산의 생성과 배설에 균형이 깨질 때 고(高)요산혈증을
일으켜 단백질의 일종인 퓨린의 신진대사 장애로 혈액 중에
요산이 증가하여 생기는 대사성 질환이다. 요산을 과잉 생산하는
음식물의 섭취를 제한하고 과로와 스트레스에 주의한다.

통풍은 어떤 병인가?

통풍은 일명 '제왕병'으로 불린다. 황
제처럼 고량진미를 즐기면 요산이 급증
하여 걸리는 병이라는 뜻이다.

그러나 결코 미식을 하지 않는데도 통
풍을 앓을 수 있다. 이것은 체내에 요산
을 분해하는 효소를 더 갖고 있지 않기
때문이다.

통풍은 과다한 요산 분비로 인해 발생
되는 병이므로 요산의 분비를 촉진시키
는 식품의 섭취를 피해야 한다.

알아두세요

**요산 분비를
촉진하는 식품은…**

● 동물의 비계·간·콩
팥·내장.
● 버터, 치즈, 생크림 등.
● 정어리, 시금치, 양배
추, 아스파라거스, 달걀,
연어, 조개류, 베이컨, 바
나나, 포도.
● 특히 술을 금한다. 음
주 후에는 혈중의 요산치
가 높아지기 때문이다.

통풍의 원인은…

통풍은 유전성일 수 있으며, 어떤 약물–예를 들어 아스피린·이뇨제·인슐린·페니실린·비타민 B12–의 과용, 혹은 어떤 질환–예를 들어 비만·고혈압·악성 빈혈·부갑상선 기능항진증·만성 신부전증 등–이 관련 있을 수 있다.

그러나 근본적인 이유는 크게 두 가지다.

첫째, 과식이나 미식 등이 요산을 과잉 생성하기 때문이다.

알아 두세요

통풍은 이런 질환이에요!

● 특징은요?

주로 발가락이나 무릎 등 하체에서부터 통증이 시작되는 것이 대부분이며, 갑자기 심한 통증이 오고 환부가 빨갛게 부어오르면서 고열이 난다. 이 통증과 고열은 밤에는 심해지고 아침이면 가라앉는 현상이 반복된다.

● 왜 생길까요?

단백질의 과잉 섭취 등으로 체내의 요산이 높아지는 것이 주원인이다. 요산은 신장에서 소변과 함께 체외로 배설되는데, 너무 증가하면 신장의 기능이 미치지 못하게 되어 체내에 남은 요산이 관절 부분에 고임으로써 통증을 일으키게 된다.

● 어떻게 대처해야 할까요?

일단 통풍에 걸리면 정기적으로 검사를 받을 필요가 있다. 또 통풍이 나타날 때는 혈액 속의 요산 수치가 늘어나게 되므로 정기검사를 통해 이를 먼저 알아내게 되면 통증과 고열을 미연에 막을 수 있다. 물론 과음이나 스트레스가 쌓이지 않도록 주의하는 것도 중요하다. 특히 단백질 섭취를 줄이도록 하고, 비타민 A·나트륨·철분 등을 많이 함유하고 있는 야채나 과일의 섭취를 늘리도록 한다.

거세한 남자, 제왕 같은 남자!

이 이야기는 필자의 임상노트이다.

40대 후반의 K씨는 어느 날 한밤중에 공포에 사로잡혔다. 엄지발가락 옆의 관절에 견딜 수 없는 통증이 생겼기 때문이다. '요즘 회식자리에서 과음, 과식하고 수면이 부족하더니 끝내 병이 왔구나' 하는 두려움을 느꼈는데, 점차 이불 무게에도 고통이 심하게 느껴지자 공포감이 부쩍 커졌던 것이다. 아침에 일어나 첫 발을 내디딜 때 소스라치게 심한 통증을 느껴 주저앉으면서 환부를 보니 빨갛게 부어 올라있었다. 그래서 병원에 가니 '통풍'이라고 진단을 내려서 양약으로 급한 불은 껐지만 언제 또 그런 고통을 겪을지 두렵다면서 한방으로 근본적인 대책을 세울 수 없냐고 내원하여 묻는다.

그래서 "거세한 남자는 통풍을 앓지 않는다."고 히포크라테스가 말했듯이 통풍 진단을 받았다면 아직 '남성다움'을 잃지 않았다는 복음이 아니겠느냐, 그리고 통풍을 '제왕병'이라 부르듯 '귀하신 몸'만 앓는다는 데 그 기분이 어떠냐고 웃으며 말문을 연 뒤 통풍은 의학적인 치료보다 병을 긍정적으로 수용하려는 밝은 마음과 함께 끝없는 자기 수행만이 근본적인 치료 방법이라고 설명해 주었다.

다윈, 괴테, 밀턴, 플랭크린 등 미식가가 통풍으로 고생했다는 이야기나 혹은 제2차 세계대전 중 유럽에서 식사가 조잡해짐에 따라 자연히 통풍이 격감했다는 이야기들이 이를 증명한다.

둘째, 체내에 요산을 분해하는 효소를 갖고 있지 못하고, 신장 기능 저하로 요산 배설이 제대로 이루어지지 못하기 때문이다.

새·원숭이·칠면조들은 결코 미식을 하지 않는데도 통풍을 앓는다. 이것은 체내에 요산을 분해하는 효소를 갖고 있지 않기 때문이다.

결국 통풍에는 다윈·괴테 타입이 있고, 원숭이·칠면조 타입이 있다는 것이다. 이렇게 요산의 생성과 배설에 균형이 깨질 때 고(高)요산혈증을 일으켜 통풍이 오는 것이다.

다시 말해서 통풍은 단백질의 일종인 퓨린의 신진대사 장애로 혈액 중에 요산이 증가하여 생기는 대사성 질환이다. 즉 혈중의 요산 수치가 상승하고, 요산 결정체가 관절·활액막·인대·관절 연골에 침착하여 2차적으로 퇴행성 병변을 거쳐오는 질환이다.

통풍의 빈도는…

주로 40~60세 사이, 특히 평균 발병 연령인 44세 정도에 잘 발생하며, 남녀의 비는 20대 1로 남자에게 월등히 많이 나타난다.

그래서 기원전 400년 무렵의 성 히포크라테스는 이렇게 말했다.

"거세한 남성은 통풍을 일으키지 않으며, 생리중의 여성은 통풍을 일으키지 않고, 남성은 사춘기부터 통풍이 일어난다."

통풍으로 나타나는 증세는…

통풍이라는 질환은 이름 그대로 바람처럼 여기저기 돌아다니면서 일어나는 질환을 일컫는다. 그래서 한의학에서는 마디마디 돌아다니면서 붓고 아픈 병이라는 뜻으로, '역절풍'이라고 했다.

통풍(痛風)이라는 병명에서 충분히 알 수 있듯이 아픈 통증이 무척 심한 질환이다. 그래서 한의학에서는 '역절풍' 앞에 백호라는 말을 덧붙여 '백호역절풍(白虎歷節風)'이라고도 불렀다. 호랑이가 물어뜯는 것 같은 통증이 있다는 의미에서 이렇게 불렸던 것이다.

그만큼 여러 마디마디에 견딜 수 없을 정도의 통증이 온다는 것인데, 류머티즘이 주로 손가락의 통증에서 시작하는 데 비해, 통풍은 발가락이나 무릎 등 하체에 통증이 시작되는 것이 대부분이다. 또 류머티즘보다도 심한 통증이 따르는 것이 특징이다. 물론 하체의 발가락에만 통풍의 증상이 나타나는 것은 아니다. 때로는 귓바퀴에도 올 정도로 그 증상은 다양하다.

갑자기 심한 통증이 오고 환부가 빨갛게 부어오르면서 고열이 난다. 이러한 통증과 고열은 주로 밤에는 심해지고 아침이 되면 가라앉는 현상이 반복된다.

혈중 요산치가 높은 상태로 몇 년 계속되면, 처음에는 무증상으로 비록 통풍 발작이 일어나지 않더라도 요산의 작용으로 동맥경화·요독증·심근경색 등 중대한 질환을 일으킬 수 있다.

통풍의 분류는…

첫째, 원인에 따른 분류

1	원발성 통풍	유전성 원발성 통풍은 상염색체 우성 유전을 하며, 이러한 가족력이 있는 경우의 통풍 발생 빈도는 6~22%이다.
2	속발성 통풍	(1) 외상, 음주 (2) 약물, 예를 들어 아스피린이나 이뇨제 또는 인슐린이나 페니실린 혹은 비타민 B_{12} 등을 들 수 있다. (3) 어떤 질환이나 수술 후의 자극, 예를 들어 과요산혈증·비만·고혈압은 서로 상관관계가 있다. 또 다발성 골수종, 악성빈혈, 납중독, 부갑상선 기능항진증, 만성 신부전증 등이 관련 있을 수 있다.
3	특발성 통풍	음식에서 칼로리 섭취가 적으면 요산의 과다생산으로 과요산혈증을 일으키고, 요산의 신장 청소율이 감소된다.

둘째, 습열(濕熱) 타입과 어혈(瘀血) 타입으로 분류

통풍을 한의학적으로는 습열(濕熱) 타입과 어혈(瘀血) 타입의 두 가지로 대별한다.

'습열' 타입 갑자기 관절―약 40~50%는 엄지발가락의 중족지 관절에서 일어난다―이 빨갛게 부어오르고 격통을 느낀다. 불로 지지는 듯하여 움직이기 힘들며, 덥게 하거나 밤이 되면 그 통증이 더 심해진다. 85~90%에서 처음에는 하나의 관절에 나타나는데, 점차 여러 관절로 퍼진다. 발작이 수 시간 내에 소실되기도 하나, 때로는 수 주일 동안 계속되기도 한다.

전신적으로 위화감과 함께 피로하고, 긴장이 심하며, 발열과 두통이나 빈맥 등이 나타나기도 한다. 입안이 끈적거리고 쓴맛이 난다. 소변 양은 적고 색이 짙으며 대변은 묽고 점성이 있다. 대부분의 경우 6개월에서 2년 사이에 두 번째 발작이 일어나는데, 1년 이내에 재발되는 경우는 62%에 이른다.

'어혈' 타입 통풍이 반복해서 발작한다. 관절이 비후해지고 굳거나 기형을 일으키기도 한다. 통증이 한곳에 고정되어 있고, 손으로 누르면 더욱 아파온다. 피하에 요산염이 침착하여 통풍성 결절을 만든다. 이 결절은 귓바퀴에 가장 많이 나타나지만 팔꿈치 관절, 무릎, 손등, 발등, 손끝, 아킬레스건, 발바닥에도 나타난다.

피하에 얇게 백색으로 비춰 보이는 수가 많으며, 조금 절개해 보면 흰 분필가루 모양의 작은 덩어리를 볼 수 있다. 간혹 저절로 뭉그러져 배출되며, 작은 궤양을 이루는 수도 있다. '어혈점'이라 하여 거뭇거뭇한 얼룩점이 혀에 돋아 있고, 회색의 더러운 설태가 낀다.

셋째, 임상 증상에 따른 분류

1	무증상과 요산혈증	우리 몸에는 정상적으로 약 1,200mg의 요산이 있으며, 이 중 하루에 교체되는 양은 약 700mg이다. 혈중 요산 수치는 일반적으로 성인 남성의 경우 혈액 1dl 중 6.9~7.5mg, 여성의 경우는 5.7~6.6mg이다. 고요산혈증, 즉 혈액 중의 요산치가 정상 이상으로 높은 증상이 몇 년 계속되면 처음에는 무증상으로 비록 통풍 발작이 일어나지 않더라도 요산의 작용으로 동맥경화가 빨리 오고 신장과 심장 동맥이 상하여 요독증, 심근경색 등 중대한 질환이 되기도 한다.
2	급성 통풍 관절염	85~90%에서 처음에는 하나의 관절을 침범하는데, 약 40~50%는 엄지발가락의 중족지 관절에서 일어난다. 야간에 시작되어 아침에 일어나 발을 처음 디딜 때 심한 통증을 나타낸다. 갑자기 관절이 빨갛게 부어오르고 변색, 종창 및 관절의 격통으로 일어나 앉을 수도, 설 수도 없고, 옆에 사람이 지나가거나 이불 무게에 의해서도 고통을 느낀다. 전신 증상으로 발열·두통·빈맥 등이 나타나며, 시간이 경과하면서 여러 관절로 퍼진다.
3	동통 발작 간 통풍	질병의 경과는 다양하여 발작이 수 시간 내에 소실되기도 하나, 때로는 수 시간 또는 수 주일 동안 계속되기도 한다. 회복될 때에는 증상이 없는 발작간(發作間)의 기간이 길어지면서 회복된다. 대부분의 경우 6개월에서 2년 사이에 두 번째 발작이 일어나는데, 1년 이내에 재발되는 경우는 62%에 이른다.
4	만성 결절성 통풍	통풍에 걸린 후 5~6년이 지나면 피하에 요산염이 결절 모양으로 침착한다. 이것이 통풍 결절이다. 귓바퀴에 가장 많지만 팔꿈치 관절, 무릎, 손등, 발등, 손끝, 아킬레스건, 발바닥에도 나타난다. 피하에 얇게 백색으로 비춰 보이는 수가 많으며, 조금 절개해 보면 흰 분필가루 모양의 작은 덩어리를 볼 수 있다. 간혹 저절로 뭉그러져 배출되며, 작은 궤양을 이루는 수도 있다.

통풍을 다스리는 대책은…

● 과요산 혈증을 개선하도록 한다

재발되는 발작성 급성 관절염을 될수록 억제시킨다. 관절 주위에 통풍 결절이 생겨 관절을 파괴시키지 않도록 최대한 노력을 한다. 신장 질환을 동반하여 고혈압을 야기시키지 않도록 하고, 요로결석을 방지하며, 지혈증을 예방하는 데 중점을 둬야 한다.

● 살이 찌지 않게 해야 한다

비만하면 피하지방이 요산의 배설을 저해하고 땀을 많이 흘리게 되기 때문에 소변량이 줄고 소변에 요산이 녹아나며, 소변이 산성으로 기울어 요산의 배설을 방해하고 혈중 요산치를 높이게 되기 때문이다.

● 통풍에 걸리면 정기적으로 검사를 받을 필요가 있다

통풍 때는 혈액 속의 요산 수치가 늘어나게 되므로 정기검사를 통해 이를 먼저 알아내게 되면 통증과 고열을 미연에 막을 수 있다.

● 급성 통풍성 관절염이 있을 때는 다음과 같이 한다

절대 안정을 하면서 부목으로 고정하고 냉습포를 해준다. 비비거나 마사지하는 것은 금물이다.

두부를 꼭 짜서 물기를 뺀 후 두부와 같은 양의 밀가루를 섞어 치대어 반죽을 한 다음, 거즈에 두툼하고 고르게 펴서 환부에 붙인다. 마르면 자주 갈아붙인다. 혹은 치자를 물에 우려내어 밀가루에 반죽해서 붙이는 것도 도움이 된다.

통풍이 급성으로 발작하여 통증이 심할 때는…

말린 치자를 알루미늄 호일에 싸서 프라이팬에 올려 검게 구운 후 가루내어 1
회 1~2g씩 따뜻한 물로 복용한다.

혹은 팥·율무 각각 40g, 현미 80g을 씻어 하룻밤 물에 불렸다가 치자 5g과
함께 냄비에 넣고 물 10컵을 부어 센불에서 끓이다가 약한 불에서 1시간 정도
더 끓여 곡류가 푹 퍼지면 간을 맞추어 뜨거울 때 먹는다.

● 만성의 경우에는 다음과 같이 한다

관절의 변형을 방지하기 위해서 부목을 대주고 물리 치료를 해준다.
온천요법은 무척 효과가 있다. 혈액순환을 원활하게 하고 신장에서의
소변 배설을 촉진하기 때문이다.

구두는 편한 것을 신어 발에 부담을 주지 않도록 하고, 장거리 보행이
나 장거리 운전은 피하는 것이 좋다.
적당한 운동은 필요하지만 운동도 과
하지 않게 해야 한다. 엄지발가락의
만성 스트레인이나 장시간의 보행 혹
은 심한 압박이나 골프 등 지나친 운동
뒤끝에 잘 생기기 때문이다.

● 요산을 과잉 생산하는 음식물의 섭취를 제한해야 한다

예를 들어 동물의 비계, 간이나 콩
팥, 내장 및 버터, 치즈, 생크림 등을

알아 두세요

**통풍 발작을
예방하는 방법에는…**

● 비만을 해소한다.
통풍을 일으키는 가장 큰 원
인 중의 하나가 비만 통풍
이 있을 때는 자신의 체중을
표준체중보다 5% 정도 부
족한 정도로 유지하는 것이
좋다.

● 발작을 예방하는 식품을
많이 섭취한다.

● 물을 많이 마신다.

들 수 있다. 또 정어리, 시금치, 양배추, 아스파라거스, 달걀, 연어, 조개류, 베이컨, 바나나, 포도는 제한한다.

특히 술을 금한다. 음주 후에는 혈중의 요산치가 높아지는데, 전체 통풍 환자의 약 반 수가 1주일에 500cc 이상의 술을 마신 경험이 있다.

● 과식도 피하고 스트레스가 쌓이지 않도록 주의하는 것도 중요하다

특히 단백질 섭취를 줄이도록 해야 하고, 비타민 A, 나트륨, 철분 등을 많이 함유하고 있는 야채나 과일의 섭취를 늘리도록 해야 한다.

통풍에 좋은 '식초요법'

실제로 현미식초와 녹황색 야채를 많이 섭취하는 식이요법만의 실행으로도 반 년 후 통풍 검사에서 요산 수치가 놀랄 만큼 저하되었고, 심한 통증이 일어나는 일도 없어졌다고 체험담을 발표한 예까지 있다.

식초의 성분인 아미노산이 요소의 생성을 억제시켜 줄 수 있을 뿐 아니라, 요산의 체외 배설까지 촉진하기 때문에 요산이 많이 생성되더라도 이것의 체내 침착을 억제하므로 효과가 대단히 뛰어나다. 그뿐 아니라, 식초를 계속 복용하면 산성으로 변화되던 체질을 본래의 약알칼리

성으로 되돌려 놓는 효과까지 볼 수 있다. 그렇게 되면 통풍은 자연히 소멸되며, 요산이 증가할 기본 조건마저 철저히 개선하는 결과를 얻을 수 있다.

그러므로 통풍을 예방하기 위해서라도 식초를 많이 활용할 필요가 있다. 그 방법은 극히 간단하다.

커피잔 한 잔의 생수에 식초를 3~4티스푼을 넣고 잘 휘저어 하루에 2~3회 마시기만 하면 된다.

식초는 어혈을 제거하고 지혈작용과 해독작용이 있으며, 산소와 헤모글로빈의 친화력을 높이고 빈혈을 개선하며, 정장작용과 소화 촉진작용은 물론 지사 효과까지 있으므로, 통풍이 잘 나타나는 중년 이후의 건강 증진을 위해서도 식초요법을 꾸준히 실행한다면, 건강하고 활기찬 생활을 영위하는 데 도움이 될 것이다.

통풍을 치료하는 식품 & 약재

● 개다래

통풍은 요산의 생성이 비정상적으로 높거나 신장에서 요산이 충분히 배설되지 않아서 혈액 속에 요산의 농도가 높아져 생기는 병이다. 그렇기 때문에 수분을 충분히 공급해 주고 이뇨작용이 뛰어난 식품을 먹어서 체내에 쌓인 요산을 배출시켜야 한다.

개다래나무의 열매에는 뛰어난 이뇨작용과 진통작용이 있어 통풍 증세를 다스리는 식품으로 효과가 좋다.

달여 먹거나 술을 담가 1일 2회, 1회 1컵씩 마신다.

● 콩

콩은 풍부한 단백질을 함유하고 있고 요산의 농도와 콜레스테롤 수치를 내려주는 작용이 있어 통풍 증세가 있는 사람에게 좋은 식품이다. 볶은 콩을 가루내어 먹거나 된장, 청국장, 두부 등 어떤 형태로 이용해도 좋다.

● 해조류

해조류에는 요산을 증가시키는 성분이 없거나 거의 들어 있지 않다.

특히 해조류에 많이 들어 있는 요오드 성분이 인체 내의 신진대사를 촉진하고 혈액순환을 좋게 하여 통풍에 의한 요산 배출을 도와준다.

김·다시마·미역 등을 일상의 식탁에서 즐겨 먹도록 하거나 또는 가루내어 1회 5g씩을 따뜻한 물로 1일 3회 공복에 복용하면 좋다.

● 치자

급성 통풍 발작으로 인한 심한 통증을 가라앉히고자 할 때는 치자열매를 검게 구워 사용한다.

마른 치자열매를 알루미늄 호일에 싸서 프라이팬에 검게 구운 다음 가루내어 1일 1~2g씩 먹는다. 또는 마른 치자열매 50g을 곱게 갈아 밀가루와 식초를 적당량 넣고 잘 갠 다음 거즈에 발라 통증이 있는 부위에 붙인다.

혹은 팥 40g, 율무 40g, 현미 80g을 씻어 하룻밤 물에 불렸다가 치자 5g과 함께 냄비에 넣고 물 10컵(2,000cc)을 부어 센불에서 끓이다가 한번 끓어오르면 약한 불에서 1시간 정도 더 끓여 곡류가 퍼지면 간을 맞추어 뜨거울 때 먹는다.

● 콩나물

통풍을 치료하기 위해 비만 해소를 위한 다
이어트를 할 때는 양질의 단백질과 칼슘 · 철분
이 풍부한 콩나물을 자주 먹으면 좋다. 콩나물에
는 비타민 C도 풍부하여 피로를 회복시키는 효과도 있
을 뿐만 아니라 통풍 치료시의 영양을 공급해 주는 식품이기도 하다.

통풍을 치료하는 한방 처방

『소풍활혈탕』

처방 남성 · 당귀 · 천궁 · 위령선 · 백지 · 방기 · 황백 · 창출 · 강활 ·
계피 각각 3.75g, 홍화 1.12g, 생강 5쪽.

복용법 통풍 발작기에 쓰이는 처방이다. 특히, 통풍이 여러 부위에서
발생하고 통증이 심하여 붓고 빨갛게 된 때에 효과가 좋다.
위의 약재들을 분량대로 준비하면 한 첩 양이 된다. 하루동안 두 첩씩 재
탕해서 3회로 나누어 복용한다.

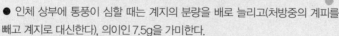

알아두세요

『소풍활혈탕』을 효과 있게 복용하려면…

● 인체 상부에 통풍이 심할 때는 계지의 분량을 배로 늘리고(처방중의 계피를
빼고 계지로 대신한다), 의이인 7.5g을 가미한다.
● 인체 하부에 통풍이 심할 때는 우슬 · 모과 · 전갈을 각각 2~4g 가미한다.
● 최근에는 방기 중에 광방기는 발암 물질이 있는 것으로 밝혀졌으므로 구입할
때 주의해야 한다. 안심하려면 방기를 빼고 써도 좋다.

『오두탕』

처방 천오두 5개, 마황 · 작약 · 황기 · 자감초 각각 90g.

복용법 통풍으로 인한 통증을 치료하는 효과가 좋다.

오두를 거칠게 가루내어 꿀 2되(3,600g)로 달여 1되(1,800g)로 줄면 오

두를 걸러낸다. 나머지 약재를 거칠게 가루내어 물로 끓인 후 찌꺼기를

걸러내고 꿀에 넣어 다시 달여 2회에 나누어 복용한다.

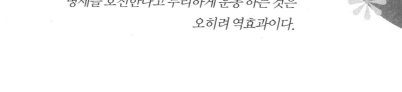

관절염

관절염이 생기는 가장 큰 원인은 노화현상이다.
발열 · 발적 · 주종 · 통증 등이 주요 증상으로 나타나는데,
병세를 호전한다고 무리하게 운동 하는 것은
오히려 역효과이다.

관절염의 종류에는…

관절염에는 여러 종류가 있다.

① 연골에 염증이 생긴 것은 '골성' 또는 '퇴행성 관절염' 이라 하여 50세 이상에서 많이 나타난다.

② 활액막에 생긴 것은 '활막성' 또는 '류머티스성 관절염' 이라 하는데, 중년층, 그것도 남자보다 여자에게 3~5배나 많이 생긴다.

③ 연골과 활액막에 동시에 오는 것은 '범발성 관절염' 이라고 한다.

④ 그리고 60세 이상의 노인 중 90~95%가 관절에 변성을 일으켜 관절염이 오는데, 이것을 '관절변성 관절염' 또는 '잠재성 관절염' 이라고 한다.

퇴행성 관절염과 류머티즘 관절염에 대하여…

1. 퇴행성 관절염
● 일명 변형성 관절염, 골성 관절염이라고 한다

퇴행성 관절염은 관절과 관절 사이의 물렁뼈인 연골이 닳아 없어지는 질환이라고 정의할 수 있다. 초기에는 연골이 변색되다가 점차 물러지거나 파열되면서 떨어져나가게 되는데, 나중에는 관절을 싸서 고정시키는 관절낭과 힘줄을 싸고 있는 활막까지 두터워지게 된다.

그리고 관절 테두리에 있는 연골과 골조직이 비대해지면서 주변의 뼈와 활액막까지 침범해 변형을 일으키고 관절의 연골이 점차 닳아지면서 관절 간격이 좁아지게 된다.

● 관절이 시리고 당기면서, 붓고 아프다

퇴행성 관절염은 척추·무릎·등뼈·어깨·손가락·고관절 등 관절이 있는 모든 부위에서 발병할 수 있는데, 척추와 무릎 관절에서 가장 흔하게 나타난다. 처음에는 관절을 움직일 때만 아프고 쉬면 괜찮아지기 때문에 견딜 만하지만 점차 조금만 움직여도 견딜 수 없는 통증이 밀려들고 잠을 제대로 이루지 못할 정도로 고통스러워진다.

그리고 관절 사이에 있는 연골의 퇴행 정도가 심해짐에 따라 관절이 시리고 당기는 증상과 함께 부어오르게 된다. 움직일 때마다 아프고 뻣뻣하기 때문에 움직임이 힘들어지고 움직일 때마다 관절에서 툭툭거리는 소리가 나기도 한다.

척추에 생긴 관절염은 요통은 물론 심하면 다리로까지 뻗치는 통증을 유발한다.

● 가장 큰 원인은 노화현상이다

퇴행성이라는 단어에서 유추할 수 있는 것처럼 퇴행성 관절염의 가장 큰 원인은 노화현상이다. 오래 사용한 침대의 스프링이 점차 주저앉는 것처럼 오랫동안 관절에 무리를 주어 관절 사이에서 완충 역할을 해주는 연골이 닳아 없어지면서 탄력도 떨어지고 뻣뻣해지는 현상이 일어나는 것이다.

따라서 퇴행성 관절염은 주로 40세 이상의 중년층에게서 많이 나타나고, 노년으로 접어들면 거의 모든 노인들이 퇴행성 관절염을 앓게 될 정도로 많은 사람들에게서 나타난다.

성 호르몬, 일명 여성 호르몬으로 알려진 에스트로겐의 분비량이 저하되는 것도 퇴행성 관절염의 원인이 된다. 에스트로겐은 뼈를 재생시키는 데 중요한 역할을 하기 때문에 필요한 만큼의 양이 생산되지 않으면 뼈는 자연히 약해지고 퇴행하게 되는 것이다.

이 성 호르몬의 변화를 가장 극심하게 겪는 사람이 바로 폐경기의 여성으로, 폐경기 이후에 퇴행성 관절염 증상이 심해진다.

● 간의 혈액부족과 풍한습이 원인이다

근육을 만드는 데 중요한 역할을 하는 간의 혈액이 부족해 근육을 제대로 자양하지 못해도 퇴행성 관절염의 진행이 빨라진다. 또 풍기와 한기, 습기가 몸이 허한 틈을 타 경락으로 흘러듦으로써 풍한습이 한데 엉겨 관절염을 악화시키기도 한다.

퇴행성 관절염의 또 다른 원인으로는 외상성 관절염의 후유증 또는 체내 물질대사의 이상, 내분비 장애, 혈관 조절 장애, 만성 허로 손상 등이 꼽힌다.

2. 류머티스성 관절염

● 자가면역 질환의 일종이다

퇴행성 관절염의 가장 큰 원인이 노화현상으로 비롯된 것에 반해, 류머티즘성 관절염은 자가면역 질환의 일종으로 만성적인 전신성 질환이라고 할 수 있다.

관절에 반복적인 비화농성 염증을 일으키는 이 질환의 원인에 대해서는 아직 뚜렷하게 규명되지 않은 채 다만 몇 가지의 원인만이 추측되고 있을 뿐이다.

혈청의 감마 글로블린 속에 류머티즘 인자를 갖고 있거나 어떤 종류의 세균에 감염되거나 습하고 기후 변화가 심한 환경에서 살고 있을 때 류머티즘성 관절염에 잘 걸리는 것으로 조사되어 있다.

또 스트레스·과로·성 호르몬의 변화·유전적 요인 등도 주요 원인으로 꼽히고 있으며, 자가면역 질환의 특성상 자율신경에 변화를 가져오기 쉬운 체질의 사람에게서도 자주 발생한다. 남성보다는 여성의 발병률이 4배 이상 높다.

● 전신 증상을 동반하는 것이 특징이다

관절 부위에 통증이 집중되는 퇴행성 관절염과는 달리, 류머티즘성 관절염은 관절 부위의 통증 뿐 아니라 발열·피로·빈혈 등 전신적인 증상을 동반하는 것이 특징이다.

이런 증상은 발병 초기부터 나타나기 시작해서 미열이 지속되거나 갑자기 오한이 나면서 땀을 많이 흘리기도 하고 온 몸에 피로를 느끼는데, 특히 오후에 심해진다. 또 현기증과 불안감, 두통, 갈증, 식욕부진 등이 동반되며 머리가 띵하다고 호소하기도 한다.

류머티즘성 관절염은 관절이 아프고 움직임이 힘들어진다는 점에서 퇴행성 관절염과 혼동되기 쉽다. 그러나 발열, 극심한 피로감 등 전신 증상이 있을 때, 아침에 잠에서 깼을 때, 관절이 뻣뻣하고 뻐근해서 움직이기 힘들다가 시간이 지나면 다소 증상이 호전될 때, 가만히 있을 때는 괜찮다가 관절을 움직이면 통증이 있을 때, 관절이 대칭형으로 부어오르면서 여러 군데의 관절에서 부기가 발견될 때는 퇴행성보다는 류머티즘성 관절염에 가깝다고 보아야 한다.

● 좌우대칭으로 발병한다

류머티즘성 관절염은 발병한 관절 부위가 좌우대칭을 이루면서 방추형으로 부어오르고 간혹 근육통과 마비 증세를 동반하기도 한다. 발병 초기에는 관절낭과 활막, 주변의 근건(筋腱)과 건초(腱鞘)에 염증이 생기면서 관절이 부어오르지만 뼈가 파괴되는 증상까지는 보이지 않는다. 초기에서 더 진행되면 연골면에 궤양이 생기면서 연골이 섬유화되고 관절 부근에 있는 뼈에서 칼슘이 빠져나가면서 뼈와 연골이 가볍게 파괴되고 관절 주위의 근육이 위축되는 증상이 나타난다.

그리고 진행기로 접어들면 관절낭이 두터워지면서 섬유화 현상도 촉진되어 뼈가 위축되고 골 연골이 파괴되며 관절 주변의 근육도 현저하게 위축된다. 말기에는 뼈의 파괴 정도가 극심해지고 관절이 뻣뻣하게 강직되며 관절 모양의 기형현상과 탈구현상까지 동반된다.

중추형 · 주위형 · 혼합형 · 골염형의 타입이 있다

주로 손가락, 발가락, 팔, 복사뼈, 무릎 관절에 잘 생기지만 발병 부위에 따라 4가지 유형으로 구분할 수 있다.

①중추형 요추, 고관절, 무릎 등에 발병하는 유형이다.

운동에 제한이 따르고 관절 부위에 기형과 함께 뼈가 뻣뻣해지는 강직 현상이 나타난다.

②주위형 손가락, 발가락 같은 작은 관절에 발병하는 유형이다.

발병 부위가 대칭형으로 부어오르고 관절이 변형되면서 뻣뻣해지고 관절 부위의 근육까지 위축된다.

③혼합형 큰 관절과 작은 관절에 모두 발병하는 유형이다.

뼈가 강직이 되는 현상은 드문 것이 특징이다.

④골염형 발뒤꿈치뼈 뒷면에 있는 아킬레스건이 있는 곳 등에서 주로 발병하는 유형이다.

발병 부위가 벌겋게 부어오르면서 아프기 때문에 보행이 어려워진다.

관절염으로 나타나는 증상은…

우리 주변을 보면 관절염 환자는 의외로 많다. 남자는 2명 중 1명 꼴, 여자는 4명 중 1명 꼴이 증상을 호소할 정도이므로 '내 일이 아니로구나!' 하고 안심할 수가 없다.

4대 증상이라 하여 발열, 발적, 부종, 통증이 주 증상이다. 그러므로 관절의 환부가 붓고 열이 나며 성이 나서 아프다. 때로는 관절이 변형을 일으키는 수도 있다.

퇴행성 관절염은 관절이 딱딱해지고 관절 주위에 건조감이 느껴진다.

알아 두세요

관절염의 4대 증상은…
① 발열
② 발적
③ 부종
④ 통증

활동을 하면 통증이 심해지고 밤에는 견디기가 더 어렵다. 체중을 지탱해 주는 관절에 많이 나타난다.

활막성(류머티스성) 관절염은 이것과 정반대라고 생각하면 된다. 그러니까 관절이 말랑말랑하고 촉촉한 느낌을 갖게 되며, 움직이면 오히려 덜 아프고(물론 초기에 한함), 아침에 심하며, 체중을 지탱해 주는 관절보다 말초의 작은 관절에 좌우대칭으로 많이 나타나는 것이 특징이다.

관절염을 예방 · 치료하는 대책은…

● 우선 자신이 고통받고 있는 관절염이 어떤 종류의 관절염인지를 진단한다. 증상은 유사해도 관절염의 종류에 따라 치료 방법이 달라지기 때문에 스스로 속단하고 함부로 약을 쓰게 되면 자칫 관절염의 증상을 악화시킬 수 있기 때문이다.

● 그리고 무조건 휴식을 취해야 한다. 통증을 가라앉힌 후에야 관절 운동을 시작할 수 있기 때문이다.

● 우선 관절이 움직여지는 가동 범위 내에서 운동을 시작하며 점차 등척성(等尺性) 운동에서 수영 같은 운동으로 넓혀 나간다.

● 물론 관절이 굳어지지 않게 따뜻하게 온습포하는 것이 좋다. 관절과 근육이 느슨해지고 혈류 상태가 원활해져서 치료가 한결 수월해진다. 그렇다고 어떤 관절염의 경우이건간에 모두 다 온습포가 좋다는 것은 아니다. 급성기나 감염기 때는 오히려 따뜻하게 함으로써 병세를 악

화시키므로, 이 때는 냉습포를 해야 한다.

● 한편으로는 목욕을 자주 하되 냉·온탕 교대욕도 좋고, 기포(氣泡)를 이용한 목욕도 좋다. 목욕 후 진통·소염의 약효가 있는 연고나 로션을 바르고 부드럽게 마사지 하는 것도 좋은 방법이다.

병세가 아주 심할 때는 기거동작이 어려우므로 이것을 해소하는 훈련도해야 한다. 예를 들면 옷을 입을 때는 환측부터 입고, 벗을 때는 건측부터 벗으며, 계단을 오를 때는 건측부터 하고, 내려올 때는 환측부터 하는 등 기초훈련을 쌓는 것이 바람직하다.

관절염을 예방·치료하는 식품 & 약재

● 두충

두충을 건재약국에서 구입하여 프라이팬에서 볶으면 하얀 실 같은 것이 질질 나오는데, 이 하얀 실이 탈 정도로 볶은 후 12~20g을 물 500cc로 끓여 반으로 줄여 하루 동안 여러 차례 나누어 복용한다. 혹은 이렇게 볶은 두충 300g에 소주 1,800cc를 붓고 밀봉해서 1개월 동안 숙성시킨 후 여과해서 말간 술만 받아낸 다음 1회에 20cc씩, 1일 2회 공복에 마셔도 좋다.

✏️ 주의 하세 요

두충이 관절염에 좋지만, 두충주는 과음하게 되면 오히려 관절염을 악화시키므로 한 번에 많은 양을 마시는 것은 삼가야 한다.

요즘은 두충차를 티백으로 만들어 시판하는 것도 있다.

● **부추술**

만성 관절염의 경우에는 취침 전에 부추술 한 컵을 마시는 것도 좋다. 어혈을 풀고 냉증까지 없애는 부추 60g을 준비하여 물 10컵에 넣고 끓이다가 한 컵 분량으로 졸아들면, 이 물에 청주 1/4컵을 부어 섞어 마신 후 숙면을 취한다.

● **잡곡 · 뿌리채소**

관절염 환자들은 쌀밥 대신 현미밥이나 잡곡밥을 주식으로 해야 하며 당근, 양파, 무, 우엉과 같은 뿌리식물과 호박, 브로콜리, 배추, 셀러리, 파슬리, 콩나물, 양배추와 같은 녹황색 채소, 두부, 비지와 같은 콩 가공식품과 콩류, 미역, 김과 같은 해조류를 위주로 식단을 구성해야 한다.

● **참깨버터**

우선 뼈를 강화하려면 칼슘 섭취가 필요한데, '참깨버터'는 칼슘의 흡수율을 높여줄 뿐 아니라, 일단 흡수된 칼슘과 결합해서 한층 영양가를 높여주므로 무척 효과적이다. '참깨버터'라고 해서 실제로 버터가 들어 있는 것은 아니다. 이름이 그렇다 뿐이다. 진짜 버터는 관절염에 좋지 않다.

> **알아두세요**
>
> **참깨버터를 만들려면…**
> ① 참깨 2컵을 깨끗이 씻은 다음 체에 밭쳐 물기를 충분히 빼고 프라이팬에서 타지 않을 정도로 볶는다.
> ② 볶아서 따뜻할 때 믹서나 분마기로 간다. 기름이 배어 나올 때까지 갈면 버터처럼 걸쭉해진다.
> ③ 이것을 된장국에 풀어 먹거나, 빵에 발라 먹거나, 무침 등에 넣어 매일 조금씩 먹도록 한다.

● 석곡

《동의보감》에는 석곡에 대해서 "뼛속이 오랫동안 차고 허손된 것을 치료한다. 알약을 만들어 먹거나 달여 먹어도 다 좋다. 오랫동안 먹으면 뼈가 영영 아프지 않게 된다."고 했다.

● 식용유 · 등푸른 생선

쇠고기든 돼지고기든 동물성 단백질과 지방질은 관절염을 악화시키므로 피하도록 한다. 단 생선의 지방과 식물성 지방은 섭취해도 상관없다. 식용유는 옥수수유보다는 올리브유가 좋다. 고등어, 참치, 정어리, 청어 등과 같은 등푸른 생선에는 필수지방산이 풍부해 관절염의 통증과 염증을 완화시키는 효과가 있고 아마씨유에도 필수지방산이 풍부하다.

● 녹각죽

흰죽 한 사발에 녹각가루 20g과 소금 약간을 타서 먹는 간단한 방법이다. 녹각은 골수를 충만케 하고 정액과 혈액을 보익하며 원기를 강하게 하는 사슴뿔 중 각질화된 것이다.

● 마늘달걀

마늘은 몸을 따뜻하게 해주고 항염 · 항균 작용을 한다.

마늘 30쪽을 껍질 벗겨서 믹서에 갈아 냄비에 20~30분 정도 조리다가 달걀 3개를 깨뜨려 함께 섞어 갈색이 되도록 볶는다. 갈색으로 뻑뻑

하게 조려진 마늘달걀을 분마기에 넣고 빻아 가루내어 1회 4g씩, 1일 3
회 공복에 복용한다.

● 홍화

관절이 붓고 청자색을 띠면서 변형을 일으켜 몸을 앞으로 굽히기가 힘
들 때, 손으로 만지거나 밤이 되면 통증이 더 심해질 때는 홍화와 몰약 가
루를 각 2g씩 섞어 뜨거운 물에 우려낸 다음 하루 2~3회 공복에 마시도
록 한다.

단, 여성의 경우 월경중이거나 임신중일 때는 복용해서 안 된다.

● 우유

우유 100cc에는 100mg의 칼슘이 함유되어 있을 정도이며, 우유 속의
유당이 칼슘의 흡수율을 높여주기 때문에 더욱 좋은 것이다.

우유는 조금씩 여러 번 마시는 것이 좋으며, 혹은 끓는 된장국에 우유
를 넣고 우유가 골고루 섞이도록 살짝 끓여서 먹는다.

● 독활주

독활이라는 약재로 술을 담가
마시는 것도 도움이 되는데,
특히 관절이 여기저기 다발성으
로 염증을 일으켜 통증이 있거나
환부가 퉁퉁 부은 경우에 좋다.

독활은 풍기와 습기를 제거하고 혈관을 확장하여 혈액순환을 촉진하
며 진통, 진정 작용까지 한다.

독활 100g에 소주 1,800cc를 붓고 2~3주 동안 밀봉, 보관했다가 여과해서 소주잔으로 한 잔씩 마시면 된다.

● 시금치

칼슘 함유가 많은 시금치는 갱년기 남녀에게 잘 나타나는 고혈압, 변비, 어지럼증에도 효과가 있다.

● 율무

관절염 중에서도 염증이 원인이 되어 쑤시고 아프면서 관절이 부었을 때 효과가 있으며, 특히 노인이나 허약자에게 좋다. 소염, 진통 작용과 함께 대단히 영양가가 높아 체력을 증진시키기 때문이다.

율무를 씻어 물기를 뺀 후 프라이팬에 볶아 1일 20g씩을 물 500ml에 넣고 끓여 반으로 줄면 하루 동안 나누어 마시면 된다.

● 모과

특히 퇴행성 관절염으로 관절이 변형을 일으키고 관절을 움직일 때마다 소리가 나거나 아파서 운동 범위가 제한될 때 큰 도움이 된다.

모과는 가래·기침이 심할 때나 피로할 때, 또는 땀을 많이 흘리고 변이 묽으며 소변이 잦거나 몽정 혹은 조루증이 있을 때도 좋다.

모과를 젖은 행주로 훔치고 씨를 뺀 후 얇게 썰어 용기에 황설탕과 함께 넣고 밀봉하여 30일 정도 상온에 보관했다가 시럽을 3~4작은술씩 떠서 커피잔 한 잔의 온수에 타서 마시면 된다.

건더기는 물로 끓여 차처럼 마신 뒤 말려뒀다가 한 줌씩을 광목 주머니에 싸서 뜨거운 욕탕에 넣어 10분 가량 우려낸 다음 그 물에 목욕하면 좋다.

● 패장

류머티즘 관절염은 아침에 통증이 심하며, 체중을 지탱해 주는 관절보다 말초의 작은 관절에 좌우대칭으로 많이 나타나는 것이 특징이다. 이럴 때는 '패장' 이라 불리는 약재가 효과가 좋다.

소들이 관절통을 일으켰을 때 사육사들이 패장을 사료에 섞어 먹여 치료하듯이 패장은 관절염 등에 무척 효과가 있다.

패장 20g에 물 3컵 반을 붓고 끓여 반으로 줄면 하루 동안 나누어 마시면 되는데, 소염 · 진통에 도움이 된다. 다만 패장은 이름 그대로 썩은 된장 냄새같이 역겨운 냄새가 나는 약재이므로 먹기가 거북할 수도 있다. 그렇다면 금은화 · 의이인 각 20g씩을 위와 같은 요령으로 복용해도 좋다. 염증과 통증을 없애며 부기를 내리는 데도 도움이 된다.

● 칼슘 · 비타민

동물성 단백질이나 지방질을 과다 섭취하지 않도록 주의하고, 산성 식품도 많이 먹지 않도록 해야 병세의 악화를 막을 수 있다.

대신 야채류와 해조류 위주로 식단을 구성하고, 칼슘과 비타민도 충분히 섭취하도록 한다.

관절염의 한의학적 원인 치료법은…

한방에서는 침·뜸·약물요법을 이용해 관절염을 다스리는데, 증상에 따라 각기 다른 처방을 적용한다.

● '신양허' 의 경우

관절통으로 인해 운동이 불가능하고 아침과 밤, 과로 후, 또는 냉기에 노출될 때 통증이 극심해지며 전신이 냉하고 밤에 소변을 자주 보며 부종과 피로감, 성 호르몬의 감소, 성 기능 저하 등의 증상이 있을 때는 신장의 양기가 허하고 한기가 경락으로 흘러들었기 때문이므로 신장을 따뜻하게 하고 한기를 제거하는 데 중점을 두는 치료를 한다.

● '신음허' 의 경우

과로나 섹스 후 통증이 심해지고 찜질을 해도 좀처럼 가라앉지 않으며 어지럼증과 이명, 구강 건조 등의 증상이 있고 뼈의 변형이나 증식, 퇴행이 심한 경우에는 신장의 음기가 허하고 습기가 경락으로 흘러들었기 때문이므로 신장을 자양하고 습기를 제거할 수 있는 처방을 쓴다.

● '어혈' 의 경우

통증이 끊임없이 지속되면서 아픈 부위를 누르면 더 극심한 통증이 밀려드는데, 마치 바늘로 찌르거나 칼로 베는 것처럼 심하게 아프며 손끝과 발끝까지 저리고 마비되는 듯하고 관절에서 삐걱거리는 마찰음이 들리는 증상에는 신장을 보하고 탁한 혈액이라는 뜻의 어혈을 없앨 수 있는 처방을 쓴다. 이는 신장의 기가 허하고 어혈이 생긴 때문인데 외상성 관절염을 앓은 경험이 있는 사람에게 많다.

관절염을 예방·치료하는 한방 처방

『용화수』

『용화수』라는 약물을 환부를 중심으로 폭넓게 발라주면 좋다.

용화수는 한약 재료인 용뇌·연육·홍화·회향 등을 각각 20g씩 용기에 넣고 술로 채워서 시원한 곳에 두었다가, 일 주일 후에 거즈에 밭쳐 건더기는 버리고 고운 술만 얻어 사용하는 것이다.

용화수는 관절염은 물론 신경통, 통풍 등에도 효과가 있다.

『작약계지차』

가정에서 항상 마실 수 있는 약차로는 『작약계지차』가 있다.

작약, 강황, 계지 각 20g을 물 12컵으로 끓여 4컵 분량을 만들어 하루 동안 수시로 먹으면 된다. 이들 약재들은 혈류 촉진작용과 진통작용이 뚜렷하여 가정요법으로써는 최고이다.

『당귀작약산』

『당귀작약산』이라는 처방으로 차를 끓여 마신다.

혈색이 나쁘고 수족이 냉하며 체력이 떨어지고 특히 현기증과 가슴두 근거림이 느껴지며, 여자라면 냉이 많거나 혈압이 떨어질 때가 많고, 살 갗이 잘 트며 복통이 잦고 월경마저 불규칙적일 때 효과적이다.

당귀·천궁 각각 2g, 작약·복령·백출·택사 각각 3g으로 구성된 처방이다.

연소성 류머티스양 관절염이란?

● 류머티즘이란 어떤 병인가?

류머티즘은 그리스 말로 '흐르다' 라는 뜻이다. 뇌에서 프레그마라는 점액이 흘러내려 관절에 병을 일으킨다고 보았기 때문에 이런 병명을 쓰게 된 것이다. 이 병은 운동성 관절에 반복해서 발생하는 비화농성 염증을 주요 특징으로 하는 자가면역 질환의 일종이며, 만성의 전신성 질환이다. 따라서 전신 질환의 부분 증세의 하나로 관절에 현저한 증세가 나타나는 것뿐이다.

그 특징은 아침에 관절이 뻣뻣해지고 뻐근해 움직이기 어려운데, 한참 움직이면 다소 움직이기가 쉬워진다. 관절이 방추형으로 좌우대칭을 이루며 붓는데 미끈미끈하게 부으며, 관절의 부기가 적어도 몇 군데나 있다. 관절을 움직이면 아프고 압통도 있으며 변형을 일으키는데, 발병을 잘 하는 관절은 평소부터 가장 많이 쓰는 관절이다. 손가락이나 발의 소관절에 많이 나타나고 무릎과 복사뼈의 관절통이 많다.

● 연소성 류머티스양 관절염이란 어떤 것인가?

15세 이하의 소아에서 최소 6주 이상 지속되는 관절염이 위와 같은 특징을 보이면서 한 개 이상의 관절에서 나타날 때 이를 연소성 류머티스양 관절염(JRA)이라고 한다.

다음과 같은 유형으로 나눌 수 있다.

① **전신형** 특징적인 일과성 발진은 열이 있을 때 잘 나타난다.

② **다관절형** 여자아이에서 잘 발생한다. 관절이 구축, 강직이 오기 쉽다. 아침에 특히 심하다.

③ **소수관절형** 연소성 류머티스양 관절염에서 가장 흔하다.

또 발병 부위를 근거로 하여 다음과 같이 4가지 유형으로 나눈다.

① **중추형** 요추, 고관절, 무릎 등에 병변이 확산되어 운동에 제한 받고 기형이 일어나며 뼈가 강직한다.

② **주위형** 작은 관절에 침범하며 대칭성을 띤다. 수족관절이 변형되고 뻣뻣해지며 관절 부근의 근육이 위축되고, 때로 큰 관절까지 파급된다.

③ **혼합형** 큰 관절, 작은 관절이 모두 영향을 받지만 뼈의 강직이 일어나는 일은 드물다.

④ **골염형** 발뒤꿈치뼈 뒷면에 아킬레스건이 부착하는 곳 등에 호발하여 벌겋게 붓고 아프며 보행이 곤란해진다.

● 무엇을 주의하고, 무엇을 먹어야 할까?

이 병의 특징은 발병 초기부터 반드시 전신 증세를 수반한다는 것이다. 예를 들어 전신 피로, 특히 오후에 심한 피로를 느낀다. 미열, 혹은 발열을 수반하며 갑자기 오한이 나거나 땀을 많이 흘린다. 현기증, 빈혈을 비롯해서 불안해하고 머리가 띵하거나 두통을 느끼며 입이 마르거나 식욕부진 등이 수반한다.

따라서 이 병은 전신 질환이기 때문에 환부에만 집착하지 말고 전신의 건강 관리에 중점을 두어야 한다. 특히 전신의 소모성 질환에서는 병세의 악화를 막기 위해서라도 안정이 가장 중요하기 때문에 정신적 안정과 함께 충분한 수면을 취하며, 과로를 피하고, 지나친 운동, 장시간의 목욕 등을 금해야 한다. 미열이 있는 경우에는 절대적 안정이 꼭 필요하다.

동물성 단백질이나 지방질의 과식을 피하고 산성식품을 과식하지 않도록 해야 한다. 고량진미가 이 병을 더욱 악화시키기 때문이다.

될수록 야채류나 해조류에 중점을 두고 식물성 기름을 적당히 사용하여 요리하도록 한다. 칼슘과 비타민도 충분히 섭취하도록 해야 한다.

● 한의학적으로 어떻게 대처하면 좋을까?

한의학에서는 풍기나 한기나 습기가 경락을 따라 관절에 흐르며(流走) 기혈의 순환을 방해해서 일어나는 관절염을 주된 증상으로 하는 질병으로 보고 있다.

따라서 다음과 같이 3가지 유형으로 나누어 대책을 세운다.

① **'풍열'이 심한 경우** 관절이 벌겋게 붓고 아프며 손으로 만져보면 환부에 열감이 있다. 율무나 팥 등을 많이 먹는다.

② **'습냉'이 심한 경우** 큰 관절이 변형되고 통증이 심해 마치 개에 물린 듯 아프다. 따두릅나무로 차를 끓여 자주 마신다. 건재약국에서 '독활'이라는 약명으로 구할 수 있다. 1일 20g을 물 500cc로 끓여 하루 동안 나누어 마신다.

③ **'담어'가 심한 경우** 비생리적인 탁한 체액을 '담(음)'이라 하고 비생리적인 탁한 혈액을 '어(혈)'이라고 한다. 관절이 붓고 청자색을 띠며 변형을 일으켜 굴신하기 어렵고 손으로 만지면 통증이 더 심해진다. 밤이면 더 아프다. 홍화와 몰약 가루 각 2g을 뜨거운 물에 우려내어 1일 2~3회 공복에 마신다.

골다공증

바람 든 무처럼 뼈조직에 구멍이 생기는 '골다공증'은
갱년기 이후 남성보다 여성에게서 많이 나타나는데, 이는 여성
호르몬 분비 부족으로 칼슘 유출이 쉽기 때문이다. 적극적으로
칼슘을 섭취하고 햇볕을 쬐는 것도 좋은 방법이다.

어떤 사람들이 골다공증을 주의해야 할까?

● 골다공증은 노화와 다분히 밀접한 관계가 있다. 그러므로 65세 이
상의 노인들은 모두 주의해야 한다.

● 특히, 여성의 경우는 폐경 이후 10년 사이에 급격히 골량이 줄어든
다. 60세까지는 대체로 1년에 2~3%씩 감소하고, 그 후는 1년에 1%씩
줄어든다.

여성 호르몬은 인체 내에서 뼈를 만드는 작용과 함께 뼈의 파괴 방지
작용을 하는데, 폐경 이후에는 여성 호르몬의 부족으로 이런 작용을 할
수 없게 된다.

● 또, 부갑상선 호르몬은 뼈를 녹이는 역할을 하는데 여성 호르몬이 이를 방지하지만 폐경 이후에는 이 작용이 불가능해진다. 그러므로 여성의 폐경 이후에는 골량이 현저히 줄어들게 되는 것이다.

● 물론 골다공증은 노인들의 전용 질환도 역시 아니다. 젊은 남녀들에게도 적잖게 나타나는 질환이 바로 골다공증이다.

예를 들어 다이어트를 지나치게 강행군하는 젊은 여성에게도 많으며, 평소에 무월경이나 월경이 불순했던 여성이 조금만 나이 들게 되면 쉽게 나타난다.

● 지나치게 운동이 부족한 사람에게도 잘 나타나지만 운동이 지나친 사람들, 특히 스포츠 선수의 경우에도 잘 온다. 또 몸집이 작은 여성, 뼈대가 선천적으로 작은 사람들도 주의해야 한다.

● 평소에 칼슘 섭취가 극도로 부족한 사람들도 주의해야 하며, 위절제 수술이나 난소절제 수술을 받은 사람들도 주의해야 한다.

그리고 천식이나 류머티즘으로 부신피질 스테로이드 약을 장기 사용한 사람들도 주의해야 하며, 바세도씨병, 쿠싱증후군, 신장이 나쁜 사람 및 당뇨병이 있는 사람들도 모두 주의해야 한다.

골다공증의 구체적인 증상들에는…

골다공증이란 뼈가 바람이 든 것처럼 뼈조직에 구멍이 생기면서 물렁해져서 부러지기 쉬운 상태가 된 질병이다.

뼈는 미네랄을 저장했다가 필요에 따라 혈액 속으로 보내며 칼슘을 흡수하여 뼈를 단단하고 강하게 만든다. 인체 내 칼슘의 99%는 뼈와 치아에 그리고 그 나머지 1%는 혈액 속에 있어서 이것이 근육의 수축과 신경의 전도 등과 같은 역할을 한다. 그런데 혈액 속에 칼슘이 부족되면 뼈가 녹아서 보충하게 되는데, 이렇게 되면 뼈가 약해져 골다공증이 되는 것이다.

뼈의 재생에는 한계가 있다. 따라서 치료를 한다고 해도 현상유지에 불과하므로 예방을 우선으로 해야 한다.

그렇다면 어떤 증상들이 나타날까?

① 허리가 아파온다

그러나 극심한 요통이 아니라 가볍고도 은은한 통증이 나타나는 것이 특징이며, 등 한가운데가 함께 아픈 것이 특징이다. 등뼈는 대사가 가장 활발하게 일어나는 곳이기 때문이다. 이를 한의학에서는 '신허요통' 이라고 한다.

> **알아 두세요**
> **골다공증의 위험성**
> ● 골다공증은 쉽게 골절을 일으킨다.
> ● 또 동맥경화의 원인이 되기도 한다. 그래서 심장 질환을 일으킬 수 있다.

그러므로 척추골이 앞쪽으로 굽어져 세모꼴이 되어 허리와 등 한가운데가 아프면서 등뼈가 물렁해져서 등이 구부러지고 점점 키가 작아지게 된다. 결국 척추후만, 편평추가 된다. 그 이유는 뼈 속에 가로 세로로 줄기들이 얽혀 있는데, 그 중에서 가로로 뻗은 줄기가 없어지고 세로의 것만 남기 때문이다.

② 쉽게 골절을 일으킨다
그 중에서도 대퇴골 골절이 아주 잘 일어나는데, 대퇴가 붙어 있는 골반과의 접속 부위에 골절이 잘 일어나서 동작을 할 수 없게 된다.

③ 동맥경화의 원인이 되기도 한다
그 까닭은 뼈가 녹을 때 골기질이 파괴되어 단백질이 먼저 녹고 다음에 칼슘이 녹아 나오는데, 이것이 혈관에 찌꺼기가 되기 때문에 동맥경화를 일으키게 되는 것이다.

골다공증을 예방·치료하려면…
흰 설탕은 칼슘의 침착을 방해하므로 피해야 하고, 염분은 골밀도를 떨어뜨리며 칼슘흡수를 저하시키므로 금해야 하고, 담배는 뼈를 만드는

알아두세요

골다공증을 예방·치료하는 방법으로는…

1. 지압법
지압법은 귀를 자꾸 지압하는 지극히 간단한 방법이다. 여성 호르몬의 분비 또는 여성 성기의 기능을 항진시키는 포인트들이 모인 곳이 귀이기 때문이다.

2. 목욕법
목욕법은 미나리탕 목욕법이 좋다. 미나리를 말려 50~100g을 베보자기에 넣고, 체온 정도의 물 한 욕조에 넣어 우러나면 15~20분 정도 목욕하면 된다. 향도 좋고, 미용효과는 물론 어깨결림이나 신경통, 류머티즘에도 좋다.

세포에 장애를 주므로 금연해야 하고, 술은 장 점막으로부터 칼슘 흡수를 막으면서 뼈를 만드는 세포의 활성도를 떨어뜨리므로 피해야 한다.

한편 뼈를 튼튼하게 하는 데는 식이요법 못지않게 운동이 중요하다. 운동을 지나치게 많이 한 경우에도 골다공증이 많이 나타나지만 운동을 전혀 하지 않다시피 하여 운동량이 부족한 경우에도 뼈가 약해지므로 적당한 운동으로 뼈가 약해지는 것을 예방해야 한다.

골다공증을 예방 · 치료하는 식이요법은…

최근에는 고령자 인구가 증가되었기 때문에 골다공증 환자의 숫자가 증가되는 추세다. 갱년기 이후 여성들 외에도 칼슘 섭취가 부족한 사람, 운동이 부족한 사람, 마르고 키가 작은 사람, 흡연자, 술을 자주 마시는 사람, 위장이 나쁜 사람 등에게서도 나타나기 쉽다.

① 칼슘을 충분하게 섭취한다

최근의 연구에 의하면 골다공증을 예방하기 위해서는 하루에 약 1,000mg의 칼슘이 필요하다고 한다. 이것은 우유 5컵에 함유되어 있는 칼슘의 양이다. 우유, 콩제품, 멸치, 해조류, 녹황색 채소 등에도 칼슘이 많이 들어 있다.

② 양질의 단백질을 섭취한다

단백질이 부족하면 칼슘이 장 벽에서 흡수되기 어려워진다. 필수아미노산이 들어 있는 생선, 고기, 달걀, 우유, 콩, 콩제품을 중심으로 하루에 60~65g의 단백질을 섭취하도록 한다.

③ 비타민 D도 섭취해야 한다

비타민 D는 칼슘 흡수를 촉진시키는 기능이 있다. 가다랭이포, 정어리, 삼치, 동물의 간도 비타민 D의 함유량이 많은 식품이다.

골다공증과 유방암과의 관계는…

골다공증을 앓는 나이 때에 유방암이 잘 생긴다. 또 호르몬 약재의 과용도 문제라고 한다. 유방암의 위험 인자로 가장 관심을 끌고 있는 것 역시 여성 호르몬이며, 그 중에서도 에스트로겐이 가장 관계가 있는 것으로 보고 있다. 초경이 12세 이전에 있을 정도로 빨랐던 여성은 유방암 발생 고위험군에 속하고 골다공증에 더 위험하다.

골다공증을 예방 · 치료하는 식품 & 약재

우유

고단백 식품이자 다양한 비타민이 총집결한 식품으로, 거의 모든 무기질을 함유하고 있는 거의 완벽한 식품인 우유는 칼슘 보급에도 가장 효과적인 식품이다. 우유 100cc에는 100mg의 칼슘이 함유되어 있으며, 우유 속의 유당이 칼슘의 흡수율을 높여주기 때문에 더욱 좋다.

칼슘이 부족하면 골다공증이 되거나 산성 체질이 되기 쉽다. 또 우유에 풍부한 비타민 B_2는 에너지 대사를 촉진한다. 비타민 B_2가 부족하면 콧등 주변에 기름이 배거나 모세혈관이 빨갛게 드러나며 입 끝이 갈라지고 입술이 튼다.

우유의 영양을 효율적으로 섭취하려면…

1. 우유식초

우유를 그냥 마셔도 좋지만, '우유식초'를 만들어 먹으면 좋다.

우유 한 잔에 식초 3~4 티스푼을 섞으면 요구르트처럼 걸쭉해지는데, 꿀을 타면 달달한 요구르트처럼 되어 마시기에도 좋다.

2. 우유된장국

혹은 '우유된장국'을 만들어도 먹어도 좋다.

조개국물에 된장을 풀고 양념하여 한소끔 끓인 후, 끓는 된장국에 우유를 넣고 우유가 골고루 섞이도록 살짝 끓여 먹는다.

3. 우유죽

《동의보감》에는 '백죽(우유죽)'에 대해서도 이렇게 설명하고 있다.

"무릇 새벽에 일어나 죽을 먹으면 흉격을 맑게 해주고 위장 기운을 기르며, 체내의 필수 영양액인 진액을 생성시키므로 하루 내내 맑고 상쾌하고 보익하는 바 되는데 늙어서 더욱 좋다. 우유죽은 우유 1되에 멥쌀 싸라기를 약간 넣어서 끓여 상복한다. 노인에게 아주 좋다."

4. 우유 대용으로 두부를 먹는다

콩, 두부, 순두부 등 콩가공품을 비롯해서 아몬드, 해바라기씨, 깨 등도 좋다.

특히 두부는 '콩 중 왕, 영양의 꽃'이라고 한다. 고기 못지않게 우수한 단백질과 엄청난 양의 칼슘, 그리고 '식물성 에스트로젠'으로 불리는 아이소플라본이나 비타민 B군 등이 풍부한 영양제이다.

두부 반 모에는 우유 한 컵과 거의 같은 양의 칼슘이 들어 있다.

연두부는 두부에 간수를 넣은 것을 거르지 않고 굳힌 것으로 비타민 B_1과 칼륨 함량이 많고, 손두부는 압착해서 거르기 때문에 단백질과 칼슘 및 철분 함량이 증가한다.

● 칼슘 식품

뼈는 콜라겐이라는 단백질 부분인 골기질에 칼슘과 인의 결정체 부분인 골염이 엉겨서 이루어진 것이며, 이를 종합하여 '골량'이라고 한다.

골다공증은 골기질과 골염이 모두 줄어든 상태, 즉 골량이 감소되어 뼈가 바람이 든 것처럼 뼈조직에 구멍이 생기면서 물렁해져서 부러지기 쉬운 상태를 말한다.

그 원인은 혈액 속에 칼슘이 부족되면 뼈가 녹아서 뼈 속에 저장된 칼슘이 혈액 속으로 빠져나오게 되어 뼈가 약해져 골다공증이 된다고 하지만, 한의학적으로는 후천적 영양보충 역할을 하는 비장이 약해져 있거나, 혈액을 저장하는 간장의 기능이 약하거나 호르몬 기능을 포괄하는 신장 기능이 약

해진 경우에 골다공증이 오는 것으로 본다. 따라서 이들을 고루 보충해 주어야 한다.

● 포도와 포도즙

《동의보감》을 보면, '포도는 옛날 소동파 때부터 아주 중요하게 여겨 그것으로 술을 담그고 그 술을 마셔 만병을 통치하였다.'고 되어 있다. 포도 자체도 혈액순환과 신진대사를 촉진한다. 소화불량도 개선한다. 암세포의 증식을 억제하기도 한다. 비타민 P

의 활성작용도 한다. 한편 포도나무의 뿌리는 특히 신경통, 관절염에 아주 좋다.

포도는 칼슘, 칼륨, 철분이 많은 알칼리성 식품이다. 그러나 특히 포도 요법은 유기산과 구연산을 이용할 수 있기 때문에 칼슘이 뼈에 잘 흡착되도록 하는 데 효과적이다.

● 배추

배추는 대장암 예방에 좋고 변비에 좋다. 비타민C, 칼슘, 철분, 카로틴이 풍부하다. 특히 배추는 비위와 장을 잘 소통시키기 때문에 한의학적으로 골다공증에 좋다.

● 무

무에는 디아스타제가 함유되어 있어 소화를 촉진시키고, 식물성 섬유가 있어 장내의 노폐물을 청소해 준다. 또 변통이 원활해지고 혈액이 깨끗해져 세포가 탄력을 얻는다.

무는 보통 겨울에 썰어 말리지만 신맛이 강한 여름 무를 썰어 강렬한 햇볕에 말리면 철분, 비타민 $B_1 \cdot B_2$, 칼슘 같은 성분이 크게 늘어나는데 특히 철분은 시금치보다 많아질 정도다.

● 햇볕과 뼈

골다공증에는 칼슘 섭취도 중요하지만, 비타민 D의 섭취도 중요하다.

그래서 적어도 하루 1시간은 햇볕을 쬐는 것이 좋다. 자외선을 쬐면 비타민 D의 공급이 좋아지기 때문이다.

🦐 새우

새우는 정력에 좋은 식품으로 기력을 증진시키며, 뇌수를 충족시키는 효능까지 있다. 새우에 함유된 키틴을 알칼리로 처리하면 키토산이 생기는데, 이것들은 콜레스테롤의 흡수를 막는다. 또 고도의 불포화지방산과 타우린이 함께 들어 있다.

따라서 고혈압, 동맥경화, 심장병 등 성인병을 예방할 수 있다.

가급적 새우는 통째 먹는 것이 좋다. 그래서 마른새우로 잔 것을 골라 껍질째 먹는 것이 좋다.

🌿 무청

무말랭이와 무잎도 좋다. 무말랭이는 비타민 D를 공급해 주며, 무잎에는 칼슘이 많다. 무잎은 몸의 여러 가지 기능을 조절하고 배변을 부드럽게 하며, 세포에 활력을 주는 작용도 뛰어나다.

🦴 사골

뼈를 강하게 하려면 뼈 종류를 먹어야 하므로 소 골수를 많이 먹는 것도 바람직하다.

《동의보감》에 이렇게 설명되어 있다.

"누런 황소의 앞다리골수 1,800g, 찌꺼기를 걸러 정제한 꿀 2,400g, 인삼가루 160g, 살구씨가루 160g, 호도 짓찧은 것 50개, 증기로 쪄서 찧은 숙지황 40g, 오미자가루 40g을 잘 섞어 항아리에 넣고 중탕으로 한

두 시간 끓인 다음 조청이 되면 매번 큰 수저 하나씩 따끈한 술에 타서 하루 3회 공복에 복용한다.”

● 녹각

녹각으로 죽을 끓여 먹어도 좋다.

흰죽 한 사발에 녹각가루 20g과 소금 약간을 타서 먹는 간단한 방법이다. 녹각은 골수를 충만케 하고 정액과 혈액을 보익하며 원기를 강하게 하는 사슴 뿔 중 각질화된 것이다.

신선 팽조가 가장 강력한 정력제로 손꼽던 게 바로 녹각이요, 《소녀경》에서 성신경 쇠약에 효과적인 처방으로 제시한 것도 『녹각산』이라는 처방이요, 퇴계 이황 선생도 그의 저서 《활인심방》에서 뛰어난 보양식으로 권하고 있는 것도 바로 ‘녹각죽’ 이다.

● 미역

미역에는 분유와 맞먹을 정도로 칼슘이 많다.

혈액의 응고를 막는 프코이딘, 혈중 콜레스테롤을 떨어뜨리는 프코스테롤 등이 함유되어 있어서 동맥경화증 등으로 혈액순환에 이상이 생겨 피가 엉겨서 굳는 응체 현상을 풀어주기 때문에 동맥경화, 고혈압, 중풍의 우려가 큰 체질에게 필요한 식품이다.

평소에 미역초무침을 먹으면 좋다. 물미역을 식초를 조금 넣은 물에 파랗게 데쳐 찬물에 헹구어 식초, 설탕, 소금으로 단촛물을 만들어 고루 무쳐서 먹는다.

특히 두부를 많이 섭취하면 몸 속의 요오드를 배출시키는데, 이 때 필요한 것이 요오드를 풍부하게 함유하고 있는 미역이다.

● 홍화씨

홍화의 씨앗이 절골, 쇄골, 파골에 신묘한 효능이 있다. 또 골다공증, 골형성부전증 등 뼈에 관련된 질환에 효과가 뛰어나다. 홍화씨 속에 있는 미량의 백금이 함유되어 있어 이 백금 성분이 골절 부위에서 양전기와 음전기의 교류작용을 활발하게 하여 백혈구를 모이게 해 뼈를 빨리 결속하게 하며 이와 함께 또 다른 성분인 칼슘, 구리와 함께 뼈를 빨리 접착, 결속시켜 치유되게 하는 것이다.

홍화씨로 만든 기름은 강정제이며, 콜레스테롤 감소제이고, 동맥경화 예방제다. 따라서 동물성 지방이 많은 요리에 이 기름을 넣으면 생리통이 낫고, 아기를 낳고 난 산모의 질이 빨리 수축된다.

● 접골목

'말오줌나무', '딱총나무' 라고도 불리고 뼈를 붙이는 효능이 있다 하여 붙여진 이름이다. 소변을 잘 나오게 하고 혈액순환을 좋게 하며 타박상이나, 어혈로 인한 통증, 뼈마디가 쑤시고 아픈데, 신경통, 관절염, 발목, 손목 삔 곳, 디스크, 골다공증 등에 효능이 있다.

특히, 풍습에 의한 근골의 통증을 내린다. 쥐를 이용한 실험에 의하면 진통작용이 몰핀에는 미치지 못해도 설피린보다 월등하다고 밝혀졌다. 그리고 타박상에 의한 내출혈, 부종, 통증을 내린다. 임산부의 악혈을 없애고 산후 빈혈을 개선한다.

홍화씨·접골목을 이용한 방법에는…

1. 외용법

냉증에는 홍화 목욕을 하면 좋다. 산전 산후에 홍화를 복용하고, 홍화기름을 섭취하면 튼튼한 아이를 낳을 수 있으며 산후의 질도 수축을 비롯해 여성기 기능 회복에도 뛰어난 약효가 있다.

접골목은 땀띠나 옻 오른 데 외용, 또는 욕탕제로 한다. 타박상에도 생잎 등을 짓찧어 붙인다.

2. 내복법

접골목은 신선한 것이 효과가 있다. 건조한 것이거나 볶은 것은 효과가 떨어진다. 임신중에는 쓸 수 없으며 다량을 쓰면 설사나 구토를 일으킬 수 있다. 건조한 것은 1일 12~20g을 넘지 않는 한도에서 물 500~700cc를 붓고 끓여 반으로 줄면 하루 동안 나누어 마신다.

무엇보다도 골절에 특히 효과가 있다. 따라서 각종 부종과 변비에도 효과가 있다.

단, 이뇨와 동시에 설사를 일으키므로 주의한다.

● 표고버섯

마른 표고 갓의 형상이 표면에 거북이 등 또는 국화 꽃 모양으로 균열되어 있으며 원형이나 타원형이고 개열 정도가 50% 이하이며 끝 둘레 전체가 오므라들고 두께가 균일한 것이 좋다. 그래서 화고(표면이 희고 터져서 꽃처럼 무늬가 생긴 상태)나 흑화고(표면이 갈색이면서 터져서 꽃처럼 무늬가 생긴 상태)가 좋다.

따라서 평소에 청주 한 잔에 표고버섯 한 개를 넣고 따끈하게 데워서 마시면 좋다. 이것을 '추롱주'라고 하는데, 한 잔 술에 아주 기분 좋게 취한다. 그만큼 혈액순환을 촉진하기 때문이다. 또한 저녁에 이것을 한 잔 마시면 잠을 푹 잘 수 있다.

말린 표고에는 케톤류가 많으며, 표고를 말리면 영양가도 훨씬 높아지는데, 특히 에르고스테린 성분은 햇볕에 말린 표고에서만 얻을 수가 있다. 에르고스테린은 자외선에 닿으면 비타민 D로 변하는 물질로 체내에서 칼슘 흡수율을 높인다.

따라서 전기에 말린 표고버섯을 사지 말고 햇볕에 말린 표고버섯을 써야 한다.

알레르기성 비염

알레르기성 비염의 근본적인 치유는 손상된 면역 체계를 회복하는 것이다. 약으로는 손상된 면역 체계를 바로잡을 수 없으나, 우리 몸 스스로가 면역 체계를 회복하는 것은 가능하다.

건강한 코는…

코는 커야 한다. 콧털도 수북하고, 콧물로 막혀 있지 않아야 한다. 이런 코가 건강한 코요, 잘 생긴 코다.

로마의 정치가로서, 웅변가로서 유명한 키케로는 청년이 지켜야할 도리를 글로 남겼는데, 치아는 깨끗이 하고 손톱은 길러서는 안 되며 콧털은 뽑으라는 내용이라고 한다. 그러나 코 점막에 있는 수백만 개의 미세한 콧털은 주요 역할을 한다.

점막에서 분비하는 점액질을 목구멍 뒤로 흘러내리게 하기 때문이다. 이 과정은 약 20분 가량 걸리는데, 이 때 콧구멍으로 들어온 공기는 점액질을 통과해서 점차 온도와 습도가 높아지고 먼지는 쓸려나가 폐가 받아들일 수 있는 공기로 바뀐다. 참 기막힌 역할이다.

코는 클수록 좋다!

코는 큰 것이 좋다. 남성다움 때문만도 아니다. 코가 커야 할 이유가 있다. 코에 있는 훌륭한 반사 시스템이 폐의 기능을 높이고 심장의 효율적인 운동을 촉진하는 기능을 갖고 있기 때문이다.

옆으로 누워 잘 때, 아래쪽의 코는 호흡이 좋지 못해서 산소 유입이 제대로 안 되고 따라서 같은 쪽 폐도 영향을 받게 된다고 한다. 그래서 자면서도 나빠진 상황을 개선시키려고 몸을 바꿔 돌아눕게 되는 것이라고 한다.

물론 아래쪽 코가 호흡이 좋지 못할 때는 위쪽 코가 혼자 이 일을 다 감

알아두세요

'로마의 코'

클레오파트라의 외모를 당시에 발행된 화폐의 초상 등으로 미루어 보면 그녀는 긴 메부리코에다 큰 입을 갖고 있었다고 한다. 그런데도 그녀의 코가 역사를 바꿀 수 있다고들 한다.

르네상스의 천재 조각가 미켈란젤로의 코는 대단히 낮았다고 한다. 같은 시대의 역사가도 그의 코가 널따란 이마 밑에 납작하게 붙어 있었다고 표현할 정도였다고 하니까 얼마나 볼품이 없었는지는 대강 짐작할 수 있을 것 같다.

미켈란젤로의 코가 낮아지게 된 것은 소년시절에 그가 곧잘 건방진 말을 했기 때문에 노한 친구인 예술가 피에트로 토리지아노에게 구타를 당했기 때문이란다. 주먹 한 방에 코뼈가 부러져 코 전체가 납작해졌다는 것이다. 토리지아노는 "이렇게 해서 미켈란젤로는 내가 남겨준 기념할 만한 흔적을 그의 육체에 남긴 채로 일생을 보냈다."고 일기에 적었다고 한다.

고대 로마에서는 '로마의 코'라는 말이 있었다고 한다. 남자의 코 크기가 정력의 척도라고 여겼던 것이다. 정력은 남성다움의 상징이요, 열정과 담력과 끈기를 말한다. 그래서 나폴레옹은 이렇게 말했다고 한다.

"코가 푸짐한 사람을 내게 데려오시오. 나는 다른 결함이 없을 경우 언제나 코가 큰 사람을 선택하고 있소."

당해 내려고 무리하게 되어 피곤해진다. 대개 콧구멍 하나는 1시간 내지 3시간 정도 활동하면 피곤해진다고 한다. 그래서 더욱 몸을 바꿔 돌아눕게 된다는 것이다.

알레르기성 비염은 면역 체계의 이상으로 비롯…

● 현대인들이 가장 주의해야 할 것은 항상 들이마셔야 하는 공기와 물·음식·스트레스이다. 특히, 최근 너무나 심하게 오염된 실내 및 옥외 공기와 마시는 물은 너무나 중요하다. 이러한 환경 공해는 요즈음 너무 흔하게 앓고 있는 비염이나 천식, 알수 없는 각종 피부 질환들을 일으키고 있다.

● 알레르기성 비염이란 콧속으로 흡입된 이물질로 인해 콧속 점막이 면역학적 반응을 일으키면서 재채기가 계속되고 맑은 콧물이 흐르거나 코가 막히거나 심한 가려움증으로 눈과 코를 문지르기도 한다.
알레르기성 비염은 특정한 계절에 존재하는 항원에 의해 생기는 계절성 비염(일명 화분증), 알레르기성 비염과 계절에 관계없이 생기는 통년성 알레르기성 비염으로 구분할 수 있다.
계절성 비염은 계절에 따라 증상이 나타났다가 없어지며, 통년성 비염은 비염 증상이 일년 내내 계속된다.
알레르기성 비염은 한국사람 중 10~20%가 앓고 있는 것으로 보고되어 있고, 초중고생의 30% 정도가 크고 작은 코 알레르기 증상을 갖고 있는 것으로 추정된다

● 알레르기성 비염은 면역 체계의 이상에서 오는 질병이다. 코에 염증을 일으킬 수 있는 여러 가지 요인들에 대해 몸 스스로가 효과적으로 방어할 수 있는 기능이 떨어져 있다는 것이다.

알레르기성 비염의 근본적인 치유는 약으로 할 수가 없다. 약을 이용하는 것은 단지 일시적으로 코의 염증을 유발할 수 있는 인자를 차단할 뿐이다.

알레르기성 비염의 근본적인 치유는 손상된 면역 체계를 회복하면 된다. 약으로는 손상된 면역 체계를 바로잡을 수 없으나, 우리 몸 스스로가 면역 체계를 회복하는 것은 가능하다. 가장 중요한 것은 사람의 몸에 맞는 음식과 섭취하는 영양소의 균형이다.

알레르기성 비염의 원인은…

● 사람마다 각기 다른 체질의 특성에 따라 성격이나 음식의 기호, 체격, 자주 걸리는 병에 대한 것까지도 차이가 나게 되며, 특히 어떠한 물질에 대한 특이한 반응소견을 갖고 있는 경우가 있는데 이와 같이 어떠한 물질에 특징적인 증상을 갖고 있을 때, 그 물질에 대하여 알레르기가 있다고 하는 것이다.

● 알레르기성 비염은 특정 이물질, 이른바 1년 내내 증상이 끊이지 않지만, 특히 봄-가을에 심하다.

가장 흔한 원인 항원으로는 집먼지 진드기가 가장 흔하고, 이어 진드기, 곰팡이, 꽃가루, 공해, 애완용 동물의 털 곰팡이, 비듬, 바퀴벌레가

꼽힌다. 담배연기나 먼지, 공해 물질, 찬바람이 원인이 되기도 한다.

원인 항원에 노출되면 즉시 발작적인 재채기, 가려움증, 물같은 콧물 등의 증상을 보이고 몇시간이 지나면 코막힘이나 목뒤로 넘어가는 콧물, 코 주변의 압박감 등이 나타난다.

이러한 증상은 20세 이전에 시작되는 것이 보통이고 가족 중에서 기관지 천식이나 아토피성 피부염과 같은 알레르기성 질환을 가지고 있는 경우가 많다.

● 한의학적으로 보면 피부 모공에 있는 원양(元陽)이 있는 위기(衛氣), 즉 인체의 표피를 방어하는 기가 허약해졌거나 기후 변화에 의해서 알레르기성 비염을 유발한다.

기온이 많이 내려갔을 때나 기온 차이가 많을 때 이것을 조절하는 것은 폐인데, 피부색이 희거나 얼굴이 흰 사람은 폐 기능이 허약하고 위기(衛氣)도 동시에 허약해져서 알레르기성 비염이 나타나거나 비장의 양기가 부족하면 인체의 저항력이 떨어지고 양명경(陽明經)(인체 앞면 부위)의 기능이 약해졌을 때, 또한 신양(腎陽)(사람의 생명력을 생성시키는 양기(陽氣))의 부족으로 항병력이 떨어졌을 때나 정신적 과로에 의한 피로 등으로 자율신경의 기능이 저하되어서 발생한다.

알레르기성 비염의 증상은…

재채기를 연속으로 하게 되고 동시에 맑은 콧물이 흐르며 눈과 코의 가려움증과 코막힘 증상이 있다. 이와 같은 증상을 알레르기 비염의 4대 증상이라 한다. 재채기와 물 같은 콧물은 보통 아침 기상시에 심했다가 오후가 되면서 감소하고 오히려 코막힘 증상이 지속된다.

가려움증은 코 뿐 아니라 눈, 목, 귀 등에도 발생할 수 있다. 이런 주 증상 중 코막힘이 가장 흔해서 환자의 반 이상을 차지하며 콧물, 재채기 순서로 나타난다. 그밖에 눈물, 두통, 후각 감퇴, 폐쇄성 비음 등의 증상이 있을 수 있다.

알레르기성 비염의 증상은 알레르기성 결막염을 동반하는 경우도 매우 흔하다. 보통의 결막염이라면 누런 눈곱이 끼기 마련이지만, 알레르기성일 때는 눈곱이 흰 것이 다르다.

알레르기성 비염의 치료 방법에는…

치료는 종합적 치료를 실시해야 해야 하며, 단순히 코에만 국한시켜 치료해서는 안 된다. 환자의 체질을 중시하면서 기타의 합병증 여부를 살펴야 한다. 기를 돕는 약들을 먹으면 도움이 된다.

만일 호흡기나 소화기의 기능이 약해서 식은땀이 나고 기운이 없는 사람은 기를 돕고, 폐의 기능을 강화하는 약들을 응용해야 한다. 한편 식은땀을 잘 흘리지만 변비 증세도 있으면서 얼굴도 붉고 입이 마르는 증상도 겸해 있으면 열을 없애고 기가 가장 처음 발생하는 근원적인 면을 도와주는 약물을 투여해야 한다.

이외에도 신체는 건강하지만 외부적인 감염에 의하여 비염이 발생되었다면, 증세를 발산시키는 약물을 적용해야 한다. 일반적 치료로는 맵고 따스한 약물, 혹은 맵고 달콤한 약물로 발산하는 것이 효과적이다.

알레르기성 비염을 예방하려면…

① 정신적인 피로와 육체적 과로를 가급적 피한다.
② 체온 조절을 알맞게 하고, 실내습도를 적당히 유지해야 한다.
③ 알레르기 비염을 유발하는 인자를 확인할 수 있는 경우라면 유발인자에 대한 노출을 가급적 피해야 한다.
④ 몸의 기능 즉, 양기의 기능을 강화해야 한다.
⑤ 공해에 노출을 가급적 피해야 한다.
이와 같이 하면 알레르기 비염의 증상을 완화할 수 있고, 그 발생도 최대한 억제할 수 있다.

알레르기성 비염을 개선하는 생활습관은…

① 곡류 · 채식을 위주로 하되, 자연 상태로 섭취하는 것이 한다
각 식품은 자연 상태에서 최상의 영양소를 유지하게 되지만 익히거나 열을 가하게 되면 일부 영양소들이 파괴되어 효과가 떨어지게 된다.

② 육식은 가급적 피한다
육류는 체질을 산성화시켜 면역력을 떨어뜨리는 주요 요인이다. 그리

고 육가공품에는 각종 방부제, 착색제 등이 들어 있는 경우가 많아 이러한 화학 물질이 사람의 몸 안에서 각종 질병의 원인을 제공하기도 한다.

③ 규칙적으로 적당한 운동을 한다

운동부족은 전반적인 신진대사 기능을 떨어뜨려 면역력의 저하 요인이 된다. 면역 체계가 작동하는 것도 신진대사 기능의 하나이므로 신진대사 기능 증진을 위한 매일매일의 가벼운 운동은 매우 좋다.

알아두세요

알레르기성 비염 환자는…

첫째, 콧속을 청결히 해야 하며, 주변의 먼지나 진드기 등이 많아지지 않도록 각별히 신경을 써야 한다. 외출 후에는 맑은 물로 얼굴과 손, 콧속을 씻어내는 것을 습관화해야 한다.

둘째, 몸의 컨디션이 병세를 좌우하므로 과로나 지나친 운동은 삼가야 하며 가능하면 맑은 공기를 마시고, 찬 공기에 민감한 경우에는 마스크나 목도리로 목이나 코를 보호하여 갑자기 찬 공기에 노출되는 것을 금해야 한다.

건강한 코를 유지하기 위해서는…

첫째, 당분을 과잉 섭취하지 않도록 해야 한다

야채와 해조류를 충분히 배합한 균형있는 식사가 되도록 해야 한다.

둘째, 피부를 건포마찰하거나 지압을 한다

코를 잘 비벼대는 경우가 있다. 알레르기성 비염일 때 그렇고, 아토피 체질일 때 그렇다. 또 코에 손을 자주 대는 것은 마음을 달래려고 그런단다. 그러니까 어떤 마음의 갈등이 있게 되면 대체로 코가 간지럽거나 따끔거리는 반응을 보이게 되는데, 이 때 코에 손을 갖다대면 마음이 가라앉으면서 기운이 북돋아진다고 한다. 그래서 난처한 일이 있거나 생각할 일이 있을 때 코를 그렇게 자주 만지게 된다는 것이다. 콧구멍을 후비는 것도 마음에 쌓인 불만과 짜증을 스스로 달래기 위한 본능에 의한 행위라고 한다. 이런 본능은 동물의 '털 쓰다듬기'와 비슷하다.

그래서 심리적 안정도 도모할 겸 코 주위를 자주 마사지하면서 다음과 같은 경혈에 지압을 해주도록 한다.

천추 경혈	뒷머리의 머리카락이 시작되는 부위의 홈파진 중앙선에서 좌우로 3cm 양옆으로 움푹 들어가는 곳에 위치하고 있다.	엄지손가락 지문 있는 부위로 지긋하게 눌러 다섯을 센 다음 둘 셀 동안 쉬고 다시 반복하여 누르면 된다.
풍지 경혈	귀 뒤에서 뒷머리쪽으로 엄지손가락 손톱만큼한 둥그스럼한 돌기가 만져지는데, 이 유양돌기라는 돌기에서 뒷머리카락이 있는 쪽으로 움푹 파지는 부위의 경혈이다.	지압 요령은 위와 같다.
영향 경혈	양쪽 콧방울 바로 옆에 있다.	집게손가락과 셋째손가락을 곧게 펴서 V자 형태를 취하여 콧방울 양쪽의 영향 경혈에 대고 그 주위를 자꾸 문지르면 된다.
인당 경혈	양쪽 눈썹뿌리의 중앙에 위치하고 있다. 즉 두 눈썹 사이 정중선상에 위치하고 있다.	이 경혈에 손끝을 대고 좌측 눈썹 방향으로 밀면서 지긋하게 누르면서 자극하고 이어서 우측 눈썹 방향으로도 같은 요령을 취한다.
사백 경혈	두 눈을 똑바로 응시한 채, 눈동자의 바로 아래 뺨에 위치하고 있는 경혈이다.	이 경혈에 손가락 끝을 대고 코뿌리 쪽, 즉 인당 경혈쪽을 향하여 밀면서 누르는 자극을 계속한다.

알레르기성 비염을 예방 · 치료하는 한방 처방

『여택통기탕』

《장씨의통》이라는 의서에 처음 기재된 이 처방은 일반적으로 병이 오래 되지 않았거나 경증인 경우, 또는 외부 환경 등에 의해 코가 막히는 데도 효과가 있다.

본방은 식독(食毒), 수독(水毒), 혈독(血毒)이 알레르기성 질환을 유발시키거나 악화시킨 경우에 특히 효과가 있다. 외형적으로 눈 주위가 거무스름하며, 임파선이 붓고 피부는 아토피성 경향을 띠며, 새가슴에 늑골이 예각을 이루고 있다. 그리고 머리가 잘 아프다 하고, 쉽게 피로해하고 늘 졸립다 하며 짜증을 잘 내고, 걸핏하면 배가 아프다 하고 설사 잦고 소변도 찔끔찔끔 자주 보며, 이유없이 다리가 잘 아프다고 호소하기도 한다.

처방 강활 · 독활 · 방풍 · 갈근 · 창출 · 승마 · 총백 각각 3g, 마황 · 천초 · 백지 각각 1.2g, 자감초 2g, 생강 3쪽, 대추 2개.

복용법 위의 약재를 1첩분으로 하여 1일 2첩분을 재탕까지 해서 3회로 나누어 복용하면 된다.

신재용의 강력 추천

알레르기성 비염의 단방요법

창이자라고 불리우는 '도꼬마리씨'를 엷은 다갈색이 되도록 프라이팬에 볶아서 1일 10g씩을 물 300~500cc로 끓여서 반으로 줄면 하루 동안 나누어 복용하거나, 가루내어 1회 4g씩, 1일 3회 온수로 내복하는 방법도 있다. 혹은 창이자의 잎을 1일 20g씩 끓여 차처럼 수시로 나누어 마셔도 좋다.

축농증

부비강에 염증이 생긴 것을 부비강염이라 하며, 이 중 만성으로
경과하는 것을 만성 부비강염이라 하고, 만성 부비강염을 띠면서
장막의 화농성 염증을 일으킨 것을 '축농증'이라고 한다.

코는 어떻게 푸는 것이 좋을까?

세수할 때처럼 얼굴을 숙인 채 풀어야 한다. 그것도 한쪽씩 차례로 푸는 것이 좋다고 한다. 그렇지 않으면 콧물이 비강 속에 고여 병을 일으킬 수 있다고 한다.

《동의보감》에서는 이렇게 표현하고 있다.

"비연(鼻淵)은 탁한 콧물이 흘러내리는 것이다. 탁한 콧물이 흘러 그치지 않기를 마치 샘물 같은 까닭에 비연이라 하는 것이다."

이런 병증이 더 악화되면 어떤 병증으로 될 것인가를 《동의보감》에는 또 이렇게 설명하고 있다.

"콧속에 항상 냄새나는 누런 콧물이 흘러 심한 경우에는 뇌통까지 생긴다. ··· 이를 뇌루(腦漏)라고 한다."

축농증을 뇌루라고 표현한 것이다.

축농증이란···

부비강에 염증이 생긴 것을 부비강염이라 하며, 이 중 만성으로 경과
하는 것을 만성 부비강염이라 하고, 만성 부비강염을 띠면서 장막의 화
농성 염증을 일으킨 것을 축농증이라고 한다. 예전에는 염증으로 부비
강 안에 고름이 괴는 것이라 했지만, 실제로는 고름이 없는 카타르성도
있다.

부비강은 비강 주변에 있는 동굴 같은 공간이다. 상악동, 사골동, 나비
모양의 접형골동, 전두동, 이렇게 4개의 공동으로 나뉜다. 이 중 하나의
부비강, 대개는 상악동에만 염증이 생기는 경우도 있으나 대개는 둘, 또
는 그 이상의 부비강, 예를 들어 사골동과 전두동에도 함께 염증이 생기
는 수가 많다. 이 경우를 '복합성 부비강염' 이라고 한다.

축농증(부비강염)에는 급성과 만성이 있다

코감기 끝에 코의 염증이 부비강까지 퍼져 급성 부비강염을 일으킨다.
보통 코감기가 나으면 부비강염도 낫기 마련이지만 재발·반복하거나,
'비중격만곡증' 이나 '비후성 비염' 에 걸리면 만성으로 이행하기 쉽다.

물론 만성 부비강염은 영양 상태나 생활한경, 또는 유전적 체질 관계
등에도 많은 영향을 받으며, 어린이의 경우에는 아데노이드 등에서도
원인이 되기도 한다.

급성 부비강염의 경우에는 뺨의 통증, 눈의 통증, 눈꺼풀의 부기, 눈물이 나는 증상, 치통 등이 오면서 다음과 같은 증상이 나타난다. 다음의 증상은 만성 부비강염, 또는 축농증의 경우에도 같다.

● 코가 막힌다
그래서 콧소리를 낸다. 소위 축농증 특유의 비음이 그것이다.

코 점막이 부어 콧물이 고이는 것이 코막힘의 주원인이지만, 비중격의 만곡이나 비후성 비염이 원인이 되어 더 심해진다.

비중격 만곡증 비강을 좌우로 가로막는 물렁뼈와 뼈로 된 막인 비중격이 휘어진 것인데, 코막힘과 두통이 주증으로 나타난다.

비후성 비염 염증으로 점막의 결합조직이 증식된 것인데, 밤에 더욱 심해지는 코막힘과 두통 혹은 후각 장애나 비음을 보인다.

● 콧물이 목으로 넘어간다
고름처럼 진득한 콧물일 경우가 많다. 비후성 비염이 있는 경우는 점액성의 콧물의 양이 많아지고, 콧속에 괴어 흘러내려 목으로 넘어가게 되어, 각출하는 습관이 생긴다.

● 냄새 맡기가 힘들다

● 머리가 무겁다
특히 고개를 숙이고 있으면 두통이 더 심해지고 눈끝 둘레가 심하게 아파온다.

● 코를 곤다

잠자는 도중에는 근육의 긴장이 저하되어 입이 다소 벌어지게 되고 연구개도 느슨해지며 혀가 안으로 당겨들어가 기도가 좁아지게 되므로 입으로부터의 호흡과 함께 연구개 등이 진동하여 소리를 내게 되는데, 이것이 코를 골게 되는 이유다. 그러나 코를 고는 것이 이렇게 다 생리적으로만 이루어지는 것이 아니다. 아데노이드를 비롯해서 코의 어떤 질환이 있을 때 더욱 코를 골 수 있다. 그 코 질환 중 하나가 바로 축농증이다.

물론 이뿐이 아니다. 괜히 우울해지고 불쾌감이 증가되며, 일의 능률이 저하하고 집중력도 떨어지고 기억력도 감퇴한다.

알아두세요

급성 비염은…

급성 비염을 한의학에서는 '비구'라고 하는데, 물 같은 콧물을 줄줄 흘린다. 흔히 '풍한'이나 '풍열'에 손상된 감기 뒤끝에 많이 나타나는데, 갑자기 나타났다가 갑자기 좋아지면서 간헐적, 반복성을 띠는 것이 특징이다. 반복해서 발병하는 빈도는 선천적, 체질적 소인과 깊이 관계가 있기 때문에 급성비염에 유독 잘 걸리는 아이들이 있기 마련이다.

대개 열은 없고 물 같이 멀건 콧물이 대량으로 줄줄 흘러내리고, 재채기와 코와 눈의 가려움증이 동반된다. 콧속 점막은 대개 창백하며, 코가 막혀 답답해하고 눈물이 흐르고 머리가 아프거나 후각이 떨어지기도 한다.

축농증은 기억력을 떨어뜨린다

축농증의 정확한 병명은 부비동염이며, 한의학에서는 비연(鼻淵)이라 하고 혹은 뇌루(腦漏)라고도 한다.

흔히 급성 비염 때 함께 침범되지만 포도상 구균, 연쇄상구균, 폐렴균,

인플루엔자균 등 어떤 균에 의한 상기도 감염 때에도 침범될 수 있으며, 가끔은 상기도 감염이 사라진 후에도 2차적인 세균 감염으로 축농증이 지속되기도 한다.

혹은 충치나 상부중격만곡증, 비갑개의 비대 등이 축농증을 조장할 수 있으며 수영이나 외상, 과민반응, 영양결핍 등도 원인이 될 수 있다. 그리고 흔치는 않지만 매독, 종양, 결핵 등도 원인이 될 수 있다..

축농증은 상악동, 사골동, 전두동, 접형골동의 순서로 침범이 잘 되는데, X-선 소견상 부비동이 혼탁하고 녹색이면 뼈까지 침범한 것으로 중증에 속한다.

한쪽 코에서 지속적으로 누렇고 끈적거리는 탁한 농이 섞인 분비물이 흐르면서 머리가 아프고 무거우며 어지럽고, 코가 막혀 답답한 콧소리를 내며 후각이 떨어지고, 기억력이 감퇴되며, 정신이 피로하고, 악취가 심해진다.

때로 얼굴이 벌개지고 갈증이 나며 시력이 감퇴되고 안정피로와 귀울림, 청력 감퇴 등을 보이기도 하며, 가래 섞인 기침을 하기도 한다.

축농증이 있을 때의 실내환경 조건은…

축농증을 비롯한 부비강염이 있을 때는 우선 실내온도와 습도를 적절히 조절할 필요가 있다.

온도가 낮으면 점막에 싸이지 않은 혈관들이 반사적으로 수축을 일으켜 저항력이 떨어진다. 특히 실내와 실외의 온도차가 큰 경우에 더 현저하게 일어난다.

가장 쾌적한 온도는 23~25℃이며, 실내와 실외의 온도차는 섭씨 5℃

정도가 적당하다.

가장 이상적인 습도는 약 45%이다. 습도가 높아도 안 좋고, 습도가 너무 낮아도 코 안이 건조해져 비점막 표면에서 1분에 250회 정도 물결운동을 하여 세균이나 불순물을 제거하는 수 백만 개의 섬모들이 제 역할을 다 하지 못하기 때문에 코를 안 좋게 만든다. 섬모는 콧물을 1분에 0.2cm씩 밀어 목뒤로 흘려보내기도 한다.

축농증을 예방 · 치료하는 식이요법은…

식사는 단백질이나 비타민 등을 균형있게 섭취하도록 한다. 야채와 해조류를 충분히 먹어야 한다.

그러나 당분의 과잉 섭취는 확실히 축농증을 악화시키는 요인으로 작용한다.

알 아 두 세 요

《동의보감》식 코 수양법

"항상 손의 중지로써 콧대의 양옆을 20~30회씩 마찰해 주어 코의 안팎을 모두 따뜻하게 해준다. 이것은 소위 중악(中岳 : 양 눈썹 사이에서 코끝까지)을 통하게 해서 폐를 윤택하게 해 주는 것이다."

이외에도 영향 경혈을 꼭꼭 눌러주는 것도 좋은 방법이다.
콧등이 끝나는 코 끝을 비첨이라 하고, 코끝 양옆에 날개 모양으로 펼쳐진, 그러니까 콧방울을 비익이라고 한다. 영향 경혈은 바로 비익 양옆에 위치하고 있다.
영향 경혈은 이름 그대로 향기를 맞아들인다는 의미를 갖고 있는 경혈이다. 이 경혈을 자극하면 어떤 코 질환이든 다 개선되어 코가 뻥 뚫려 온갖 향기를 다 맡을 수 있다고 해서 이런 이름을 붙인 것이다. 까닭에 평소에 이 경혈을 손가락 끝으로 자주 꼭꼭 눌러주도록 한다.

축농증을 예방 · 치료하는 식품 & 약재

● 파

코막힘이 심하면 파 흰뿌리를 즙내어 면봉에 묻혀 콧속
에 삽입한다.

파 흰부분을 둘로 나눠 부드럽게 될 때까지 볶
아 그것을 뜨거울 때 코 양쪽에 붙여도 좋다.

● 조기

조기의 머리뼈만 떼내어 깨끗이 씻어 타지 않게 잘 구운 다음 분마기
에 곱게 갈아 분말을 만들어 유리병이나 밀폐용기에 잘 보관해 두었다
가 1일 3회, 1회 2g씩 식후에 따끈하게 데운 청주나 따뜻한 물에 타서 마
신다.

● 마늘

마늘에는 가래나 담을 제거해 주는 효과 외에 코에 생기는 염증에도
좋은 효과를 낸다.

마늘을 찧어서 짠 즙에 2배 정도의 꿀을 섞은 다음 면봉에 묻혀 콧속에

발라준다. 이렇게 하면 약
20분만에 막힌 코가 뚫린다.

마늘즙을 코에 넣기 전에
묽은 소금물로 콧속을 씻어
주면 약효가 더욱 빠르게 나
타난다.

● 무

무 생즙을 탈지면에 적셔 한쪽 콧속에 넣는다.

혹은 무즙에 용뇌, 혹은 박하뇌 소량을 타서 녹여, 이것으로 코를 세척해도 좋다.

● 삼백초

삼백초 생잎 4~5장을 소금에 담가 비벼 즙을 내어 콧속에 넣었다가 잠시 후 코를 푼다.

고름같은 콧물이 배출된다. 겸하여 삼백초 달인 물을 마신다.

● 대추

말린 대추를 물을 붓고 달여 그 물을 마시면 코의 점막을 강하게 해준다.

대추 10g에 물 500cc를 붓고 반으로 줄 때까지 중불에서 뭉근하게 달여 하루 3회로 나누어 식전 30분쯤에 마신다.

● 창이자

도꼬마리의 씨이다. 엷은 다갈색이 되도록 볶아 가루내어 2g씩, 1일 3회 복용한다. 창이자 잎을 바람이 잘 통하는 그늘에서 잘 말려 1일 12g씩 끓여 먹는다.

● 소금

깨끗한 물 1,000cc에 소금 3티스푼, 식용소다 1티스푼을 타서, 이 물로 코를 세척한다.

염증도 가라앉히고 섬모의 운동을 활성화시킨다.

● 지렁이

지렁이 10~20마리를 잘 씻은 후, 늙은호박의 속을 파내고 거기에 넣고 중탕하듯이 쪄서 꼭 짜 액즙을 얻어, 이것을 콧속에 수시로 넣는다.

축농증을 예방·치료하는 한방 처방

『방풍통성산』

복부가 견실하며 변비가 있고 소변도 농축되며, 피부 트러블이 심하면서 얼굴에 열감이 있는 체력이 비교적 좋은 경우에는 이 처방을 쓴다.

『형개연교탕』

체력이 보통이며 피부가 거무스름하고 손발에 땀이 많은 경우, 코가 막히고 숨쉬기 어려운 경우에는 이 처방을 쓴다.

처방 당귀·작약·천궁·지황·황련·황금·황백·치자·연교·방풍·박하·형개·감초 각각 1.5g, 시호·백지·길경 각각 2g.

복용법 이상의 약재를 한 첩 분량으로 하여, 1일 두 첩 분량을 재탕까지 해서 3회로 그 분량을 나누어 따뜻하게 복용한다.

귀울림

피로하거나 불안할 때, 체력이 떨어졌을 때 윙윙거리는
소리나 맥박이 뛰는 소리같이 들리는 것을 '귀울림(이명증)'
이라고 한다. 규칙적인 생활과 스트레스가 쌓이지 않도록
하고 균형 있는 영양 섭취를 하도록 한다.

귀울림의 정체는…

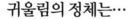

밖으로부터의 소리로 인한 자극이 없는데도 귀에서 매미소리나 금속
성의 소리가 계속 들리거나 맥박소리 같은 것이 들리는 것을 '귀울림
증', '이명증'이라고 한다. 귀울림의 증세가 있으면, 여간 괴로운 것이
아니요, 치료 또한 쉽지 않다.

원인은 여러 가지지만 몸이 건강한 상태에서는 자연스러운 생리 반응
의 일종이므로 특별히 걱정할 필요는 없다.

그러나 몸과 마음이 피로하거나 정서적으로 불안할 때, 체력이 떨어졌
을 때 그런 증세가 자주 일어나므로 너무 심각하게 생각하지 말고 규칙
적인 리듬으로 생활하고 적당한 운동으로 기분을 바꿔 스트레스가 쌓이
지 않도록 한다.

귀울림의 원인은…

● 내이의 이상에서 많이 온다

내이는 골벽에 싸인 아주 작고 정교한 기관인데, 여기에 어떤 병이 생기면 소리를 느끼는 기관이나 평형 기관에 손상을 주어 귀울림과 어지럼증을 느낄 수 있다.

● 어떤 질병이 원인일 수 있다

메니에르씨 증후군일 때는 귀울림·어지럼증·메스꺼움 등이 함께 나타나 그 고통이 아주 심하고, 고혈압·동맥경화·신장병 등이 원인이 되어 귀울림이 올 수도 있다.

● 육체적·정신적으로 허약해졌을 때 잘 온다

몸과 마음이 피로하거나 정서적으로 불안할 때, 체력이 떨어졌을 때도 귀울림이 올 수 있다.

● 간장과 신장 기능이 떨어졌을 때도 귀울림이 온다

이것을 한의학에서는 '간신허약'이라고 하는데, 그렇다고 해서 혈액검사나 소변검사 등을 통해 간장과 신장 기능에 이상이 있는 것으로 밝혀질 만큼 심각한 것은 아니다.

'간신허약'일 때는 귀울림과 함께 눈이 침침해지고 머리가 맑지 못하고 입이 마르며, 때로 뺨이 불그스름해지면서 미열을 느끼기도 하고 가슴이 답답해지고 소화 장애가 오며 소변이 잦고 정력이 현저하게 떨어지면서 허리와 다리가 시큰거리거나 힘이 빠진다.

갑자기 소리가 안 들릴 때는…

요즘은 특별한 원인도 없이 갑자기 귀가 안 들려서 병원을 찾는 경우가 늘고 있다. 이와 같이 갑작스럽게 소리가 안 들리는 것을 '돌발성 난청'이라고 하는데, 금속음 같은 높은 음으로 귀가 울릴 때 의심해 볼 수 있다.

돌발성 난청은 바이러스·알레르기·혈관 장애가 원인이 될 수 있으며, 대변을 보다가 뇌압이 올라 내이의 압력이 증가되거나 청신경의 종양에 의해서도 생길 수 있다.

발생 원인에 따라 다르지만 귀가 울리다가 별안간 소리가 안 들리는 경우에는 곧바로 전문 치료를 받도록 한다.

귀울림을 예방·치료하는 식품 & 약재

● 잣

만일 '간신허약'에 의한 귀울림이라면 잣을 많이 먹도록 한다.

귀울림은 중이나 내이, 또는 청신경 등에 변화가 있을 때 나타난다. 이밖에 귀의 핏줄에서 박동이 느껴지기도 하는데, 이것은 뇌의 핏줄 계통의 장애에 의한 것으로 고혈압·동맥경화·신장병의 원인이 된다.

잣에는 올레인산, 리놀레산, 리놀레인산 등의 불포화지방산이 풍부하게 들어 있어 고혈압과 동맥경화에 의한 귀울림까지 예방해 준다.

잣을 1회에 5~6개씩 오미자차와 함께 먹는다.

● 산수유

산수유열매도 신장 기능이 약해졌을 때, 또는 노인들의 원인 모를 귀울림증에 효과가 있다. 산수유열매 20g을 물 500ml에 넣고 달여 반으로 줄면 하루 동안 나누어 마셔도 되고, 100g을 소주 5컵에 담가서 1개월 동안 서늘하고 어두운 곳에 놓아 숙성시킨 후 20ml씩, 1일 2회 공복에 마셔도 좋다.

● 호두

호두에는 단백질, 비타민, 칼슘, 인, 지방질 등의 영양분이 풍부해서 신장 기능이 약해져 체력이 떨어지고 귀울림이 있을 때 먹으면 좋다.

호두알 5g에 물 3컵을 붓고 반으로 줄 때까지 끓여 하루 동안 2~3회로 나누어 마신다.

● 밤

밤 역시 신장을 보호해 주기 때문에 귀울림에 좋다. 특히 말린 밤을 달인 물이 좋다.

껍질 벗겨 말린 밤 15g에 물 3컵을 부어 반으로 줄인 다음, 하루 3회 나누어 마신다.

● 감국

국화는 크게 줄기가 붉고 향긋하며 맛이 단 '감국'과 줄기가 푸르고 굵으며 잎이 작고 쓴맛이 나는 '고의'로 나눌 수 있다. 이 중에서 단국화로 불리는 감국이 약으로도 쓰인다. 그래서 이 국화를 '진국' 이라고 한다.

꽃이 피기 전인 봉오리 상태에서 채취하여 그늘에서 잘 말린 다음 종이 봉지에 넣어 습기가 없고 바람이 잘 통하는 곳에 매달아 두었다가 끓여 먹거나 혹은 볶아서 약으로 쓴다. 맛은 달면서 쓰고 성질은 약간 차다. 아데닌, 스타시드린, 콜린, 정유 등을 함유하고 있다.

몸이 가벼워지고 노화를 이겨내며 불로장수하게 하는 신비의 풀로 알려져 있다. 모든 풍기를 다스리며, 풍기와 열기가 함께 뭉친 것을 소산시킨다. 특히 혈액 정화에 강한 역할을 한다. 간을 보강하여 눈을 밝게 한다. 근육과 뼈를 강하게 하고 골수를 보강한다.

그리고 귀울림증에 좋다. 국화꽃의 잎을 하나씩 따서 흐르는 물에 깨끗이 씻은 다음 물기를 빼고 팔팔 끓는 물에 소금을 조금 넣고 숨이 죽을 정도로 데쳐낸다. 이것을 소쿠리에 겹치지 않도록 펼쳐 그늘에서 말려 두었다가 그 때 그 때 뜨거운 물에 우려내어 마신다.

그러나 건재약국에서 파는 감국은 변질되지 않도록 소금물에 오랫동안 담근 것이 많으므로 따뜻한 물에 담가 소금기를 빼고 흐르는 물에 씻은 다음 말려 두고 쓰도록 한다.

국화차를 마실 때 한꺼번에 꽃잎을 너무 많이 넣으면 쓴맛이 나므로 많이 넣지 않도록 한다. 평균 1회 양으로 4g 가량이 알맞다.

《동의보감》에는 감국의 싹, 잎, 꽃, 뿌리 모두 약으로 먹을 수 있다고 했다. 그늘에 말려 가루내어 술로 마시거나 혹은 꿀로 개어 알약처럼 만들어 먹는다. 그러나 국화꽃잎을 뜯어 찹쌀풀에 옷을 입힌 후 말려 두었다가 튀겨서 술안주로 하면 너무 좋다. 향기도 아주 좋다.

● 구기자

10월에 열매를 채취하여 꼭지를 따서 서늘하면서 그늘진 곳에서 열매의 껍질이 쭈글쭈글해질 때까지 두었다가 햇볕에 말려서 약으로 쓴다.

맛은 쓰며(혹은 달다고 한다), 성질은 약간 차고(혹은 평하다고 한다), 독이 없다. 베타인, 프로테인, 콜린, 비타민A · B₁ · B₂ · C 등이 많이 함유되어 있다.

열매의 껍질에는 피사제인이 들어 있다. 자양강장 작용을 한다. 신장 기능을 강화한다. 따라서 정력이 쇠약해진 경우, '신허'에 의해 귀울림이 심할 때 좋다. 간장의 기능을 강화한다.

구기자 20g을 물 500cc로 끓여 반으로 줄면 하루 동안 나누어 마신다. 혹은 구기자 15g, 국화 6g을 물 500cc로 끓여 반으로 줄면 하루 동안 나누어 마신다.

'구기주(枸杞酒)'를 담가 먹어도 좋다. 구기자 500g에 소주 1,500cc를 붓고 밀폐해서 서늘한 곳에 2주간 둔 후 여과하여 술만 받아 보관해 두고 1회 20cc씩, 1일 2회 공복에 복용한다.

● 무즙

무를 갈아 즙을 짜낸 다음, 면봉에 즙을 묻혀 귓속에 골고루 바른다. 하루에 3~4회씩 며칠 바르면 귀울림 증세가 가라앉는다.

임신

임신은 한 생명을 세상에 태어나게 하는 위대한 일이다.
임신전, 임신중에 있을 수 있는 태아 건강과 산모의 건강을
위해 영양, 질병의 전조증을 알아두면
건강한 아기를 낳을 수 있다.

임신중에는 어떤 음식을 주의해야 할까요?

《태교신기》에는 "임부의 음식 먹는 도리는 과일의 모양이 바르지 아니하여도 먹지 말 것이며, 벌레 먹은 것도 먹지 아니하며, 썩어 떨어진 것도 먹지 않으며, 풀의 열매(참외, 수박 등)와 푸성귀를 먹지 아니하며, 음식 찬 것도 먹지 아니하며, 물켜지고 쉰 것을 먹지 않으며, 생선 상한 것과 육고기 썩은 것도 먹지 아니하며, 빛깔이 좋지 않은 것도 먹지 아니하며, 냄새 그른 것을 먹지 아니하며, 삶기를 잘못 하였거든 먹지 아니하며, 때아닌 것을 먹지 아니하며, 고기가 비록 많다고 하나 밥 기운을 이기게 해서는 아니 되며, 술을 먹으면 일 백가지 혈맥이 풀리고, 나귀나 말고기며 비늘 없는 물고기는 해산이 어려우며, 엿기름과 마늘은 태를 삭이고, 비름과 메밀과 율무는 태를 떨어뜨린다."고 했다.

《동의보감》에는 "임신부가 술을 마시거나 술이 들어간 음식을 먹으면 술이 모든 경맥을 흩어지게 하므로 갖가지 질병에 시달릴 수 있다."고 하여 절대 술을 마시지 말 것을 경고하면서 술 외에도 노새고기, 토끼고기, 비늘 없는 생선, 양의 간, 게, 닭고기, 계란, 오리고기, 오리알, 참새고기, 자라고기, 생강싹, 엿기름, 율무, 마늘, 메기, 산양고기, 버섯 등도 먹지 않는 것이 좋다고 하였다.

또 울퉁불퉁하거나 벌레가 먹은 과일, 싱싱하지 않은 생선, 제철이 아닌 채소, 그리고 빛깔과 냄새가 좋지 않은 음식은 먹지 말라고 하였다.

그렇다면 어떤 음식을 먹는 것이 좋을까?

임신 전의 영양은…

● 비타민 A, B, C, E를 비롯해서 충분한 단백질과 칼슘 등을 섭취해야 한다. 예를 들어 현미, 곡물의 배아, 통밀, 콩나물, 신선한 야채나 과일, 고구마, 감잎차, 유자차, 식물성 기름, 양배추, 알류, 뼈째 먹는 생선, 해조류 등을 많이 먹도록 한다.

● 임부의 혈액에 철분이 부족하면 입덧이 심해지거나 임신중독증을 일으키고 기형아가 태어나기 쉬우므로 임신 전부터 빈혈을 막기 위한 식사조절이 있어야 한다. 타닌이 많이 든 식품을 피하고 간, 조개류, 김, 꽁치, 정어리 등을 많이 먹도록 한다.

● 아세틸콜린이 부족해지면 기억력, 의지력, 사고력이 떨어지고 정서가 불안해진다. 따라서 아세틸콜린의 주요 구성 성분은 레시틴이므

로, 레시틴이 많이 함유되어 있는 콩 · 된장국 · 달걀 노른자 · 동물의 간 등을 많이 먹도록 한다.

그밖에도 아연과 구리를 많이 함유하고 있는 육류, 굴 등의 해산물, 달걀, 우유, 콩류 등도 많이 먹도록 한다.

총명한 아기를 낳기 위한 임신 전의 한방 처방

『조경탕』

예비엄마들은, 자궁이 냉하고 월경이 불순하면 안 좋기 때문에 평소 월경을 순조롭게 조절하여 건강하고 총명한 아기를 갖도록 노력할 필요가 있다.

[처방] 맥문동 8g, 당귀 6g, 인삼 · 반하(법제한 것) · 백작약 · 천궁 · 목단피 각각 4g, 아교주 · 자감초 각각 3g, 오수유 · 육계 각각 2g.

[복용법] 이상을 1첩 양으로 하여 생강 3쪽과 함께 물 500cc로 달여, 2첩 분량을 1일 3회 공복에 복용한다.

『오보원』

예비엄마로서 지나치게 허약한 경우에는 건강하고 총명한 아기를 낳기 위해서는 임신 전에 『오보원』이라는 처방을 쓰면 좋다.

[처방] 지골피 · 백복령 · 우슬 · 숙지황 · 인삼 각각 40g.

[복용법] 이상을 가루내어 꿀로 반죽해서 0.3g 크기의 알약을 만들어 1회 50~70알씩을 데운 술 또는 3% 농도로 소금을 넣어 끓인 물로 1일 2~3회 공복에 복용한다.

임신 초기, 태아기(胎芽期)의 영양은…

임신 초기, 태아기에는 특히 충분한 영양 섭취에 중점을 두어야 한다. 뇌의 기형 발생도 임신 1주~6주 사이, 그 다음으로 7주~12주 사이의 영양을 잘못 섭취한 데에서 많이 일어난다. 또 영양이 불충분하면 9주~12주에 생기는 손발의 뼈가 발달이 불충분해지고, 태아의 수족이 원만하게 만들어지지 않는다. 입덧도 심해지고 미숙아가 되는 경우도 많다.

따라서 다음 같은 기준으로 영양을 섭취할 필요가 있다.

①양질의 단백질과 칼슘, 비타민과 미네랄 등을 충분히 섭취한다.

육류, 동물의 간과 내장, 우유, 치즈, 달걀 노른자, 장어나 미꾸라지 등 생선 특히 뼈째 먹는 생선, 굴, 해조류, 콩, 해조류, 그리고 파슬리나 피망이나 양배추 같은 녹황색 야채 등이 좋다.

②입덧을 줄이기 위해 물을 충분히 마시도록 한다.

그러나 고형체와 액체의 것을 함께 먹지 말고, 고형의 것이 위 속에 자리잡은 뒤에 액체의 것을 마시도록 한다. 식사 횟수에 구애받지 말고 먹을 수 있을 때 몇 번이라도 먹는 것이 좋다. 찬 것, 시큼한 것을 먹되 자극성 식품이나 향신료는 피하도록 한다.

③태아의 세포분열을 돕기 위해 엽산이 풍부한 시금치, 상추, 쑥갓, 간, 콩, 팥 등을 많이 먹는다.

④태아의 내분비계 발달이나 세포 만들기를 돕기 위해 식물성 기름을 이용해서 불포화지방산을 적극적으로 섭취해야 한다.

⑤태아의 두뇌 발달을 위해 고단백과 철분 섭취에 신경을 써야 한다.

동물의 간, 소라, 가다랭이말림, 굴, 조개류, 메밀, 쑥갓, 미나리, 시금치, 우유, 호도, 잣, 아몬드 등을 많이 먹는다.

임신 중기 · 후기의 영양은…

①양질의 단백질, 특히 우유나 유제품, 달걀 혹은 명란젓 같은 알 종류를 많이 먹는다. 태아의 근육, 혈액, 뼈를 만드는 데 좋다.

②육류, 어류, 콩 제품을 많이 먹는다. 특히 철분이 많은 간이나 비타민 B_1이 풍부한 돼지고기, DHA가 많이 함유되어 있어 태아의 뇌세포 발달에 도움이 되는 등푸른 생선을 많이 먹는다. 또 콩에는 나토키나제라는 성분이 있어 혈액의 흐름을 원활하게 하므로 좋다.

③야채, 과일, 감자 등으로 비타민 A · C, 미네랄, 섬유질 등을 충분히 섭취하도록 한다. 변비 해소나 산성과 알칼리성의 밸런스를 유지하는 데 도움이 된다.

④현미, 배아, 당질과 유지류로 에너지를 강화시킨다. 이들의 원활한 작용을 위해 장어, 부추, 표고버섯, 참깨, 토마토 등을 적절히 배합하도록 한다.

⑤다시마 등의 해조류는 임부의 변비 해소에 한몫을 하지만 태아의 성장을 촉진하는 성분도 함유하고 있어서 아주 좋다.

⑥매끼마다 알차게 먹되 짜게 먹지 않도록 하며, 수분은 지나치지 않게 하루 1,500cc 정도에서 부종의 여부에 따라 조절하고, 맹물보다

> ✐ **주의 하세요**
>
> 임신중에는 비늘 없는 생선, 율무, 반하, 알로에, 엿기름, 술, 담배, 커피 등의 식품과 약물 및 생냉물을 비롯한 자극성 향신료와 이와 유사한 식품이나 약물, 또는 기호품들을 다 금해야 한다.

는 보리차 · 신선한 과일주스 등을 마신다.

⑦ 분만 때 출혈을 예방하기 위해 35주 이후부터는 비타민 C · K · B, 엽산, 철분 등이 많이 함유된 식품을 섭취하도록 노력한다. 이런 식품으로는 효모, 붉은색 육류, 간, 우유, 치즈, 달걀 노른자, 어란, 조개, 멸치, 김, 양배추, 시금치 등을 들 수 있다.

임신중에 필수적으로 섭취해야 할 비타민 C

● 비타민 C는 여자의 미용뿐 아니라, 월경불순, 습관성 유산 등에도 좋다.

유산의 위험이 있는 33명의 임산부에게 비타민 C와 P, K를 각각투여했더니 91%가 무사히 출산을 했으며, 46명의 임신부들에게는 이를 투여하지 않았더니 100% 전부 유산되고 말았다고 쟈바트와 스탠더라는 두 사람이 연구결과를 발표한 바 있다. 또 이들 두 사람은 산달에 있는 임산부의 모체 안의 혈중 비타민 C를 측정했더니 평상시의 1/3 정도에 불과하더라고 아울러 발표했다.

● 즉 모체에 있는 비타민 C가 태아에게 굉장히 많은 양을 뺏기고 있으며, 농도는 모체의 것보다 4배나 된다는 것이 이것을 입증하고 있으므로, 임신중에는 비타민 C의 섭취를 늘려야 한다. 성인의 1일 필요량보다 10mg 정도 더 많이 섭취해야 한다.

● 물론 임신중에 담배를 피우는 것은 모체와 태아에게 악영향을 준다

는 것은 이미 널리 알려진 사실이다. 더구나 담배를 피우면 피우지 않는 경우보다 혈중 비타민 C가 반씩이나 감량하기 때문에, 더욱이 비타민 C가 절실히 요구되는 임신중에는 금연하는것이 바람직하다.

● 수유중에도 역시 비타민 C가 필요하다. 모유에 의해 신생아에게 빼앗기므로 수유중에는 40mg 정도를 더 늘려야 한다. 비타민 C는 야채와 과일에서 섭취하는 것이 가장 좋다. 그 중에서도 가장 좋은 것이 파슬리며, 양배추, 피망, 시금치, 귤, 녹차, 상추 등도 좋다.

상추는 유럽에서 제일로 손꼽히는 채소로써 신경과민과 불면에 좋고 구취 제거와 유즙 분비, 그리고 이뇨작용이 있기 때문에 신경이 불안한 여자, 수유중인 여자, 또는 아침에 기상하면 얼굴과 손이 푸석푸석 부어서 기분이 언짢은 여자에게 권할 만하다. 솎음배추도 좋다. 비타민 C가 귤이나 양배추보다 많이 함유되어 있다.

여성이면 꼭 섭취해야 할 비타민 E, 토코페롤

● 여자가 가장 관심을 갖게 되는 것이 비타민 C와 E다. 비타민 E의 정식 명칭은 '토코페롤(tocopherol)'이다. 임신과 아기의 두 단어가 합성된 것이 토코페롤이므로, 이를 '불임 비타민' 또는 '회춘 비타민', '정력 비타민'이라고 칭하고 있다.

● 이름 그대로 이것이 결핍되면 불임증, 유산, 대하 증세가 나타나며, 남자에게서는 정자 형성 기능이 감퇴한다. 근육의 영양 장애와 중추신

경 장애가 일어나며, 세포의 급속한 노화로 생명이 단축될 수가 있다.

● 그리고 이것이 충족되면 세포가 항상 젊음을 유지함으로써 장수의 비결이 되므로 일명 '불로장수 비타민' 이라고도 한다.

알파(α), 베타(β), 감마(γ), 델타(δ), 엡실런(ε), 제타(ζ), 에타(η)의 7종류에 세타(θ)까지 총 8종류가 현재 발견되었으며, 지용성 비타민에 속하고 비타민 C와는 상호 작용을 강화하는 관계에 있다. 또 비타민 B6, B12, C와 함께 '조혈 비타민' 으로 불리고 있는데, 혈액제조 과정에서 비타민 E는 조효소 기능을 한다.

● 아무튼 비타민 E는 '섹스 비타민' 이다. 피부노화와 세포노화를 방지하고, 기미, 주근깨 등에도 효과가 있으므로 '미용 비타민' 이기도 하다. 소맥배아, 해바라기유, 음양곽, 염소 등에 많다.

● 음양곽은 남자에게는정액 분비를 촉진하고 정력을 증강시키며, 여자에게는 불임증에 효과가 있다. 더구나 저혈압으로 항상 뒷머리가 무겁고 피로하며, 허리와 무릎이 뻐근하며 힘이 없고, 신경쇠약으로 고생하는 여자에게는 더욱 좋다. 음양곽의 말린 잎, 줄기 등을 차로 끓여 마시면 된다. 염소에도 비타민 E가 45mg이나 함유되어 있고, 칼슘이 112mg, 철분이 21mg 그리고 비타민 B1, B2 등이 골고루 들어 있어서 여자의 보신제로 그만이다.

임산부 보약으로도 좋은데, 당귀를 비롯한 몇 가지 한약재를 넣고 '염소소주' 를 만들어 복용하면 큰 효과가 있다. 소화흡수율은 높으며 지방은 적기 때문에살찔 염려가 없다. 또 보혈제로도 손색이 없지만, 불임증과 대하증에도 훌륭한 치료제가 된다.

● 또, 요즈음에 와서 수입상품으로 인기를 끌고 있는 아보카도유에도 비타민 E가 많고, 항산화작용을 방지해서 세포 노폐물이 단백질과 결합하여 기미를 비롯한 미용에 저해되는 요인이 생기는 것을 예방해 준다. 세계에서 제일 영양가 높은 과일로 기네스북에 올라 있다는 아보카도에 바로 비타민 E가 듬뿍 들어 있는 것이다.

임신중에 특히 좋은 음식은…

《태교신기》에는 "자식이 단정하기를 바라거든 잉어를 먹으며, 자식이 슬기롭고 기운 세기를 바라거든 소의 콩팥과 보리를 먹으며, 자식이 총명하기를 바라거든 해삼을 먹으며, 해산에 임박해서는 새우나 미역을 먹을지라."고 했다.

● 잉어

잉어는 임신중 기력이 떨어졌거나 부종이 있을 때 좋다. 1kg 정도의 잉어를 구해, 내장을 제거한 뒤 씨를 뺀 대추 50개를 뱃속에 넣고 삶아, 그 물을 여섯 번에 나누어 복용한다.

태아가 너무 많이 움직여서 복통이 심하고 배가 밑으로 처지면서 하혈할 때는 아교주(아교를 잘게 썰어 활석분에 원구형으로 하얗게 부풀도록 볶은 것) 40g과 찹쌀 2홉을 잉어 뱃속에 넣고 삶아, 여섯 번에 나누어 복용한다.

● 해삼

해삼은 인삼에 버금갈 정도로 좋다 하여 '바다의 인삼'이라고 하는데, 단백질과 칼슘 및 철분이 풍부하여 빈혈에 좋고 치아와 골격 형성을 도우므로 임산부에게 좋다. 특히 콘드리아친 성분은 안태작용(태아를 안정시켜 유산을 방지하는 작용)이 뛰어나서, 한방에서는 임신부의 보약을 조제할 때 인삼 대신 해삼을 쓰는 경우가 많다.

● 미역

미역은 열과 혈압을 떨어뜨리며, 요오드와 칼슘이 많아 태아에게 요오드를 많이 공급해야 하는 임산부에게 좋다. 미역은 여러 가지 요리로 조리해 먹을 수 있지만 물에 빤 뒤 잘게 뜯어 양념한 고기와 함께 볶은 다음 차가운 냉국에 넣고 식초를 조금 쳐 먹으면 맛도 별미이지만 임신부와 태아의 빈혈 예방과 골격 형성 및 건강에 더없이 좋다.

● 대추

허약한 임산부는 대추를 종이에 싸서 불에 구워 한 번에 20~30개 정도씩 장기 복용하면 좋다. 태아를 편안하게 보호해 주는 안태작용을 하며, 기혈이 허해질 대로 허해진 상태를 북돋우는 보허작용을 할 뿐 아니라, 신경 안정과 심장 부담을 줄여주는 효과가 크다.

● 잣

안태에 효과가 있는 것으로 잣을 먹으면 좋다.

잣죽도 좋고, 잣을 넣은 밤암죽을 먹는 것도 좋으며, 텔레비전을 보거나 독서를 하면서 심심풀이로 잣알을 조금씩 입에 넣고 씹어 먹는 방법을 취해도 좋다. 태가 불안정하여 혈성 분비물이 보이고, 하복부나 허리에 둔중한 동통이 올 때도 잣을 복용하면 놀라운 정도로 안태가 된다.

● 호박손 · 호박꼭지

《동의보감》에는 임신중 질환으로 '태루'라는 병증이 있다. 쉽게 말해서 임신중 자궁출혈을 말한다. 여하간 태루라 하여 태아가 불안정하여 복부에 응어리가 지면서 뛰고 혹 아픔을 주기도 하며, 출혈까지 보일 때 급히 호박꼭지를 구해다 볶아 가루내어 찹쌀뜨물이나 찹쌀미음에 타서 먹으면 좋다.

아니면 호박줄기가 뻗어나갈 때 생기는 '호박손' 이 있다. 호박줄기가 뻗을 때 연하고 꼬불거리는 갈퀴를 내어 나무를 감고 올라가는 것을 호박손이라고 한다. 이 호박손을 채취하여 삶아서 그 물을 마셔도 효과적이다. 금방 자연유산이 될 것 같이 급박한 상황도 호박손을 삶아 그 물을 마시면 안심할 수 있을 정도로 안태가 된다.

● 연뿌리생즙

생 연뿌리를 강판에 갈아 그 즙을 짜낸 다음 소금을 약간 타서 간간하게 맛을 낸 다음 1회에 100cc씩 마신다. 생 연근즙은 엄청난 지혈작용이 있다.

여기에 소금을 조금 타는 것은 마시기 편하게 하려는 의도도 있지만 소금 자체가 또 지혈

작용을 하기 때문이다.

쑥은 몸을 따뜻하게 덥히는 역할도 하지만 자궁의 혈류를 원활하게 만들고 안태시키며 지혈작용까지 하기 때문에 임신중에 좋다. 식욕도 증진시키고 소화기 기능도 강화시킨다.

생쑥을 즙내어 마셔도 좋고, 봄에 채취한 쑥을 말려 오래 보관해 뒀다가 쑥차를 만들어 마셔도 좋다.

예로부터 오래 묵힐수록 좋은 약이 된다는 6가지 약재 중 하나가 쑥이므로, 쑥은 오래 묵힐수록 효과가 더 좋아지고 몸을 따뜻하게 하는 작용이 더 세진다.

혹은 쑥을 태워 검게 된 것을 끓여 마셔도 좋다. 생쑥이든, 말린 쑥이든, 말려서 오래 묵힌 쑥이든 다 지혈작용이 있지만 검게 태운 쑥만큼 지혈작용이 강한 것도 없다.

● 당귀차

당귀라는 약재는 '승검초'라고 하여 예로부터 식품으로 많이 먹어왔었다. 피를 보하고 혈액 성분이 될 영양 물질을 듬뿍 함유하고 있다고 알려져 있는 강력한 보혈제의 하나이다.

임신중에 허리까지 무지근하면 당귀를 차로 끓여 마시는 방법도 좋다.

이것은 임신중 빈혈도 치료한다.

'입덧이 날 때' 어떻게 할까요?

임신중에는 여러 증상이 나타나 고생스럽기도 하고 또 위험스럽기도 하다. 우선 입덧이 날 때 어떻게 할까?

입덧을 '임신오조증'이라고 한다. 임신 제6주~제8주 정도 사이에 메스꺼움과 구토 증상이 나타나는데, 전체 임산부의 약 60% 정도에서 볼 수 있다. 이 증상은 일종의 생리적 현상이지만 만일 악화되면 임신중독증으로까지 번질 수 있으며, 심하면 투명한 위액 뿐 아니라 담즙이나 혈액을 토하거나 발열을 수반할 수도 있다.

대개 수정란의 주위 융모 조직에서 분비하는 일종의 독소인 수용성 물질로 인하여 혈액이 물리·화학적 변화를 일으켜, 이것이 위장을 자극함으로써 위산 분비 감퇴가 초래되어 이 증상이 온다고 설명을 하지만, 한의학에서는 소화 기능 장애 및 담과 위열 등으로 태기가 위에 역상하기 때문에 오는 것으로 보고 있다.

입덧을 줄이려면 우선 먹을 수 있는 좋아하는 음식물을 조금씩 수시로 나누어 먹어 빈 속이 되지 않도록 하고, 밤중에도 가끔 입을 축일 수 있도록 음료수를 준비해 둔다. 음식물은 인스턴트 식품, 조미료나 인공첨가물이 든 것을 피하고 음식냄새가 별로 없는 것을 선택한다.

입덧으로 구토한 후 수분 결핍과 변비를 막기 위해 수분을 될수록 많이 섭취하도록 해야 한다. 또 정신안정과 적당한 운동 및 휴식이 필요하다. 특히 식사한 다음에는 30분 내외로 꼭 쉬도록 해야 한다.

물론 충분한 수면, 그리고 남편과 가족들의 사랑이 절대적으로 필요하다는 것을 정말 잊지 말아야 한다. 사랑만으로도 입덧은 가라앉는다. 그 어떤 식품이나 약보다도 사랑은 가장 큰 치료제가 된다.

가능한 한 약은 먹지 않도록 한다. 그리고 성교는 가급적 피하도록 해야 한다.

입덧(임신오조증)을 가라앉히는 약차는…

● 생강차

메스꺼움을 진정시키는 작용이 뛰어나다. 껍질 벗긴 생강 한 톨을 씻어 강판에 간 다음 꼭 짜서 커피잔 한 잔 분량의 뜨거운 물에 섞고 꿀을 타서 1일 3회 마신다.

《동의보감》에도 "생강에는 지구작용, 즉 구역감을 그치게 진정시키는 작용이 있다."고 했다. 그래서 우리 나라 뿐 아니라 중국, 인도 등지에서도 입덧에 생강을 많이 써왔었다.

● 죽순차

죽순을 따뜻한 물이나 쌀뜨물에 짧게는 한두 시간에서 넉넉하게는 하룻밤 동안 담갔다가 건져내어 흐르는 물에 깨끗이 씻은 다음 냉장고에 보관해 두고, 하루에 20g씩 잘라 물 500cc를 넣고 물이 반으로 졸 때까지 끓여 두고 수시로 나누어 마신다.

● 모과차

모과 1개를 강판에 갈아 즙을 짜낸 뒤, 이 즙의 2배 가량 되는 물을 붓고 물이 반으로 졸 때까지 끓여서 냉장고에 차게 보관했다가 하루에 20~30ml씩 차갑게 마신다.

● **검은콩순차**

검은콩을 물에 불려 시루에 담는다. 마황이라는 약재를 진하게 달여 그 물을 식혀 두었다가 그 물을 하루에도 몇 번씩 시루에 담긴 검은콩 위에 뿌려준다.

그러면 곧 검은콩에서 순이 솟아나는데, 1~3cm 정도 순이 자랐을 때 시루에서 검은콩을 건져내어 햇볕에 잘 말려둔다. 이것을 1일 20g씩, 물 500cc로 끓여 반으로 줄면 하루 동안 나누어 마신다.

임신중독증의 3대 증상 : 단백뇨 · 부종 · 고혈압

● 임신중에는 여러 가지 증상이 나타나기 쉽다. 그래서 고생스럽기도 하지만 또 위험스러운 적도 많다. 그 위험스러운 증상 중 하나가 바로 임신중독증이다.

태반에서 나오는 독소에 의해 혈관, 호르몬, 자율신경계 등의 변화로 고혈압 · 부종 · 단백뇨의 3가지 주요 증상을 일으키는 것을 임신중독증이라 하며, 임신중 질환으로서는 높은 발병률을 가진 증상이다.

● 이것은 임신 초기에는 거의 발생하지 않으나 24주 이후에 많이 나타나며, 분만한 후, 산욕기 등에도 빈발하여 산모 사망 원인의 약 50%가 이 증상 때문이라고 한다.

임신 전 고혈압증 질환을 가진 부인이 임신 24주 이후에 이 중독 증상과 합병되면, 급격히 악화된다. 그러면 태반의 혈액순환 장애로 태아 발육부진 뿐 아니라 태아가 산소 결핍으로 질식 상태에 빠질 수도 있다.

● 임신중독증이 발병되면 견딜 수 없을 만큼 피곤해진다. 그리고 두통·현기증과 함께 손발과 얼굴 등이 붓고 소변량이 감소되며, 소변에 단백이 섞여 나오는 단백뇨가 보인다. 따라서 체중이 증가하게 된다. 이것은 비만증으로 체중이 증가하는 것이 아니라 부종으로 체중이 증가하는 것이기 때문에 자신이 봐도 다르다.

● 한편 혈관 경화로 고혈압을 띠게도 된다. 물론 소변에 단백이 빠져 단백뇨가 보이면 혈중 단백이 그만큼 줄게 되어 저단백혈증을 일으키게 되고, 저단백혈증이 되면 붓는 것이 더 심해지게 될 뿐 아니라 저단백혈증은 신장의 혈류량을 감소시켜서 신장에서 비상으로 레닌이라는 호르몬이 분비되게 되며, 이렇게 되면 고혈압은 더 심각해지게 된다.

● 까닭에 임신중독증이 되면 단백뇨, 부종, 고혈압의 3대 증상이 나타나게 되는 것이다.
  이 중독 증상이 악화되면 시력 장애가 온다. 상복부에 동통을 느낀다. 메스꺼움이 심해지고 구토가 오게 되며, 미숙아 상태로 조산하거나 혹은 자궁내에서 태아가 사망할 수도 있다.
  보통 분만과 함께 중독 증상은 회복되는 급성증인데, 전신 경련이 발작할 때 혀를 깨물어 갈라지는 일도 있고, 졸도로 외상을 입기 쉬우며, 장기간 혼수 상태에서 폐수종이나 폐렴이 생기기도 쉽다.

● 대개 발작중에는 의식 불명, 동공산대로 광선에 대해 무반응을 보인다. 그러니까 눈동자가 풀어져서 빛에 대해 아무 반응도 보이지 않고 눈동자가 풀어진 채 그대로 있다는 얘기이다.

또 중증일 때의 맥박은 1분간 120~180으로 된다.

혈압의 상승으로 수축기 혈압이 140mm/Hg 이상으로 뛰어오르고, 소변 속의 요중 단백은 10% 이상을 보이면서 소변량이 현저히 감소하며, 때로는 소변이 아예 없을 수도 있다. 아주 위험한 상태이다. 단, 발작 중 경련시에는 체온이 상승하지만 발작 후에는 정상으로 된다.

● 임신중독증이 되면 급히 병원을 찾아야 한다. 그러나 가급적 임신중독증이 일어나지 않도록 생활상에서 여러 가지로 주의를 해야 한다.

평소 고혈압증을 갖고 있는 부인은 임신과 함께 수시로 진찰을 받도록 할 것이며, 일단 임신중 발목 등이 부었다고 생각되는 사람들도 지체 말고 진찰을 받아야 한다. 따라서 임신 초기부터 체중을 자주 측정하는 것은 병의 조기 발견의 첩경이 된다.

아울러 자극성 음식물과 특히 짠 음식물은 피하고, 저칼로리 음식물과 함께 적당한 운동, 휴식, 수면, 안정 등을 취해야 한다는 것을 잊지 말아야 한다.

임신중 발작, 자간증…

● 《동의보감》에는 임신중 병증으로 '자간증'이라는 것이 나온다. 이것은 임신중 간질 발작과 같은 것이며, 임신중 풍기와 같은 것이다. 그래서 이것을 '임신간증' 또는 '임신중풍'이라고 부르기도 한다. 그러나 사실 이 증상은 임신중에만 나타나는 것이 아니라 산후에도 나타나는 것이다. 다시 말해서 이 증상은 임신 후반기 즉, 8개월 후부터 몸을 풀 시기

또는 분만과 산욕 24시간 이내에 잘 나타난다.

● 갑자기 어지럽다가 정신을 잃고 넘어지면서 팔다리에 경련을 일으키고 이를 악물며 눈알이 곤추서고 입으로 흰 거품침을 게우며 심하면 '각궁반장'을 일으킨다. 각궁반장이란 몸이 뒤로 젖혀지는 증상이다. 즉 등이 가슴쪽으로 휘어들어 반듯이 누울 때 머리와 발뒤축만 바닥에 닿고 잔등이 들리는 증상이다.

● 또 전간 발작과 비슷하게 나타나는데, 때로 발작했다 멎었다 한다. 자간증은 대단히 위중한 병증이다.
혈중 단백 등 구조적 물질인 음액이 부족해져서 간풍, 심화가 동하여 고혈압 등을 일으키면서 오는 병증이 바로 자간증이라는 얘기이다.
여하간 자간증은 갑자기 강직성 경련과 간대성 경련 등의 전신 경련이 반복되고 혼수에 빠지게 되는 위중의 병증이다. 물론 이 혼수기에는 경련이 잠시 멎는다. 가벼운 발작이나 발작 횟수가 적을 때는 혼수기가 빨리 그치고 회복되나, 중한 발작 혹은 횟수가 잦을 때에는 쉽게 회복되지 않으며, 끝내는 지속적으로 이 상태가 계속되는 수가 있다.

● 자간증의 경중과 그 나타난 증세로 보아 예후가 불량한 것은 다음과 같다.
자간 발작으로부터 분만까지의 시간이 길다. 맥이 가늘고 약하고 1분간 120 이상을 나타내며 호흡수가 매분 40 이상이다, 혈압이 급히 저하하고 폐수종이 발생하고 얼굴이 창백해지며, 심장 쇠약 및 혈관 허탈 증세가 있다. 체온이 39℃ 이상으로 발열이 일어난다 하는 증세가 있을 때는 자간증 중에서도 중증이요, 예후가 좋지 않다고 보아야 한다.

● 또 강한 발작과 동시에 발작 횟수가 20회 이상으로 빈번할 때, 심한 혼수 상태를 동시에 장시간 지속할 때, 소변량이 현저히 감소하여 1일 500cc 이하로 되고 특히 혈액이 섞여 나오는 소변을 아주 조금 보거나 혹은 소변을 전혀 보지 못하는 무뇨일 때 역시 자간증 중에서도 중증으로 보며, 예후가 나쁜 것으로 보아야 한다. 그리고 합병증으로 황달이 병발할 때나 뇌일혈 혹은 심장쇠약 등일 때도 중증의 자간증으로 간주되어 예후가 아주 불량한 것으로 보아야 한다.

● 이상과 같은 증세가 나타날 때에는 사망에 이르는 수도 있다. 또 이러한 때에는 태아에게도 나쁜 영향을 주어 그 사망률은 약 30~50%에 달한다고 한다. 여하간 자간증 발작시에는 그 주위에 위험한 물건들을 치우고, 혀의 손상을 방지하기 위해 작은 붕대 뭉치나 수저 손잡이에 수건이나 헝겊을 말아서 입에 물리도록 한다. 그리고 조용하면서도 광선이 없는 어두운 방에 눕히고, 발작이 없어져도 24시간 계속 주시하면서 안정을 취하도록 해주어야 한다.

임신중 부종은…

● 임신중 부종은 임신 후반기 제7개월 후에 많이 나타나는 임신중독증 중 경증에 속한다.

처음에는 소량의 단백이 소변에 섞여 나오지만 점차 증가하여 2~3%

에 달하는 수가 있다. 따라서 소변량은 감소하여 평소에 비해 반으로 줄거나 3분의 1 이하로 되고 소변의 비중은 증대한다.

● 손발은 물론 온몸이 잔뜩 붓게 된다. 따라서 전신 부종으로 체중이 증가한다. 그러니까 비만해져서 체중이 증가하는 것이 아니라 온몸의 부종 때문에 체중이 증가하는 것이다. 이렇게 단백뇨가 빠지고 혈중 단백이 떨어져 저단백혈증이 되면 혈압이 치솟게 된다. 따라서 단백뇨·부종·고혈압 등 임상에 있어 주요한 징후를 나타낸다.

● 대개 '임신중 부종증' 은 이러한 증상에 주의하여 관찰하면 비교적 쉽게 진단을 내릴 수 있으나, 임신의 합병증인 신장염과의 감별은 반드시 쉬운 것은 아니다.

임신중 부종을 한의학에서는 그 원인이 심장병에 있거나, 소화기 기능이 약한 임신모가 임신 기간 중 음식에 주의하지 않고, 얼음이나 냉과물 등을 과식했기 때문에 발병된다고 보고 있다.

또한 부종이 생기는 상태에 따라 5가지로 분류하여 그에 대한 치료 방법도 달리하고 있다.

5가지로 분류한 이 병의 종별을 한 번 살펴보자.

① **임신중 부종 중 '자종증'** 얼굴에 부종이 생긴 후에 점차로 사지나 전신에 부종이 생기고, 급한 기침이 나며 복부가 창만해서 견딜 수 없게 된 증상 외에 소변이 잘 안 나오며 붉은색을 띨 때도 있다는 것이 자종중이다.

② **임신중 부종 중 '자기증'** 하체의 발부터 부종이 생겨 점차 무릎까

지 부종이 생기는 증상이며, 대소변이 불통될 때도 있다.

③ **임신중 부종 중 '자만증'** 임신 5~6개월 후 전신에 부종이 나타나고 복부가 창만하고 팽창하며, 천식증이 있다. 그리고 대소변이 잘 통하지 않을 때도 있다.

④ **임신중 부종 중 '추각증'** 양쪽 다리에 부종이 생기며, 부종 부위의 피부가 두터워 진 듯한 증상이다.

⑤ **임신중 부종 중 '취각증'** 양쪽 다리에 부종이 생기나, 그 곳 피부 감촉이 엷은 듯 하다고 느껴지는 증상이다.

임신중 부종이 있을 때의 섭생법은…

① 때때로 종아리나 복사뼈를 눌러 보아 부기가 있는지를 확인하고, 만약 부기가 있다면 빠른 시일 내에 정확한 진단을 받아 치료를 하도록 한다.

② 손가락이 부었을 때는 끼었던 반지를 뽑아둔다. 조용히 누워 심신의 안정을 취하면서 수분이 많은 음식이나 염분이 많이 든 음식을 삼가도록 한다.

③ 치자열매를 잘 씻어 햇볕에 말린 다음 분마기에서 곱게 가루로 내어 1회에 4~6g씩을 한 그릇 되는 미음에 타서 먹도록 한다.

④ 큰 잉어를 고아서 수시로 복용한다. 잉어의 머리를 칼로 쳐서 나쁜 피를 조금 뽑아내고 비늘은 긁지 말고 잉어의 내장을 제거한 후 그 뱃속에 팥 한 줌을 듬뿍 넣은 후 배를 묶은 다음 중탕을 하여 그 즙을 짜서 마시거나 고아서 그 물을 수시로 복용한다.

⑤ 뽕나무 뿌리, 팥, 삽주뿌리를 각각 20g씩 같은 분량으로 혼합하여

물 500cc로 달여서 3분의 1까지 바짝 졸여 꼭 짜서 물만 취하여 하루 동안 여러 차례로 나누어 마신다.

⑥ 으름덩굴과 복령을 각각 10g씩 같은 분량으로 혼합하여 물 300cc로 끓여 하루 3회, 공복에 복용한다. 으름덩굴은 '목통'이라는 약명으로 건재약국에서 구입할 수 있다.

임신인 줄 알았는데…, '상상임신'

상상임신은 옛날에는 귀신과 교접하여 나타난다고 생각했었다.

그래서 《동의보감》에서는 이 상상임신을 '귀교' 즉, 귀신과 교접하여 임신한 것이라고 표현하고 있다. 그러나 사실 이 증상은 귀신과 교접해서 생기는 것이 아니라 귀신에 홀린 듯 자기 감정, 자기 정서에 홀려 임신한 것 같은 증상이 나타나는 것이다.

그러니까 분노, 우울, 공포, 놀람 등 일곱 가지 정서, 즉 칠정이 제대로 풀어지지 못한 관계로 인해서 자신의 기혈이 자궁에 뭉쳐진 것이다.

즉, 임신되기를 몹시 갈망했거나 염려했을 때, 또는 임신과 비슷한 어떤 증상을 임신이라고 생각했을 때, 정신 이상이 있을 때, 정상적으로 임신을 하지 않았음에도 불구하고 모든 증상이 마치 임신한 것처럼 나타나는 상태를 말한다.

상상임신의 경우에는 어떤 증상이 나타날까?

● 대개 임신의 증상 그대로 나타난다. 정신적인 영향으로 월경이 그

치고 메스꺼움이나 구토 등 입덧이 나는 듯하며 복부도 점차 불러져서 흡사 임신한 것처럼 되며 유방의 종대나 착색도 있을 수 있다. 심지어는 배꼽이 있는 곳이나 혹은 배꼽 아래 좌측에서 태동도 느끼는 것 같고, 마지막에는 진통이 온다고 산부인과를 찾는 일마저 있다.

● 임신도 아닌데 어떻게 해서 배가 불러올까? 그리고 어떻게 해서 태동마저 느낄 수 있을까? 배가 불러오는 복부 팽대는 사실 신경성이거나 장의 가스 충만 또는 복부 지방질 과다 축적 때문이고, 태동의 감촉은 장의 운동을 잘못 느꼈기 때문이다.

이 증상을 임신으로 오진할 때가 있으니 세심한 내진을 통해 자궁의 정상 크기를 진찰해 내는 것이 정상 임신과 구별하는 진단 방법이 된다.

이상한 임신 또 한 가지, '포상기태'

● 포상기태는 융모 상피세포의 이상 증식과 그의 간질의 부종 등으로 임신은 되었으나, 자궁내에 태아가 생기는 대신 외관상 직경 0.3~1cm의 수많은 포도송이 같은 엷고 투명한 물주머니가 생겨 태반의 일부 혹은 전부를 메우고 있는 것이다. 마치 포도송이 같은 모양을 띤다고 해서 이런 이름으로 불린다.

● 포상기태는 초산부보다 30~40세의 경산부에 특히 많이 발병하는데, 약 2,000명 중 3명의 빈도로 발생한다. 일반적으로 보통 임신에 비해 입덧 즉, 임신오조 증세가 몹시 심하며, 임신 3개월 정도부터 부정 성기

출혈을 보이고 단백뇨·부종·고혈압 등의 임신중독증이 조기에 나타나며, 자궁의 급속한 증대로 임신 월수에 비해 자궁이 크다.

● 포상기태일 때는 난소가 응어리처럼 만져질 수도 있다. 부정 성기출혈 때 오랫동안 출혈이 있게 되면 심한 빈혈 증상을 나타내며, 포상기태의 분만시 다량의 출혈로 인해 사망하는 수가 있다. 특히 포상기태 분만 후 약 3~10% 정도가 암과 같은 무서운 악성 융모상피종이 발생하는데, 이 악성 종양이 자궁에 구멍을 내거나 질·뇌·폐장·간장·뼈 등으로 옮겨져 사망하는 수가 있다. 그리고 포상기태의 내용을 제거하는 수술을 한다고 하더라도 자궁내부가 매우 연화되어 있으므로 수술 중 자궁천공을 일으킬 위험도가 많다.

따라서 이것을 조기에 발견하기 위해서는 최소한 2년간은 임신이 되지 않도록 적당한 피임 방법을 강구해야 한다. 그리고 포상기태 분만 후 수시로 진단을 받도록 한다.

임신중에 먹으면 좋은 보약 처방에는…

「구기전」

임신중 빈혈 또는 호흡기가 약하고, 어지럼증, 나른함, 조열 등이 있을 때 쓴다.

처방 구기자즙·생지황즙 각각 500cc, 맥문동즙 900cc,

행인엿 180cc, 인삼가루 12g, 백복령가루 7.5g.

복용법 위의 야재를 함께 졸여 조청을 만들어 1~2스푼씩 온수로

1일 2~3회 식후에 복용한다.

「육미지황원」

빈혈 및 허열이 있고 몸이 여위며, 기침이 떨어지지 않을 때 쓴다.

처방 숙지황 320g, 산약 · 산수유 각각 150g, 백복령 · 목단피 ·
택사 각각 120g.

복용법 위의 약재를 가루내어 꿀에 반죽해서 0.3g 크기의 알약을
만들어 30알씩 1일 2~3회 온수로 빈속에 복용한다.

「당귀보혈탕」

빈혈에 쓰이며 기혈을 보강하여 폐 기능과 비장 기능을 돕고 음혈을
보강한다.

처방 황기 20g, 당귀 8g.

복용법 위의 약재를 물 300~500cc로 끓여 반으로 줄여 하루 동안
여러 차례로 나누어 복용한다.

「사군자탕」

용혈성 빈혈을 실험적으로 일으킨 동물실험 결과 적혈구, 혈색소, 혈
색소지수 등이 빨리 회복되었다는 보고가 있다.

처방 인삼 · 백출 · 백복령 · 자감초 각각 5g.

복용법 위의 약재를 물 300~500cc로 끓여 반으로 줄여 하루 동안
여러 차례로 나누어 복용한다.

이 처방에 『사물탕』(임신중에 임신모의 보혈 및 안태에 큰 역할을 처

방으로, 당귀·천궁·백작약·숙지황 각각 5g으로 구성되어 있다)을 가미하면 기혈을 함께 보하는『팔물탕』이 된다.

임신중에는 인삼을 빼고 해삼을 넣고 속단을 가미해서 안태약으로 많이 쓴다. 한편『팔물탕』에 다시 황기·육계 각각 4g, 생강 3쪽, 대추 2개를 가미하면 보약 중의 보약인『십전대보탕』이 된다.『십전대보탕』은 임신중일 때 뿐만 아니라 산후에도 기력을 보해주는 효과가 있어 좋다.

『십전대보탕』에서 인삼과 복령을 빼고 당삼과 구기자로 대체하면『가감십전대보탕』이 되는데, 피를 뽑아 일으킨 빈혈의 숫토끼와 1% 염산페닐히드라진 용액을 주입하여 일으킨 용혈성 빈혈의 숫토끼에게 실험을 해 본 결과, 빈혈 증상을 개선시키는데 걸린 평균 회복 일수가 불과 8.4일이었다고 할 정도로 빈혈에 매우 뛰어난 효과가 있다.

또『십전대보탕』에서 숙지황을 빼고 녹용을 가미하면『녹용대보탕』이 되는데, 이 처방도 빈혈에 효과가 있다.

임신중에 나타나는 증세를 다스리는 한방 처방

『천선등산』

임신중 부종, 혹은 부종으로 숨이 차고 손에서 진물이 나는 것을 다스린다.

처방 천선등(볶은 것)·당귀신·오약 각각 9g, 향부자(볶은 것)·자소엽·모과·대복피 각각 6g, 진피 5g, 자감초 3g.

복용법 분량의 약재들을 물 500cc를 붓고 끓여서 반으로 줄면 하루 동안 여러 차례로 나누어 조금씩 마신다.

『마두령산』

임신중의 해수, 천식을 다스린다.

처방 마두령 · 길경 · 인삼 · 감초 · 패모 각각 18.75g, 진피 · 대복피 ·

상백피 · 소엽 각각 37.5g, 오미자 9.3g.

복용법 분량대로 준비한 약재를 모두 섞은 다음 거칠게 가루내어

매회 15g에 생강 3쪽을 넣어 물 500cc로 끓여 반으로 줄면 하루 동안

여러 차례로 나누어 따뜻하게 먹는다. 단, 한의사의 지시에 따른다.

『귤피죽여탕』

입덧으로 속이 메스꺼움이 심한 것을 다스린다.

처방 진피 · 죽여 · 당삼 · 대추 · 생강 각각 12g, 감초 3g.

복용법 분량대로 준비한 약재에 물 500cc를 붓고 끓여 반으로 줄면

하루 동안 조금씩 수시로 차처럼 마신다.

유산

위 질환, 식도 하부의 질환, 목에 있는 종격동의 질환,
골반강에 종양이 있을 때도 딸꾹질이 난다.
딸꾹질이 오래 계속될 때는 정확한 진단을 받도록 한다.

자연유산은…

자연유산이란 인위적인 방법에 의해서가 아니라 자연적으로 제 스스로 태아가 완전히 성숙하여 분만하기 전에 모체에서 자궁 밖으로 나오는 것을 말한다.

대개 유산에 대해 한방에서는 자궁 허약으로 태아가 정상적으로 성장되지 않았거나, 갑작스런 심한 분노나 정신적 스트레스, 과도한 성 행위, 기타 질병의 발생, 외부적 스트레스—예를 들어 추락이나 부상이나 타박 등의 충격 따위—가 원인이 된다고 보고 있다.

원인에 따른 자연유산의 분류는…

자연유산을 원인별로 분류하면 매우 복잡해진다. 태아에 문제가 있어서 오는 경우도 있을 수 있고, 모체에 이상이 있어서 오는 경우도 있을 수 있으며, 아빠에게 문제가 있어서 오는 경우도 생각해 볼 수 있다.

따라서 자연유산을 상세한 원인들로 구별하면 다음과 같이 설명할 수 있다.

첫째, 태아에게 문제가 있어 자연유산이 되는 경우
즉 태아성 원인으로는 다음과 같은 것을 생각할 수 있다.
난자 자체의 병적 이상, 복통 겸 진통, 태아의 조기박리, 태아의 부속물의 원인 등을 들 수 있다.
그리고 태아의 부속물의 원인으로는 태아 이상, 양수 이상, 탯줄 이상, 난막 이상을 생각해 볼 수 있다.

태아 이상 경색시 영양의 불공급 또는 전치태반을 들 수 있다.
양수 이상 양수과다증이나 양수과소증을 들 수 있다.
탯줄 이상 탯줄이 꼬이든지 또는 너무 길어 몸에 감기거나 하여 질식 사망하는 것을 들 수 있다.
난막 이상 탯줄과의 부착을 생각할 수 있다.

둘째, 모체에 이상이 있어서 자연유산이 되는 경우
즉 임신성 원인을 들 수 있는데, 자연유산을 일으키는 엄마의 어떤 병, 즉 모성 질환에는 다음과 같은 것을 생각할 수 있다.

● 전신성 질환을 생각할 수 있다. 급·만성 전염병, 특히 감기로 인한

심한 기침이 자연유산을 일으킬 수 있다. 또 임신중독증, 심장병, 만성 신장염 등의 질환이 있을 때도 자연유산을 일으킬 수 있다.

● 화학 약품이나 가스의 중독증 또는 알칼로이드와 같은 자궁출혈 및 자궁의 강한 수축을 일으키는 약물 등을 사용했을 때도 자연유산이 쉽게 올 수 있고 과격한 운동, 어떤 수술, 외상, X-ray 조사 따위로 인해서도 자연유산이 될 수 있다.

● 황체 호르몬 및 갑상선 호르몬의 내분비 장애가 있을 때, 과격한 정신적 충격을 받았을 때, 상습적인 자연유산의 경향이 있는 선천적인 허약 체질일 때도 자연유산이 잘 일어난다.

물론 임신부와 태아의 혈액형이 틀릴 때도 자연유산이 될 수 있으며, 과도한 성 생활로 부부생활이 무절제했을 때, 또는 임신부가 몸을 몹시 차게 했을 때도 자연유산이 잘 일어날 수 있다.

셋째, 모체에 이상이 있어서 자연유산이 되는 경우

생식기 자체의 원인으로 자연유산이 일어나는 것으로는 다음과 같은 것을 생각해 볼 수 있다.

탈락막 이상, 자궁의 기형이나 발육 부전, 자궁근종, 자궁의 위치 이상, 난소염이나 충수염 등 자궁 주위의 염증 등에 의해서 자연유산이 일어날 수 있다.

넷째, 아기 아빠에게 문제가 있어서 자연유산이 되는 경우

부성의 원인으로는 정자 자체의 결함 등을 들 수 있다.

이와 같이 자연유산을 일으키는 원인은 실로 다양하다. 그런데 항간에는 습관적으로 자연유산을 하게 되면 자궁이 약해서 그런 것이라고 하면서 여성에게만 그 죄를 뒤집어 씌우는 바람에 죄인처럼 숨도 제대로 쉬지 못하고 사는 여성들이 꽤나 많다.

때문에 자연유산의 원인을 잘 알고 이를 시댁이나 남편에게 이해시킬 필요도 있고, 또 시댁에서도 '이런저런 많은 원인에 의해 자연유산이 일어나는구나!' 하는 것을 잘 알고 며느리의 입장을 이해해 주어야 한다.

알아두세요

임신중 태아 사망증

분만 전에 모체 내에서 태아가 사망할 경우가 있다.

태아가 모체 내에서 사망하게 되면 자궁 증대가 중지되거나 축소되며, 임신 후반기에는 태아 심음, 태동 등이 없고, 유방도 이완되며 초유 분비가 없어진다. 따라서 임신부의 체중도 감소된다. 아울러 질내에서는 나쁜 분비물이 흐르며 때로는 오심, 오한, 호흡곤란, 권태, 식욕부진, 하복부 냉감과 하복부의 중압감, 이물감 등이 자각된다. 심해지면 임신부의 혀가 푸르게 되거나 하복부가 얼음같이 차가와지고, 입에서 더러운 냄새가 날 뿐 아니라 더 악화되면 모체의 생명까지도 위험해진다.

그렇다면 태아 생사의 자가진단법은 없을까?

태아 생사의 감별 진단에 필요한 것은 두 가지이다. 하나는 '찰색' 이라고 해서 임신부의 안색을 살펴보는 것이며, 다른 하나는 '설태' 라 하여 임신부의 혀를 살펴보는 것이다.

찰색과 설태를 보는 요령은 다음과 같다.

① 임산부의 얼굴이 붉고 혀가 청색일 때에는 임산부는 이상이 없으나 분만아는 죽는다.

② 임산부의 얼굴이 푸르고 혀가 붉고 입가에 거품이 나오면 산모는 죽고 분만아는 산다.

③ 혀와 입술이 모두 푸르고 입가에 거품이 나오면 임산부나 분만아 모두 죽는다.

④ 임산부의 복부를 만져보아 냉감을 느끼면 사태(죽은 태아)고, 온감을 느끼면 사태가 아니다.

⑤ 임산부의 혀가 검은색이면 사태다.

습관성 유산일 때는…

자연유산 중에서도 태반 완성 전 유산과 태반이 완성된 후의 유산 증세 및 경과는 많은 차이점이 있다.

태반 완성 전인 임신 16주 이전에 유산된다면 아직 비후되어 있는 탈락막에 많은 혈관 분포로 처음부터 끝까지 출혈이 계속되고 하복부는 경련성 둔통이 간간이 있으며, 자궁 내용물의 일부 또는 대부분을 배출하되 내용물이 완전히 배출되어야만 출혈이 중지되는 것이 특징이다.

그러나 태반이 완성된 후인 임신 16주 이후에선 진통이 시작된 얼마 후에 내용물이 배출되며, 그 다음에 출혈이 있게 된다.

여하간 태반 완성 전이든 완성 후든 자연유산이 상습적으로 일어나는 경우가 있다. 이런 경우를 《동의보감》에서는 '활태' 라고 했다. 활태라고 하는 습관성 유산의 증상은 임신만 하면 대개 거의 같은 시기 즉, 임신 3, 5, 7개월에 아무 이유도 없이 습관적으로 3회 이상 임신 중절이 되는 것을 일컫는 것이다.

이것의 원인들을 보면 난자가 병적 난자인 경우, 자궁의 기형 및 발육 부전의 경우, 자궁경관이 확대되어 있는 경우, 경관 열상이 있는 경우, 체내 호르몬 이상과 비타민 결핍증이 있는 경우 등이 있다.

어쨌든 활태라고 불리는 습관성 자연유산이 이루어지면 처음부터 출혈과 아랫배의 경련성 둔통이 오는 경우도 있을 것이고 혹은 진통이 있은 다음 유산이 되고 출혈이 오는 경우도 있다. 따라서 출혈이 있고 유산이 되느냐, 유산이 있고 출혈이 되느냐 하는 차이는 있지만 선후를 따질 것 없이 될수록 빨리 손을 써야 한다.

성숙기에 있는 부인에게 무월경이 있다가 일정한 시기가 지난 후 자궁 출혈이 지속되고 동통을 느끼고 경관이 열려져 있으면 일단 유산을 의

심해야 하므로 전문의에게 빨리 진찰, 치료를 받도록 해야 한다.

습관성 유산 예방에 좋은 뜸요법

● 기해

기의 흐름이 이 곳에 모여 바다
를 이루고 있다고 해서 '기해' 라
고 이름이 붙여진 경혈이다. 배꼽
에서 불두덩이뼈까지를 5등분했
을 때 배꼽에서 5분의 1 되는 점과
5분의 2 되는 점을 찾고, 그 두 점
의 중간이 바로 기해 경혈이다.

> ✎ **주의 하세요**
>
> 임신 전에 임신이 잘 되게 여건
> 을 만들거나 습관성 유산을 예
> 방하려고 뜸을 뜨면 효과가 좋
> 다. 뜸을 떠서 좋은 효과적인 경
> 혈은 많지만 여기서는 주요 몇
> 개의 경혈만 소개하기로 한다.
> 그러나 임신중에는 뜸을 시술
> 해서는 안 된다.

● 관원

원기가 드나드는 관문이라고 해서 '관원' 이라고 이름이 붙여진 경혈
이다. 원기는 인체의 모든 생명 활동을 추진하는 근본이 되는 에너지이
다. 배꼽에서 불두덩이뼈까지를 5등분했을 때 배꼽에서 5분의 3 아래에
위치하고 있다.

● 삼음교

세 개의 음(陰) 경락이 교차되는
지점이라고 해서 '삼음교' 라는 이
름이 붙여진 경혈이다. 세 개의 음

경락은 비장경락, 간장경락, 신장경락이다.

　이 경혈은 예로부터 여성을 위한 경혈로 일컬어져 왔다. 안쪽 복사뼈 위로 세 손가락쯤에 위치하고 있다.

유산의 섭생법에는…

　● 우선 심한 운동이나 육체적 과로를 피하고 감정의 변화를 억제하며 정신적 안정을 취해야 한다. 임신중에는 기거 동작을 신중히 하여 높은 곳에 올라가거나 복부에 외상을 입지 않도록 해야 한다.

　《심청전》의 곽씨부인이 심청을 임신했을 때, '모난 곳에 앉지도 않고 기운 곳에 서지도 않고 높은 곳에 오르지도 않으면서 주의했다.'고 하듯이, 이것도 태교의 중요한 한 부분이다.

　● 정기적인 임신 진단을 받아 조기에 임신 질병이나 자궁의 이상 그리고 임신중독증을 치료해야 한다. 이런 것들이 모두 유산을 일으키는 원인이 되기 때문이다.

　● 칼슘, 비타민, 단백질 등이 많이 포함된 음식물을 섭취한다. 태아의 뼈, 두뇌의 형성에도 이런 성분이 많이 함유된 식품이 꼭 필요하지만 유산을 방지하는 데에도 반드시 필요하기 때문이다. 물론 이외에도 임신 중에 많은 영양소가 필요한데, 다양한 식품에서 다양한 영양소를 고루 섭취하는 것이 중요하다.

　섬유질이 많은 식품도 필요하고, 수분을 충분히 취하는 것도 필요하다. 소·대변이 원활해야 복압도 상승되지 않고 신진대사도 원활하게 이루어져서 유산도 방지할 수 있다.

　● 과도한 성교를 삼가야 한다. 격렬한 섹스가 유산을 일으키는 원인

이 될 수도 있기 때문이다. 따라서 임신중 부부생활을 어떻게 하는 것이 좋은가를 익히고 신경을 쓰도록 한다.

● 습관성 유산이 있는 부인은 과거에 유산이 되던 시기가 되면 절대적인 안정을 취해야 한다. 다른 때보다 과거에 유산이 되던 그 시기쯤에 훨씬 유산이 잘 일어날 수 있기 때문이다. 그리고 절박유산일 때는 약 20일 정도 누워서 절대 안정을 취하도록 한다.

● 진행 유산이나 불완전 유산 때는 약물이나 수술 등의 방법으로 가능한 한 빨리 내용물을 완전히 제거해야 한다. 역시 자궁경관 열상이 있으면, 유산 후 수일 이내에 교정수술을 하도록 한다.

유산을 예방 · 치료하는 식품

● 상추

비타민 C는 미용뿐 아니라, 월경불순, 습관성 유산 등에도 좋다.

유산의 위험이 있는 33명의 임신부에게 비타민 C와 P, K를 각각 투여했더니 91%가 무사히 출산을 했으며, 46명의 임신부들에게는 이를 투여하지 않았더니 100% 전부 유산되고 말았다고 쟈바트와 스탠더라는 두 사람이 연구결과를 발표한 바 있다. 또 이들 두 사람은 산달에 있는 임신부의 모체 안의 혈중 비타민 C를 측정했더니 평상시의 1/3 정도에 불과하더라고 아울러 발표했다.

즉 모체에 있는 비타민 C가 태아에게 굉장히 많은 양을 뺏기고 있으며, 농도는 모체의 것보다 4배나 된다는 것이 이것을 입증하고 있으므로, 임신중에는 비타민 C의 섭취를 늘려야 한다.

비타민 C는 야채와 과일에서 섭취하는 것이 가장 좋다. 그 중에서도 파슬리, 양배추, 피망, 시금치, 귤, 녹차, 상추, 솎음배추 등이 좋다.

특히 상추는 유럽에서 제일로 손꼽히는 채소로서 신경과민과 불면에 좋고 구취 제거와 유즙 분비, 그리고 이뇨작용이 있기 때문에 신경이 불안한 여성, 수유중인 여성, 또는 아침에 기상하면 얼굴과 손이 푸석푸석 부어서 기분이 언짢은 여성에게 권할 만하다.

● 아보카도

아보카도에는 비타민 E가 많고, 항산화작용을 방지해서 세포 노폐물이 단백질과 결합하여 기미를 비롯한 미용에 좋지 않은 요인이 생기는 것을 예방해 준다. 세계에서 제일 영양가 높은 과일로 기네스북에 올라 있다는 아보카도에 바로 비타민 E가 듬뿍 들어 있다.

비타민 E의 정식 명칭은 '토코페롤(tocopherol)'이다. 임신과 아기의 두 단어가 합성된 것이 토코페롤이므로, 이를 '불임 비타민' 또는 '회춘 비타민', '정력 비타민'이라고 부른다. 이름 그대로 이것이 결핍되면 불임증, 유산, 대하증, 정자형성 기능 감퇴, 근육의 영양 장애, 중추신경 장애가 일어나며, 세포의 급속한 노화로 생명이 단축될 수 있다.

소맥배아, 해바라기유, 음양곽, 염소 등에 많다. 특히 염소에는 비타민 E가 45mg이나 함유되어 있고, 칼슘이 112mg, 철분이 21mg 그리고 비타민B₁, B₂ 등이 골고루 들어 있어서 좋다. 당귀를 비롯한 몇 가지 한약재를 넣고 '염소소주'를 만들어 복용하면 좋다. 소화흡수율이 높으면서 지방은 적기 때문에 살찔 염려가 없다. 또 보혈제로도 손색이 없지만, 불임증, 유산 예방, 대하증 치료에도 훌륭한 치료제가 된다.

유산의 기미가 있을 때 예방하는 식품

● 대추

허약한 임산부는 대추를 종이에 싸서 불에 구워 한 번에 20~30개 정도씩 장기 복용하면 좋다. 태아를 편안하게 보호해 주는 안태작용을 하며, 기혈이 허해질 대로 허해진 상태를 북돋우는 보허

작용을 할 뿐 아니라, 신경 안정과 심장 부담을 줄여주는 효과가 크다.

● 호박손

'태루' 라 하여 태아가 불안정하여 복부에 응어리지면서 뛰고 혹 아픔을 주기도 하며, 출혈까지 보일 때 급히 호박꼭지를 구해서 볶아 가루내어 찹쌀 미음에 타서 먹는다.

혹은 호박손(호박 줄기가 뻗을 때 연하고 꼬불거리는 갈퀴를 내어 나무를 감고 올라가는 덩굴손)을 삶아서 그 물을 마신다

● 잣

안태에 효과가 있는 것이 잣이다. 잣죽도 좋고, 심심풀이로 잣을 조금

씩 입에 넣고 씹어 먹는 방법도 좋다. 태가 불안정하여 혈성 분비물이 보이고, 하복부나 허리에 둔중한 동통이 올 때도 잣을 복용하면 놀라운 정도로 안태된다.

● 쑥

쑥은 자궁의 혈류를 원활하게 만들고 안태를 시키며 지혈작용까지 하기 때문에 임신중에 좋다. 식욕도 증진시키고 소화기 기능도 강화시킨다. 생쑥을 생즙으로 내어 마셔도 좋고, 봄에 채취한 쑥으로 쑥국을 끓여 먹거나 그 쑥을 말려 오래 보관해 뒀다가 이것으로 쑥차를 만들어 마셔도 좋다.

쑥은 오래 묵힐수록 효과가 더 좋아지기 때문이다. 혹은 쑥을 태워 검게 된 것을 끓여 마셔도 좋다.

● 연뿌리

생 연뿌리를 강판에 갈아 그 즙을 짜낸 다음 소금을 약간 타서 간간하게 맛을 낸 다음 1회에 100cc씩 마신다. 지혈작용이 있는데, 여기에 소금을 조금 타면 지혈작용이 강화된다.

● 당귀차

지혈, 보온, 비타민 B·C·E 등을 공급하는 데 도움이 된다. 임신중에 허리까지 무지근할 때 당귀 12g에 물 300cc를 부은 다음 물이 반으로 졸 때까지 끓여 두고 온종일 수시로 마시면 되는데, 임신중 빈혈에도 이렇 게 복용하면 증세가 많이 가벼워진다.

● 흑염소

비타민 E가 많으며, 풍부한 단백질 을 함유하고 있는데 이 단백질은 소화 흡수율이 매우 높아 임신중 영양식으 로 안성맞춤이다. 특히 칼슘과 철분, 비타민 등의 영양 성분도 고루 들어 있 어서 임신모의 보양은 물론 태아의 발 육에도 더없이 좋다. 그리고 염소고기 는 속을 따뜻하게 하고, 내장을 보하며 기력을 증진시켜 임신모를 보양하면 서 안태를 시키는 데도 매우 이롭다.

유산을 예방·치료하는 한방 처방

『대보고원탕』

처방 천궁 12g, 당귀 8g, 백작약·숙지황·인삼·백출·백복령·황 기·감초 각각 4g, 두충(볶은 것)·속단(약간 볶은 것)·사인 각각 3g,

생강 3쪽, 대추 2개.

[복용법] 위 약재를 함께 끓여서 복용한다.

『금궤당귀산』

[처방] 황금 · 백출 · 당귀 · 천궁 · 백작약 · 인삼 · 사인 각각 4g, 감초 · 진피 · 백복령 각각 2g.

[복용법] 이상의 약재를 가루내어 1회 12g씩 따끈한 술 또는 온수로 복용한다. 또는 이 처방으로 첩약을 조제하여 끓여서 복용해도 좋다.

『팔물탕가미방』

'기허'에 의한 태루, 태동의 경우에는 『십전대보탕』을 쓴다. 또는 『팔물탕』에 몇 가지 약재를 가미해서 써도 좋다.

'기허'에 의한 경우란, 에너지 부족에 의한 것이므로 무기력 · 피로 · 권태가 뒤따른다. 『십전대보탕』은 『팔물탕』에 황기, 육계 두 가지 약재를 가미한 처방이다.

[처방] 숙지황 6g, 백출 · 백작약(술에 적셔 볶은 것) · 당귀 · 두충 · 황기 · 인삼 · 황금 · 천궁 · 백복령 각각 4g, 감초 3g, 단삼 1.2g, 산사육 · 애엽 각각 4g, 나미 1스푼.

[복용법] 이상을 한 첩분으로 하여, 1일 두 첩분을 재탕까지 해서 3회에 나누어 복용한다.

『교애궁귀탕』

'혈허'에 의한 태루, 태동이 있을 때 효과가 있다.

'혈허'에 의한 경우란, 혈액 및 영양 물질의 부족에 의해 일어난 것이기 때문에, 전신쇠약과 함께 나른해하고 안색이 좋지 못하며, 어지럽고 귀가 울리고 뇌 속마저 울리며, 두통이나 메스꺼움을 동반할 수도 있다.

보혈, 지혈을 겸해야 하므로 『교애궁귀탕』이 좋다.

처방 아교주 · 애엽 · 천궁 · 당귀 각각 8g, 자감초 4g.

복용법 전탕하여 복용한다.

『속단탕』

'음허혈열'이 있을 때는 인체의 구성 물질, 구조적 물질 등이 부족하고 허한 나머지 혈액에 열이 축적하고 온몸에 허열이 들뜨게 된다. 그래서 눈에 충혈이 오고 머리가 아프며, 입이 마르고 가슴이 답답하면서 번거로와지고, 손발이 화끈거리면서 허리가 아프고 출혈량도 만만치 않게 된다.

처방 속단 · 적작약 각각 20g, 당귀 · 생지황 각각 40g.

복용법 위 약재를 한 첩분으로 하여, 1일 두 첩분을 3회로 나누어 따뜻하게 복용한다.

『안태음』

'기체'로 유산이 이루어지는 경우가 있다. 한마디로 기분의 울체가 원인이 된다. 각종 스트레스에 의해 오는 것이기 때문에 정신적으로 불안하며, 하복부에 무엇이 뭉쳐 있는 듯이 불쾌하고 온몸이 쑤시고 대소변도 시원치 않을 수 있다.

처방 숙지황 12g, 천궁 · 지각 각각 6g, 나미 1홉, 생강 3쪽, 대추 2개.

복용법 위 약재를 한 첩분으로 하여, 1일 두 첩분을 재탕까지 끓여서 복용한다.

『보혈고본탕』

처방 당귀 · 천궁 · 백작약 · 숙지황 각각 6g, 향부자 · 황금(술에 적셔 볶은 것) · 오령지(볶아서 까맣게 만든 것) · 측백엽 · 지유(볶아서 까맣게 만든 것) 각각 4g, 백복신 · 고본 · 애엽 · 사인 · 감초 각각 3g.

복용법 위 약재를 끓여서 약간 식혀 찬 상태로 마시는 것이 좋다.

『생화탕』

원래 출산 후 어혈을 풀면서 자궁수축을 빨리 유도하는 처방으로 널리 쓰이고 있으며 그 효과가 대단한 것으로 알려져 있는데, 유산 후 출혈이 그치지 않으면 몇 가지 약재를 가미한 『생화탕변방』을 쓸 수 있다.

처방 당귀 16g, 천궁 8g, 도인 4g, 건강(볶은 것) · 자감초 각각 2g.

복용법 물 3~4사발에 술 6~7수저를 넣고 달이거나, 물과 술을 반씩 되도록 배합하여 이 약을 달여서 복용한다. 약간 식혀서 복용하면 좋고, 식후나 식간 공복에 복용하면 더 좋다.

만일 출혈이 그치지 않으면 도인을 빼고 지유 20g, 아교주 · 형개(태워서 잿가루로 만든 것) · 괴화(볶은 것) 각각 4g을 가미하면 좋다.

유산 후 복통이 심할 때도 『생화탕』을 기본으로 하여 다음과 같이 처방하면 좋다.

당귀 16g, 천궁 8g, 도인 · 건강(누렇게 볶은 것) · 오령지 · 포황 · 산사육 · 육계 · 현호색 각각 4g, 자감초 2g.

『녹각전』

유산 후 복통도 있지만 시간이 경과했는데도 불구하고 요통까지 있을 때 이 처방을 쓰면 좋다.

처방 녹각 20g, 숙지황 · 당귀 · 구기자 · 두충 각각 8g, 우슬 · 오약 ·

계지 · 인삼 · 산사육 각각 4g, 사인 · 자감초 각각 3g.

복용법 이상을 한 첩분으로 하여 1일 두 첩분씩 재탕까지 해서 1일 3회

나누어 복용하면 된다. 약을 끓일 때 물에 식초를 조금 타면 더욱 효과가

좋다.

불임

결혼 후 정상적인 부부간의 성 생활이 이루어지고 피임을
하지 않는데도 불구하고 2년이 경과하도록 임신하지 못하는
경우를 불임증이라고 한다. 그 까닭은 90% 이상이
2년 이내에 임신을 하기 때문이다.

불임증이란…

불임증이란 피임을 하지 않고 정상적인 부부생활을 해도 2년간 임신
이 되지 않는 경우다.

임신의 경력이 전혀 없으면 '원발성 불임증', 자궁외임신 등 임신의
경력이 있는 경우는 '속발성 불임증' 이라 한다.

3번 이상 계속해서 자연유산이 되는 습관성 유산은 속발성 불임증의
한 유형으로, 속발성 불임증의 67%에서 유산이 문제되고 있다. 무분별
한 임신중절은 자궁과 나팔관에 손상을 주기 때문에 모든 여건을 고려
한 계획임신을 해야 한다.

불임증 환자는 결혼한 부부의 5% 내외로, 외국의 10~15%보다 낮은
것은 체계적인 추적이 없기 때문이다.

불임증은 왜 생기나요?

● 우선 불임증의 원인 중 30~50%는 남성에게 있다는 것을 염두에 두어야 한다.

남성측의 불임 원인으로 중요한 것은 역시 성기 이상과 발육 부전이다. 그래서 성교가 불가능하여 불임이 되는 것이다. 고환이 아예 없는 무고환이나 고환이 한쪽밖에 없는 단고환 같은 선천적 생식기 이상을 한방에서는 '천' 이라 하며, 외상 등으로인한 후천적 생식기 이상을 '건' 이라고 한다. 또 남녀 한몸을 이루고 있는 반음양 상태의 기형을 한방에서는 '변' 이라고 한다.

이런 종류들이 다 여기에 속한다.

● 이밖에 생식기의 기질적 병변인 '산증' 역시 남성 불임증의 원인이 된다. 물론 산증이란 생식기와 하복부에 나타나는 동통성 질환 및 체강 내용물이 체외로 탈출한 질환을 포괄한 광범위한 내용의 질환이지만 단순한 생식기 기질병변 역시 산증이라고 하기 때문에 산증을 남성 불임증의 한 원인으로 보고 있는 것이다.

● 혹은 발기불능이나 극도의 조루증 또는 제 때에 사정을 하지 못하고 시간만 질질 끌면서 고생하는 지루증 같은 경우에도 성교 장애의 원인이 될 수 있기 때문에, 결국 불임을 야기할 수도 있다. 발기불능을 '음위증' 이라고도 하지만 '겁' 이라고도 한다.

또 조루증이나 유정, 몽정 같이 정액이 저절로 흐르는 것을 한방에서는 '루' 라고 한다. 이런 종류들 역시 여기에 속하며 남성 불임증의 원인이 된다.

● 그 중에서도 가장 많은 것은 정자를 만들 능력이 없는 경우이다. 그래서 정액 속에 아예 정자가 전혀 없는 '무정자증' 이 있는가 하면 1mm 속에 2,000만 이하의 정자만이 있는 '정자감소증' 도 있다.

이외에도 정자의 활동이 낮고 원기왕성하지 못한 경우, 또는 정관이나 요도가 막혀 있거나 좁아져 있어서 정자가 잘 통과할 수 없는 정자 통관 장애의 경우에도 불임의 원인이 될 수 있다.

그러므로 여성에게 짐을 맡기는 고루한 사고에서 벗어나 서로 협조하고 서로 검사를 받으면서 공동으로 노력해야 한다.

여성이 원인이 되어 임신을 못하는 경우는…

첫째, 성기 이상과 자궁발육 부전을 들 수 있다.

둘째, 배란 장애를 들 수 있다.

설령 정상적으로 월경이 있다 하더라도 난자가 나오지 않는 무배란성이라면 당연히 임신을 하지 못한다. 무배란과 함께 아예 월경이 없는 경우에도 마찬가지이다. 호르몬 분비에 이상이 있거나, 지나치게 여위었거나, 지나치게 비만해 있거나 한 경우에도 여기에 속한다.

● 그 외에 난소의 기능이 나빠서 설령 배란이 제대로 이루어지더라도 자궁내막이 정상적으로 증식하지 못한

> **알아두세요**
>
> **'질투 불임'**
>
> 부부 모두에게 이상이 없는데도 불임이 되는 경우가 있다. 이런 경우에는 심리적 원인이 있을 수 있다. 정서 변화 등 심리적 요인으로 불임이 되는 것을 '질투 불임'이라고 해서, 한방에서는 여성 불임증의 원인 중 큰 요인으로 간주하고 있다.

다면 임신을 할 수 없다. 그리고 난관의 통관 장애가 있을 때도 마찬가지이다. 난관의 통관 장애는 난관 내강에 염증이 생겨서 좁아지거나 막힌 것을 말한다.

아울러 경관점액의 분비가 적어서 정자가 자궁입구를 통과하기 어려운 경우, 또는 자궁이나 난소의 어떤 질병, 예를 들면 자궁근종이나 자궁내막증이나 난소낭종 따위가 있을 때도 불임이 될 수 있다.

불임이 의심되면 의학적 검사를…

검사의 목적은 다음과 같다.

① 원인을 규명하면 40∼50% 임신이 가능해진다.
② 치료의 지침을 얻을 수 있다.
③ 정서적 불안을 제거시켜 안정된 부부생활에 도움을 준다.
④ 불임검사 및 치료를 중단할 시기를 결정, 양자 입양 등 다른 방법을 고려한다.

검사 전에 평가되어야 할 것은 부부의 나이, 피임법의 사용유무, 성교의 횟수, 성 생활의 만족도 등 임신에 영향을 미치는 조건이다.

여성의 임신 능력은 24세 전후에 최고를 이루며, 남성도 24세 전후에 최고의 가임 능력을 나타낸다.

잦은 성 관계는 정자의 수를 감소시키기는 하지만, 정자 운동성의 질과 정도를 향상시키므로 1주에 4회 이상의 성교가 임신율을 증가시키는 데 이상적이라고 할 수 있다.

불임에 영향을 미치는 병력에는…

과거에 수술을 받았거나 골반내 염증 즉 나팔관염, 산후 자궁내막증 등으로 이것들은 나팔관의 손상과 복강내 유착을 가져다준다. 따라서 골반내 염증을 앓은 사람은 15~20%가 불임, 8%의 자궁외임신이 발생한다. 나팔관 염증은 환자의 15%에서 임상적 증상이 나타나지 않으므로 나팔관 염증의 의심이 있는 젊은 여성은 항생제 등 적극적인 치료가 요구된다.

국내에서는 원발성 불임증의 원인으로 결핵과 골반내 감염이 제일 많고, 속발성 불임증은 개복수술·골반내 감염 및 임신중절을 한 경우가 제일 많다고 알려졌다.

불임의 요인들은…

● 남성 요인

제일 간단하고 또 제일 먼저 해야 할 것이 불임검사다. 만일 남성 인자에 결정적인 문제가 있게 되면 복잡한 여성측 검사가 필요없기 때문이다. 흔히 정액검사에 의존하는데 정액의 양, 운동성, 비정상적인 형, 숫자 등에 주안점을 두고 관찰한다.

정자의 수가 부족하다든지 운동성 등 정액에 문제가 있을 때는 호르몬검사를 하게 된다.

또 성교 후 정액-자궁경관 점액검사를 하는데 난자와 정자의 수정 능력과 여성 생식기 내에서 정자의 운반과 생존 능력을 측정한다.

불임의 원인 중 남성 요인은 외국이 30~40%인데 비해 국내가 9~

20%로 낮은 것은 여성만의 불임검사가 많고 또 남성 인자가 발견되면 불임검사를 중단하는 등 남성의 비적극적 참여가 이유인 듯하다.

● 나팔관 요인

나팔관 이상은 주로 유착, 자궁내막증, 수술적 손상 등으로 여성 불임증의 30~50%이다.

가장 큰 비중을 차지하는 것은 임신중절에 따른 합병증이다.

또한 나팔관을 막거나 염증을 일으키는 원인으로 성박테리아성 균주인 클라미디아가 밝혀졌다. 이것은 전체 나팔관 불임의 1/2~2/3에서 발견된다고 한다.

나팔관 검사에는 공기를 이용한 나팔관 통기법(루빈 검사), 자궁나팔관 조영술, 진단적 복강경 등이 있다.

자궁나팔관 조영술은 실시 후 약 10%에서 임신이 되는 치료 효과가 따르므로 첫단계 검사로 실시되고 있다. 이 검사는 월경이 끝나고 배란이

알아두세요

임신의 기본요건

한방에서는 4가지 요건을 중요시하고 있다.

즉 '택지', '양종', '승시', '투허'의 4가지를 말한다.

이를 쉽게 표현하면 성숙한 난자의 배란, 정자의 정상적인 사출, 교접시간과 원활한 교접, 자궁내막에 착상하기 좋은 조건 등 4가지로 표현할 수 있다. 이 4가지 요건이 모두 충족될 때만이 비로소 임신이 원활해질 수 있는데, 이 중에서도 특히 성교 장해가 있다면 불임을 일으킬 수밖에 없는 것이다.

여성의 임신 능력은 24세 전후에 최고를 이루며, 남성도 24세를 전후해서 최고의 가임 능력을 나타낸다. 따라서 너무 나이들기 전에 임신하도록 하는 것이 좋으며, 성교 횟수에도 신경을 쓰도록 해야 한다.

되기 전의 시기인 월경 5~6일째에서 12~13일 사이에 시행되는 것이 좋다.

● 자궁 요인

수정란의 착상장소인 자궁내막에서 불임의 원인으로 지적되는 것은 소파술 실시 후 일어난 골반내 유착과 자궁내 유착, 폴립, 점막하 자궁내막염, 자궁내막 결핵, 자궁기형, 자궁근종 등이다.

검사로는 자궁나팔관 조영술, 복강경 및 자궁경 등이 있다. 자궁내막 조직검사는 월경 26~27일 경에 실시하는 것으로 난소 호르몬의 변동에 따른 자궁내막의 주기적인 변화를 관찰하여 배란의 유무와 황체기 결함, 자궁내막 결핵 등을 알 수 있으며 증상이 없는 결핵성 자궁내막염도 약 5%나 발견된다.

● 자궁경관 요인

자궁경관은 월경주기에 따른 난소 호르몬의 영향을 받아 점액의 분비량과 화학적 성분 등의 변화를 나타낸다. 정자는 이 경관점액을 통해 활발한 운동으로 자궁경관을 통과한다. 때문에 정자와 자궁경관점액의 상호관계는 수정에 중대한 역할을 한다.

자궁경관점액의 정자에 대한 역할은,
① 질 내의 산성을 알칼리성으로 변화시켜 정자를 보호해 준다.
② 정자에 영양 및 에너지 결합을 준다.
③ 비정상 정자를 여과시킨다.
④ 정자의 저장역할 등의 작용을 한다.

정자는 월경주기의 9일째부터 경관점액을 통과하게 되며 배란기에 운동성이 가장 활발해진다. 배란 후 1~2일이 지나면 경관점액의 성분이 점차 변화, 정자의 통관 능력이 감소되지만 어느 정도 점액을 통과할 수 있다고 한다.

경관점액은 임상적으로 중요한 인자로 양, 신장도, 점착, 침엽상의 정도, 세포 구성 등을 관찰하여 그 질을 평가한다.

자궁경관점액에 대한 정자의 운동성 및 생존력을 검사하기 위해서는 배란기에 48시간 이상 금욕한 후에 성교를 한 후 8~18시간 내에 점액을 채취, 현미경으로 관찰한다.

이 검사로 양성의 판정을 얻게 되면,
① 부부는 만족할 만한 성교기법을 갖고 있고,
② 정자를 운반하고 보존할 만한 정상 경관점액이며,
③ 정상 난소 호르몬 기능이 있고,
④ 적어도 남성 측의 가임 능력은 존재하고 있다는 것이다.

● 복막 인자

복막 인자는 뱃속에서 자궁, 나팔관, 난소와 장 등이 서로 유착되어 불임증을 일으키는 경우를 말한다. 나팔관 인자와 같은 병인으로 생기는 경우가 많아 동시에 다루기도 한다.

골반내 자궁내막증에 의한 나팔관 난소 유착의 빈도가 25%로, 복막 인자가 불임에 미치는 영향은 크다.

골반내 자궁내막증을 진단하는 데는 내진, 조직검사, 골반내시경, 진단적 복강경이다. 개복수술 등의 여러 가지 방법이 있으나 널리 사용되는 것은 복강경, 나팔관과 골반 장기를 쉽게 관찰하고 필요할 때엔 조직 검사를 할 수 있기 때문이다.

● 배란 요인

배란 요인은 나팔관 요인 다음으로 많은 불임증의 원인으로 18~50%에 이른다.

정상 월경의 기전을 보면 뇌하수체에서 성선자극 호르몬이 분비되어 난소에 작용을 하여 월경주기의 요포기(월경 시작일에서 배란일까지)에는 주로 여성 호르몬이, 분비기(배란일에서 다음 월경 시작일까지)에는 주로 황체 호르몬이 생성되어, 각기 자궁·나팔관에 임신과 관련된 영향을 주게 된다.

배란이란 원시난포가 월경 초기부터 뇌하수체에서 분비되는 성선자극 호르몬의 영향으로 자라기 시작, 배란 시기에는 성숙난포가 되어 배란일에는 이 세포가 터지면서 난자가 밖으로 압출된다.

이 난자가 나팔관의 채부로 유입되어 팽대부쪽으로 이동되고, 이 때 정자가 자궁강을 통해 나팔관에 도착되었다면 수정이 된다. 수정란은 상실기를 거쳐 배란 후 7~8일 만에 자궁내막에 착상이 된다.

원시난포는 난자가 한 층의 세포로 둘러싸여 있는 것으로 출생시 100~200만 개, 사춘기에는 30~40만 개 정도로 되며 매 정상 월경주기마다 한 개씩 성숙되어 배란되므로 일생 동안(15세에 초경을 시작하여 44세에 폐경이 된다고 가정하면) 난포는 400~500개 정도만 이용된다.

배란이 되었다는 확실한 증거는 임신이 되거나 직접 복강경에 의하거나 개복 수술시에 난자를 채취하는 방법 외에는 없다.

때문에 배란의 진단에는 황체의 기능을 관찰하는 간접적인 방법들이 사용되고 있으나 어느 방법이든 절대적인 것은 없다.

월경이 완전히 없는 경우는 배란 장애가 분명하게 드러나지만, 어떤 환자는 매 6주 내지 6개월의 주기를 갖는 희소월경으로 표현된다. 심한

〈나이에 따른 수태 능력〉

나이	(남성)6개월 내 임신율	(여성의 경우)불임 빈도
16~19세		4.5%
20~24세	75%	24세 전후로 최고의
25~29세	48%	수태능력 30세에 이르러
30~39세	38%	서서히 감소
35~39세	25%	31.8%
40세 이상	23%	70%

〈불임의 원인〉

원인	한국	외국
남성 요인	9~20%	30~40%
배란 요인	20%	15~20%
나팔관 요인	31%	20~35%
복강내 요인	4%	20~35%
자궁 요인	3%	10~20%
자궁 경부 요인	4%	10~20%
영양 및 대사성		5%
면역학적 요인		5%
복합 요인	18%	
이유를 설명할 수 없는 요인	11%	

경우는 28일형의 월경을 갖고 있는 배란 장애 환자도 있어 알기가 매우 어렵다. 무배란은 영양 상태, 갑상선, 당뇨병 같은 중간대사 질환, 정신 신경 장해, 신경안정제 등의 약물투여에 의해서 발생된다.

무배란 환자들은 자궁내막 비대증, 자궁내막암, 무월경, 기능성 자궁 출혈, 유방 질환, 불임증, 다낭포성 난소증후군, 조모증(털이 많이 남) 등 으로 표현된다.

● 원인을 설명할 수 없는 불임증

원인을 설명할 수 없는 불임증은 전에는 10~20%였으나, 최근에는 3.5~5% 정도이다.

진단적 복강경의 광범위한 이용, 비뇨생식기의 감염원으로 생각되는 클라미디아의 배양, 배란 후 파열되지 않은 채 그대로 남아 있는 난포의 초음파 검사 등 진단방법이 개선되었기 때문이다.

원인에 따른 불임 해결책에는…

● 진단적 복강경 이용으로 자궁의 이상을 파악한다

불임시술의 기구로만 알려진 복강경을 이용하면 우리 눈으로 직접 자 궁, 나팔관, 골반내 유착을 확인하여 난자와 정자의 나팔관 통관성을 평 가할 수가 있다.

복강경의 이용은 유착의 진단과 치료는 물론 흔히 들어보지 못한 질환 의 하나인 자궁내막증을 발견하는 계기가 되었다.

자궁내막증이란 정상적으로 자궁내막에 위치해야 할 조직들이 확실한 이유는 잘 모르지만 자궁내막 이외의 다른 조직에 있는 상태이다. 경우에 따라서는 자궁내막에서와 같이 월경시에 출혈을 일으키므로 심한 월경통을 동반할 수 있다.

나팔관과 난소 유착의 24%가 골반내 자궁내막증이라고 하며, 모든 불임의 25%가 자궁내막증이라는 보고도 있다.

골반내 자궁내막증이 불임에 미치는 기전은 확실한 것은 모르나 섬유소 침착이나 반흔으로 인하여 나팔관, 난소 운동에 이상을 가져와 나팔관(채부)에 의한 난자의 유입에 이상을 가져오는 것으로 생각하고 있다.

● 클라미디아 감염을 예방 · 치료한다

골반 염증성 질환을 일으키는 성박테리아성 균주인 클라미디아는 정자와 난자가 만나는 장소인 나팔관을 막히게 하거나 염증을 일으켜 불임이나 자궁외임신을 유발시킨다.

이것은 나팔관 요인에 의한 불임의 1/2~2/3를 차지한다. 자궁경관염, 요도염, 복막염, 산욕기의 자궁내막염 등 비뇨생식기 감염이 많지만 애매한 증상과 질병 과정이 지속적이어서 진단이 어렵다.

클라미디아가 남성의 정액에 감염되면 정자에 붙어서 운동성과 운동속도에 영향을 주게 되어 수정에 문제를 일으킨다.

최근에는 클라미디아 배양액이 널리 이용되고 있으므로 이 검사를 실시, 적절한 치료를 받는 것이 좋다.

● 정자 및 난자의 이상을 지표로 이용한다

최근에는 체외에서 정자와 이종 난자간의 수정 능력을 간접적으로 측정하여 정상적인 정액 소견을 갖는 수정부전환자의 진단과 인공수정의 지표로 이용한다.

전에는 원인을 알 수 없었던 남성측 불임이 조금 더 규명된 셈이다.

반대로 여자의 난자를 검사한다는 것은 난자의 채취 과정상 쉬운 일이 아니다. 최근 시험관아기 시술 과정의 도입으로 불임 환자에게서 난자를 채취하는 기회가 전보다 많아졌으며, 그 결과 원인을 설명할 수 없었던 경우에서 난자가 좋지 않은 것이 발견되어, 난자의 이상이 임신에 영향을 준다는 것이 확인되었다.

가끔 난자의 이상유무를 보기 위해 시험관내 체외수정을 한다고 하나, 시술의 복잡성 및 경비 등으로 아직은 보편성이 있는 검사법이 아니다.

● 기초체온표를 이용한 배란주기상의 문제

기초체온법은 배란의 유무, 불임의 판정 및 계획에 도움을 주기는 하지만 배란을 정확히 지적할 수 없으므로 성교 시간을 정하는 데 사용하는 금물이다.

여포기 단축이나 배란 지연, 황체기 결함 등 배란상의 문제점들을 알기 위한 노력이 다른 측면에서도 경주되어 왔지만 필자는 쉽게 알 수 있는 기초체온표로 분석하여 치료를 해보려는 과정에서 많은 환자들이 기초체온상 저온기, 고온기가 뚜렷하면 배란주기에 이상이 없는 것으로 생각할지도 모른다는 노파심에 언급하려고 한다.

① 이상적인 배란 주기

배란일에는 특징적으로 기초체온의 갑작스런 하강(0.1~0.2° F) 이 있은 후 다시 0.4~0.6° F 의 상승을 볼 수 있다.

저온에서 고온으로 상승하기 전 6일간의 체온에 비교하여 매일 0.2℃

이상 3일간 상승하고 고온이 지속되는 경우 배란이 된 것으로 본다.

이상적인 배란주기란, 여포기 체온이 13~15일 동안 기초체온선 밑에 계속 있고, 황체기는 14~15일 지속하여야 하며 체온은 36.7℃ 이상이 적어도 5일 이상은 계속되어야 한다.

여포기란, 월경이 시작된 날에서 기초체온표상 갑자기 하강에 있는 배란일까지를 말한다.

황체기란, 배란일부터 다음 월경이 시작되는 날까지를 말한다.

기초체온은, 전혀 움직이지 않는다는 기초대사의 엄격한 조건하에서 오전 3~6시에 최저온을 나타내므로 체온은 아침 첫잠에서 깬 6시 전후로 움직이거나 말하기 전에, 가능하면 3~5분간 구강에 삽입하여 측정한다.

기초체온은 여포기에 $97.46 \pm 0.25°F$, 황체기에 $98.09 \pm 0.22°F$ 를 보인다. 주말이나 공휴일은 물론 야간일을 하더라도 적어도 3~4시간 자고 난 후에 측정해야 한다.

음주, 감기, 대하, 성교, 출혈, 투약, 복통 등의 사항을 기록하는 것이 좋다.

② 여포기 결함

여포기 결함은 황체기 결함과 마찬가지로 배란 기능 부전에 기인한다.

많은 경우에 비정상적인 난포 형성 과정을 암시하는 여포기 결함은 황체기 결함으로 유도된다.

임상적으로 난포 형성 과정을 평가하기 어려우므로 여포기의 길이에 기본을 두고 단축 혹은 지연을 여포기 결함으로 나눈다.

단축 여포기 결함 11일 이하의 여포기를 말한다. 조기 배란, 성선자극 호르몬에 과민한 난소 및 배란 유도제 치료 동안 과량의 성선자극 호르몬 방출 등을 암시한다.

치료로는 적절한 난포 형성 과정을 위하여 다음 주기에서 배란유도제를 감소시킨다.

지연 배란(지연 여포기 결함) 16일 이상의 여포기를 말한다. 지연 배란, 성선자극 호르몬에 둔한 난소, 월경주기의 초기에 부적절한 성선자극 호르몬 분비를 암시해 준다.

치료는 다음 주기에서 배란유도제의 용량을 증가시켜 준다.

황체기 결함 황체 후기의 자궁내막 검사로 알 수 있으나 통증이 있고 가격이 비싸므로 매 주기마다 검사하기는 어렵다. 정확하지는 않지만 기초체온표로 알 수 있는데 황체기가 11일 이하이고, 체온 상승이 배란 후 서서히 증가하거나 혹은 황체기 전반에 걸쳐서 체온 증가가 정상보다 낮은 것으로 추정해 볼 수 있다.

최근에 황체기 결함에 대한 관심이 높아진 이유는 시험관아기 프로그램에서 수정란이 자궁내막에 잘 착상되고 순조롭게 유지되기 위해서는 황체 기능의 역할이 중요하다는 것이 밝혀졌기 때문이다.

황체기 결함은 불임증의 3.5~12.7%에서, 습관성 유산의 23~35%에서 문제가 된다.

이외에 황체기 결함과 연관이 있는 것은 자궁내막증, 결핵성 자궁내막증, 배란유도제의 사용, 고프로락틴혈증, 자궁내막증, 과격한 육체운동, 과도한 체중감소 등이다.

증상은 무증상이 특징이고 환자의 70~80%는 황체기가 정상이므로 기초체온법, 자궁내막검사, 혈청호르몬 검사법 등으로 신속한 진단을 하는 것이 중요하다.

치료법으로는 월경주기의 초기에 적절한 배란유도제를 사용하거나 호르몬 요법 등이 있는데 황체기 동안 질황체호르몬 치료로 50% 정도에서 임신을 성공시킬 수 있다.

배란 중기에서 황체화 호르몬의 작용 배란 중기에서 기초체온이 계단식으로 혹은 완만한 체온 상승(2일 내에 체온 변화가 없는)이라면 비정상 황체화 호르몬 작용으로 생각할 수 있다. 이것이 배란에 영향을 줄 수 있어서 배란 중기의 적절한 시기에 다량의 호르몬 주사요법이 필요하게 된다.

5. 황체화된 파열되지 않은 난포증후군

배란이란 난자가 난소의 난포로부터 파열되어 나오는 것을 의미한다. 이 난포증후군은 배란 후에도 난포가 파열되지 않은 상태로 남아 있을 때를 말하며, 정상 배란주기와 구별이 어렵다.

검사는 정확성에서 전적으로 믿어지지 않더라도 '초음파 검사법'이 유용하게 이용되고 있다. 이 초음파 검사의 결과와 정상적인 배란주기가 수태없이 유도된다면 이 증후군을 가정할 수 있다.

치료로는 배란 중기의 적절한 시기에 다량의 호르몬 요법이 있다.

최신 정보와 치료법은…

● 자궁경 이용

자궁경은 불필요한 주위 조직의 손상을 방지하고 자궁강 내를 직접 관찰, 치료하는 데 쓰이는 내시경이다.

불임증의 진단은 물론 자궁경관 협착, 불완전 유산, 잔류 태반, 자궁내막 낭종, 자궁경관, 자궁내막암 등 여러 질환의 진단에 이용될 수 있다.

불임과 관련된 치료 효과로는, 자궁내막 유착과 자궁경관 협착 및 폐쇄증에서 박리가 가능하여 월경량의 증가 등 주 증상의 호전을 보인다.

이 자궁경은 드물게 장이나 자궁의 천공과 이산화탄소에 의한 합병증 및 골반복막염을 일으키기도 한다.

유산의 휴유증으로 잘 오는 자궁내막 유착증에 자궁경의 이용이 적극적으로 추천되는데, 그 이유는 다음과 같다.

① 유착증을 확진할 수 있다.

② 유착된 조직의 강도를 추정할 수 있다.

③ 직접 눈으로 보면서 유착제거술을 시행한다.

④ 수술 후의 경과를 추적할 수 있다.

● 초음파

신속하고 안전한 조작으로 인체에 해가 없는 초음파는 진단과 치료에도 혁신적인 영향을 주고 있다.

① **난포 성장의 추적** 월경주기의 초기부터 초음파를 이용하여 매일 그 직경을 재면 원시난포에서 성숙난포로 성장하는 과정을 추적할 수 있다. 또한 자궁내막의 변동 상황을 체크하면 배란기를 점칠 수 있다.

이들을 이용한 배란 시기의 전향적인 응용은 인공수정을 행할 정확한 시간 결정, 불임부부의 치료시 성교 시간의 적절한 조정, 시험관아기 프로그램에서 배란 전, 가능한 한 배란에 가장 가까운 시기에 난포 흡입 등에 있다.

②**황체화된 파열되지 않은 난포증후군** 정확성이 믿어지지 않지만 유용하게 이용될 수 있다.

③**다낭포성 난소증후군** 난소에 영향을 주는 병리적 변화를 포함한 불규칙적인 월경, 불임 및 흔히 동반되는 다모증, 비만 등을 특징으로 하는 임상적 증후군을 말한다.

진단은 호르몬 수치의 측정과 초음파의 2가지. 호르몬 검사는 아주 변화가 심하고 난소에 영향을 주지 않는 질환에서는 비정상이기 때문에 초음파와 같은 영상화한 방법이 진단에 중요성을 가진다.

④**자궁내막중** 병리조직학적인 확진 전에는 월경통, 골반통, 요통 등의 병력이나 진단적 복강경으로 확인하는 적극적 방법이 있다.

간단하고 신속히 알 수 있는 것은 초음파 검사법이다.

3. 인공수정과 정자은행

● 인공수정은 불임의 원인 중 자궁경관 요인이 문제가 될 때나 성교의 기술상 문제로 정자가 자궁경관에 도달하지 못하는 경우에 시행된다. 남편이 무정자증이거나 수정이 어려운 핍정자증이라면 다른 사람의 정액을 이용하기도 한다. 이 경우에는 부부와의 계속적이고 진지한 상담을 통해서 양자를 얻을 것인지, 인공수정을 할 것인지를 결정케 한다.

● 인공수정을 시행하기 전에 지켜야 할 몇 가지 규칙이 있다.
① 계획 전에 남편으로 하여금 자신의 정자가 부적합하다는 것을 반드시 인식시켜야 한다.
② 의사는, 부인의 강요가 아니라 남편이 자발적이며 적극적으로 원한

다는 것에 대한 확신이 서야 한다.

③ 부부간에 종교적 문제가 없어야 한다.

④ 모든 가능한 내과적 검사와 도움이 남편의 불임증의 원인을 진단하고 치료하는 데 이용되어야 한다.

⑤ 기초체온표와 자궁, 나팔관 조영술 등 불임검사를 하여 여성측에 이상소견이 없어야 한다.

● 최근에는 정자분리법을 이용해 건강한 정자만을 분리, 인공수정에 사용하고 있다. 간혹 매스컴을 통해 소개되는 정자은행은 생식세포의 장기보존과 그 재생력을 찾는 데 과학적인 목적이 있다.

정액을 냉동보관했다가 사용하는 방법이 처음 시도된 것은 1953년. 그 후 10년간 28명의 신생아가 태어나자 「국제유전학회」의 공인을 받게 되었다.

냉동정자은행은 배우자나 기증자의 정자를 받아 정액의 양, 숫자, 운동성, 비정상적인 형태, 박테리아, 백혈구 등을 검사하여 보관 여부를 결정하게 된다.

필자는 '정자분리법' 을 이용해 건강한 정자만을 택해 냉동보호배양액에 넣은 다음 실온에서 −20℃ 까지 일정시간 안에 온도를 내린 후 다시 −80℃ 까지 떨어뜨린 다음 −196℃까지 급속냉동시켜 보관한다. 냉동되는 정자는 0.5cc씩 나누어 보관하였다가 필요에 따라 다시 정자검사를 거친 후 사용하고 있다.

● 자궁내막증

자궁내막증은 자궁내막 조직이 자궁강 내의 정상위치 외에 자리잡은 경우로 아직까지 원인, 치료, 예방법이 확실하게 알려져 있지 않다.

백인의 경우 산부인과 수술 환자의 8～50%, 불임 환자의 25～40%에서 발견되나 국내의 보고는 산부인과 환자의 1% 내외, 불임 환자의 2～3%로 되어 있다. 이는 이 질환에 대한 관심 부족과 복강경 등의 적극적 진단에 대한 환자들의 기피현상 때문일 것 같다. 실제로는 더 많은 환자가 있을 것으로 추정된다.

원인은 월경시 탈락된 자궁내막의 조직 조각이 역류하여 복강 내에 착상되는 설, 임파선이나 혈관을 통해서 전이된다는 설, 유전학적 또는 자가면역설 등 여러 가지 주장이 엇갈리고 있다.

주요 증상으로는 하복부통, 월경통, 부정자궁출혈, 과다월경, 성교통, 요통 등으로 침범된 정도와 부위에 따라 다르며 증상이 없는 경우도 50%나 된다.

불임은 자궁내막증 환자의 15～40%, 그 중 원발성 불임이 70～85%에 달한다.

자궁내막증의 특징적인 내진소견은 후굴자궁이 42% 정도로 나타나고, 동통성 또는 결절형의 더글라스와 자궁천골 인대가 14～43% 발견된다고 한다.

발생 부위에 따라 소견이 달라지므로 진단이 매우 어려우나 불임증과 관련된 골반내막증은 진단적 복강경을 이용하여 갈색 혹은 출혈성의 부위를 발견할 수 있다.

골반 자궁내막증의 치료 방법은 다음과 같다.
① 호르몬 요법
② 수술요법 : 통증이 심하거나 유착이 동반된 불임증이 확인된 경우,

호르몬 요법이 실패했을 때.

③호르몬 요법과 수술 요법의 병행이 있다.

최근에는 증상의 호전을 위하여 호르몬 요법 중에서도 다나졸을 많이 이용해 효과를 보고 있다.

● 습관성 유산

자연유산은 자궁의 이상, 내분비계의 불균형, 면역학적 요인, 전염성 질환 및 특수한 유전적 요인 등으로 일어난다.

전 임신의 15~20%는 자연유산이 되며, 자연유산의 50~60%는 염색체의 수나 구조적 이상으로 생긴다.

1~2회의 유산이 있었던 임산부는 다시 유산할 확률이 첫임신 때보다 별로 높지 않으나 3회 이상의 습관성 유산은 다음 임신에서 유산될 확률이 80~90%에 이른다.

①유전적 요인 임신 초기 자연유산의 50~60%는 염색체 이상이 원인이다. 첫유산의 사산아가 염색체 이상이었다면, 두 번째 임신은 염색체 이상으로 80%가 유산된다. 반복 자연유산의 경우 원인을 찾을 수 없을 때, 염색체 분석이 요구된다.

②호르몬적 요인 부적절한 황체 형성이 반복유산을 일으킬 수 있다. 황체기 결함은 전체의 약 3% 정도 밖에 안 되나 반복유산 환자에게서는 35~50%가 된다.

③자궁 및 자궁경관 요인 '자궁경관무력증'은 임신 18~32주에 아무 진통이나 출혈 없이 갑자기 태낭이나 태아가 빠져나와 유산이 된다. 이 경우 임신 12~16주에 자궁경관을 보강시켜 주는 수술을 해야 한다.

자궁에 기형이 있을 때도 반복유산과 관련이 있고, 자궁이 두 개 있는 경우에는 25%만이 유산과 관련이 있다고 한다.

그외 점막하 자궁근종, 자궁내막 폴립, 자궁내막 유착증 등도 자궁강에 영향을 주어 유산을 일으킨다.

④ **전염성 질병 요인** 대부분의 전염성 질환은 반복유산을 일으키지는 않는다. 이들 중에는 바이러스 질환인 헤르페스, 풍진, 거대세포봉입체를 가진 질환 등이 있다.

⑤ **대사성 · 내분비적 요인** 마취제 등의 독성 물질을 계속 취급하는 경우는 정상적인 경우보다 높은 빈도의 유산율과 태아기형율을 갖고 있다. 갑상성 질환과 당뇨병 및 교원질성 혈관 질환도 반복유산의 원인이 된다.

⑥ **면역학적 요인** 면역학적 문제는 반복유산의 드문 원인이다. Rh(−)를 가진 경우에 생기는 합병증은 반복유산의 원인은 안 될지라도 부부 간에 ABO혈액형이 부적합할 때는 반복유산과 관련이 있을지도 모른다고 하므로, 이 경우에는 부부의 ABO혈액형 검사가 필요하다.

⑦ **인위적인 요인** 암의 치료를 위해서 항암제를 투여케 되면 반복유산을 일으킬 수 있다.

● **나팔관 성형술**

여성 불임증의 원인 중 나팔관 요인은 20~35%를 차지한다.

최근 인공 임신중절이 많아 이로 인한 나팔관염 및 골반 염증성 질환 등의 후유증으로 나팔관 복막 인자의 불임증 환자가 늘고 있다. 때문에 현미경을 이용한 나팔관 성형술의 필요성이 급격히 증가하고 있다.

나팔관 성형술의 목적은 나팔관의 통과성을 유지하고 수술 후 복강내 유착을 방지하며 유산 및 나팔관 임신을 방지, 건강한 아기의 분만을 유도하는 데 있다.

복강경에 의한 나팔관 불임수술을 받았던 사람의 복원수술, 나팔관 임신에서 나팔관을 잘라내지 않고 병변 부위만 해결하는 보존적 치료법 등에도 나팔관 성형술이 이용되고 있다.

① 나팔관–복막 인자의 불임증 환자의 나팔관 성형술

완전한 불임검사로 나팔관 및 복막 인자 외의 불임 원인을 배제시켜야 한다. 나팔관의 상태를 평가하기 위해서는 반드시 복강경 검사가 실시되어야 한다.

나팔관 성형술의 종류는 유착박리술, 나팔관 문합술, 난관이식술, 난관개구술 등이 있다. 성공률은 수술의 종류와 그 분포에 따라 달라진다.

이 중 유착박리술과 나팔관 문합술은 성공률이 양호한 편이며, 나팔관 개구술이나 나팔관 채부형성술은 예후가 불량하다는 등 많은 보고가 그 결과를 달리하고 있다.

문제는 그런 수술을 받지 않는다면 임신의 가능성이 전혀 없다는 사실이다. 때문에 환자는 약간의 가능성과 실패의 불안 사이에서 망설이게 된다.

비교적 예후가 좋다는 나팔관 유착은 주로 염증, 자궁내막증, 수술적 손상 등이 원인이다. 유착된 부위, 정도 및 원인 등이 수술의 예후에 영향을 준다. 나팔관 끝부분에 손상을 주지 않고 유착을 제거하는 경우에는 40~50% 정도 성공한다.

수술 후 임신까지의 기간은 수술 후 나팔관의 길이에 따라 달라지지만 대부분 1년 이내이다. 나팔관 개구술의 경우는 대부분 12개월 이후에 임신이 된다고 한다. 병원마다 차이가 있기는 하지만 대부분 수술 후 1년에서 1년 6개월 정도 기다려도 임신이 되지 않으면 시험관아기 프로그램을 권장하게 된다.

② **여성 불임 복원술** 가족계획의 일환으로 나팔관 불임술을 받았으나 다시 아기를 갖고자 할 때 시술한다.

복원 수술의 준비로는 자궁, 나팔관 조영술로 절단된 부위까지의 나팔관의 통관성과 점막의 상태를 관찰한다. 또한, 복강경 검사로 남아 있는 나팔관의 길이, 나팔관 채부(끝부분)의 유무, 나팔관 주위 및 골반내 유착 상태를 점검해야 한다.

나팔관에 파괴된 부위가 여러 곳 있을 때는 예후가 좋지 못하며, 또 파괴된 나팔관의 길이도 문제가 된다. 적어도 복원 수술 후의 나팔관의 길이는 4cm 이상이 되어야 좋다고 한다.

복원 수술을 피해야 하는 경우는 광범위한 자궁내막증, 만성 골반복막염 및 결핵이 있을 때이다.

37세 이상의 시술은 임신 능력의 감소로 좋은 결과를 기대하기 어렵고, 불임 시술을 받고 5년이 지난 경우도 성공하기 어렵다고 한다.

③ **파열되지 않은 나팔관 임신에서의 보존적 치료법** 자궁외임신의 발생 빈도는 낮으나 최근에는 60년대의 약 2배 정도. 진단 방법의 개선으로 조기진단이 가능해 나팔관 임신이 파열되기 전에 발견되는 경우가 늘고 있다.

나팔관 임신의 50% 이상에서 반대쪽 나팔관의 이상이 발견된다. 10~50%의 반복 나팔관 임신의 대부분이 반대측 나팔관에서 발생되므로 60~70%는 아기를 가질 수 없다는 보고도 있다.

자궁외임신의 치료법으로 통상 이용되는 것은 나팔관 절제술이다. 이후 만삭 아기를 분만하는 율은 25~35%의 낮은 율이고, 8~15%는 반복적인 자궁외임신을 한다.

임신율을 높이기 위해 난관개구술 등 다른 보존적 수술 방법들을 이용, 예후가 우수하다는 보고가 나와 있다.

바람직한 것은 자궁외임신이 파열되기 전의 조기진단, 가능하고 적절한 방법의 나팔관 성형술을 이용하는 것이다.

● 시험관아기 프로그램

난자의 체외수정 및 배아의 자궁내 이식에 의한 시험관 아기의 탄생은 1978년 영국의 스텝토에 의해서 첫 성공을 보였다.

그후 이 분야의 괄목할 만한 발전으로 600~700명의 시험관아기 출생과 시험관아기 클리닉을 갖고 있는 병원이 세계적으로 수백 개로 추산될 정도이다. 그 성공률은 15~30%이다.

시험관아기의 시술 과정
① 난소에서 난자 체취.
② 시험관에서 수정.
③ 배양기에서 배양.
④ 2~12세포기에 모체의 자궁내로 이식.
⑤ 배아가 착상되면 임신이 되는 것이다.

이 시험관내 수정법은 불임의 혁신적인 치료법일 뿐 아니라 인간의 난포발육, 난자의 성숙, 정자-난자의 상호관계, 자궁내 환경과 관련된 문제들에 더 나은 환경을 부여해 줄 수 있는 예술적인 경지를 향해 급속도로 발전되어 가고 있다.

이 프로그램은 처음부터 끝까지 환자나 시술자 모두에게 힘든 일이며 많은 경비가 소요된다.

특히 환자의 배란유도 과정은 배양액의 품질관리검사 및 날짜와 시간을 일정하게 맞춰서 할 수 없는 난자채취 때문에 밤낮없이 계속 대기해야하는 문제점 등 힘든 과정의 연속이다.

이 혁신적인 치료 방법인 시험관내 수정방법은 어떤 문제점을 가지고 있으며 어느 종류의 불임 환자에게 시술되고, 또 어떤 과정을 거치는지 점검해 보자.

● 환자의 선택은…

시험관내 수정법이 처음 소개될 당시에는 복원불가능한 나팔관을 가진 불임 환자가 그 대상이었다. 기술 및 방법이 발달되어 현재는 원인을 알 수 없는 불임증, 핍정액증, 정자항체증, 자궁내막증 환자들도 그 시술 대상이 되고 있다.

환자는 정상자궁과 정상 기능을 하는 난소를 가진 35세 혹은 40세 미만의 여성, 그러나 나이의 제한은 최근 44세 이하까지 거론되고 있다. 이것은 수정률과 임신율이 의미있는 영향을 주지 않기 때문이다.

① **나팔관 문제** 불임증의 중요한 원인 중의 하나가 골반내 염증성 질환에 의한 나팔관 손상이다. 치료는 현미경을 이용한 나팔관 성형술로 10~80%의 임신성공률을 보이고 있다.

시험관내 수정법에 의한 임신성공률은 평균 20%. 때문에 불임의 원인이 나팔관에 있을 때 먼저 생각되어야 할 방법은 나팔관 성형술이다.

시험관내 수정법이 선택되는 경우는,

– 복원이 불가능한 나팔관 손상.

– 나팔관 성형술을 받아 나팔관이 개방되어 있으나 약 18개월 내에 임신이 안 되는 경우.

– 나팔관 성형술 후 양측 나팔관의 폐쇄가 확인된 경우.

– 계속적인 자궁외임신으로 나팔관이 없을 때 등이다.

이 때도 환자의 10~15%에서는 복강내 감염이나 수술 등에 의한 유착으로 난소로의 접근이 어려워 난자의 채취가 불가능하다.

②**이유를 설명할 수 없는 불임증** 다각적인 검사에도 불구하고 불임의 원인을 찾을 수 없는 환자들이 있다. 처음에는 수정율과 정상배아로의 난할률이 나팔관 환자보다 떨어진다고 했으나 최근에는 임신율까지도 양자간에 별 차이가 없다고 한다.

③**자궁내막증** 불임의 원인은 잘 모르나 시험관내 수정법을 시행할 경우 수정율과 임신 성공률은 전자와 별 차이를 보이지 않는다.

④**남성 불임증** 분리된 적은 수의 정자만이 이용되는 시험관내 수정법의 원리를 이용한 치료 방법, 여성 불임증에 비해 낮은 성공률을 보이고 있다.

● **시술의 진행 과정은…**

① **불임에 관한 전반적인 검사** 적어도 3~6개월간 기초체온을 기록, 배란 여부 및 배란임계일 등의 정보를 얻는다. 그 외 자궁, 나팔관 조영술, 자궁경관, 초음파, 호르몬, 복강경 등 불임에 대한 가능한 검사를 모두 실시해 충분한 정보를 얻는다.

시험관내 수정법이 필요한 경우에는 불임부부로 하여금 시술 과정에 관한 충분한 이해 및 결심을 갖게 한다.

② **난포 성장의 유도 및 난자 채취** 배란을 유도하기 위한 배란유도제들이 병원에 따른 고유한 방법으로 이용되고 있다. 이 방법의 발전은 보다 질이 좋은 배란 전기의 난자를 얻을 수 있어 임신성공률을 높일 수 있기 때문에 중요한 과정의 하나이다.

환자들은 배란유도제를 먹거나 주사를 맞아야 하는데 병원마다 각기 다른 프로그램을 갖고 있기 때문에 일률적으로 말하기는 어렵다.

● **필자가 수학하였던 영국의 시험관아기연구소를 모델로 하여 이 과정을 소개한다.**

첫번째, 월경이 시작되면 병원을 방문, 초음파 검사로 난소난종 등 부인병적 문제를 확인, 제거시킨다.

두 번째, 남편에게 클라미디아의 근절을 위해 항생제를 투여한다.

세 번째, 혈청 호르몬(여성 호르몬) 검사를 실시하고 월경력 및 기초체온표 등에 의한 정조를 토대로 배란유도제의 투여기간 및 시작일 등을 조절한다.

네 번째, 계산된 배란일이 다가오면 매일 혈청 호르몬과 초음파검사로 난포의 성장 과정을 측정한다.

다섯 번째, 추측에 의한 예정배란일 전후에는 황체화 호르몬 검사를 부가하여 정확한 배란시간을 정하기 위한 노력을 해야 한다.

여섯 번째, 배란 시간이 정해지면 복강경을 이용하여 가능한 한 질이 좋고 성숙된 난자를 많이 채취하여 배양액이 담긴 시험관에 넣는다.

③ **난자의 체외수정과 배양** 미리 만들어야 하는 배양액의 품질 관리는

문제점이 될 수 있는 중요한 과정이다. 배양액에 사용되는 물은 절대적으로 순수성이 요구된다. 시간과 노력이 많이 드는 배양액이 만들어진 후에는 일단 배아의 성숙에 적합한지를 판정한다.

방법은 일반적으로 생쥐배아의 착상 전 성장 상태를 관찰, 2세포기 배아의 80% 이상이 포배로 진행된 배양액만이 적합성을 인정받게 된다.

배양액이 담겨진 시험관에 채취된 난자를 넣는다. 배양기 내에서 5~6시간 배양시킨다.

미리 준비해서 배양시킨 정자를 시험관 내에서 수정시킨다

수정 후 40~62시간 내에 배아가 2~12세포기에 도달된 건강한 상태라면 자궁내 이식을 준비한다.

④ **자궁내 이식과 임신 판정** 난자 채취를 위해 입원했던 환자가 일단 퇴원했다가 건강한 배아가 배양되어 자궁내 이식이 결정되면 재입원을 하게 된다.

현재 많은 시험관아기 시술 병원에서의 수정 성공률은 80~90%선. 때문에 수정에 대한 문제점은 심각하게 생각하지 않으나 배아의 자궁내 이식에 뒤따르는 착상이 문제가 되어 임신이 진행되지 못하고 있다.

배아의 자궁내 이식 후 약 10일간 순수 황체 호르몬을 환자에게 투여해 주며, 그 이틀 후 퇴원하게 된다.

복강경에 난자 채취 후 약 18일 전후에는 혈청 베타-임신반응검사를 하여 양성이면 임신의 가능성을 생각한다. 이 때는 다른 호르몬 제제에 의한 상태와 감별이 어려워서 '화학적 임신' 이라고 한다.

임상적으로는 마지막 월경일을 제1일로 계산하여 5~6주째에 초음파 검사를 실시하여 자궁 내에서 태낭을 확인, 비로소 임신이 되었다고 확진할 수 있다.

인공수정 & 체외수정

● 인공수정은 2세기경의 히브리의 《탈무드》에 그 원리가 처음 소개될 정도이며, 14세기 한 아라비아인은 그의 경쟁자의 종마에서 비밀리에 얻은 정액을 자기의 암말에 주입한 적이 있으며, 1790년에 존 헌터라는 영국인이 인공수정을 인체에 처음 시도했다.

그 후 1866년에 마리온심시가 비배우자 정액을 받아 인공수정을 시도한 일이 있고, 1890년에는 미국의 두 의사가 정액제공자의 정액을 받아 인공수정을 비밀리에 실시한 적이 있다.

영국의 경우 1976년에는 1585명의 인공수정 희망자가 있었으나 그 이듬해인 1977년에는 2,396명이 인공수정을 희망했다고 하며, 프랑스의 경우도 1973년에는 약 200명이 인공수정을 원했으나 5년 뒤인 1978년에는 그 수가 1,800명으로 늘었다고 한다. 미국에서는 매년 약 1만 명의 신생아가 비배우자의 인공수정을 통해 태어나고 있다고 한다.

● 인공수정이란 이와 같이 남성의 정액을 여성의 자궁내에 주입하는 행위를 말하며, '배우자 인공수정(AIH)' 이라 하여 남편의 정액을 그 아내의 자궁내에 주입하는 것과 '비배우자 인공수정(AID)' 이라 하여 남편이 아닌 다른 남자의 정액을 얻어서 여성에게 주입하는 두 가지 방법이 있다.

남편의 정액 검사 성적이 불량할 때 정액을 여러 번 채취하여 모아 두었다가 배양액에서 처리하여 그 수를 늘리거나 운동성을 증진시켜 부인의 생식기 내에 주입시키지만 남편의 정액 상태로 보아 도저히 임신이 불가능하다고 판단될 때는 비배우자 인공수정을 한다.

정액 제공자로부터 얻은 정액은 소정의 검사를 받은 후 배양액과 냉해방지제를 적당량 넣은 뒤 −196℃의 액체질소 내에 보관하게 된다.

● 그리고 이 인공수정에는 또다른 두 가지가 있다.

시험관내 배양액에 난자를 넣은 뒤 여기에 정자를 주입하는 것까지가 줄 수(授)자 수정이다. 이런 방법으로 정자가 난자에 침투한 뒤 이 두 생식세포가 접합하여 정자와 난자 내의 핵이 서로 융합되어 한 개의 완전한 세포, 즉 수정란이 되었을 때 이를 받을 수(受)자 수정이라 한다. 물론 이 때의 염색체수는 난자(23개)와 정자(23개)가 합해져서 46개가 된다.

이 수정란을 여성의 자궁강 내에 주입시키면 이것이 곧 체외수정이다. 보통은 시험관아기라고 한다.

현재 시험관아기의 임신 성공률은 15~30%. 배란기에 정상적인 관계를 갖는 정상적인 부부 사이에도 한 번의 월경주기에서 임신 가능성은 25%라는 점을 감안하면 결코 적은 비율은 아니다. 하지만 그 과정이 너무 힘들고 경비가 많이 든다는 점에서 문제가 있다.

전에는 나팔관에 문제가 있어 나팔관 성형술 후 임신에 실패를 하면 방법이 없었지만, 이 시험관아기 프로그램의 도입으로 불임증 해결에 매우 밝은 전망을 주고 있다.

앞으로는 이 분야의 계속적인 발전은 불임부부에게 희망을 줄 수 있다고 생각된다.

불임증을 개선할 수 있는 식품 & 약재

● 익모초 · 택란

익모초와 택란이라는 두 약재를 각 600g 이상 합쳐서 끓여 그 물을 은근한 불로 계속 졸여 조청을 만든 다음 1회에 1~2티스푼씩 1일 3회 공복에 먹도록 한다.

물론 구절초, 애엽, 접시꽃 옹근풀 따위를 함께 배합해서 끓여도 좋다.

● 민어의 부레

민어의 부레 속에 씨를 뺀 대추 · 다진 쇠고기 · 민어 살을 섞고 갖은양

넘을 한 다음 부리를 동여매 찜을 해서 먹어도 좋다.

민어의 부레찜을 먹을 때 쑥술로 먹으면 더 좋다.

쑥술은 말린 쑥 600g에 소주 1,800cc를 붓고 냉암소에서 1개월 이상 숙성시키면 된다.

또는 민어 부레풀을 누렇게 볶아 가루내어 달걀물을 묻혀 지짐을 만들어 쑥술로 장기 복용해도 좋으며, 민어 부레풀을 누렇게 볶은 다음 가루내어 1회 4g씩, 1일 3회 공복에 쑥술로 복용해도 좋다.

● 김 · 대추 · 호박 · 양배추

계속적으로 오래 먹으면 효과가 있는 것으로 알려져 있다.

● 검은콩

검은콩에는 양질의 단백질과 지질, 비타민 B1 · B2가 많이 들어 있어 영양이 풍부한 우수 식품이다.

검은콩은 건강을 위해 누구나가 즐겨 먹으면 좋지만, 특히 월경불순을 동반하는 불임증에 효과가 좋다.

검은콩을 타지 않게 잘 볶은 다음 곱게 가루내어 1일 9g을 물에 타서 마신다. 이 때 차조기잎 달인 물을 함께 먹으면 더 좋다.

● 당귀

비타민 E가 듬뿍 들어 있는 당귀를 1일 10g씩, 차처럼 끓여 마시는 것도 좋다.

불임증을 예방 · 치료하는 지압요법

기해, 관원, 신수, 명문, 삼음교 등이 잘 알려진 불임 치료 경혈들이다.

● 기해 경혈은 '기의 바다' 라는 뜻이다.

생명활동의 근원적 에너지인 기의 집중처라는 뜻이다. 그래서 이 경혈을 자극하면 기운이 용솟음치게 되며 기분이 상쾌해지고, 여성의 경우에는 월경불순 · 월경통 · 대하증이 없어지게 된다.

배꼽에서 치골결합까지를 5등분하여 배꼽에서 5분의 1되는 점과 5분의 2 되는 점을 찍고, 이 두 점의 중간점이 바로 기해라는 경혈이다.

손바닥으로 문지르듯이 수시로 지압을 가하면 좋다.

● 관원 경혈은 일명 '기의 관문' 이라는 뜻이다.

생명활동의 근원적 에너지인 기의 출입처라는 뜻이며, 생명활동의 추진력이 이 곳으로부터 비롯된다고 해서 일명 '단전' 이라고 불리던 곳이 바로 이 곳이다.

기해 경혈에서와 같이 배꼽부터 치골결합까지를 5등분했을 때, 배꼽에서 5분의 3 아래에 위치하고 있다.

손바닥으로 문지르듯이 수시로 지압을 한다.

● 신수 경혈은 제2요추 돌기의 양쪽 각 3cm에 위치하고 있기 때문에 좌우 2개의 경혈로 이루어져 있다.

엉덩이의 제일 위쪽에서 만져지는 뼈인 장골릉을 좌우 연결하면 이 선이 바로 '야코비 라인' 인데 이 선이 제4요추돌기를 지나가게 되므로, 이 선을 기준으로 해서 바로 위에서 제3요추를 구하고 그 위에서 제2요추를 구하면 된다.

손바닥 또는 손등을 등뒤로 돌려서 혼자 지압할 수도 있다. 지긋하게 10초 이상 누르기를 반복하면 된다.

● 명문 경혈은 이름 그대로 '생명의 문' 이다.

다시 말해서 생명력의 가장 중심이라는 뜻이며, 생명활동의 근원적 에너지인 기의 출입처라는 뜻이다. 따라서 이 경혈은 열에너지원, 호르몬 작용과 연관되어 있다. 이 경혈은 제2, 제3요추돌기의 사이에 위치하고 있다.

위와 같은 요령으로 야코비 라인을 찾아 제4요추를 확인한 후 그 위에서 제3요추 돌기를 찾고, 또 그 위에서 제2요추 돌기를 찾아 그 중간점을 명문 경혈로 정하면 된다. 일반적으로 배꼽과 거의 같은 높이에 위치하고 있다.

위와 같은 요령으로 지압하면 된다.

● 삼음교 경혈은 '삼음' 의 경락이 교차되는 지점이라는 뜻이다.

다시 말해서 족태음, 족궐음, 족소음의 '삼음' 경락이란 비장 경락, 간장 경락, 신장 경락을 말하며 이 세 경락이 이 부위에서 함께 모인다는 것이다.

여성의 월경, 임신 및 여성에게 가장 중요한 혈액을 생성하는 것이 비장 경락이요, 저장하는 곳이 간장이요, 혈액과 같은 근원으로 알려져 있어서 예로부터 '정혈동원' 이라 일컬어져 오던 호르몬을 주관하는 곳이 또한 신장 경락으므로 이 '삼음' 경락이야말로 여성에게 더없이 중요한 경락이 아닐 수 없다.

이 '삼음'이 한 곳에서 교차되는 점이 있으니 그 곳이 바로 삼음교 경혈이다. 까닭에 이 경혈은 예로부터 여성을 위한 경혈로 알려져 왔으며, 각종 여성 질환의 예방과 치료에 효과가 있고 임신, 출산에 더없이 중요한 경혈이다.

안쪽 복사뼈의 가장 도드라진 정점에 제1점을 찍고 이 곳에서부터 경골 뒷면을 따라 거슬러올라가다 보면 무릎 못미처 경골이 나팔 모양으로 확대되어서 멈춰지는 곳이 있으니 이를 제2점이라고 정한다.

이제 제1점과 2점을 직선으로 잇고 이를 4등분하여 제1점에서 4분의 1점을 구하여, 이 곳에서 아래로 1cm, 뒤로 1cm 되는 곳이 '삼음교' 경혈이다.

● 이밖에 배꼽 근처에 뜸 치료를 하는 방법도 있다. 우선 입술 양끝에서 코 가운데에 이르는 길이를 끈으로 잰 다음 끈의 가운데를 배꼽에 두고 같은 길이의 점을 표시한다. 그리고 이 부위에 매일 5장씩 뜸을 뜨는 것이다.

불임을 치료하는 한방 처방

『당귀작약산』

『당귀작약산』은 불임증 치료상 가장 성공한 예가 많은 처방으로 알려져 있다.

이 처방은 여러 불임 처방 가운데 효과가 가장 뛰어난 처방으로, 약간 마르고 혈색이 나쁘며 어지럽고 수족이 냉하면서 월경불순까지 있는 불임증에 쓸 수 있다.

『온경탕』

만일 『당귀작약산』을 복용한 후 소화기 기능이 나빠지는 경우에는 이 약이 맞지 않으므로 『온경탕』이라는 처방을 쓴다.

이 처방은 『당귀작약산』과 비슷한 증세를 갖고 있으면서, 손발이 화끈화끈 달아오르고, 무배란성 월경(저온기 출혈)으로 출혈이 계속되는 경우에 사용하면 혈액순환이 좋아지고 손발이 따뜻해지고 생리가 정상적으로 되면서 불임증을 개선할 수 있다.

『계지복령환가미방』

어혈이 심한 경우, 그러니까 입이 마르고 입술색이 검푸르러지며 눈밑이 검어지거나 기미가 잘 생기고 피부나 점막에 암자색의 모세혈관이 흩어져 있고 파란 핏줄이 보이며 특히 하복부가 팽팽하고 근육이 단단하며 하복부를 누르면 왼쪽에 통증이 두드러지고 다리에 정맥류가 있으며, 대변이 굳은 경우에는 『계지복령환가미방』을 쓴다.

『척담탕』 · 『척담환』

비만하면서도 습기가 많은 여성의 불임증, 특히 자궁에 지방의 축적이 많은 탓으로 불임증이 된 경우에는 『척담탕』과 『척담환』을 함께 복용하면 더욱 효과가 좋다.

『육미지황탕가감방』

이 처방은 무배란성 불임증을 치료한 예가 또한 많으며, 이는 중국과

일본 등지에서 크게 각광을 받고 있는 것으로 알려져 있다.

「난궁탕」, 「조경종옥탕」

이외에 불임증에 통용될 수 있는 처방으로는 「난궁탕」, 「조경종옥탕」 등이 있다.

요실금

요실금(소변실금)의 대부분은 방광의 기능이
떨어졌을 때 온다. 방광의 괄약근이 약해지면
방광에 소변이 조금만 고여도 지탱해 주지 못하고
찔끔거리게 되는 것이다. 소변실금은 남성보다 여성이
더 걸리기도 쉽고, 실제로 환자도 여성이 더 많다.

실없는 이야기 하나 들어보실래요?

개는 한 쪽 다리를 들고 소변을 본다. 암캐 중에서도 일부는 다리를 들고 수캐처럼 소변을 본다. 암캐에게 남성 호르몬을 주사하면 다리를 들고 소변을 보는 것으로 미루어 생각해 보면, 수캐처럼 다리를 들고 소변을 보는 암캐는 다른 암캐보다 남성 호르몬을 많이 가지고 있을 것으로 추측하고 있다.

니그로족 남자는 반드시 웅크린 자세를 취하고, 여자는 선 자세를 취한 채로 소변을 본다고 한다. 페르시아 사람들은 종교적 계율에 의해 소변은 불결하기 때문에 의복을 더럽히지 않으려고 남자도 앉아서 소변을 보며, 아프리카에서도 서서 소변을 보는 것은 최고로 예의가 없는 것으로 여기고 웅크리고 볼 일을 본다고 한다.

중세 유럽의 노동자 부인들은 특히 여름에는 속옷을 입지 않은 적이 많아서 서서 소변을 보는 적이 많다고 하며, 동성연애자인 남자들 중에는 실내에서 여자처럼 웅크린 자세로 방뇨하는 것을 즐기는 자들도 있다고 한다.

따라서 이 습관은 성 기관의 구조나 성적인 평가에 관계가 있고, 또 하나는 의복의 형식과 관계가 있으면서 종교적 계율 및 민족문화의 차이에 따른 관습이라고 할 수 있다.

요실금에 대한 이야기를 해볼 게요!

소변을 참지 못하고, 봐도 시원치 않고, 또 소변이 저절로 흘러나오는 경우가 있다. 특히 소변이 저절로 흘러나오는 경우를 '요실금' 또는 '소변실금'이라 한다.

소변실금의 대부분은 방광의 기능이 떨어졌을 때 온다. 방광의 괄약근이 약해지면 소변이 방광에 조금만 고여도 지탱해 주지 못하고 찔끔거리게 되는 것이다.

방광 기능은 콧바람으로 알 수 있다

방광 기능이 강한지 약한지는 콧구멍에서 빠져나오는 바람의 세기로 알 수 있다는 말이다. 그러니까 콧구멍의 바람이 세면 소변도 시원히 잘 나오는 것이고 방광 기능도 좋다는 것이요, 반면에 콧구멍에서 빠져나오는 바람이 약하면 소변도 시원치 않고 방광 기능도 약하다는 것이다. 더 나아가 소변불통이 되면 콧망울 주위가 누런빛을 띤다. 그래서 부종 환자의 콧등이 누르스름하면서 윤기가 없으면 예후가 나쁜 것으로 본다. 방광 기능이 극도로 악화된 증거이기 때문이다.

방광의 기능이 약해지면…

바지 뒷주머니 부분부터 다리 오금까지 저리고 아프다. 발뒤꿈치와 발바닥이 유달리 아파오기도 한다. 또 오금에서 종아리까지 푸른 정맥이 마치 지렁이처럼 울퉁불퉁 튀어나오기도 한다. 그뿐이 아니다. 목뒷덜미의 살이 여위거나 뻐근해지고 얼굴이 검어지기도 한다. 특히 이마가 더 심하게 검어진다. 눈 둘레도 누렇게 되거나 거무스름하게 되며, 눈물이 저절로 찔끔거리기도 한다. 모두 방광 기능이 약하다는 징표이다.

소변실금은 방광염으로 오는 수가 많다. 특히 여성들이 방광염을 잘 앓고 방광염으로 곧잘 고생한다.

왜 남성들보다 여성들이 방광염에 더 잘 걸릴까?

여성의 요도는 한마디로 짧다, 곧다, 넓다.

이러한 해부학적 구조로 되어 있어서 성적 활동기의 여성들에게 잘 나타나는 것이다. '밀월성 방광염'은 신혼여행 뒤에 앓는 방광염이다. 특이한 해부학적 구조로 성적 접촉 후 요도를 통해 염증을 일으킨 대표적인 예이다.

이렇게 방광염은 거의 요도에서의 역행성 감염으로 이루어지며, 원인균은 대장균이 주이다. 허나 결핵이나 매독에 의한 것도 있고, 기생충에 의한 것도 있고, 방사선 조사 후에 생기는 것도 있다.

중년 이후의 여성에게 생기는 원인불명의 방광염도 있다. 그러나 방광결석, 방광종양, 남성의 전립선비대, 당뇨병 등이 있을 경우에 방광염에 더 잘 걸리게 된다.

방광염으로 인한 증세는…

일단 방광염에 걸리면 여러 가지 증상을 호소하게 된다.

① 소변이 잦다. 소변을 보고 싶어지면 참지 못할 만큼 급하다.
② 야간배뇨가 늘어난다.
③ 배뇨통, 배뇨곤란, 배뇨 후의 계속적인 잔뇨감 등을 호소한다.
④ 불두덩이에 통증이나 불쾌감을 느낀다. 허리에도 아픔이 온다.
⑤ 혈뇨도 있을 수 있다.

알아두세요

원인에 따른 요실금의 분류는…

① **진성 요실금(眞性尿失禁)** 요도괄약근의 기질적 부전에서 생긴다. 전립선·직장·골반 등의 외상이나 수술이 원인이다.
② **익류성 요실금(溢流性尿失禁)** 요폐 상태(尿閉狀態)에 요도괄약근 부전이 합병된 것으로 전립선비대증·요도협착 등에서 볼 수 있다.
③ **긴장성 요실금** 일어설 때나 기침할 때에 복압 상승에 따라 생기는 실금을 말한다. 갱년기 및 노년 여성에게서 많이 나타난다.
④ **신경인성방광(神經因性膀胱)에 따른 요실금**
⑤ **핍박성 요실금** 소변을 보려고 화장실에 가기 전에 참지 못하는 경우이다. 중증 방광염·뇌척수 질환 등에서 볼 수 있다.
⑥ **요도 이외에서의 요실금** 요관이 방광 밖으로 열려 있는 이소성요관개구(異所性尿管開口)이다. 방광외반증·요도상열 때 볼 수 있다.

---

⑥ 결핵성에 의한 때는 소변이 쌀뜨물처럼 뿌옇게 되는 수가 있다.

⑦ 요실금은 전신에 열이 나지 않는 것이 대부분이지만 역행성 요로감염으로 인한 신우신염, 전립선염, 부고환염 등까지 나타날 때는 열이 나게 된다.

⑧ 방광염은 이외에도 소변을 많이 참아 세균이 방광 내에 머물러 있기 때문에 생기게 되고 수면이 부족하거나 영양이 부족할 때도 저항력이 약해져서 생긴다.

요실금을 치료하는 일반적인 대책은…

방광염에는 자극성 있는 음식과 단 음식은 금물이며 물과 보리차를 충분히 먹는 것이 좋다. 이와 함께 하복부를 따뜻하게 하고 꽉 조이는 옷을 입지 않도록 한다.

방광염은 재발이 많다. 따라서 안정과 휴식이 첫째다. 청결히 하는 것도 중요하다. 물론 많은 양의 수분을 섭취하여 방광을 깨끗하게 씻어주는 것도 필요하다. 방광염을 일으킨 원인을 정확히 알고 이에 대한 적절한 치료를 행해야 하는 것은 당연하다.

요실금을 예방 · 치료하는 식품 & 약재

● 당근

소변이 잦은 경우에는 엉덩이가 매우 냉하고 복부의 복직근이 뻣뻣하게 당겨져 있다. '신양허증'의 하나로 보고 치료해야 한다. 신양허증(소변이 잦고 양은 많으며 손발이 냉하고 추위 타고 기력, 정력이 현저히 저하되는 한방 증후군)일 때는 당근을 껍질째 1cm 두께로 썰어 갈색이 나도록 구워 뜨거울 때 먹는다.

● 인삼합개

소변이 너무 말갛다 못해 맹물 같은 경우도 있는데, 신양허증일 때 많다. 심하면 소변에 거품 같은 것이 일기도 한다. 소변을 참지 못해 지리거나 기침할 때 소변이 나오기도 하고 하룻밤에도 몇 차례씩 소변을 보는 야간빈뇨증으로 잠을 설치기도 한다.

이런 경우 성 능력까지 떨어졌다면 인삼 9g, 합개(뿔도마뱀) 한 쌍을 가루내어 1일 2~3회, 1회 1~1.5g씩 복용한다.

● 은행

요실금이 있거나 특히 정신적으로 긴장하여 소변이 잦을 때는 은행을 구워 먹도록 한다. 단, 은행을 많이 먹으면 청산 중독을 일으킬 수 있으므로 하루에 7~10알 정도만 먹는다.

● 살구씨

요실금이 있는 데, 만일 소변이 자주 마려운데도 불구하고 소변이 잘 나오지 않을 때는 살구씨(행인)의 껍질을 벗기고 씨의 끝을 떼낸 후 노랗게 볶아 가루내어 20g씩을 미음에 타서 한 번에 다 먹는다.

● 산수유

요실금이 있으면서 특히 '신음허증'의 증상이 있을 때는 산수유가 좋다.

'신음허증'은, 소변이 잦고 양은 적으며 색이 짙으며 뻑뻑하고, 항상 미열을 느끼거나 양 뺨에 홍조를 띠며, 입이 마르고 갈증이 나서 찬물을 자꾸 마시려 한다. 또한 열감을 느끼는 두통과 눈의 열감으로 충혈이 잘 되고, 가슴이 열감으로 답답하며, 손발이 뜨겁고 때로 손발을 이불 속에 넣고 자지 못할 만큼 열감으로 번거로우며, 더위를 너무 탄다. 그리고 기력이나 정력이 현저히 저하되고, 허리가 아프거나 다리와 무릎에 힘이 빠진다.

이럴 때에는 참마 · 산수유 각 8g에 숙지황 12g을 배합해서 물 500～700cc로 끓여 반으로 줄면 하루 동안 차처럼 나누어 마신다. '신음허증'에 의한 소변 빈삭, 야간 빈뇨 뿐 아니라 허리가 아프고 귀가 울리며, 머리카락이 잘 빠지는 등의 증상에도 좋다.

● 파

요실금이 있으면서 평소 다음과 같은 증상이 있을 때는 파를 달여 먹는다.

소변이 너무 말갛다 못해 맹물 같으며, 소변이 잦고 배뇨 후에도 뒤끝이 무지근하며, 항상 찔끔찔끔거리며, 소변을 참지 못해 지리거나 야간 빈뇨증으로 잠을 설치게 될 때, 또 아침에 일어나면 얼굴과 손이 부석부석하게 잘 붓기도 하는데, 때로는 부기가 하루 종일 가거나 부은 자리를

누르면 손가락이 쑥 들어갈 정도로
함몰할 때, 또는 머리도 맑지 못하
고 멍하며, 청력이 떨어지거나 이명
이 있으며, 허리와 무릎에 힘이 없
으면서 시큰거리고, 기운이 없고 숨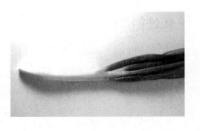
이 찬데 움직이면 숨찬 증상이 더 심해지면서 땀까지 흐를 때는 파의 흰
뿌리 부분 40g을 끓여 먹는다.

특히 방광염으로 소변의 색이 흐리거나 혈뇨가 보일 때나 배뇨통이 있
을 때는 팥 한 줌과 파 한 뿌리를 끓여 즙을 내어 마시도록 한다.

또 '천추' 경혈에 파찜질을 해보는 것도 좋다.

파의 잔뿌리까지 포함한 옹근풀을 흐르는 물에 깨끗이 씻어 적당한 크
기로 썰어 분마기에 넣고 간다. 이것을 거즈에 싸서 천추 경혈을 중심으
로 넓게 붙이고, 그 위에 뜨거운 타월을 번갈아 가며 올려놓고 온찜질을
하면 된다. 천추 경혈은 배꼽의 좌우 4cm 부위에 있다.

● 붉은고추 각탕요법

붉은고추를 엇비슷하게 썰어 100g을 물 2000ml에 끓여 반으로 졸면
깊숙한 대야에 담고 양다리를 담그는 것이 '붉은고추 각탕요법'이다.

물은 뜨거울수록 좋고 발은 물론 종아리까지 담그면 더 좋다. 담근 채
양발을 고추 물 속에서 빙글빙글 돌린다.

● 녹각상

태음인의 소변실금에는 녹각상(鹿角霜)을 가루내어 쌀풀과 술을 섞어
반죽해서 0.3g 크기의 알약을 만들어 1회 40알씩, 1일 3회 공복에 술로

복용한다.

● 연근즙

방광염에 의한 요실금과 배뇨통에는 연근즙을 마시도록 한다. 연근에는 소염, 진통, 지혈 작용이 있기 때문이다.

연뿌리 생것 200g을 잘 씻고 껍질을 벗겨서 강판에 간 다음 가제로 꼭 짜서 생즙을 내어 소주잔으로 한 잔씩 하루 3~4번 공복에 마시면 소변을 볼 때 통증이 누그러지는 것을 느낄 수 있을 것이다.

● 쇠비름나물

방광염에는 실증과 허증이 있다. 다시 말해 허실이 있다는 것인데, 실증은 방광 부위가 터질 듯 아프고 소변을 볼 때 통증이 심한 것이 특징이며, 요실금이 있다.

실증에는 마치현이라 불리는 쇠비름나물을 20g씩 물 500cc로 끓여 차처럼 마신다.

● 참마즙

허증의 방광염은 방광 부위를 누르면 통증은 없고 오히려 시원한 느낌이 들며 소변이 자주 마렵고 보아도 또 보고 싶어지는 것이 특징이다. 특히 요실금이 있고, 소변이 잦고 양은 많으며 손발이 냉하고 추위를 너무 타고 기력, 정력이 현저히 저하된다.

이럴 때는 참마즙을 자주 먹는다. 참마의 껍질을 벗기고 깨끗이 씻어 강판에 갈면 참마즙이 된다. 혹은 참마 생것을 갈아 소금, 참기름으로 간을 한 뒤 김을 부스러뜨려 먹는 것이 도움이 된다.

● 호장뿌리

호장뿌리는 역귀과의 여러해살이 덩굴 같은 풀의 뿌리다. 땅속 이 뿌리를 봄철이나 가을에 캐어내서 잘 씻은 다음 말려서 보관했다가 방광염으로 고생할 때 끓여 먹으면 좋다.

굉장한 건위제이므로 소화불량과 위장 질환에 응용될 수도 있고, 변비나 월경불순마저 없앨 수 있다.

그러나 방광염에 그만이다. 1일 6g씩을 물 3컵으로 끓여 반으로 줄여 하루 동안 여러 차례 분복하면 된다.

치질

전국민의 40~50%가 치질을 앓고 있다고 해도 과언이
아닐 만큼 환자가 많다. 치질은 방치하면 할수록 점점
악화되고 나중에는 배변을 할 수 없을 정도로 고통을 겪게
되므로 반드시 조기에 치료를 받아야 한다.

치질의 빈도는…

치질은 우리 나라 병원 입원기록 중 1위를 차지할 정도로 발병률이 높
은 질환이다. 전국민의 40~50%가 치질을 앓고 있다고 해도 과언이 아
닐 만큼 환자가 많지만, 문제는 대개의 환자들이 고통을 참지 못할 정도
로 병을 키운 다음에야 병원을 찾는다는 것이다.

아프고 불편하기는 해도 생명을 위협할 만큼 위험한 병은 아니라는 생
각에서 치질을 방치하는 경우도 있지만, 대개는 치질을 부끄러운 병으
로 여기기 때문이다.

그러나 치질은 방치하면 할수록 점점 악화되고 나중에는 배변도 할 수
없을 정도로 고통을 겪게 되므로 반드시 조기에 치료를 받아야 한다. 따

라서 항문에 조금이라도 이상이 느껴지거나 배변시 불편이 따른다면 즉시 치질 여부를 진단해 보는 것이 좋다.

치질의 종류는…

백마의 기사들은 거의 치질이 있었다고 한다.

치질도 여러 가지다. 크게 나누면 치핵, 치열, 치루, 치옹, 탈항 등이 있다. 변비 등으로 인해 항문 주위의 정맥에 피가 뭉쳐서 혹이 된 것이 치핵, 항문 주위의 피부나 점막에 상처가 생기는 것이 열항, 치질이 심해져서 고름이 나오고 심한 통증과 발열 증세까지 보이는 것이 치루이다.

탈항은 여성에게 많은데 변비나 출산 등으로 치핵이 항문 밖으로 빠져나온 상태를 말한다.

치질을 예방·치료하려면 부드럽고 소화가 잘 되는 음식을 먹어 쾌변을 보도록 하고 청결을 유지하도록 한다. 증세가 심할 경우 약물요법과 수술이 필요하다.

● 치핵

치핵은 항문 주위의 정맥총이라고 하는 혈관에 피가 뭉쳐서 혹이 된 것이다. 전면을 시계 문자판의 12시, 뒤쪽을 6시로 가정하고 볼 때 3시, 7시, 11시 부위에 잘 발생하지만 진행되면 항문 주위를 온통 에워싸게 된다. 암치질·수치질이라는 의미로, '모치', '빈치', '맥치', '혈치'로 분류하거나 단순히 '외치'와 '내치'로 분류하기도 하는데, 제1기 치핵은 통증이나 치핵탈출이 없이 다만 출혈만 있는 단계요, 제2기 치핵은 치핵이 뚜렷이 융기되고 항문 밖으로 돌출되지만 자연히 회복되는 단계

나타나는 증세	증세의 원인
물총을 쏘듯 피가 비교적 많이 분사하는 경우	'풍화'를 원인으로 본다.
치핵이 탈출하여 피가 점점 떨어지고 항문에 작열감이나 가려움증이 있으면서 무지룩한 경우	'습열'을 원인으로 본다.
치핵이 빠져 출혈량이 많고 항문 통증이 있으며, 치핵이 감염되어 혈전성 정맥염을 일으킨 경우	'기체'와 '어혈'을 원인으로 본다.
치핵이 빠져 손으로 밀어 넣지 않으면 안 되고 오랜동안의 출혈로 고도의 빈혈 상태까지 보이는 경우	'기허'를 원인으로 본다.

요, 제3기 치핵은 치핵이 항상 돌출되어 있는 상태다.

● 치열

치열은 항문 주위의 피부나 점막에 상처가 생기는 것으로 '열항', 또는 '항문열창'이라고 한다. 작열감과 배변 장애가 오며, 특히 항문 전연보다 후연에 생겼을 때는 지각신경이 많이 분포되어 있기 때문에 통증이 아주 심하다. 그래서 통증이 두려워 충분한 배변을 하지 못하게 되어 병증을 더욱 악화시킨다.

● 치루

치루는 항문 주위의 농양이 터져서 난치성의 터널을 이루고 있는 것이다. 뻘겋게 붓고 통증이 오며 고름이나 삼출물이 흐른다. 《동의보감》에는 '루치'라고 했다. 반복 재발하는 악성이며, 심하면 여러 개의 터널을형성하거나 질 또는 요도를 천공하여 질이나 요도에서 농 같은 오물이흘러내리기도 하고, 드물게는 암으로 발전하기도 한다.

● 치옹

치옹은 항문 및 직장 주위 농양을 말한다. 농양이 터지면 터널을 형성하는데, 그 발병과 화농이 신속히 왔다가 빠르게 없어지는 경우를 '실열'로 보고, 발병이 완만하고 경과가 장기간에 걸치는 경우를 '허열'로 보아 한의학에서는 대책을 세우고 있다.

● 탈항

탈항은 항문이 국화 모양으로 탈출하는 것으로, 언제나 탈출해 있는 경우와 배변 때나 기침할 때나 힘을 쓸 때만 빠져나오는 경우가 있다. 항문의 괄약근이 이완되었거나 항문관 점막의 확장 등이 원인이다.

붓고 화끈거리면서 아프고 출혈이 있을 때는 '실증'으로 보고, 부기·열기·통증 등이 없이 항문만 빠져서 손으로 마무리해야 들어가는 때는 '허증'으로 본다.

치질의 일반적인 대책에는…

● 《동의보감》에는 치질에 대해서 이렇게 주의하라고 하였다

"술에 취하여 성 관계를 하는 것은 나쁘다. 본래 냉으로부터 시작되는 것이니 찬 음식을 삼가고 성 관계의 지나침과 닭고기, 메밀국수 등이 나쁘니 피하도록 한다."

● 술, 찬음식, 닭고기, 메밀국수만 나쁜 것이 아니다

담배도 나쁘고 커피·새우·게 등도 좋지 못하고, 자극성 향신료 따위도 안 좋다. 예를 들어 고추, 후추, 카레 같은 것이다.

● **지나친 성 관계도 안 좋지만, 특히 음주 후 성 관계는 아주 안 좋다**

또 몸을 냉하게 하면 할수록 치질은 악화되기 쉬우므로 보온에 유의해야한다.

● **오랜 시간 앉아만 있거나 서 있을 때도 안 좋다**

또한, 임신중의 자궁이 직장항문 부위를 압박했을 때, 또는 화장실을 독서실 마냥 이용하여 대변 시간이 길어졌을 때, 하루에도 몇 번씩 배변하는 습관이 있을 때도 모두 안 좋다. 대변은 될수록 빠른 시간에, 짧게, 힘을 덜 들여 보도록 해야 하며, 특히 대변을 적은 양을 가늘게 자주 보는 것은 나쁘다.

● **변비로 인한 복압의 상승이 원인이라면, 섬유소를 충분히 섭취하도록 해야 한다**

변비가 심하면 관장을 하는 것이 좋다. 관장주사기에 긴 고무줄을 끼우고 항문 깊이까지 꽂아 밀어 넣고 관장해서 항문 저 깊이 굳은 변이 고여 있는 것을 빼내야 한다. 그러나 완하제로 변을 부드럽게 하는 것은 좋지만, 준하제로 설사를 유도하는 것은 오히려 증상을 악화시킨다.

● **설사의 경우도 변비 못지않게 나쁘다**

설사가 잦고 복부가 냉하며 항상 속이 부글부글 끓으면서 출렁출렁 물소리가 심할 때는 굵고 검은 소금을 볶은 다음 천에 싸서 배꼽 밑 한 뼘 정도 되는 부위, 그리고 엉치뼈 주위에 대고 따뜻하게 해주는 것이 좋다.

● 좌욕하는 것을 잊어서는 안 된다

뜨거운 물이나 소금물 또는 쑥물로 해도 좋고, 특히 무화과 좌욕은 더 좋다. 《동의보감》에는 "대변 후 따뜻한 물로 씻어주며, 무화과나무 잎사귀를 달인 물의 수증기를 쐬어주면 가히 좋다."고 했다.

● 항문을 조이고 풀어주고 하는 운동을 반복한다

나이가 들면서 항문을 오므리는 힘이 떨어진다. 항문의 힘을 강화하려면 오므리듯이 당겨준다. 이 때 배꼽을 안으로 당기면서 하게 되면 배가 쑥 들어가서 배꼽과 항문의 거리가 짧아지면서 도움이 더 크다. 엉치뼈서부터 꽁무니뼈까지도 자꾸 문질러 준다.

● '공최' 라는 경혈을 자극해 주는 것도 좋다

팔꿈치에서 팔 안쪽으로 네 손가락 밑쯤 위치하고 있는 경혈이 '공최' 인데, 치질의 통증을 완화하는 데 큰 도움이 된다.

치질을 치료하는 식품 & 약재

● 민들레

꽃이 피기 전의 민들레 옹근풀을 달여 마신다. 민
들레는 소염, 소종 작용이 있어서 치질의 멍울을 풀
어주고 염증도 가라앉히고 변비 해소에도 도움이 되
고 비타민B12가 풍부해 치질 출혈에 의한 빈혈까지 다스릴 수 있다.

● 무화과

무화과는 대장의 벽을 자극하는 정장작용이 있어 변을 잘 나오게 하기
때문에 변비에 좋은 과일이다. 또한 무화과에는 단백질을 분해하는 효
소가 들어 있어 근육을 부드럽게 해주는 작용도 한다.

빨갛게 익은 무화과를 하루에 4~5개 정도 먹거나 과육과 잎에서 흰
즙을 짜내 항문에 바르도록 한다. 출혈이 있을 때는 입욕제로 사용해도
좋다. 무화과열매도 먹도록 한다.

● 감잎차

싱싱하고 어린 감잎을 준비해 그늘에서 말린 다음 찜통에 넣고 살짝
찌거나 전자 레인지에서 30초 가량 가
열한 다음 뜨거운 물을 붓고 우려낸 물
을 마신다.

감잎차는 이뇨 · 해열 · 지열 등의 효
과가 있고 치질에 의한 출혈이 있을 때
효과를 나타낸다.

● 괴화(홰나무 꽃봉오리)

홰나무 꽃봉오리(괴화)에는 루틴 성분이 함유되어 있어 치질 출혈에 좋다. 하루 8~12g을 물 500cc를 붓고 끓여 반으로 줄면 마신다.

● 우렁이

우렁이를 참기름에 재워 냉장고에 보관했다가 일 주일 정도 지난 다음 부터 그 기름을 항문에 자주 바른다.

● 맨드라미

맨드라미꽃을 따서 잘게 썬 후 참기 름에 재웠다가 자기 전이나 목욕 후 환 부에 바르면 되는데, 되도록 두껍게 바 르는 것이 효과적이다.

맨드라미꽃 한 송이가 5일 분량이므 로 꽃을 따서 냉장 보관해 두고 이용해 도 좋다.

● 달팽이

달팽이에는 우수한 단백질과 칼슘 등이 많이 들어 있어 한방에서는 치 질, 탈항, 탈장 등의 약재로 사용한다.

탈항이 되어 제자리로 들어가지 않을 때는 민달팽이(집없는 달팽이) 에 설탕을 뿌려 거즈로 두툼하게 싼 다음 손으로 고루 주무른다. 그리고 그 거즈를 항문에 밀어 넣는다. 또는 달팽이를 불에 굽거나 조려서 항문 에 발라도 좋다.

● 삼백초

삼백초를 쓸 때는 생잎을 가볍게 문지른 후 환부에 붙이거나 갈아서 붙이면 된다. 그리고 삼백초의 잎과 줄기를 말려 차 대신 끓여 마셔도 치료 효과를 기대할 수 있다.

✎ **주의하세요**

치질이 있을 때 피해야 할 식품은…

고추, 생강, 후추, 카레 등의 향신료와 커피, 초콜릿 등의 과식은 변비를 유발시켜 치질을 악화시킨다.

술이나 담배 역시 피하는 것이 좋다.

죽순이나 게 · 새우 등도 염증을 촉진시키므로 피하도록 한다.

설사 증세도 치질에 나쁜 영향을 준다.

소화흡수가 잘 되지 않는 식품이나 찬 음식은 가급적 피하도록 한다.

땀

선천적으로 땀이 많은 사람도 있고 긴장과 놀람으로
땀이 나기도 하는데, 단순하게 땀이 나는 것은 걱정하지 않아도
된다. 하지만 미열·권태감·자율신경실조에 의해 땀이
날 때는 전문의의 진단을 받아야 한다.

땀과 진액

땀은 '기' 그 자체요, '진' 그 자체다. 그래서 땀을 많이 흘릴 때 기가
빠진다느니 기가 허하다느니 진액이 소비된다느니 하는 말들을 한다.

《동의보감》에서도 땀을 '진액(津液)'이라는 항목에서 다루고 있다. 진
액은 '진'과 '액'이요, 인체 내에 꼭 필요한 필수 체액이다.

《동의보감》에는 이렇게 설명하고 있다.

"신장이 다섯 가지 체액을 주관하고, 대장은 '진'을 주관하고, 소장은
'액'을 주관한다. 땀의 근원은 음 가운데 영기(營氣)이며, 땀을 나게 하
고 나지 않게 하는 것은 양 가운데 원기(元氣)이다. 그러므로 땀을 나게
하려고 할 때 영위(營衛)의 허실을 알지 못하거나, 땀을 거두려고 할 때

에 천지의 음양을 알지 못하면 이것은 배를 육지에서 밀고 수레를 바다에서 끄는 것과 같으므로 반드시 실패한다."

땀이 나야 좋은 사람, 땀이 나면 안 좋은 사람…

물론 생리적인 땀, 건강한 땀도 있다. 특히 태음인 체질은 땀을 흘려야 건강하다는 징조요, 또 땀을 많이 흘리는 것이 체질적 특징이다. 그러나 소음인은 땀이 많으면 건강에 해롭다.

《동의보감》에는, "갑옷을 입고 말을 달려 창칼을 휘두르며 몇 백 리를 달려도 땀이 안 나는가 하면, 누구는 문 밖만 나가도 피곤하여 잘 걷지 못하는 사람들도 있으니 선천적 체질에 따라 서로 다른 것이 백 가지 천 가지뿐이 아니다."라고 했다.

왜 누구는 이렇게 땀이 잘 안 나고, 왜 누구는 이렇게 땀이 잘 나고 걸핏하면 피곤해질까?

한마디로 체질적인 개인차를 들 수 있다. 이제마의 사상체질에 따르면, 태음인은 땀을 많이 흘릴수록 좋다. 그것도 기장 알갱이만큼이나 큰 땀방울을 뚝뚝 떨어뜨려야 하며, 얼굴부터 가슴까지 땀에 흠뻑 젖어야 한다. 그래서 태음인은 병이 들었을 때 머리와 이마 사이에서 땀이 나면 비로소 죽음을 면하기 시작한 것이고, 뺨에서 나는 땀은 삶의 길이 넉넉히 열린 땀이며, 입술과 턱에서 나는 땀은 병이 이미 풀린 것이고, 젖가슴에서 나는 땀은 병이 완전히 풀린 것이라고 했다.

소양인의 경우는 워낙 땀이 적은 체질이지만 만일 병에 걸렸을 때, 손바닥과 발바닥에서 땀이 나면 병이 풀리고, 만일 손바닥과 발바닥에 땀기가 없으면 비록 전신에서 땀이 나더라도 병이 풀리지 않는다.

그러나 소음인 체질은 땀을 많이 흘리면 안 되는 체질이다. 일반적으로 감기몸살에 반드시 땀을 내야 병이 풀린다는 통념을 갖고 있지만, 소음인의 경우에는 아무리 해열을 목적으로 해도 땀을 내서는 안 된다.

자한(自汗)·도한(盜汗)·편한(偏汗)···

● 자한(自汗)

《동의보감》에는 땀이 저절로 흐르는 '자한' 병증에 대해 이렇게 설명하고 있다.

"땀에는 음양이 있다. 양에 속하는 땀은 열이 있는 땀이요, 음에 속하는 땀은 몸이 차면서 나는 땀이다. 후자는 양기가 허해 음기가 주관할 것이 없어 땀이 기를 따라 밖으로 나오게 되는 것이다. 장중경이라는 명의가 말한 것처럼 몹시 차면 도리어 땀이 나고 몸은 찬물과 같이 차다고 한 것은 모두 음적인 땀이다."

● 도한(盜汗)

속칭 '식은땀'이라 하여 취침중에 땀을 흠뻑 흘리다가 잠에서 깨어나면 언제 그랬냐 싶게 땀이 싹 가시는 '도한증'이라는 것이 있다. 냉한의 일종으로서 발한 후에 불쾌감, 피로감, 허약감을 느끼는 것이 특징이다.

《동의보감》에는 '도한증'에 대해 다음과 같이 밝히고 있다.

"도한도 음양이 있어 외감인지 내상인지 구분해야 하며, 허실을 따져야 하는데 《경악전서》에서 '不得謂盜汗必屬陰虛也'라 했듯이 허증이 많다."

서양의학에서는 자율신경계의 기능 이상이 원인이라고 보고 있다. 또 전신쇠약 때, 갑상선 기능이 항진되어 있을 때, 심부전이 있을 때, 류머 티스열이 있을 때, 폐렴이나 폐결핵이 있을 때 도한증이 심하다. 특히 결 핵이 있을 때는 결핵균 독소에 의하여 자율신경계에 긴장 이상이 초래 되어 아주 흔하게 나타난다. 그래서 예전에 결핵이 만연할 때는 도한증 이 있으면 으레 결핵을 우선적으로 의심하곤 했었다.

이밖에도 신경쇠약이나 심장 근육의 혈액 부족 및 정력감퇴나 호흡기 질환 등이 원인일 수 있다.

● 편한(偏汗)

① 몸 한쪽에서만 땀이 나는 것을 말한다. 중풍 후유증이나 내장기 기 능이 쇠퇴했을 때 흔히 볼 수 있다.

② 얼굴땀으로 알려진 '두한(頭汗)' 중 시루떡을 찔 때처럼 머리에서 무럭무럭 김이 나듯이 땀이 솟는 이른바 '증롱두(蒸籠頭)'라는 것은 병 적인 것이 아니지만 습열에 의한 얼굴땀이나, 양허해서 얼굴땀이 나는 것 등은 치료 대상이 된다.

③ 가슴땀으로 알려진 '심한(心汗)'은 심장 부위에서만 나는 땀으로 지나치게 생각이 많거나 놀람과 두려움을 당했거나 '심혈' 과다가 원인 인데, 때로 얼굴이 벌겋게 된다.

④ 손발땀으로 알려진 '수족한(手足汗)'은 진액이 위부(胃部)로부터 밖으로 나오는데 위에 열이 몰려 있기 때문이다.

⑤ 음낭 부위에서 나는 땀을 '음한(陰汗)'이라고 하는데, 이것은 '신 허'하고 양기가 쇠약하기 때문이다.

⑥ 곁땀, 즉 겨드랑이 땀은 속칭 암내를 동반하기도 하는데, 심하면 수술까지 해야 한다.

땀을 다스리는 식품 & 약재

● 황기

내상(內傷)으로 기허(氣虛)하여 땀이 저절로 흐르는 경우가 있다. 기허하기 때문에 추위를 싫어하고, 숨이 차며, 권태하고 조금만 움직여도 자한이 심하다. 이럴 때는 황기가 제일이다.

황기는 단너삼의 뿌리다. 약효가 너무 좋아 '왕손' 이라는 별명을 갖고 있으며, 또 '백 가지의 근본' 이라는 뜻으로 일명 '백본' 이라 부른다. 전신 기능을 촉진하는 대표적인 보기제로 인삼과 버금가는 약재로 알려져 있다. 성호르몬 유사 작용과 중추신경의 흥분작용과 관련된다.

특히 땀샘을 조절하여 다한증을 개선하는 가장 효과 높은 약재다. 폐기능이 허약하여 숨이 차고 땀이 날 때 효과적이다. 폐 기능을 보하고, 체표에 흐르고 있는 방위력을 견고하게 보호하기 때문이다.

황기를 썰어 진하게 탄 꿀물에 담가 꿀물이 황기에 듬뿍 배어들었을 때 꺼내어 프라이팬에서 노릇노릇하게 구운 후, 황기 20g에 물 500cc를 붓고 끓여 물이 반으로 줄면, 이것을 하루 동안 나누어 마시면 좋다. 이때 인삼 8g 정도를 함께 끓이면 좋다. 혹은 삼계탕을 만들어 먹을 때 황기를 함께 넣고 요리해도 좋다.

한방에서는 자한증에 황기를 가미한 처방을 주로 쓰고 있다. 특히 『황기건중탕』을 자한증에 가장 많이 쓰고 있다. 기운도 돋우고 혈허한 것도 개선하면서 땀까지 다스릴 수 있는 처방이기 때문이다. 이 처방은 연령에 관계 없이 두루 쓰여지는 처방이지만 특히 어린이 자한증에 자주 쓰인다. 또 자한증에 많이 쓰이는 처방인 『보중익기탕』이 있는데, 이 처방에도 황기가 주된 약재로 쓰이고 있다. 그런데 이 처방은 연령에 관계 없이 두루 쓰이지만 특히 중년이나 기력이 극도로 쇠약해져 있을 때 많이 쓰이고 있다.

● 인삼

소음인 체질은 땀이 나면 안 좋다. 그런데 소음인 체질 중 땀을 많이 흘릴 때는 인삼차를 먹는 것이 좋다.

혹은 인삼, 대추, 찹쌀, 마늘 등을 닭 뱃속에 넣고 끓인 삼계탕을 먹어

도 더 좋고, 삼계탕을 끓일 때 황기라는 약재를 넣으면 더더욱 좋다.

● 오미자

양허(陽虛)하여 땀이 저절로 날 때는 오미자가 좋다.

양허는 열에너지 부족을 말한다. 얼음이 담긴 컵을 놔두면 컵 겉면에 물기가 솟아나듯이 땀이란, 열해서만 나는 것이 아니라 속이 냉해도 나기 마련이다. 이렇게 열에너지가 부족하여 속이 냉할 때 나는 땀을 '양허에 의한 자한' 이라고 한다. 양허하면 유난히 추위를 타고 피로하며 손

발이 차고 소변이 맑고 대변이 묽거나 걸핏하면 설사를 잘 한다. 이럴 때 오미자가 좋다.

● 숙지황

음허(陰虛)하여 자한이 있을 때 숙지황이 좋다.

음허는 체내에 영양 물질이 결핍되어 있는 상태를 말한다. 그렇게 되면 허열이 생긴다. 그래서 음허하면 입이 잘 마르고 눈이 침침하며 머리가 멍하고 가슴에 열감이 있고, 발이 뜨거울 때가 많으며 헛헛증이 나고 소변이 붉거나 지린내가 나며 대변은 굳거나 변비가 잘 된다.

이럴 때 숙지황이 좋은데, 숙지황 한 가지만 1일 8g씩 물 500cc에 끓여 반으로 줄여 마셔도 좋고, 혹은 숙지황, 산약, 산수유 등을 함께 배합해서 먹어도 좋다.

● 방풍

몸 한쪽에서만 땀이 나는 '편한'일 때는 방풍이 좋다. 특히 중풍 후유증이나 내장기 기능이 쇠퇴했을 때 흔히 볼 수 있는 편한에 '방풍죽'이 효과가 있다.

방풍이라는 약재는 이름 그대로 '풍을 몰아내어 방지'해 주는 약이다. 방풍 끓인 물을 여과하여, 이 물에 불린 쌀을 넣고 죽을 쒀서, 죽이 다 끓여질 무렵 부추를 썰어 넣고, 약간 끓이다가 금방 불에서 내려 따끈할 때, 이 죽을 먹도록 한다.

● 산조인

도한증 중 신경쇠약에 원인이 있는 경우에는 산조인이라는 약재를 프라이팬에서 볶아 1일 12g씩을 물 500cc로 끓여 반으로 줄여 오후부터 취침 전까지 나누어 마신다.

● 굴조개껍질

도한증 중 정력감퇴에 원인이 있는 경우에는 모려라는 약재를 끓여 차로 마신다.

모려는 굴조개껍질인데, 특히 땀을 수렴시키는 작용이 강하다.

● 뽕나무잎

뽕나무잎은 오장의 풍열을 주로 치료하기 때문에 식은땀에 좋으므로 가루내어 미음에 타서 빈속에 먹는다.

● 황련

음허내열(陰虛內熱)이 원인이 되어 도한하고 밤에 열이 나고 번갈증이 있으며 몸이 여위며, 여성의 경우에는 월경이 그치고, 남성의 경우에는 유정, 몽정할 때 황련이 좋다.

황련 2g을 거름통 있는 찻잔에 넣고 뜨거운 물을 붓고 뚜껑을 닫아 5분 정도 우려낸 후 우러난 물만 마신다. 오후와 취침 전에 각 1잔씩 마신다.

● 백반

손발땀으로 알려진 수족한(手足汗)에 외용법이 있다.

첫째, 백반을 우려낸 물로 자주 손발을 씻는다.

둘째, 백반·갈근 20g씩을 끓여 손발을 씻는다.

셋째, 진피·고백반(백반을 프라이팬에서 열을 가하면 고체인 백반이 녹아 액체가 되고 이어 다시 고체로 변화한 것), 밀타승·황단을 같은 양씩 가루내어 손발에 뿌린다.

● 인진

두한(頭汗) 중 습열로 소변이 짙고 양이 적으며 불리하고 황달 경향을 띠며, 발열·오한할 때는 인진을 쓴다. 인진은 사철쑥이다. 간 기능을 강화하고 황달을 치료하는 약재로 널리 알려져 있다.

1일 8~12g을 물 500cc로 끓여 반으로 줄면 따뜻하게 마신다.

● 음양곽

음낭에 땀이 차서 축축해지고 고환이 정자를 활발히 만들어 줄 수 없을 정도가 되었을 때는 음양곽 20g을 10분간 끓여 마시거나, 오가피 20g을 물 500cc로 끓여 반으로 줄면 마시도록 한다.

● 부소맥(통밀)

'두한(頭汗)' 이라 하여 얼굴땀이 심할 때 부소맥이 좋다.

특히 얼굴땀 중에서도 안면이 창백하고 손발이 차며 추위를 타고 권태롭고 무력할 때에 좋다.

부소맥은 싸전에서 구할 수 있는데, '통밀' 을 말한다. 더 엄격히 말하면 통밀을 물에 담갔을 때 물 위로 뜨는 쭉정이만을 거둔 것이 부소맥인데, 쭉정이만 모으기가 쉽지 않으니 그냥 통밀 자체를 쓰면 된다.

부소맥 한 줌을 보리차처럼 끓여 맹물 대신 마시도록 한다.

● 더덕

비위(脾胃)가 음허(陰虛)하여 내열로
목이 마르고 음식을 잘 먹지 못하고 메스꺼
워 하며 대변이 굳으면서 '수족한(手足汗)'이 있을
때는 더덕이 좋다. 구이, 무침도 좋고 끓여 먹어도 좋다.

● 쑥

칠정 울결(7가지 정서적 울결)로 '심한(心汗)'이 있을 때는 쑥이 좋다.
생각이 많아 심허로 심한(心汗)이 있거나 액한(腋汗 : 겨드랑이땀)이
있으면 오래된 쑥차[陳艾湯]를 마신다. 이 때에 백복령 분말 8g을 함께
먹으면 더 효과적이다.

땀을 다스리는 한방 처방

『쌍화탕』

감기 후유증으로 기가 허해진 표허(表虛) 상태에서 땀이 저절로 흐르
고 수족이 번열하고, 목이 마르고, 심계와 정충의 증상이 있을 때에 통용
할 수 있는 처방이 바로 『쌍화탕(雙和湯)』이다.

『옥병풍산』

자한증에 쓸 수 있는 처방 중 『옥병풍산』이라는 처방이 있다.
체표가 허약하여 땀을 주체하지 못할 만큼 많이 흘릴 때 쓰는 처방이
다. 이 처방은, 중추를 흥분시켜 하부 발한중추에 대한 억제를 강화하

고, 심장 기능을 강하게 하면서 말초순환의 촉진을 통해 땀샘의 기능을 조절하고 피부를 영양한다. 피부혈관의 경련을 풀고 말초투과성을 조정하고, 세포성 면역능력을 증가시켜 항체 생산을 높인다.

処방 백출 8g, 방풍 · 황기 각각 6g.

복용법 이상을 가루내어 18.37g씩을 온수 혹은 청주에 타서 마신다.

혹은 이 처방을 끓여 마셔도 좋은데, 끓일 경우에는 『옥병풍탕』 또는 『황기탕』이라고 부른다.

땀이 지나치게 많을 때는 본 처방에 모려 · 부소맥 · 마황뿌리 · 오미자 등을 가미해서 쓰고, 감기가 있어 땀이 많을 때는 본 처방에 형개 · 소엽 등을 가미해서 쓴다.

신재용 박사님과 독자와의 1:1 진료상담실

Question 1 **다한증(땀이 많이 나는 증상)에 대해 알고 싶습니다. 그리고 치료법은 있는지요?**

아이가 땀이 많이 났었는데 여름이 되면서 더 심해져서 정상적인 생활이 어려울 정도로 온 몸에서 땀이 납니다. 주위에서도 많이 걱정들을 하고 본인도 많이 힘들어하고 있습니다.

자료집에 보니 수술을 해야 한다는데 치료방법이 수술밖에 없는지요?

좋은 치료법이 있으시면 부탁드립니다.

Answer 병적인 땀은 의외로 많이 있습니다만, 여기에서는 그 자세한 내용을 밝히지 않겠습니다.

왜냐하면 귀하의 아이 경우는 이 이상의 어떤 병적 상황에서 야기된 다한증으로 보여지는 조건이 전혀 없기 때문입니다.

결국 귀하의 아이 경우는 첫째 '기허'를 의심해 볼 수 있으며, 둘째 '열성 체질'로 여겨지며, 셋째 '자율신경실조' 경향이 있을 뿐이라고 생각됩니다.

이 중 자율신경실조 경향이 뚜렷하다면 수술이 가장 적합한 치료법이 될 수 있습니다. 그러나 짧은 문의 서신만으로 판단하기에는 무리가 있지만, 첫째와 둘째 원인에 의한 것으로 보여질 뿐 셋째 원인이 가장 뚜렷하다는 증거를 찾을 수 없습니다. 예를 들어 셋째 원인이 뚜렷할 때는 땀이 지나치게 나지만 특히 손발이 흥건해질 정도로 땀이 나는 것이 보편적인 증상입니다. 그런데 그런 표현이 없습니다. 까닭에 결코 수술을 고려해야만 할 절대적 상황으로는 보여지지 않습니다.

그렇다면 첫째 원인이 더 클까, 둘째 원인이 더 클까 하는 것이 남았는데, 제 생각에는 '기허'도 큰 원인이 되겠지만 '열성 체질'인 까닭에 땀을 많이 흘리는 것이 아닐까 하는 생각이 더 듭니다. 왜냐하면 귀하께서 "올 여름이 되면서 더 심해져서 정상적인 생활이 어려울 정도로 온 몸에서 땀이 납니다."라고 표현했기 때문입니다.

그러나 여기서는 세 가지 원인에 두루 통용될 수 있는 방법—물론 셋째 원인을 더 부각하겠지만—에 대해 말씀드리겠습니다.

첫째, 너무 덥게 키우지 말고 집안을 서늘하게 해 줄 것이며, 열성 식품을 금합니다.

예를 들어 아이스크림, 초콜릿, 코코아, 인삼, 꿀, 찹쌀, 매운 향신료, 마늘, 부추 등이 모두 열성 식품들입니다.

둘째, 검은콩을 식초에 담갔다가 먹이면 좋습니다.

검은콩을 흑두, 오두라고 하는데 이 중에서도 크기가 작은 것이 약콩입니다. 이것을 젖은 행주로 잘 닦은 다음 용기에 담아(물론 검은콩이나 용기에는 물기가 없어야 합니다) 식초를 붓습니다. 식초는 현미식초가 좋습니다.

현미식초에는 인체에서 만들어 낼 수 없는 필수아미노산 8종을 포함해서 18종이나 되는 필수아미노산을 함유하고 있고, 검은콩의 약 성분을 고스란히 우려내 주기 때문입니다. 식초는 검은콩이 잠길 정도면 됩니다. 이것을 밀봉해 냉장고에 보관하여 4~5일 지나면 검은콩이 식초를 머금어 부풀어오르는데 이 때 식초를 더 붓습니다. 그렇게 하지 않으면 변질될 수 있습니다. 10일 정도 경과하면 검은콩을 꺼내 하루 7~10알씩 먹고 검은콩이 우러나온 식초도 커피잔 한 잔 정도의 생수에 3~4작은술씩 타서 마시게 하세요. 검은콩의 비릿한 냄새가 싫으면 생것 그대로 쓰지 말고 약간 볶아서 식초에 넣어도 됩니다. 또 식초를 마시기가 역겨우면 꿀을 조금 타서 마셔도 좋습니다. 또 한번에 많이 만들지 않도록 하는 것이 좋습니다. 냉장고에 보관해 둔다 해도 25일 이상 경과되면 변질되기 쉽습니다.

셋째, 나이가 어리면 검은콩 순을 먹이십시오.

귀하의 아이 나이가 얼마나 됐는지 모르겠군요. 너무 어리다면 검은콩을 식초에 담근 것을 역겨워 할 수 있습니다. 이 때는 검은콩순을 키워 먹이도록 하십시오. 검은콩으로 콩나물 키우듯이 순을 낸 것을 약용하면 됩니다.

물을 주어서 순을 낸 것을 '청수두권' 이라 하고, 마황이라는 한약재 뿌리 끓인 물을 차게 식혀 그 물로 순을 키우면 '황수두권' 이라 합니다. 이 황수두권이 땀을 다스리는 뛰어난 약재가 됩니다. 무기력하며 항상 나른한 느낌이 있을 때도 좋습니다. 황수두권을 가루로 만들어 4g씩, 1일 3회 따뜻한 물에 먹여도 됩니다. 흔히 검은콩이 좋은 건 알겠는데, 마황이라는 약재로 순을 키우라고 했지만 자료에 보면 마황은 끔찍한 약으로 알려져 있어서 걱정이 된다고 말씀하실 수 있습니다.

그러나 마황 자체를 먹이는 게 아니라 마황 끓인 물을 식혀 물을 주듯이 검은콩을 순 트게 하는 것이므로 전혀 걱정할 필요가 없습니다.

여드름

피지 과잉으로 모공 중간에 쌓인 과잉 피지가 세균과 접촉해
생기는 염증이 여드름이다. 약물 치료에 의존하는 것보다
청결과 섭생을 잘 지키면 개선할 수 있다.

여드름이 생기는 원인은…

여드름은 사춘기의 호르몬 분비 상태가 크게 변화되어 생기는 현상으로 피지가 과잉 분비되면서 모공 중간에 쌓여 세균과 접촉해 염증이 생기면서 여드름이 된다.

피지선은 안드로겐 호르몬의 자극을 받아 피지를 더 많이 생산하게 된다. 이 때 피지가 과도하게 많이 생산되면, 피지를 모두 배출하지 못하고 일부가 모낭 내에 쌓이게 된다. 피지와 죽은 피부 세포에 의해 막힌 모낭은 박테리아가 자랄 수 있는 좋은 환경을 만들어 준다.

특징적으로 여드름에서 프로피오니박테리움 애크니라는 박테리아 세균이 피지를 먹고 자라면서 여드름의 주된 원인이 되는데, 여드름이 없는 정상인에게서도 이 균은 정상적으로 피부에 존재하며 문제를 일으키지 않으나 모낭이 막혀 피지가 모낭 안에 쌓이면 피지를 먹고 빠르게 자라난다. 이 박테리아에서 생산된 여러 가지 화학 성분은 모낭 주위의 피부에 염증을 일으키게 한다

또한 수면부족이나 기름기나 단 음식을 많이 먹는 것도 여드름의 원인이 되기도 하는데 유전의 영향도 크다.

여드름의 증상은…

처음에는 모낭에 피질과 각질이 꽉 차서 황백색의 덩어리가 생기며, 때로는 그 정점이 검게 변색하는 수도 있다. 짜면 치즈 모양인 것이 나온다. 이어서 이 것을 중심으로 하여 염증이 생기고 붉게 부풀어오른다. 이것에 세균이 감염되면 화농하여 황색으로 된다. 나은 자리는 분화구 모양의 흔적이 남는다. 월경 직전에 더 악화되는 경우가 많다.

《동의보감》에는 주자(酒刺), 분자(粉刺), 풍자(風刺) 등에 대한 설명이 나온다.

① '주자' 는 평소에 술을 잘

알아두세요

여드름 치료제를 남용하지 않도록…

여드름을 치료하는 연고에는 대부분 부신피질 호르몬이 들어 있어 장기간 사용하면 부작용이 생기고 또한 체내에 내성이 생기게 된다.

이렇게 되면 피부는 얇아져서 실핏줄이 늘어나고, 얼굴 전체가 붉어지면서 비듬같이 일어나 견디기 힘들어진다. 여드름 치료를 위해 바른 연고로 건선이나 다른 피부병이 한 가지 더 생기게 되는 원인이 되는 것이다.

시판되는 치료제에 의존하기보다는 전문가의 진단치료를 따르는 것이 좋고, 피부 손상의 정도에 따라 적정한 치료를 받는 것이 좋다. 또한 항상 청결히 하는 것이 무엇보다 중요하다.

마시는 사람의 얼굴에 여드름 같이 생기는 피부병이다.

얼굴과 코에 좁쌀 또는 수수알 같은 것이 생겨 빛이 붉고 아프다. 터지면 비지 같은 흰 즙이 나오는데 오래되면 모두 비듬 같이 된다. 위장 경락의 '혈열'이 원인이라고 한의학에서는 설명하고 있다.

② '분자'는 얼굴이나 앞가슴, 잔등에 좁쌀알 같은 구진이 돋아서 꺼멓게 되고 심하면 벌겋게 되면서 붓고 아픈데 짜면 흰 즙이 나온다.

덥게 하면 가려워지고, 차게 하면 오한과 발열이 교대로 나타나며, 긁어서 감염된 경우에는 절종이나 피지류가 생긴다.

③ '풍자'는 얼굴에 여드름 같은 것이 돋는 피부병으로, 색깔이 여드름보다 좀 붉다.

여드름이 생기는 부위별 원인은…

● 입 주위에 생기는 여드름
위장 장애 및 비타민의 부족이나 화장품의 영향, 특히 화장이 짙은 경우 많이 생긴다.

위장 장애나 변비가 있을 때에는 그 치료를 한다. 정신적인 스트레스를 피하고 수면을 충분히 취한다.

● 턱, 목에 걸쳐 생기는 여드름
비타민 B군의 결핍일 때 많이 생기며, 월경불순과 호르몬 분비의 균형이 깨졌기 때문이다. 털목도리, 터틀네크 등의 의류가 자극을 주어 여드름이 발생하기도 한다.

● 이마에 생기는 여드름

월경불순과 호르몬 분비의 균형이 깨졌기 때문이다.

앞머리를 늘어뜨리지 않도록 한다. 무스, 젤, 스프레이 등이 요인이 될 수 있으므로 머리를 자주 감고 머리 기름이 피부로 배어 나오는 것을 막는다.

● 코에 생기는 여드름

유독 피지선이 코에 발달되어 있기 때문이다.

특히 단음식, 기름기 음식이 원인일 수 있다. 따라서 초콜릿이나 커피 등의 자극물, 당분이 많은 과자류를 피하고, 크림, 초콜릿, 코코아, 버터, 치즈, 돼지고기, 햄, 베이컨, 향신료는 되도록 피한다.

● 양볼에 생기는 여드름

간 기능의 해독 능력이 떨어졌기 때문이다.

1일 2회 이상 따뜻한 물로 세안을 하도록 하되, 지나치게 자주 세안을

알아 두세요

여드름을 악화시키지 않으려면…

여드름이 신경이 쓰인다고 해서 무작정 손으로 짜거나 여드름을 악화시킬 수 있는 약물을 남용하는 것은 곤란하다. 대신 여드름 치료를 위해서는 위장의 기능을 높이는 음식을 먹어야 한다.

돼지고기 · 튀김 · 버터 · 치즈 · 햄 등 동물성 지방이 많이 들어 있는 식품, 고추 · 겨자 등 자극적인 음식은 삼가는 것이 좋다. 그리고 너무 달거나 찬 음식, 담배와 술도 좋지 않다.

자극적인 음식보다는 다시마 · 미역 등의 해조류와 신선한 채소 · 과일 등을 많이 먹도록 한다.

하는 것은 오히려 자극을 줄 위험이 있다. 화장품은 파운데이션이나 콜드크림은 쓰지 않는다. 자외선도 피하도록 한다.

여드름의
일반적인 대책은…

여드름 관리의 원칙은 쾌면, 쾌식, 쾌변의 3대 원칙을 지켜야 하는 것이다.

● 쾌면

쾌면은 상쾌한 수면 및 육체와 정신의 안정, 강화요법이다.

● 쾌식

쾌식은 상쾌한 식사, 상쾌한 소화를 통해 체내에 독성이 쌓이지 않게 하는 요법이다.

● 쾌변

쾌변은 상쾌한 배변, 상쾌한 배설로 체내 및 체외의 더러움

알아 두세요

쾌면의 3원칙

① 충분한 수면과 휴식을 취한다. "미인은 잠꾸러기"라는 말도 있다. 육체의 피로는 피부의 피로와 직결된다.
② 정신적 긴장을 풀고 사랑으로 충만한 생활을 한다. 피부는 "신체의 거울"이기 때문이다.
③ 적당한 운동을 규칙적으로 한다. 피부도 호흡해야 예뻐진다.

쾌식의 3원칙

① 소식하고 영양을 균형있게 고루 섭취한다. 특히 단백질, 비타민 C, 철분, 칼슘, 요오드의 섭취를 늘린다.
② 간장 기능을 강화하는 식품을 많이 먹도록 한다.
③ 산성 체질이 되지 않도록 식이요법에 주의한다. 산성 체질은 피부를 검게 하고 거칠게 하며, 기미를 늘리고 화장이 잘 받지 않게 한다.

쾌변의 3원칙

① 대소변을 상쾌하게 보도록 한다. 특히 "변비는 미용의 적"이다.
② 여성 생리를 원활하게 한다. 특히 성적으로 만족한 쾌감은 피부도 만족시킨다.
③ 미지근한 물로 세안하고, 세안 횟수를 늘린다.

을 말끔히 씻어내는 요법이다.

여드름을 치료하는 나만의 외용 팩

● 삼백초잎 달인 물
삼백초는 여드름 치료의 묘약이라 불리는데, 특히 고름이 생긴 여드름에 효과가 있다.

① 건조된 삼백초잎 15g에 청미래덩굴뿌리 5g, 용담뿌리 2g을 함께 넣고 물 2컵을 부어 푹 달인 다음 물만 걸러 마신다.

② 율무를 배합한다.

③ 쇠비름을 배합한다. 쇠비름에는 여드름을 치료할 수 있는 유효 성분인 유기산이 많이 들어 있다.

쇠비름은 신기하게도 다섯 가지 색을 갖추고 있다. 잎은 푸르고, 줄기는 붉고, 꽃은 노랗고, 뿌리는 희고, 씨는 검다. 이렇게 다섯 가지 오행의 색을 다 갖추었다고 해서 '오행초' 라 부른다.

약으로 쓸 때는 '마치현' 이라고 하는데, 쇠비름 가운데 잎이 작은 것은 말의 이빨 같다 하여 '마치' 라는 말을 붙인 것이며, 또 비름나물과 비슷해서 '현(비름)' 이라는 말을 붙여 이름을 지은 것이다. 또 많이 먹으면 오래 살 수 있다는 뜻으로 '장명채' 라는 이름으로도 부르며, '안락채' 라고도 한다.

● 무즙로션
무를 껍질째 갈아 즙만 받아서 세안 후 얼굴에 바르면 여드름의 염증이 진전되는 것을 방지한다.

무 껍질에는 속보다 비타민 C가 2배나 더 들어 있으므로 껍질을 벗기지 말아야 한다. 무에는 여러 가지 효소, 예를 들어 소화 효소나 요소를 분해해서 암모니아를 만드는 효소, 과산화수소를 물과 산소로 분해하는 카탈라아제 효소 등이 많으므로 복용까지 하면 좋다.

● 율무로션

변비로 인한 여드름에 효과적이다.

율무를 씻어 물기를 뺀 후 뚜껑 있는 그릇에 담고 율무 25g에 청주 3컵 반을 부은 후 뚜껑을 닫아 냉장고에 두고 1주일이 지나면 체에 걸러 뜨거운 타월로 모공을 연 후 율무로션을 화장솜에 묻혀 5~10분 정도 올려놓으면 여드름도 없애고 피부도 탄력이 생긴다.

율무에는 신진대사를 촉진하는 성분인 코이크솔라이드 성분이 있는데, 종양조직을 치료하는 효과가 있다.

● 녹두가루

녹두가루를 미지근한 물로 반죽해 잠자기 전에 발라주면 여드름 치료에 효과가 있다.

녹두는 열을 내리고 독을 풀어주며 세정력과 보습력이 뛰어나다.

녹두를 곱게 가루내어 세숫물에 타서 쓰면 된다. 또는 녹두가루를 미지근한 물에 개어서 세안 후 얼굴 전체에 골고루 바르고 랩을 덮고 약 20여 분쯤 두었다가 깨끗이 씻어내도 좋다.

혹은 녹두가루 · 팥가루 · 밀가루 등을 함께 섞거나 또는 녹두가루 · 팥가루 · 다시마가루 등을 섞어 살구씨 기름에 개어 비누처럼 쓰는 방법

도 있다. 피부 표면은 물론 모공 속의 때까지 말끔히 씻어주며 피부의 혈
액순환을 도와준다.

● 오트밀 가루 팩
① **토마토 팩** 여드름이 곪는 것을 방지하고 여드름으로 인한 상처를
회복하는 데 도움을 준다. 피지가 많거나 거친 피부도 효과적이다.
토마토 간 것 2큰술, 오트밀 가루 2작은술, 우유 약간을 섞는다. 15~
20분 후 세안한다.
② **사과 팩** 피지를 흡수해 피부를 청결하게 해주는 팩이다.
사과 간 것 2큰술, 오트밀 가루 1작은술을 섞어 걸쭉하게 만든 후 얼굴
에 바른다. 15~20분 후 세안한다.

● 알로에
알로에의 한쪽 면을 벗겨 젤리 같은 부분을 여
드름이 생긴 부위에 붙여 주면 빨리 회복된다.

●「옥환도면고(玉環塗面膏)」
살구씨 300g을 물 1,800cc를 붓고 고아 조청처럼 만들어 미용팩으로
이용하는 것이다.
내복할 수도 있다. 내복할 경우에는 기관지가 좋아지며, 변비도 풀리
며, 비만에도 효과적이다.

● 딸기우유
신선한 딸기를 즙으로 낸 다음 우유에 섞어 피부에 바르면 잡티나 기

름기가 빠져나가 피부가 깨끗해진다.

● 복숭아잎

복숭아잎에는 피부의 모공 수축작용이 있는 타닌 성분이 함유되어 있어 예로부터 피부 질환에 많이 사용되어 왔다.

복숭아잎을 깨끗이 씻어 통풍이 잘 되는 그늘에서 말려 보관해 두었다가 한 줌씩 면 주머니에 넣어 목욕물에 담가 그 물로 목욕을 하면 전신미용에 효과가 크다.

땀띠, 습진, 짓무른 피부의 회복에도 좋다.

복숭아잎 끓인 물을 두피에 바르고 20~30분 정도 두었다가 헹구기를 수시로 하면 두피에 끈적끈적한 기름기 성질이 강한 비듬이 더께가 앉듯이 두껍게 앉은 경우에 도움이 된다.

● 오이껍질

오이껍질을 잘게 썰어 우유에 하루 동안 담갔다가 피부 트러블 중 여드름에는 심한 부위를 씻어준다.

피부 트러블 중 땀띠나 벌레에 물렸을 때에는 오이생즙을 거즈에 적셔 바른다.

피부 트러블 중 사마귀에는 사마귀 윗부분을 긁어내고 그 자리를 오이 꼭지로 자주 문지른다.

여드름을 치료하는 식품 & 약재

● 녹차우유식초

우선 미용의 4대 비타민으로 알려진 비타민 A, B₂, C, E를 많이 섭취하는 것이 중요하다. 그래서 비타민 C, E가 풍부한 녹차잎을 가루내어 우유식초에 타서 마시는 것이 좋다.

우유는 비타민 A, B₂, E 뿐 아니라 칼슘이 풍부해서 좋고, 식초는 과산화지질의 축적을 막아주므로 좋다.

우유 한 잔에 현미식초 3~4티스푼을 섞고 녹차잎가루 1티스푼을 타서 1일 1~2회 공복에 마시도록 한다.

● 양배추

피부가 건강을 잃으면 탄력을 잃고 잔주름이 늘며 건성화되면서 노화현상을 띠게 된다. 이럴 때는 양배추가 좋다. '미용 비타민'이라고 불리는 비타민 A · C를 비롯해 비타민 K · U를 함유하고 있으며, 양배추의 식물성 섬유와 칼륨은 장의 건조를 막아 변비를 해결하고 진정작용이 있어 초조감도 없앤다.

여기에 파인애플과 당근을 배합하여 믹서로 즙을 내어 마신다. 파인애플의 브로멜린 성분이 피부미용에 직접 관련이 있는 소화기 장애나 정장에 도움이 되며, 당근의 비타민 A 역시 피부미용에 없어서는 안 될 영양소이다.

●「서태후윤부고(西太后潤膚膏)」

청나라 여걸 서태후가 애용했던 미용제가 있다.「서태후윤부고」라는 처방이다.

배즙 · 생연근즙 · 생지황즙 · 청주 각각 1,000cc, 생강즙 500cc, 물 3,000cc를 고아 조청으로 만든 것이다. 1일 2~3회, 1회에 1티스푼씩 온수로 복용한다.

● 참깨

참깨에는 메치오닌 등의 필수아미노산 등이 다량 함유되어 있어 간장 기능을 강화한다. 또 노화 억제와 천연 항생 물질로 주목받고 있는 리그닌이 함유되어 있다. 리놀레산과 비타민 E가 많고, 피부의 건조를 막아주며 습진이나 옻 같은 피부병에 대한 저항력을 길러준다.

● 표고버섯꿀가루

표고버섯은 미용에 좋다. 눈 가장자리의 잔주름이나 기미도 없어지고 꺼칠꺼칠한 살갗이 부드럽고 매끈해진다고 한다. 머리카락도 검게 하고 발모 효과까지 있다. 조혈작용을 돕는 비타민 B_2도 함유되어 있어서 누렇게 들뜬 얼굴이 발그스름하게 핏기가 돌기까지 한다.

암쥐에게 먹이면 젖꼭지가 커지고 핑크색이 선명해진다고 하며, 암탉에게 먹이면 산란기가 연장되면서 많은 알을 낳는다고 한다. 여성의 냉증, 골다공증에 좋으며 특히 임신부에게 좋다.

생표고버섯을 햇볕에 잘 말린다. 시판되는 것 중에는 전기로 말린 것들이 많아서 약효를 기대할 수 없는 경우가 있으므로 직접 말려 쓰도록 한다. 잘 말린 버섯을 진하게 탄 꿀물에 3~4일 푹 담가 탱탱하게 부풀면 소쿠리에 펴서 잘 말린 다음, 프라이팬에서 바짝 구워 가루낸다. 이것을 1일 2~3회, 1회 4~6g씩 따끈한 물로 공복에 복용한다.

● **우엉율무죽**

우엉은 신장 기능을 도와 몸에 쌓인 노폐물의 배설을 순조롭게 한다. 혈액순환을 촉진시켜 나쁜 피를 밖으로 내보내는 작용이 뛰어나다.

셀룰로오즈, 리그닌 등의 식물성 섬유는 변통을 촉진하여 변비를 없애고 장내에 유익한 세균이 번식하는 데 도움을 주며 비타민의 합성을 활성시킨다.

율무는 뛰어난 미용식품으로 이미 잘 알려져 있다. 사마귀나 피부의 검버섯마저 없앤다고 한다. 신진대사를 촉진하고 변비에도 좋다. 식욕 감소 효과와 혈당 조절을 통한 지방 축적을 막아주므로 비만증까지 예방한다.

우엉을 껍질째 씻은 다음 연필 깎듯이 얇게 깎아서 물에 담가 우려낸 뒤 미리 물에 불려둔 율무와 함께 물을 붓고 죽을 쑨다. 약간 떫은맛이 있으므로 대추와 소량의 소금으로 맛을 내어 먹는다.

● **딸기**

비타민 C가 많은 식품으로는 딸기를 첫손에 꼽지 않을 수 없다. 딸기는 비타민 C가 많아 하루에 4~5알 정도만 먹어도 하루의 비타민 C 필요량 50mg을 충족시킬 수 있다.

특히 담배를 피우는 여성은 피부가 거칠어지게 마련이며, 담배 한 개피를 피울 때마다 비타민 C가 25mg씩 파괴된다고 하니까 딸기를 더더욱 많이 먹어야 한다.

또 잇몸에서 피가 잘 나거나 잇몸이 자줏빛을 띠어 웃을 때 보기 안 좋은 여성들도 많이 먹어야 한다.

우선 딸기를 잘 씻는다. 꼭지를 떼고 씻으면 물이 스며들어 맛이 싱거워지므로 꼭지째 여러 번 흐르는 물로 씻고, 마지막 헹구는 물에 식초를 한 방울 떨어뜨려 씻어 물기를 뺀 후 꼭지를 뗀다. 이렇게 씻은 딸기 50g을 믹서에 갈아 체에 밭쳐, 우유 반 컵에 달걀 노른자 한 개를 잘 저어 고루 쉰 것에 타고 꿀을 적당히 넣으면 딸기 쉐이크가 된다.

설탕을 타면 설탕이 딸기에 들어 있는 비타민 B₁과 사과산, 구연산 등을 소모해 영양 효율이 떨어진다. 딸기를 우유와 배합하면 자극적인 맛이 중화되면서 딸기에 부족한 단백질, 칼슘 등을 보강할 수 있다.

딸기는 콩의 불포화지방산이 산화하는 것을 막아주기 때문에 딸기와 콩은 궁합이 잘 맞는 식품이므로 딸기와 두유와 꿀을 함께 믹서에 간 다음 레몬즙을 몇 방울 떨어뜨려 먹어도 좋다.

● 복숭아

복숭아는 예로부터 불로장수의 식품, 미인이 되는 식품으로 인식되어 왔다. 복숭아에는 팩틴이라는 식물성 섬유와 비타민 A · C가 풍부하며 능금산이나 구연산 등도 많이 함유하고 있다. 따라서 변비에 좋고 간장 기능을 활발하게 하고 묵은 피를 내몰아 피를 깨끗하게 하여 혈액순환을 잘 되게 하므로 한방에서는 월경불순, 갱년기 장애, 피부 트러블, 변비 등의 증상을 완화시키는 데에 써왔다.

몸이 산성화되는 것을 막으며 혈색을 좋게 한다. 땀을 많이 흘려서 항상 얼굴이 번질번질거리고 화장이 지워져 얼룩지는 여성일수록 더 많이 먹어야 한다. 복숭아는 그만큼 미용에 효과적인 식품이다.

복숭아 한 개를 껍질 벗기고 씨를 뺀 다음 레몬즙과 요구르트, 꿀을 적당량씩 섞어 믹서에 갈면 복숭아요구르트가 된다.

● 오이

오이는 90%가 물로 이루어져  있어 싱그럽고 향이 좋아 여름철 더위로 체내에 쌓인 열기나 장마 철에 체내에 쌓이는 습기와 갈증 도 풀어주고 더위에 지쳐 몸이 나 른하고 식욕이 뚝 떨어졌을 때는 물론 햇볕을 쐬어 얼굴이나 온몸이 화끈거릴 때도 좋다.

대단한 알칼리성 식품으로 엽록소, 무기질과 천연 비타민 C의 보고이다. 따라서 기미, 주근깨의 원인인 멜라닌 색소의 환원 사이클을 빨리 해주어 하얀 피부로 되돌려 준다.

비타민 A도 당근을 대용할 정도로 풍부하게 포함되어 있다. 오이에 함유되어 있는 칼륨의 작용으로 체내의 염분과 함께 노폐물이 배설되어 몸이 맑아진다. 그래서 오이는 기미, 주근깨는 물론 각종 피부 트러블에 효과가 있다.

오이와 둥굴레를 끓여 차게 해서 식초를 타서 먹는다. 오이를 길이로 반 갈라 씨를 빼고 햇볕에 말린다. 꾸들꾸들하게 마르면 잘게 다져서 20g을 둥굴레 20g과 함께 물 500cc로 끓여 반으로 줄면 짜서 차게 식힌다. 이것을 하루 동안 3회 공복에 나누어 마시는데, 마실 때 현미식초 3~4티스푼을 타서 잘 섞어 마시도록 한다.

둥굴레는 여드름이나 기미를 없애는 약으로 예로부터 써오던 것이며 시중에서는 둥굴레차로 판매되는데, 건재약국에서 '위유' 라는 약명으로 구입할 수도 있다.

'오이둥글레차' 에 식초를 타서 먹으면 부신피질 호르몬의 분비를 촉

진한다. 이 호르몬의 별명이 '섹스 비타민', '미용 비타민'으로 불릴 정
도이므로 피부미용에 너무 좋다.

● 구기자

젊어지고 피부에 윤기가 흐르며 기미, 주
근깨 및 주름살을 막을 수 있다.

활성산소나 자외선으로부터 피부 손상
을 지켜주어 피부 노화를 막고, 멜라닌 색
소침착(기미, 주근깨)을 억제한다. 또 모공
이나 땀구멍이 확대되고 근육이 이완되어
탄력을 잃은 피부에 수렴작용을 주어 모공
을 수축시켜 주고 피부에 긴장감을 주어 피부 탄력을 부여하고 증가시
킬 수가 있다.

● 기타 약재

① **백지** 농을 밀어내며 가려움을 없애는데, 예로부터 "면지(面脂 : 화
장품)를 만들어 바르면 기미와 여드름을 제거한다."고 하였다.

② **백급** '대왐풀'의 약명으로, 피부 종양을 없애 피부를 맑게 해준다.

③ **백렴** '가위톱'의 약명으로, 피부를 재생시키는 효과가 있다.

④ **백강잠** 여드름 등으로 피부에 남은 상처나 흉터의 흔적을 없앤다.

⑤ **백부자** "면상백병(面上百病)을 치료한다."는 약재다. 그러니까 얼
굴에 생기는 온갖 병을 없앤다는 약이다.

⑥ **천화분** 하눌타리뿌리의 생즙을 말려 가루로 만든 약재로 배농, 소
독작용이 뛰어나다.

⑦ **조각자** 여드름 등 피부 종양이 터지지 않고 딴딴한 채 성을 낼 때, 이것을 터뜨리는 약이다.

알아 두세요

여드름을 치료하는 세안 포인트!

여드름으로 인해 막힌 모공을 열기 위해서는 하루에 아침·저녁으로 세안을 하는 것이 좋다. 자극이 적은 비누로 씻어주는 것이 중요하다. 이 때 체온보다 약간 높은 따뜻한 물로 씻는 것이 포인트이다.

또 여드름 때문에 신경이 쓰이더라도 깨끗하지 못한 손가락으로 만지작거리거나 짜서는 안 된다. 세균 감염으로 증세를 악화시킴은 물론 흉터가 남을 수도 있다.

건선

건선은 정서적 손상으로 기체하여 화(火)가 항성하여
열독이 영혈(營血)에 잠복하거나 무절제한 섭식과 비린내가
나고 풍을 일으킬 만한 음식을 과식함으로써 비위가
균형을 일으켜 온다고도 한다.

건선은 어떤 질병인가?

환부가 건조하여 은백색의 인(鱗) 비늘로 덮여 있는 홍반성 구진이 발생하는 피부 질환으로, 커지면 서로 융합하여 다양한 형태와 크기의 피부 병변이 나타난다. 비교적 흔한 만성, 재발성, 염증성 피부 질환이다. 홍반과 구진을 덮고 있는 여러 층의 번쩍거리고 벗겨지기 쉬운 은백색의 인설 때문에 '은설(銀屑)병', 또는 '송피선(松皮癬)'이라고 한다. 혹은 '우피선(牛皮癬)'이라고도 한다.

주로 머리·무릎·팔꿈치·엉덩이 등에 발생하며, 점차 다른 전신 피부에 발생한다. 피부 병변 외에 손톱이나 발톱 등에 작은 함몰이 나타날 수도 있다.

자각 증상은 거의 없으나 소양증을 호소하는 경우가 있다.

건선의 종류에는…

● 적상(滴狀) 건선

소아나 청년기에 마치 작은 물방울과 같은 건선 병변이 급속히 전신에 나타난다.

● 농포성 건선

무균성 농포가 손바닥, 발바닥에 생기는 경우와 전신에 걸쳐 생기는 경우가 있다.

특히 전신적인 경우에는 고열, 관절통 등의 전신 증상이 나타나는 경우가 많다.

● 박탈성 건선

인비늘과 홍반이 전신에 나타나는 비교적 심한 형태로, 전신 증상이 올 수도 있다.

● 건선 관절염

손가락 관절들의 종창, 변형들이 올 수 있다.

건선이 생기는 원인은…

유전 및 환경 인자들에 의해 인종, 종족간의 발생 빈도가 다르다.

미국에서는 인구의 1% 가량 되지만, 한국을 비롯한 동아시아인은 이보다 낮다. 대개 20세 전후에 주로 발병한다.

여름에 호전하고 겨울에 악화하는 등 계절적 요인이 있지만, 오히려 여름에 심하고 겨울에 완화되는 경우도 있다. 피부 손상, 감염, 일부 약제, 정서적 긴장 등을 들 수 있으며 피부 자체의 구조적 이상, 생화학적 이상, 면역학적 이상 등이 발병에 관여한다.

정서적 손상으로 기체하여 화(火)가 항성하여 열독이 영혈(營血)에 잠복하거나 무절제한 섭식과 비린내가 나고 풍을 일으킬 만한 음식을 과식함으로써 비위가 균형을 일으켜 온다고도 한다.

✎ **주의 하세 요**

건선이 있을 때의 식이요법

● 현미잡곡밥이나 야채, 과일, 해조류가 좋다.

● 닭고기, 고등어, 복숭아, 양고기, 염소고기, 인스턴트, 달걀, 우유는 좋지 않으므로 섭취하지 않도록 한다.

● 건선이 있을 때는 향이 강한 채소나 향신료를 피하도록 한다. 강한 향으로 자극을 받으면 증세가 더 악화되므로 소화되기 쉽고 영양이 풍부하며 자극성이 적은 음식물을 섭취한다.

● 건선은 현대병이라서 전통적인 음식을 많이 먹어주면 좋다.

건선은 어떻게 치료할까?

⑴ 경증일 때는 국소 치료를 한다.

바셀린, 스테로이드 연고 등을 사용한다. 감초 끓인 물로 씻는다.

⑵ 중등도 이상일 때는 내복약을 쓴다.

예전의 약은 간에 부담이 있었으나 최근에는 비타민 A 종류인 레티노이드가 점차 활용화되고 있다.

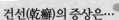

알 아 두 세 요

건선(乾癬)의 증상은…

● 물집, 농, 관절통증, 가려움증이 있다.

● 흰색의 비닐 층이 생기고 긁으면 흰 비닐 층이 떨어지는 현상이 일어난다.

● 유전성으로 많이 나타난다.

(3) 인공 자외선 치료를 한다.

건선의 종류에 따른 치료법은…

1. 풍열
선홍색을 띤 피부 가장자리에는 홍훈(紅暈)이 생긴다. 인설이 두껍게 쌓이고 그 아래는 색깔이 붉으며 벗겨내면 피가 난다. 가렵고 몸에서 열이 나며 입이 마른다. 대사 기능이 왕성하여 여름철에 더한다.
★ 앵두나무껍질을 10g씩 끓여 마신다.

2. 풍한
인설이 위에 덮이며 설피(屑皮)가 마치 재(회(灰))와 같다. 냉기를 만나면 심해지고 따뜻하게 하면 완화되나. 전신 피로, 관절통이 있게 된다.
★ 창이초(도꼬마리풀)를 10g씩 끓여 마신다.

3. 풍성혈조
새로운 구진은 멈추고 오래된 구진은 암홍색으로 변한다. 은설은 건조하여 벗겨내면 홍색의 메마르고 얇은 막이 드러난다. 살갗이 갈라지고 터진다.
★ 생지황 생즙을 1회 20cc씩, 1일 2~3회 복용한다.

4. 기혈응체
피진이 비후하며 색깔이 암홍색을 띠고 오래도록 없어지지 않는다. 관

절이 아프며 심하면 부어오르면서 변형을 일으킨다. 살갗이 건조하고
입이 메마르며 눈이 깔깔하고 손톱이 두꺼워진다.

★ 당귀차를 마신다.

건선을 예방·치료하는 식품 & 약재

● 참깨

참깨에는 메치오닌 등의 필수아미노산 등이 다량 함유되어 있어 간장
기능을 강화한다. 또 노화 억제와 천연 항생 물질로 주목받고 있는 리그
닌이 함유되어 있다.

리놀레산과 비타민 E가 많고, 피부의 건조를 막아주며 습진이나 옻 같
은 피부병에 대한 저항력을 길러준다.

알아두세요

참깨의 효과를 높이는 방법, 2가지!

1. 참깨우유

참깨를 깨끗이 씻어 볶은 후 곱게 갈아서 우유에 타서 마시면 된다.

참깨 2큰술에 우유를 한 컵 비율로 섞는다. 여기에 양배추주스나 사과주스, 당근
주스 등을 함께 섞어도 무방하다. 혹은 참깨 볶은 것과 호도를 각각 같은 양씩 섞
고 함께 빻아 질척해진 것을 1회 8g씩, 1일 2회 공복에 온수로 복용하거나 우유로
복용하는 방법도 좋다.

2. 녹차참깨

참깨를 같은 양의 천일염과 함께 볶아 깨소금을 만들고 녹차잎 가루와 1대 2의 비
율로 섞어 양념통에 넣고 식탁에 올려 놓고 조미료처럼 각종 음식에 가미해서 먹
으면 된다.

참깨를 100일 정도 복용하면 모든 병이 완치되고, 1년을 먹으면 전신 피부가 광택이 나서 아름다워지고, 2년을 먹으면 백발이 검게 되고, 5년을 먹으면 달리는 말도 따라갈 수 있고, 그 이상 먹으면 반드시 장수한다고 했다.

● 비타민 A

비타민 A를 많이 섭취한다. 간유, 버터, 달걀 노른자, 유제품, 호박, 고구마, 녹황색 채소 그리고 인삼과 장어, 전복 등에 많이 함유되어 있다.

● 개구리밥(부평초)

개구리밥(부평초)은 노인들에게서 많이 나타나는 건조한 피부의 가려움증을 다스린다.

개구리밥을 깨끗이 씻어서 바람이 잘 통하는 그늘에서 말려 끓인 다음 보리차처럼 마신다.

● 보리

보리는 숨이 차고 식욕이 없을 때 효과가 있다.

보리는 각기병 예방에 좋은 곡류로 잘 알려져 있는데, 각기병의 예방만이 아니라 항상 나른하고 손발이 저리며 가슴이 울렁거리고 숨이 차며 식욕이 없고 다리가 잘 부으면 평소에 보리를 자주 섭취하도록 한다.

볶은 보리를 끓여 물이 노랗게 우러나고 보리알이 푹 퍼졌을 때 체에 걸러 그 물을 마시면 된다. 보리에는 비타민군이 풍부하다.

항상 입이 쓰고 백태가 잘 끼고 입

안이나 혀가 패이면서 잘 곪거나 구취가 심할 때에도 보리가 좋다. 위궤양이나 변비, 치질, 고혈압, 당뇨병, 비만증 등에 시달리는 환자의 식사로도 보리가 그만이다. 풍부한 식물성 섬유와 피틴 성분이 장의 활동을 돕고 소화를 촉진하며, 식사 중 타액 분비가 활발해지기 때문이다.

또 보리에는 뛰어난 해열작용과 이뇨작용, 소염작용이 있어 방광염, 부종, 또는 위나 장의 기능 이상에 의해 생긴 피부 트러블을 개선하는 데도 큰 도움을 준다.

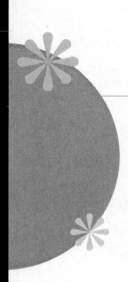

불면증

충분한 수면은 건강유지에 필수적이다.
과로와 질병에 대한 조증으로 불면증이 올 수도 있으나
일상생활에서 스트레스와 폭식, 폭음을 주의한다면
크게 병증으로 생각하지 않아도 된다.

불면증이란…

보통 잠자리에 든 후 1시간 이상 잠을 이루지 못하거나 꿈이 많아 자고
난 이후에도 몸이 피곤하고 머리가 무거우며 기분이 나쁜 증상이 낮까
지도 지속되거나 수면중에 3~4차례 깼다가 다시 잠들기 어려운 증상
이 한 달 이상 지속된다면 불면증이라고 할 수 있다.

정상적인 수면시간은 6~7시간이 적당하지만 수면습관은 사람에 따
라 차이가 있기 때문에 수면시간이 짧아도 자고 난 이후 몸이 개운하고
일상생활에 지장이 없다면 불면증에 해당되지 않는다.

엘리트 와이츠만은 적정 수면시간을 8시간으로 규정하고 있고, 로버
트 퍼프는 적정시간을 '생활에 지장이 없을 정도' 라고 규정하고 있지만

평균적인 적정 수면시간은 10대 이후부터 성인은 7시간~7시간 반이다. 못해도 수면 영양 가치가 가장 크다는 6~6시간 반은 자도록 해야 한다. 한 조사에 의하면 우리 나라 성인의 경우 6~6.5시간 수면을 취하며, 취침시간은 밤 12시 30분이고, 기상시간은 평균 아침 7시라고 한다. 단 6시간 이내로 자거나 9시간 이상을 자면 병에 걸리기 쉽다.

한편 잠이 들기까지 소요되는 시간은 20세에서는 평균 11.5분, 노인들의 경우에는 39.8분으로 약 4배 더 걸린다. 자다가 깨어나는 횟수는 20대에서는 평균 5.8회, 노인들에게서는 21회로 약 4배가 더 많다. 렘수면이 20대보다 노인이 약간 적고, 또 그 지속시간도 20대에서는 수면 후반기에 상당히 연장되나 노인들에게는 밤새도록 거의 일정하다. 따라서 '수면 타입' 은 연령에 따라 달라질 수 있다.

잠을 못이루는 원인에는…

젊은 시절에는 불면증이 없다가 중년 이후 불면증이 지속되면서 머리가 무겁고 어깨가 결리며 아침에 일어날 때 두통이 심하다면 고혈압이나 동맥경화로 인한 불면증일 가능성이 높다. 또 치매도 불면증의 원인이 되므로 기억력 감퇴 등 치매 초기 증세와 불면증이 함께 나타나는 경우에는 주의해야 한다.

조울증이나 정신분열증, 약물이나 알코올 중독, 갑상선 질환 등이 불면증의 원인일 수도 있다. 특히 우울증을 앓고 있는 경우에는 잠자리에 누웠을 때 잠은 비교적 일찍 드는 편이지만 수면중에 자주 깨고 한 번 깨면 다시 잠들기 어려우며 악몽을 꾸고 아침에 머리가 무겁고 기분이 상쾌하지 않은 증상을 보인다.

그밖에 잠자리가 바뀌었거나 실내 온도가 적절치 못한 환경적인 요인, 불안, 초조, 스트레스 등과 같은 심리적인 요인이 불면증을 일으키기도 하므로 잠자리의 환경과 잠을 설치게 만드는 심리적인 요인을 살피는 것도 중요하다.

잠을 이루지 못하는 것을 '불면' 이라고 한다. 그러나 전혀 괴롭지 않고 피로하지도 않은 상태를 '불면' 이라고 한다. 조증(躁症)에 의해 잠을 자지 않는 경우도 여기에 속한다. 그렇지만 많은 사람들은 잠을 이루지 못하면 괴롭고 피로해진다. 이런 상태를 '불면증' 이라고 한다.

불면증이라고 해서 다 같은 유형을 보이는 것은 아니다. '입면 장애' 라 하여 잠들기 어려운 타입이 있고, 깊은 잠을 이루지 못하는 타입도 있

뇌의 기질적 장애에 의한 것	뇌동맥경화, 고혈압, 치매 등 * 고혈압, 동맥경화증이 원인으로 보이는 경우에는 젊었을 때는 불면증이 없었으나 중년 이후에 불면증을 호소하면서 머리 무거움, 어깨결림, 아침 기상시의 두통 등을 호소한다.
뇌의 기능적 장애에 의한 것	조울병, 정신분열병, 중독(약물 또는 알콜), 갑상선 질병 등 * 우울증 초기로 보이는 경우에는 중년 이후 불면증으로 잠은 대체로 오는데 한밤중에 악몽을 꾸고, 깨면 잠들기 어렵고, 아침에 머리가 무겁고 기분이 상쾌하지 않다.
기타에 의한 것	환경적 요인, 신체적 요인, 심리적 요인 등

고, 깨어야 할 시간보다 일찍 깬 채 다시 잠을 못 이루는 타입도 있다.

그리고 이와 같이 불면증이 되면 불면으로부터 오는 장애를 두려워한 나머지 공포감을 강하게 갖게 되는 경우가 있는데, 이런 상태를 '불면공포증' 이라고 한다. 이렇게 되면 실제로는 어느 정도 잠을 자고 있는데도 불구하고 자기는 한잠도 못 잤다고 수면시간을 과소평가하면서 괴로워하기도 하는데, 이것을 '신경성 불면' 이라고 한다.

불면의 후유증에는…

희랍 신화에 의하면 '망각의 강' 이 흐르는 동굴 속에 살고 있는 휴프노스 신이 동굴 어귀의 약초에서 즙을 짜내어 수면을 모아 뿌리기 때문에 잠을 자는 것이라고 한다. 존 비케로 박사는 수면이란 '정신의 고차적인 부분이 신(神)의 지혜와 예지에 참가하기 위해서' 라고 하였으며, 로버트 스티븐슨도 그의 작품에 대한 영감을 수면중에 이루어지는 잠재의식의 지성과 힘에 의한 정신적인 발전에서 비롯된다고 주장하였다.

《지킬박사와 하이드》의 저자 스티븐슨도 꿈에서 얻은 영감으로 수면중에 줄거리를 만들었다고 한다.

수면이란 우리에게 이렇게 매우 중요한 생활 패턴임에 틀림없다. 특히 수면중엔,

　① 심장의 고동이나 호흡수가 줄고 근육의 긴장이 풀린다.

　② 상처의 치유도 이 동안 급속히 이루어진다.

　③ 성장 호르몬을 비롯한 온갖 호르몬의 분비가 정점을 이룬다.

　④ 프로락틴을 증가시켜 임신중 유선의 성숙을 자극하고 유즙 분비를

촉진한다.

⑤ 칼슘과 인 대사를 활발케 하여 뼈의 형성을 돕는다.

⑥ 에너지를 축적하여 내일의 활력을 준비한다.

⑦ 뇌신경과 말초신경의 시냅스를 재정비하여 각종 스트레스에 대응케 한다.

그래서 잠을 못 자면 여러 가지 후유증이 생긴다.

앞에 밝힌 7가지 작용이 이루어지지 못해 성장, 발육 등이 제대로 안되는가 하면 예를 들어 당장 낮에 의욕이 상실되고, 정신집중력과 정신작업 능력이 떨어진다. 착각, 환시, 환각 등이 나타날 수 있다. 말과 행동이 거칠어진다.

특히 렘수면은 어른의 경우 전체 잠시간의 20~25%를 차지하며 90분 정도의 주기로 하룻밤 사이에 4~6회 정도 나타난다고 하는데, 이 렘수면이 현저하게 감소되면 아무리 오랜 시간 잠을 잔다고 해도 깨고 난 후에도 피로가 풀리지 않고, 이런 상태가 계속되면 기억력이 떨어지고 신경이 예민해지거나 노이로제 증상이 나타나기도 하며 또 성 기능 장애가 초래되기도 한다. 그러나 물론 예외는 있다. 11일 동안 꼬박 자지 않았던 랜디 가드너라는 소년은 잠 못 잔 11일 동안 시내 나들이도 하고 전자오락을 즐기기까지 했다고 한다.

불면의 체질별 대책은…

● 태양인–미후도를 많이 먹는다

태양인은 영웅호걸의 타입이기 때문에 사사로운 것에 얽매여 잠을 못

이루는 어리석은 짓을 할 체질이 아니다. 잠을 못 이룰 정도로 화나는 일이 있다면 가슴속에 꽁꽁 뭉쳐 두고 전전긍긍하지 않고 분노의 단칼로 과감히 쳐없애고 잘 때는 편히 잘 사람이다.

그러나 혹시 태양인 체질로 불면증이 있어 고생할 때는 미후도(다래)를 많이 먹는 것이 좋다.

● 태음인-호두죽을 먹으면 좋다

태음인 체질은 나쁘게 말해서 무덤덤한 무골호인이요, 좋게 말해서 의젓하고 의연하며 통이 큰 체질이다. 그래서 만사에 연연하거나 안달하는 체질이 아니며, 까닭에 불면증에 잘 걸릴 타입이 아니다. 부부싸움을 하고도 돌아누우면 요란스럽게 코를 드르렁드르렁 골면서 세상 모르고 잠에 떨어질 사람이다.

그러나 혹시 태음인 체질로 불면증이 있어 고생할 때는 호두죽을 먹는 것이 효과가 좋다. 청나라의 이홍장이 네덜란드 공사의 고질적 불면증을 호두로 고쳤다는 일화가 있을 정도로 호두는 불면증 치료에 가장 잘 듣는 식품이다.

● 소양인-숙지황을 달여 마신다

소양인은 '비대신소' 의 체질로 신장 · 내분비 계열이 약한 체질이요, 열성 체질이다. 그래서 소양인의 불면증은 주로 과로나 영양 불균형에 의해 내분비 호르몬 계열에 이상이 생겨 오는 경우가 많다. 이런 불면증을 '음허화동' 에 의한 불면증이라고 한다.

불면증과 함께 가슴이 두근거리고 어지러우며, 귀에서 소리가 나고 입이 마르며 헛구역질도 난다. 얼굴은 화끈 달아오르고 손발이 뜨거워 이

불 속에 발을 넣고 잠을 자지 못한다. 또 기억력이 떨어지고 눈도 충혈되며 어깨가 뻐근하고 허리가 쑤신다. 무릎에 힘이 없을 뿐만 아니라 소변이 잦으며 대변은 굳어진다.

이럴 때는 숙지황 8~12g을 물 500~700cc로 끓여 반으로 줄인 후 하루 동안 여러 번으로 나누어 마신다.

● 소음인–사과꿀즙을 먹으면서 가벼운 목운동을 한다

소음인은 내성적이고 소극적이며 잔 근심이 많은 체질이다. 하지 않아도 될 것까지 사서 고생하면서 걱정한다. 소위 '기우'라는 말처럼 하늘이 무너질까, 땅이 꺼질까 걱정한다.

하늘의 별만큼이나 걱정도 많고 세상일에 시름이 많은 체질이다. 어제 일은 잊지 않고 가슴치면서 후회하고 걱정하며, 내일 일은 지레 두려워하며 걱정한다.

남편이나 아내가 바람이나 피지 않을까 의혹의 눈초리를 떼지 못하며, 부부싸움을 해도 화를 풀지 못한 채 가슴에 채곡채곡 쌓아 두어 결국에는 자신의 마음을 스스로 꽁꽁 결박하여 고통을 자초하는 타입이다. 온통 걱정과 근심, 의심 투성이인 사람이다.

그러니 불면증이 심할 수밖에 없다. 사상체질 중 불면증에 가장 시달리는 체질이 바로 소음인 체질이다.

사과는 소음인 불면증에 효과가 있다. 우선 사과의 씨 있는 부분을 파내고 그 속에 꿀을 한 수저 넣는다. 이것을 쪄서 즙을 내어 마시면 된다.

한편 소음인은 운동이 부족한 체질이다. 집안에만 틀어박혀 있으려고 할 뿐, 외출을 싫어하고 운동을 싫어하는 체질이다. 그래서 목이나 어깨의 근육이 굳어지기 쉽다. 더구나 소음인은 걸을 때 활기를 잃은 채 웅크리고 맥없이 걷는 것이 특징이다. 그러다 보니 소음인으로 불면증 환자는 목 주위의 근육이 굳어 있다.

따라서 이 근육을 부드럽게 풀면 수면에 도움이 될 수 있다. 짬짬이 가볍게 목운동을 하는 습관을 갖도록 한다.

불면의 일반적 대책에는…

● 원인 질환을 치료한다

불면증을 예방하고 치료하기 위해서는 우선 불면증의 원인이 되는 질환을 치료하는 것이 우선이다. 고혈압이나 동맥경화, 우울증 등이 불면증을 초래하는 대표적인 질환이므로 불면증으로 인해 일상생활에 지장을 받을 정도라면 이들 질환이 있지는 않은지 진단을 받아봐야 한다.

특정 질환이 있는 경우가 아니라면 대개의 불면증은 신경을 많이 쓴 탓이거나 가슴에 화가 울체되어 오는 경우가 많다. 따라서 한의학에서는 심장과 비장을 보강하거나 혈을 보강하거나 음을 자양하면서 화를 가라앉히거나 심장과

> **알아 두세요**
>
> **불면증을 극복하는 생활은…**
> ● 침실의 벽이나 커튼의 색은 되도록이면 안정을 유도하는 파스텔톤의 부드러운 느낌으로 처리한다.
> ● 녹차를 우려낸 찻잎을 바삭하게 말려서 베갯속으로 사용한다.
> ● 잠자기 전에 미지근한 물에서 목욕을 한다.
> ● 매일 규칙적인 가벼운 운동으로 혈액순환을 좋게 한다.
> ● 밤중에 새어들어오는 불빛 등은 커튼으로 차단시키고 편안한 잠자리를 준비한다.
> ● 잠자리에 들기 30분~1시간 전에 포도주나 따끈한 청주를 한 잔 정도 마신다.

쓸개를 보강하거나 담을 제거하고 정신을 맑게 하는 등의 방법으로 불면증을 치료한다.

● 약물에 의존해서는 안 된다

불면증을 치료하는 데 있어서 무엇보다 중요한 것은 마음을 편히 갖고 규칙적인 수면습관을 갖는 것이다. 잠이 오지 않는다고 해서 손쉽게 수면제를 복용하는 것은 불면증 치료와는 거리가 먼 행동이다. 수면제를 장기 복용하면 깊은 잠을 잘 수 없게 되어 만성 불면증으로 진행될 위험이 높고 약물에 의존하는 습관이 생겨 수면제 없이는 잠을 이루지 못하는 상태가 되기 십상이다.

아울러 불면증을 예방하려면 강한 정신적 자극을 피해야 한다. 물론 강한 정신적 자극이 아니더라도 항상 사소한 걱정, 불안, 초조, 긴장이 연속된다면 잠자는 데 방해가 되므로 평소 밝고 유쾌하게 사고하면서 일상사에 지나치게 구애받는 생활에서 벗어나는 것이 중요하다.

● 불면에 대한 강박관념을 버려야 한다

불면증을 앓는 사람들이 흔히 갖고 있는 생각이 '나는 잠을 못 자는 사람'이라고 아예 단정짓는 것이다. 따라서 잠자리에 들어도 당연히 잠이 오지 않을 것이라고 생각하고 잠들 수 없는 상황에 대해 공포심마저 갖는 이들이 많다.

이처럼 잠에 대해 강박관념, 또는 '오늘밤도 잠을 못 자겠지!' 하는 두려운 심리 상태로는 당연히 잠을 이루지 못하기 때문에 잠을 청하면서 깊은 잠을 잘 수 있다는 '자기암시요법'을 쓰는 것이 좋다. 물론 자기암시요법과 함께 어떤 의식적 절차를 밟는 것도 좋다.

예를 들어 기도한 후 잠을 청하거나 내일 할 일이나 내일 입을 옷을 먼저 준비해 둔 후 잠을 청하는 등 어떤 하나의 의식을 행하는 것을 습관적으로 되풀이하면 그 의식 후에는 당연히 잠을 자는 것이라는 생각이 고정되어 잠들기가 쉬워진다. 이를 '입면의식'이라고 한다. 그러나 잠을 빨리 들지 못할 때 흔히 책을 읽으면서 잠을 청하는 수가 많은데, 이것은 그리 좋은 방법이 아니다. 그래도 어쩔 수 없이 책을 보면서 잠을 청하고자 할 때는 가급적 어렵고 딱딱하고 지루한 책일수록 좋다.

● 불면증에 도움이 되는 방법 중 가장 확실한 것은 '목욕요법'이다

목욕은 교감신경의 활동을 활발하게 하여 수면에 도움이 크다. 욕탕이나 침대에 2, 3방울 떨어뜨리는 수면유도제도 있듯이, 목욕 중에서도 '술목욕'이 효과적이다. 숙면을 유도할 뿐 아니라 체내 노폐물 제거에도 도움된다.

(1) 하루의 근육 피로를 풀도록 5분 정도 운동을 한 후 목욕한다.

(2) 목욕물은 40℃가 좋으며, 욕조에 청주 1,800cc를 붓는다.

(3) 완전 입욕, 또는 반 입욕하고 어깨 위에 뜨거운 타월을 얹고 10분간 목욕한다.

(4) 뜨거운 샤워로 끝낸다.

(5) 어깨, 경부가 경직되면 숙면이 어려우므로 어깨 위에 뜨거운 타월을 얹는다.

● 일하는 짬짬이 가볍게 목 운동을 하는 습관을 갖는다

불면증 환자들은 일반적으로 목 주위 근육이 굳어져 있으므로 이 근육을 부드럽게 풀어주면 수면에 큰 도움이 된다.

● 운동요법이 필요하다

불면증을 예방하려면 과로를 피해야 한다. 과도한 육체적 피로나 심리적 피로, 또는 지나친 운동은 불면을 초래하기 때문이다. 그러나 지나친 안일이나 운동의 부족도 좋지 않으므로 낮 동안 너무 안일하게 쉬지 말고 적극적으로 생활에 임하면서 적당한 운동을 해야 한다.

취침 전에 땀이 촉촉하게 배어 나올 정도로 운동을 하거나 노동을 하는 것이 좋다. 그러나 잠들기 직전에 심한 운동을 하거나 정신적인 노동을 많이 하면 오히려 각성 상태가 지속되므로 피해야 한다.

한편 실내에서는 다음과 같은 운동을 해주는 것이 불면증에 도움이 된다. 두 발을 모으고 반듯이 누운 후 양발을 들어올리면서 양손으로 발끝을 잡는다. 그리고 발끝을 잡은 손에 힘을 주면서 무릎이 머리에 닿도록 당겨준다. 이 운동을 천천히 5번 반복한다. 다음에는 엎드려서 양 무릎을 굽혀 다리를 세운 다음 두 손으로 발목을 잡고 천천히 가슴과 무릎을 바닥에서 떼면서 다리를 당겨준다. 이 운동 역시 5번 반복한다.

● 취침 전 식사나 담배는 금물이다

불면증을 예방하려면 취침 전 과식은 물론 취침 전 3시간 안팎으로는 식사도 피해야 한다. 수면중에는 소화작용이 잘 되지 않으므로 취침 전에 음식을 먹으면 소화 장애나 소화기 불편으로 더 잠들기 어렵거나 깊은 잠을 들 수 없다. 물론 진한 차나 커피도 피해야 한다.

식사는 육식보다는 신선한 야채 위주의 식생활을 하는 것이 수면을 취하는데 도움이 된다. 특히 저녁식사 때 지방이나 단백질이 풍부한 음식을 먹지 않도록 주의하고, 특히 잠들기 전에 카페인 음료를 마시거나 담배를 피우는 것도 금물이다.

● 수면을 규칙적으로 습관화한다

불면증을 예방하려면 생활의 리듬을 따라야 한다. 생활의 리듬은 각자 차이가 있으므로 자신의 생활 리듬에 충실할 필요가 있으며, 객관적인 어떤 기준에 구애를 받을 필요가 없다.

따라서 자신의 생활 리듬에 맞추어 규칙적인 수면습관을 갖는 것이 중요하다. 되도록 자고 일어나는 시간을 규칙적으로 유지하는 것이다. 전날 잠을 못 잤다고 해서 일찍 잠자리에 들거나 늦게 잠들었다고 해서 아

신재용의 강력 추천

불면을 해소하는 민간요법 2가지!

1. 마늘요법

눈이 피곤하거나 두통이 있으면서 잠이 잘 오지 않을 때는 관자놀이에 있는 '태양' 경혈에 마늘을 붙이면 좋다. 얇게 저민 생마늘 조각을 '태양' 경혈에 붙이고 반창고로 고정시키는 방법이다. 약 1시간 정도 마늘을 붙이고 있으면 숙면을 취할 수 있을 뿐 아니라 다음 날 머리도 개운해지고 눈의 피로도 말끔히 해소되는 효과를 얻을 수 있다. 또는 잠들기 전에 마늘로 담근 술을 마시는 것도 좋다. 마늘술은 심한 피로로 인해 잠이 오지 않을 때 혈액의 흐름을 원활하게 하고 몸을 따뜻하게 만들어 숙면을 취하도록 하는 효과가 있으며 무엇보다 피로감을 없애주는 효능이 뛰어나다. 그러나 마늘은 자극성이 강하므로 위장이 약한 사람이 너무 많이 먹는 것은 좋지 않다

2. 양파요법

양파에는 혈액을 정화시키는 작용이 있어 고혈압, 심장병, 동맥경화, 심근경색, 당뇨병 등에 좋다. 또 신경을 안정시키고 숙면을 취하도록 해주는 성분도 있어서 불면증에도 뛰어난 효험이 있다. 양파를 링 모양으로 썰어 머리맡에 두고 자기만 해도 양파의 향이 체내로 흡수돼 신경을 안정시키고 숙면을 취할 수 있다. 또는 식사 때 생양파를 먹는 것만으로도 효과를 볼 수 있다. 양파를 날 것으로 먹거나 머리맡에 두고 잘 때는 절대로 물에 씻지 말아야 한다. 불면증을 치료하는 약효는 양파의 점액성분과 향기에서 나오기 때문이다.

침에 늦잠을 자는 것은 불면증 해소에 도움이 되지 않는다. 오후 3시 이후의 낮잠도 불면증을 야기시킬 수 있으므로 낮잠은 가능하면 자지 않도록 해야 한다.

또 잠자리는 최대한 조용하고 편안해야 한다.

● 침구 선택 · 수면 자세는 다음과 같이 하는 것이 좋다.

침구	① 베개는 낮고 시원하게 할수록 좋다. 높이 10cm, 길이 60~80cm의 부드럽고 통기성이 좋은 것으로 한다. ② 《동의보감》에는 "신침법"이라 하여, 49가지 약재를 넣은 베개도 있다. 국화 베개가 숙면에 도움이 된다. ③ 침구는 일광을 자주 쐬인다. 가볍고 함기성이 풍부한 것이 좋으며, 침상 시트는 3~4일에 1번 또는 1주에 1번 갈도록 한다.
온도, 습도	① 침상 내 온도는 32~34℃ 전후, 습도는 60%가 최적이다. ② 침실온도는 여름철에는 25℃ 아래로 유지한다. 단, 18℃ 이하는 안 좋다. 습도는 60~70%를 유지한다.
자세	① 무릎을 구부리고 옆으로 누워 자는 것이 반듯이 눕는 것보다 기력을 돕는 데 좋다. * 왼쪽으로 눕는 것보다 오른쪽으로 눕는 것이 간이나 폐 기능 유지에 좋다. 왼쪽으로 눕게 되면 폐로 공급되는 산소와 혈액의 균형이 깨지기 때문이다. 오른쪽으로 누운 경우, 폐 유입 공기량은 우폐가 59%, 좌폐가 41%인데 반해서 왼쪽으로 누운 경우의 폐 유입 공기량은 우폐가 62%, 좌폐가 38%가 된다. 그러나 폐 유입 혈액량에 차이가 생긴다. 다시 말해서 오른쪽으로 누운 경우에는 폐 유입 혈액량이 우폐가 68%, 좌폐가 32%인데 비해서 왼쪽으로 누운 경우의 폐 유입 혈액량은 유폐가 43%, 좌폐가 57%로 균형이 깨지고 있다는 것이다. ② 하루 저녁 자는 동안 다섯 번을 반복하여 항상 고쳐서 굴러 눕는 게 좋다. ③ 눕고 난 뒤에 입을 벌리지 말며, 잠잘 때 이불로 머리를 뒤집어 쓰지 말고, 누워 잘 때 다리를 들어 높은 데 걸터얹지 말 것이며, 머리를 북쪽으로 두고 눕지 말며, 누울 때 대들보에 정면되게 눕지 않는 것이 좋다. ④ 봄과 여름에는 동쪽을 향하여 눕고, 가을과 겨울에는 서쪽을 향하여 눕는 것이 좋으며, 봄과 여름에는 닭과 같이 일어나고, 가을과 겨울에는 늦게 일어나 일광을 받으며 때를 순종하여 따르는 것이 좋다. ⑤ 손으로 심장 위를 덮고 자며 땀을 닦고 이불을 적당히 덮는다. ⑥ 시장하여 잠을 못자면 조금 먹고, 배가 불러 잠을 못자면 차를 마시고 조금 걸은 뒤 잠을 잔다. ⑦ 나체 취침이 좋다. 본래 수면중에는 피부혈관이 긴장하고, 피부온도가 상승하는 것이 자연적이다. 따라서 나체는 공기와 피부가 직접 접촉할 수 있으므로 쾌면을 유도한다. 잠옷을 입을 때는 헐렁한 옷으로 한다.

불면증을 해소하는 식품 & 약재

● 산조인

산대추나무의 종자를 건조시
킨 다음 살짝 볶은 것을 '산조인'
이라고 하는데, 생것 그대로 쓰
면 각성작용을 하고, 그렇다고
너무 볶으면 약효가 떨어지므로
주의해야 한다.

산조인은 마음을 편안하게 하고 기를 체내로 끌어들이는 작용을 하며
간과 쓸개를 보하면서 심장을 편안하게 하는 작용이 있기 때문에 심장
과 쓸개가 허해서 불면증에 시달리는 사람이나 정신적으로 불안하고 잘
놀라는 사람에게 쓰면 좋다.

산조인 12g을 물 500cc로 달여 반으로 줄면 하루에 3~4번 차로 복용
한다.

● 상심자

뽕나무의 열매인 오디를 햇볕에 말렸다가 차로 복용하는 것을 '상심
자차'라고 한다. 상심자는 자양강장의 효능과 함께 눈의 피로, 신경쇠
약, 불면증, 빈혈, 고혈압, 습관성 변비 등에도 뛰어난 효능을 발휘한다.

하루에 상심자 30g을 700cc 정도의 물을 붓고 반으로 줄 때까지 함께
달여 2~5번 정도 나눠 마시면 된다.

단, 소화가 잘 안 되는 체질이나 설사를 자주 하는 사람에게는 맞지 않
으므로 복용을 삼가는 것이 좋다.

● 용안육

용안육은 용안육나무의 과육을 건조시켜 사용하기 때문에 맛이 달다. 심장을 안정시키고 혈액을 보강하는 작용이 있어서 생각이 지나치게 많은 탓에 생기는 질병을 두루 다스릴 수 있다. 불면증이나 건망증, 꿈이 많거나 가슴이 두근거리는 등 주로 심인성 질환에 효과가 좋다.

용안육 30g을 물 500cc로 달여 반으로 줄면 하루에 3~4번 나눠 마시거나 용안육 300~400g을 약간의 설탕과 함께 소주 1,800cc에 담가 한 달 정도 발효시킨 후 여과해서 1회에 20cc씩 1일 2회, 특히 취침 전에 마셔도 좋다.

단, 용안육은 소화 기능이 약한 사람에게는 맞지 않으므로 평소 배가 더부룩하거나 소화가 잘 안 되는 사람은 복용을 피해야 한다.

● 백자인

측백나무의 열매인 백자인은 불면증과 불안증, 변비 등과 함께 심장이 두근거리는 증상이나 입안이 자꾸 마르는 증상을 다스린다. 특히 여성이나 나이 든 사람들 가운데 예민한 성격이면서 불면증과 변비가 있는 사람에게 쓰면 효과를 볼 수 있다.

백자인 20g을 물 500cc로 달여 반으로 줄면 하루에 3~5번 나누어 마시되 장이 약해 변이 묽거나 설사를 자주 사람에게는 쓰지 않는다.

차조기에는 신경을 안정시키는 효과가 있으므로 신경이 예민해서 불면증에 시달리는 사람에게 효과적이다. 특히 술로 담가 복용하는 것이 효과적이므로 차조기 200~300g에 소주 1,800cc를 붓고 설탕 약간을 넣은 후 1개월 정도 발효시킨 후 여과하여 1회에 20cc씩, 1일 2회, 특히 취침 전에 마시도록 한다.

차조기술은 잠들기 전에 마셔야 불면증에 효과를 볼 수 있다.

● 연자육(연꽃 열매)

고혈압 환자이면서 불면증에 시달리는 사람이나 가슴이 두근거려서 잠을 잘 이루지 못하는 사람에게는 연꽃 열매즙이 좋다. 연꽃 열매의 심 부분 4~5g을 달여 차처럼 마시면 증상이 가라앉는 효과를 볼 수 있다.

● 백합뿌리

'백합병'이라는 병이 있는데, 요샛말로 하면 노이로제나 히스테리에 해당하는 질병이다. 바로 노이로제나 히스테리로 인해 불면증에 시달리는 사람에게는 백합뿌리가 효과적이다.

백합뿌리 60~90g에 꿀 2큰술을 넣어 부드러워질 때까지 찐 다음 잠들기 전에 조금씩, 조금씩 복용한다.

● 죽여

죽여는 대나무―고죽(古竹)이나 참대가 아니라 담죽(淡竹)이나 청죽(靑竹), 특히 발육하기 시작한 1년 가량의 어린 것이어야 한다―의 푸른 표피를 엷게 벗기고 속의 흰 부분을 버리고 그 사이, 즉 제2층의 담록・황백색의 부분을 곱게 칼로 깎아 마치 대팻밥 같이 만든 약재이다. 녹색을 띤 황백색으로 신선한 것일수록 좋다.

취침 전 1~2시간 전에 8~12g을 물 300cc로 끓여 반으로 줄인 후 마시면 숙면에 도움이 된다. 불안, 초조, 긴장, 우울 등을 비롯해서 머리가 아플 때나 얼굴이 벌겋게 상기되며 특히 번열로 잠을 깊이 잘 수 없고, 꿈이 많고 잔 후에 머리가 맑지 못할 때 좋다.

죽여만 끓여 먹어도 좋지만 여기에 감잎을 섞으면 더 좋다. 또《동의보감》에는 죽여 뿐 아니라 고죽엽(苦竹葉) 역시 "허번(虛煩)으로 잠을 자지 못하는 것을 치료한다."고 했다.

● 등심

등심은 골풀이다. 이뇨작용도 뛰어나며 신경을 안정시킨다. 1일 8~12g을 물 1,000cc로 끓여 반으로 줄면 하루 동안 나누어 마신다.

● 달래

수채엽이라고도 불리는 달래도 불면에 뛰어난 효과를 자랑한다. 잎과 뿌리에 모두 약효가 있으므로 그대로 무쳐 먹어도 좋지만 뿌리로 술을 담가 먹으면 더욱 효과적이다. 깨끗하게 씻은 달래뿌리 300g에 꿀 200g, 소주 1,800cc를 넣고 1~2개월 동안 어둡고 서늘한 곳에 보관했다가 잠들기 전에 20~30cc씩 마시면 된다.

● 호도

호도는 불면증이나 노이로제에도 효과가 있을 뿐 아니라 기운을 북돋고 피로를 해소하는 효과도 있다. 호도를 그대로 먹어도 좋지만 죽으로 끓여 먹으면 더욱 좋고, 혹은 검은깨·뽕잎과 섞어 함께 찧은 후 간식처럼 먹으면 더욱 좋다.

● 트립토판이 다량 함유된 식품

수면을 유도하는 특성을 가진 아미노산, 즉 트립토판이 다량 함유된 식품을 잠들기 전에 섭취하면 쉽게 잠들 수 있다. 트립토판은 우유나 치즈, 바나나, 생선, 칠면조 등에 주로 함유되어 있다.

잠이 오지 않을 때 따뜻하게 데운 우유를 마시면 위도 편안해지고 잠도 잘 오는 효과가 있는 것도 우유 속의 트립토판 성분 때문이다.

● 상추

상추에는 최면 효과를 내는 성분이 있어서 예로부터 수면 촉진제로 잘 알려져 왔다. 쑥갓과 섞으면 더욱 효과적이므로 상추와 쑥갓을 섞어 녹즙으로 만들어 마시거나 상추쌈을 해먹도록 한다.

● 적당량의 술

알코올은 모세혈관을 확장시켜 혈액순환을 돕기 때문에 신경의 긴장이나 흥분을 풀어주는 효과가 있다. 과다한 알코올은 몸에 해롭지만 독하지 않은 술을 하루에 한 잔 정도 하는 것은 오히려 몸에 쌓인 피로와 긴장을 풀어주는 역할을 한다.

따라서 잠이 오지 않을 때 가볍게 한 잔 정도 하는 것은 숙면에 이롭다.

● 셀러리

셀러리에도 수면을 촉진시키는 약효가 있으므로 강판에
갈아 녹즙으로 만들어 마신다.

셀러리 녹즙에 꿀을 약간 타고 뜨
거운 물을 부어 따뜻하게 만들어
마시면 더욱 효과적이다.

새치

보통 20~30대에 흰 머리카락이 나는 것을 '새치' 라고 한다.
머리카락이 하얗게 변하는 것은 멜라닌 색소의 생산이 억제되었기
때문이기도 하고 내분비의 기능 장애와 유전적 요인,
영양 장애 등이 그 원인이다.

새치는 왜 생기는가?

첫째, 유전성이 있다

선천성인 것은 장년기부터 나타나고, 생리성인 것은 중·노년기에 나타난다. 전자를 '조발성 새치증' 이라고 하고, 후자를 '노인성 백발증' 이라고 한다. 따라서 새치가 일찍 나타나는가 늦게 나타나는가 하는 것은 유전적 소인에 많이 관계한다.

새치는 우성 유전을 하기 때문이다.

둘째, 새치가 나타나는 부위에 따라 원인이 다르다

① 유난히 옆머리쪽 새치가 심하면, 치아가 안 좋다는 징조이다.

② 정수리쪽 새치가 심하면, 장이 안 좋거나 치질이 의심된다.

③ 뒤통수 새치는 안과 질환에 주의하라는 신호로 볼 수 있다.

④ 뒷머리카락 끝 부분에서 새치가 생기면, 두통·고혈압·중풍 등의 질환에서 비롯된 것일 가능성이 높다.

⑤ 음모는 늙을 때까지 색소를 유지하는 경향을 보이는데, 만일 음모가 빨리 새치 현상을 보이면 신장의 음액과 음정이 부족한 소치로 여길 수 있다.

셋째, 새치가 병적으로 빨리, 폭넓게 생기는 원인이 있다

선천성 백피증, 심상성 백반 등의 색소이상 질환이 있을 때를 비롯해서 자가면역 질환, 악성 빈혈, 갑상선기능항진증 등으로부터도 새치를 볼 수 있다.

넷째, 새치의 모근에 따라 원인이 다르다

예를 들어 류머티스성 질환일 때는 정상인의 경우라면 3개씩 나는 털구멍에 1~2개의 머리카락밖에는 나지 않으면서 백발과 새치가 늘어가는 것이 특징이다.

새치의 발생 원인에 따라 증상이 다른가?

한의학적으로는 정(精), 기(氣), 혈(血) 세 가지가 모발의 영양과 특히 관계가 깊다고 본다. 정, 즉 호르몬 양의 물질이 많으면 모발이 가늘고 부드러우며 빽빽하고, 기가 충만하면 모발이 굵고 단단하며 짙고, 혈이 충만하면 모발이 굵고 부드러우며 엷어진다.

따라서 생리적 노화기에 접어들어 정·기·혈이 쇠약해지면 모발이 심하게 빠지면서 백발과 새치가 나게 되는 것이다.

물론 생리적 노화기에 접어들지 않았는데도 백발과 새치가 생기기도 하는데, 한의학적으로는 이를 신허, 폐열, 기울, 혈허에 의한 질병성 백발과 새치라고 한다.

신허는 내분비 질환에 의한 것이고, 폐열은 급성 열병에 의한 것이며, 기울은 스트레스에 의한 것이고, 혈허란 영양실조나 쇠약성의 전신병에 의한 것이다.

그러나 대체적으로 한의학에서는 크게 세 가지 타입으로 나누어 보고 있다.

첫째, 정신적 쇼크에 의한 '간기울결' 타입이 있다

영양 물질과 혈액을 급격히 소모시키기 때문에 머리카락에 영양을 줄 수 없어서 온 경우이다.

단시간 내에 대량의 머리카락이 희어지며 심하면 삽시간에 온 머리가 다 희어진다. 억울 증상 등 감정의 변화가 심하다.

루이 16세의 왕비 마리 앙투아네트는, 옥중에서 이튿날 단두대에 서게 된다는 말을 듣고 하룻밤 사이에 백발이 되었다는 이야기가 있다. 바로 '간기울결' 이라는 병증에 속한다.

둘째, 심장이 간직하고 있는 혈액이 소모되고 '혈허' 한 타입이 있다

허열이 일어나서 머리카락에 영양을 주지 못해서 온 경우다.

새치가 아주 심해지고 비듬이 많다. 몸은 여위고 신경이 예민해진다.

머리카락을 건강하게 하려면…

1. 새치가 날 때…

보통 20~30대에 흰 머리카락이 나는 것을 '새치'라고 한다. 머리카락이 하얗게 변하는 것은 멜라닌 색소의 생산이 억제되었기 때문이기도 하고 내분비의 기능 장애와 유전적 요인, 영양 장애 등이 그 원인이다.

새치가 있는 사람 가운데 대부분은 편식을 하는 경우가 많은데, 영양 있는 음식을 골고루 섭취하도록 한다. 미역과 같은 해조류는 머리카락을 검고 아름답게 만들어 주므로 자주 먹으면 좋다. 또한, 산딸기를 술에 담갔다가 약한 불에 볶아 곱게 가루내어 1회 8~10g씩 물에 우려 식사 전에 먹거나 덜 익은 오디를 하루 20g씩 달여 식후에 먹는 것도 효과적이다.

2. 원형탈모증일 때…

원형탈모증은 스트레스가 주요 원인이다. 스트레스가 해소되면 자연히 치유된다. 지나친 걱정은 오히려 원형탈모증의 상태를 악화시키므로 마음을 편히 갖는 것이 무엇보다 중요하다. 때로는 갑상선 기능에 이상이 있거나 내분비선에 염증이 생겼을 때도 원형탈모증의 증세가 나타난다. 그 외에 영양부족이나 영양 흡수에 장애가 있을 때도 생기며 출산시 출혈량이 많아도 생길 수 있다.

소·돼지의 간, 미역 또는 다시마, 당근, 양배추를 많이 섭취하도록 한다. 이 음식들에는 핵산과 비타민 B, 판토텐산, 비타민 A, 철분 등이 풍부하게 들어 있어 좋은 효과를 볼 수 있다. 짜고 매운 자극성이 강한 음식, 고추, 후추, 소금 과다한 지방의 섭취는 오히려 증세를 악화시키므로 피하도록 한다.

3. 머리카락의 끝이 갈라질 때…

머리카락이 빠지는 것 못지않게 머리카락의 끝이 갈지고 부스러지는 것 또한 심각한 고민거리다. 머리카락이 상하는 원인은 여러 가지이지만 머리 손질을 제대로 하지 못했거나 내장 기관이 튼튼하지 못할 때 머리카락이 갈라지는 상태가 된다. 샴푸를 지나치게 많이 사용했거나 헤어 드라이어의 열 때문일 수도 있고, 혈액순환이 제대로 되지 못할 경우에도 머리카락이 상하거나 빠지게 된다.

머리카락이 자주 갈라지고 부스러질 때는 우선 머리를 짧게 자른 것이 좋다. 머리카락이 길면 그만큼 영양소를 많이 빼앗기게 되고, 머리카락이 엉켜 탈모나 끝이 갈라지는 현상이 더욱 심해지기 때문이다.

청년층의 새치에 이런 타입이 많다.

셋째, '간신음허(肝腎陰虛)'의 타입이 있다

선천적으로 쇠약했거나 성적 탐닉으로 간장이 간직하고 있는 혈액과
신장이 간직하고 있는 정액을 소모해서 온 경우다.

새치, 탈모 외에 어지럼증, 이명, 청력 저하, 요통, 야간 빈뇨 등이 나타
난다.

노년층의 새치나 백발증에 이런 타입이 많다.

새치를 예방 · 치료하는 식품 & 약재

● 하수오

하수오는 옛날 하씨라는 사람의 머리가 백발이었는데, 이 약을 상복하
고 머리가 까마귀처럼 까맣게 되었다 해서 '하수오'라는 약명으로 부르
게 되었다는 전설이 있듯이, 백발과 새치에 특별히 효과가 있는 약재다.

하수오와 인삼을 끓인 물을 차처럼 복용하는 것도 좋지만, 이 물을 외
용까지 겸하면 더욱 좋다.

즉, 이 물 500cc에 달걀 노른자 한 개를 잘 혼합하여 두피에 바르고 뜨
거운 타월로 5~10분 정도 머리를 감싸고 있다가 미지근한 물로 씻으면
된다. 이 때 어떤 세제도 써서는 안 된다.

또 스트레스 때문에 혈액이 뜨거워져서 혈열성 새치가 생기거나 탈모
가 일어나면 모발이 원형이나 타원형으로 빠지면서 그 부위가 번들거리
고 약간의 가려움증이 느껴진다.

이와 같은 증상에는 하수오와 생지황을 하루에 20g씩 끓여 마시면 효과를 볼 수 있다. 하수오는 체력을 돋우고 탈모 증상을 다스리는 역할을 하며, 생지황은 피를 맑고 하고 혈액순환을 돕는다.

● 잇꽃

피의 흐름이 좋지 않거나 피가 탁해져서 새치나 탈모가 진행될 수도 있다. 이런 경우에는 모발 뿐 아니라 눈썹과 수염마저 빠지는 특징이 나타난다.

또 어혈이 있으면 얼굴이 검어지고 입술이 검붉어지면서 갈증을 느끼게 되는데 물을 머금기만 할 뿐 마시고 싶어하지 않는 것도 특징이다.

이 때는 잇꽃 4g을 찻잔에 담은 후 뜨거운 물을 부어 10여 분 동안 우려 하루에 3회, 공복에 마시면 좋다.

● 참깨

"옛날 중국 노나라의 한 여인은 참깨를 날로 먹고 삽주뿌리를 먹으면서 곡기를 끊었는데도, 80여 살이 되어도 젊은이 못지않게 원기왕성하여 하루에 300리 길을 걸을 정도였다."고 《동의보감》에 알려져 있다.

참깨는 '호마', '흑지마', '흑임자' 또는 '거승' 이라고 하는데, 이 중에서도 '거승' 이라는 표현은 참깨의 효능이 대단히 크다는 것을 직접적으로 나타내고 있다. 그러므로 참깨를 오래 먹으면 몸이 가볍게 느껴질 정도로 건강해져서 항상 홀가분한 느낌을 갖게 되며, 늙지 않고 굶어도 배고프지 않으며 수명이 길어진다고 한다.

허한 것을 돕고 근력을 강하게 하면서 대·소장의 기능을 원활하게 하며, 모발을 잘 자라게 하고 신진대사를 촉진한다. 그래서 참깨와 쌀로 지은 밥을 '선인식(仙人食)'이라고 불렀다.

건망증이 심한 사람, 젊은 나이에 새치가 많은 사람, 다리와 허리가 무력한 사람들에게 특히 좋다.

물론 참깨는 성인병 예방식품인 동시에 일종의 건뇌식이기 때문에 공부에 전념하는 수험생들의 약용식품으로 응용해도 좋다. 수험생들의 경우 이와 같이 알약을 빚어 먹기가 번거롭다면 도시락 밥 위에 볶은 참깨를 듬뿍 뿌려주는 것만으로도 충분하다. 이것이야말로 일종의 선인식이 될 수 있기 때문이다.

● 붕어

붕어는 민물고기 중에서도 잉어와 맞먹는 건강식품으로 통하는데, 새치 예방과 발모 촉진제로도 뛰어난 효능을 자랑한다.

개나 고양이, 새 등에게 양념하지 않고 구운 붕어를 먹이면 털에 윤기가 흐르는 것을 볼 수 있을 정도로 모발에 좋은 식품이다.

● 시금치

시금치는 새치와 탈모 예방에 좋다.

젊은 사람의 새치나 탈모증은 유전성이 아니라면 영양실조와 불결한 모발 상태가 원인이 될 수도 있는데, 시금치의 '비오틴' 성분이 이를 방지하고 영양 상태를 개선시키는 역할을 한다.

시금치는 생식이 해로우므로 뜨거운 물에 살짝 데쳐서 먹는다. 생으로 이용할 때는 즙을 내 탈모 부위에 발라주면 된다.

새치를 예방 · 치료하는 한방 처방

『지마수오기자환』

『지마수오기자환』이란 이름 그대로 참깨와 하수오와 구기자를 같은 양으로 섞어 가루내어 꿀로 반죽해서 10g 정도 크기의 알약을 만들어 1회 1~2알씩, 1일 2~3회 공복에 따끈한 물로 복용한다.

새치나 탈모 등에 대단히 효과가 있다.

『흑지마환』

참깨 1kg을 2~3회 쪄서 건조시킨 후 가루내어 꿀에 버무려 0.3g 크기의 알약을 만들어 1회 3알씩, 1일 3회 따끈한 물이나 또는 따끈한 술로 복용한다.

혈액순환이 좋아지고 근골이 강화되어 사지무력증, 중풍 후유증에 의한 반신불수, 걸핏하면 손발이 잘 저린다고 하는 경우에 효과가 있다.

『오마환』

명나라의 원군이라는 재상이 티베트의 라마승으로부터 황금 10냥쯤을 주고 샀다는 처방이다. 원군 재상의 88세 되는 해의 일기에는 "약을 먹기 시작하여 3개월이 지난 뒤 몸에서 활력이 생기고, 반 년 뒤에는 흰 머리가 검게 되고 주름살이 적어지고 힘이 생기며, 눈이 밝아지고 모든 병이 물러가므로 장수할 수 있었다."고 씌어 있었단다. 유명한 시인 소동파도 자기 시에서 이 약의 효력을 말한 바 있다는데, 만드는 법이 다소 까다롭다.

우선 참깨 1,200g을 아홉 번 찌고 아홉 번 말린다. 그리고 적하수오 1,200g을 검은콩 1되와 함께 찐 다음 검은콩을 제거하고 적하수오만 여덟 번 찌고 여덟 번 말린다. 이제 준비된 참깨와 적하수오를 합쳐 가루낸다. 한편 대추 2되를 쪄서 살만 발라 은근히 달여 고약처럼 만든다. 이를 『대추고』라고 하는데, 대추고로 약가루를 반죽해서 녹두알 크기로 알을 빚는다. 이것을 30~50알씩 따끈한 물 또는 물과 술을 반씩 섞어 따끈하게 한 것으로 복용한다.

발냄새

활동이 왕성한 나이에 에크린샘에서 나는 땀에 세균이나 박테리아가 합쳐져 냄새가 나는 것이다. 특별한 질병은 아니므로 걱정하지 않아도 되지만, 늘 청결을 유지하도록 한다.

발냄새는 땀에 세균·박테리아가 합쳐졌기 때문…

우선 발냄새라고 하는 것은 발에 땀이 많이 났다는 얘기이다. 흔히들 '발에 땀이 날 정도로 애를 썼다.' 라는 말을 하는데, 발의 땀은 더워서 나는 것이 아니고 대개 긴장성에 의해서 온다. 때로 위장에 열이 있을 때 땀이 더 많이 나서 냄새가 많이 나게 되기도 한다.

나이가 많은 사람들에게서보다 10대~20대가 더 땀이 많이 나는데, 땀이 나는 데는 크게 두 가지로 나눌 수 있다.

하나는 아포크린샘이라고 하는 데서 나는 것으로 이성을 끌기 위해 겨드랑이 같은 데서 나는 것, 소위 '암내' 라고 불리는 것이다.

다른 하나는 손바닥이나 발바닥의 에크린샘에서 나오는 땀으로, 이것은 사실 물땀이어서 냄새가 나지는 않는다. 그런데 세균이나 박테리아가 함께 합쳐져 활동함으로써 역겨운 냄새, 소위 고린내라고 하는 악취가 풍기는 것이다.

손보다 발에 땀이 더 많이 날 때는…

땀이 많으면 세균이나 곰팡이와 결합해서 심한 악취를 낸다. 다한증이면 계절이나 온도에 관계없이 역한 냄새를 풍긴다.

발을 늘 따뜻하게 유지 하고 천연 항생 성분이 들어 있는 비누로 자주 씻는다.

발냄새를 없애는 생활요법

① 강판에 생강을 갈아 30분 정도 발가락 사이에 붙여 두면 신기하게도 발냄새가 없어진다. 자기 전에 짓이겨 발가락 사이에 붙인다.

② 목욕탕에서 브러시를 이용해 발가락 사이사이까지 깨끗이 닦은 후 드라이어로 물기를 잘 말려 냄새의 근원인 습기를 없앤다. 외출할 땐 발냄새 제거용 스프레이를 가방 안에 넣고 다니며 가끔 뿌려준다.

③ 신발 속에 신문지나 숯, 백반 가루를 넣어두는 것도 냄새를 없애는 데 도움이 된다.

손 · 발에 유난히 땀이 많을 때는…

위가 안 좋은 사람들에게 나타나는 증상으로, 위장 기능을 강화해 주는 음식을 먹는 것이 좋다.

① **양배추** 위장 기능을 강화해 주는 비타민 K와 U가 많이 들어 있다.

② **파래가루** 파래의 독특한 맛을 내는 성분에 위궤양이나 십이지장 궤양을 예방하는 작용이 있으며, 소화기관 전체에도 좋은 영향을 미친다.

③ **찹쌀** 따뜻한 성질을 갖고 있어 비·위장이 차가운 사람이 먹었을 때 효과적이다.

④ **백반가루** 백반을 곱게 가루내어 핫파스에다가 살살 뿌려 저녁에 잠자기 전에 발바닥에다가 붙이고 자면 한결 증세가 좋아진다.

⑤ **태운 매실가루** 파스를 붙일 때 매실을 태워 까만 잿가루를 뿌려서 붙이면 매실의 카데킨 산이 발냄새를 없애주는 역할을 한다.

발냄새를 없애는 효과가 좋은 식품 & 약재

● 피마자

씨의 외피를 없애고 눌러서 발의 장심에 붙이면 발의 피로가 사라진다. 한쪽 발에 씨 10개를 사용하면 놀랄 만큼 효과가 있다.

● 수박덩굴

발의 나른함이 있을 때 달여 마신다. 그리고 진하게 달인 물을 맥주컵 반 정도의 분량으로 준비하여 30분 정도 담그면 말끔해진다.

● 삼백초

삼백초잎을 손으로 비벼서 환부에 붙이면 좋다. 염증, 화농이 없어지고 완치도 기대할 수 있다. 생잎이 바짝 마르면 몇 번이고 갈아붙인다.

● 알로에

알로에는 "의사가 필요 없다."라고 불릴 만큼 가정 만능약으로서 친숙하다. 알로에의 표피를 벗겨 젤리 상태인 부분을 붙인다. 정혈 작용이 강하므로 효과가 있다. 표

피를 벗겨 젤리 부분을 붙이고 테이프로 고정시키면 된다.

● 매실

까맣게 태워서 마사지한다. 카데킨 산이 있어서 해독작용을 한다.

● 백반 · 칡가루

《동의보감》에서는, "발에 땀이 굉장히 많이 날 때는 백반과 칡뿌리를 대강 썰어 가루내고 각각 20g을 배합하여 물 세 사발을 붓고 한 10여 차례 끓을 정도로 한 다음에 그 물로 자꾸 발을 씻기를 며칠만 하면 발에 땀이 없어진다." 고 자신있게 권하고 있다.

이와 같이 3~5일 동안 하면 땀이 나는 것이 저절로 멎는다.

또 모반단은 양쪽 발바닥에서 땀이 오랫동안 멎지 않는 것을 치료한다. 모려 · 황단 각 80g, 백반 구운 것 160g을 가루내어 밤에 손가락으로 약을 집어 문지른다.

성장통

성장기 어린이의 10~20%가 경험하는 것으로,
특히 여자 어린이보다 활동이 많은 남자 어린이에게서 더 흔
하다. 이런 통증은 대개 1~2년이 지나면 자연히 소실되고
후유증도 남지 않기 때문에 성장기 건강한 어린이의
일시적인 증세일 뿐, 질병이라고 말할 수는 없다.

성장은 나이와 어떤 관계가 있을까?

남학생은 16~17세에 성장이 멈추고, 여학생은 초경이 있은 후 1년이
지나면 성장이 둔화되고 2년이 지나면 성장이 거의 멈추게 된다.

성장을 좌우하는 요인에는…

① 유전적 요인
어린이 키의 예측계산방법(미국 소아과학회)
남아일 경우 : (아버지키+어머니키+13) 2= 어린이 예측 성장키
여아일 경우 : (아버지키+어머니키-13) 2= 어린이 예측 성장키

② 성장 호르몬 부족

③ 만성 질환(예를 들어 심장 질환·신장 질환·천식 등의 만성적인 질환)

④ 섭생의 잘잘못에도 영향을 받는다(감기에 잘 걸리거나 혹은 스트레스를 많이 받을 때)

⑤ 영양 상태(영양결핍이나 영양의 불균형, 음식 과잉섭취로 비만)

키는 어떻게 크나?

뼈의 끝 부분에 있는 연골이 세포분열을 하여 크게 된다. 사춘기에 성 호르몬의 분비가 많아지면서 성장판이 서서히 닫히어 성장이 둔화되기 시작한다.

성장통이란…

'성장' 이란 인체의 크기·무게·피부 등이 증가하는 것을 의미한다. 성장은 몸을 구성하는 성분인 단백질의 증가를 수반하고, 성장함에 따라서 골격과 근육이 커지며 이들의 기능도 강화된다.

성장은 2세까지의 유아기와 사춘기 때 급격하게 이루어진다.

유아기의 급속한 성장은 '태아기 성장' 의 연장이며, 성장 호르몬과 갑상선 호르몬의 작용에 의한다. 사춘기의 급속한 성장은 주로 남성 호르몬이 관계하며, 이 시기는 생식기관이 성숙하는 시기로서 2차 성징이 나타난다.

그러나 3~10세 무렵의 성장은 비교적 완만하다. 어깨가 넓어지고, 팔다리가 길고 가늘어지면서 유아기보다 신체가 훨씬 더 가늘어진 모습이 된다. 이 시기에는 근육이 성장하는 신체에 적응하느라 근육이 당기는 듯한 느낌의 통증을 경험하게 되는데, 염증이나 부종 등의 증상이 없고 X-ray상에는 아무런 이상이 없는데도 이러한 통증을 성장 과정 중에

알아두세요

성장을 돕는 방법에는…

● 성장 호르몬을 많이 분비하게…
단백질 섭취량이 증가하는 경우에도 성장 호르몬의 분비는 증가하며, 지방함유율이 많으면 성장 호르몬의 분비는 감소한다.

● 성장판을 자극하는 운동을…
근육이 약하면 키가 잘 크지 않으므로 적절한 운동을 하여 근력을 강화하고 성장판에 자극을 주는 것이 좋다. 운동의 강도가 너무 강하면 성장판에 손상을 줄 수 있고, 너무 약하면 자극을 주지 못해서 도움이 되지 않는다.
 가장 적절한 운동양은 땀을 흘릴 정도로 20분 이상 운동을 하는 것이다.
좋은 운동으로는 수영 · 맨손체조 · 조깅 · 농구 · 배구 등이며, 해로운 운동으로는 육체미 운동 · 레슬링 · 유도 · 씨름 · 투포환 · 역도 등을 예로 들 수 있다.

● 충분한 숙면을…
성장 호르몬은 잠든 후 1~2시간에 많이 분비되어 성장에 도움을 준다. 저녁 10시 이후부터 성장 호르몬이 많이 분비되므로, 일찍 자는 것이 좋으며 엎드려 자지 않도록 한다.

● 안정적인 정서를…
심한 스트레스를 받으면 성장 호르몬 분비가 절반 이상 줄어들게 된다. 특히 잠들기 전 스트레스를 받지 않도록 해야 한다.

● 바른 자세를…
가슴은 펴고 엉덩이는 뒤로 빼지 않고 큰 걸음으로 걷는다는 기분으로 크게 걷는 것이 좋다. 다리를 꼬고 앉지 않도록 한다.

● 햇볕으로 비타민 D를…
비타민 D는 칼슘과 인을 뼈로부터의 용출과 뼈로의 침착을 조절해 줌으로서 인체 내의 이 두 가지 이온의 평형을 유지시킨다.

호소하는 것을 "성장통"이라고 한다.

　이 성장통은 성장기 어린이의 10~20%가 경험하는 것으로 알려져 있는데, 특히 여자 어린이보다 활동이 많은 남자 어린이에게서 더 흔하다. 이런 통증은 대개 1~2년이 지나면 자연히 소실되고 후유증도 남지 않기 때문에 성장기 건강한 어린이의 일시적인 증세일 뿐, 질병이라고 말할 수는 없다.

성장통이 생기는 원인에는…

● 신정(腎精)의 부조화가 원인이다

　한의학에서는, 신장은 정(精)을 간직하고 있다고 본다. 이 때의 신장은 해부학적 의미의 '콩팥'이 아니라 비뇨생식기 및 내분비 호르몬 일체를 포괄하는 기능적인 개념으로 쓰여지는 한의학적 용어이며, 이 때의 정(精)은 인체 각부 조직과 기관을 자양하며 생장발육을 촉진하는 기본 물질을 말한다.

　그런데 신정(腎精)이 골수를 충실하게 하는 데 비해, 전신적 성장발육이 미치지 못하면 성장통을 일으킨다. 서양의학에서는 성장하면서 뼈를 싸고 있는 골막이 늘어나 주위 신경을 자극하여 통증이 발생한다는 추측을 하고 있다.

● 간혈(肝血) 부족이 원인이다

　한의학에서는, 간장은 혈(血)을 간직하고 있다고 본다. 이 때의 간장 역시 해부학적인 개념이 아니라 기능적인 개념으로 쓰여지는 한의학적

용어이다. 이 때의 혈(血)은 각 조직과 기관, 특히 근육을 영양하는 기본 물질을 말한다. 그래서 간장이 근육을 주관한다고 한다. 근육의 발달과 충실도 및 영양의 내원이 간장에서 얻어지고 있다는 뜻이다.

그런데 근육은 골절에 부착되었으며, 근육의 이완, 신전 등에 의해 전신의 근육관절 운동이 이루어지기 때문에 한의학에서는 '간장이 운동을 주관한다.'고 한다. 서양의학에서는 무릎 근처의 뼈에 부착된 힘줄이나 근육이 뼈의 성장속도에 못미쳐 근육과 힘줄을 당김으로써 일시적으로 통증이 발생하는 것으로 가정하고 있다.

● 비습(脾濕)이 원인이 된다

비장은 수액의 운송과 배설을 촉진하여 인체의 수액대사의 평형을 유지케 한다. 이를 '비주운화(脾主運化)'라 한다. 한편 비장은 영혈(營血)의 운화에 의해 사지에 충분한 영양을 공급해서 사지의 활동이 원활하게 이루어지도록 한다. 그래서 한의학에서는 '비주사말(脾主四末)'이라고 한다.

그런데 비장이 원활하게 운화작용을 하려면 습해져서는 안 된다. '비습'해지면 근육이 뭉치고 사지가 피로 무력해지며 사지의 활동이 제대로 이루어지지 못하고 성장통이 생긴다. 서양의학에서는 비만한 경우에 혈액순환이 잘 되지 않고 체중부하가 많아서 다리나 관절에 통증이 올 수 있다고 한다. 그러나 과체중에 의한 부하도 문제이지만 비만증 어린이는 '비습'하고, '비습'한 까닭에 성장통이 온다.

● 기기(氣機) 실조가 원인이 된다

기기(氣機)는 인체 내부의 기가 정상으로 운행되는 메커니즘을 가리킨다. 인체 기기 활동의 기본 형식은 주로 승·강·출·입인데, 만약 기기의 승강과 출입이 실조되면 기역·기울·기체·기함·기폐, 심지어는 기탈 등의 병변이 발생한다. 그리고 이런 병변에 따라 수없이 많은 병증이 생긴다. 예를 들어 기역이 되면 상체보다 하체가 허해진다. 기울이나 기체가 생기면 근육통 등이 올 수 있다. 그래서 기기 실조에 의한 경락 순환 부전으로 성장통이 올 수 있다.

서양의학에서는 스트레스가 성장통을 일으킨다고 추측하기도 하고, 또 과도한 운동으로 뼈를 자라게 하는 성장판에 충격을 주면 뼛속이 약간 부어 통증이 발생할 수 있다고 한다. 이런 이유는 모두 기기 실조의 일부에 해당한다.

● 최근에는 발과 하지의 생체 역학적인 이상이 그 원인으로 추측되어지기도 한다

성장통의 특징적인 증상, 10가지

① 주로 3~10세 어린이, 특히 활동이 심한 남자 어린이에게 자주 나타난다.

② 사지, 특히 하지 중심으로 통증이 오는데, 주로 무릎 뒤나 대퇴부 앞, 종아리 등에 통증이 잘 온다.

③ 좌우 양쪽으로 대칭적으로 아픈 것이 특징이다. 한쪽만 아픈 경우는 별로 없으며, 통증은 좌우 번갈아가며 나타날 수도 있다.

④ 아픈 곳이 분명치 않은 채 막연한 통증을 호소하는데, 뼈의 통증이

아니라 근육통을 호소한다.

⑤ 밤에 울고 보채기 때문에 통증이 심한 것 같아도 실제의 통증은 그리 심한 편이 아니다.

⑥ 통증의 시간은 짧게는 수 분에서 1시간 가량이다.

⑦ 매일 지속적으로 통증이 오는 경우는 드물고, 주로 간헐적으로 통증이 온다.

⑧ 대개 밤중이나 오후에 나타나며, 특히 심하게 활동한 날에 더 심하다. 또 아침에는 통증이 나타나지 않으며, 움직일 때에는 통증이 없는 것이 특징이다.

⑨ 며칠에서 몇 달, 또는 3주 이상 통증을 호소하기도 하지만 모르는 사이에 소실된다.

⑩ 한동안 통증이 없다가 재발하는 경우도 많다. 그러나 후유증은 남지 않는다.

성장통의 통증을 예방하려면…

● 운동요법

① 무리하지 않게 해야 한다. 성장통은 활동이 많은 날 더 자주 일어나기 때문이다.

② 운동은 유산소운동으로 시키되, 운동의 강도가 너무 강하면 세포의 미토콘드리아 속으로 산소의 운반이 어려워져서 근육 속의 글리코겐을 바로 에너지원으로 사용하기 때문에 근육의 피로는 가중되고 체지방 연소 효과는 낮아져서 성장통을 더 악화시킬 수 있다.

③ 또 아래위로 뛰는 운동은 제한하도록 하고 근육이 수축하면서 에너지를 소비하는 형태의 운동을 하도록 하는 것이 좋다.

④ 스트레칭과 베이비 마사지 요령으로 마사지하여 다리의 피로를 풀고 하지 경락의 순환을 촉진해 주면 좋다.

⑤ 낮운동이 좋고 늦은 오후부터는 운동을 제한하며, 잠들기 전에 따뜻한 물로 샤워를 시키거나 '족탕요법'을 행한다.

● 식이요법

① 급하게 서둘러 식사하는 습관이나 한번에 몰아서 먹는 버릇 등 나쁜 식사 태도를 바꾸도록 해야 한다.

② 성장에 도움이 되고 뼈와 근육을 강화시키는, 식품이나 약재를 먹이면 좋다.

③ 단백질, 칼슘, 아연, 각종 비타민과 미네랄 등을 충분히 공급해 주기 위해 식이요법과 함께 비타민제를 복용시키는 것도 도움이 된다.

④ 인스턴트나 화학 조미료가 많이 함유된 음식, 청량 음료, 각종 가공식품은 피한다.

⑤ 소아 비만이 되지 않게 하는 것이 필수적이다.

성장통을 감별하는 방법은…

물론 부모의 관심을 끌기 위해 통증을 호소하는 어린이도 있지만 어린이의 통증 호소를 단순히 성장통이려니 속단하지 말아야 한다.

다른 질환 때문에 생긴 통증—예를 들어 골절, 구획증후군, 구루병, 소아 류머티즘, 혈우병, 골수염, 골연골증, 활막염, 근염, 일과성 고관절염, 대퇴골두 무혈괴사증, 무기질 대사 이상에 의한 대사성 질환, 알레르기 자반증, 백혈병, 골육종 · 악성 림프종 · 갑상선암 등의 종양 등도 초기 증상이 성장통과 유사하기 때문이다.

특히 다음과 같은 증상이 있을 때는 의사의 진료를 받아야 한다.

● 전신 증상이 있을 때…
① 식욕이 떨어지고 변비와 설사가 반복되거나 체중이 감소할 경우.
② 전신적으로 열이 나면서 추위를 싫어할 경우.
③ 가끔 코피가 나고, 몸에 쉽게 피멍이 들 경우.
④ 전신 혹은 국부에 가려움증이 있으면서 불규칙적인 열을 동반하는 경우.
⑤ 각막염 · 결막염, 두통, 구토, 메스꺼움, 침이 마르는 증상이 나타나는 경우.
⑥ 전신무력감과 피로, 권태, 우울, 수면 장애 등이 있는 경우.
⑦ 피부 발진(얼굴에 나비 모양), 탈모, 구강 궤양 등이 함께 나타나는 경우.
⑧ 서혜부(사타구니)나 액와(겨드랑), 또는 귀 밑, 목 부위 등에서 림프 결절이 부은 경우.
⑨ 목 부위가 눈에 띌 정도로 붓거나 턱 밑 주위에 딱딱한 멍울이나 결절이 만져지지만 아프지 않는 경우.

● 통증의 양상에 따라 나타나면…
① 류머티스 환자가 있는 집안의 어린이가 갑자기 다리 등이 아프다고

할 경우.

②외상이 있은 후 통증을 호소하는 경우.

③통증 부위의 피부에 색깔의 변화가 있는 경우.

④통증이 낮에도 나타나고 몇 시간씩 지속되거나 간헐적이라도 몇 개월 넘게 지속될 경우.

⑤주무르거나 눌렀을 때 더 아파하면서 건드리지 못하게 하는 경우.

⑥통증의 부위가 막연하지 않고, 일정한 한 곳에 통증이 집중되어 있는 경우.

⑦통증 부위가 붓거나 환부에 국소적으로 열이 있는 경우.

⑧상기도 감염을 앓고 난 후 엉덩이 관절 부위에 통증이 오는 경우.

⑨ 서서히 발생하는 요통, 또는 허리의 통증이 다리로 방사통을 일으키는 경우.

● 관절의 변화와 운동 제한에 따라…

①통증 부위가 붓거나 환부에 국소적으로 열이 있는 경우.

②척추가 뻣뻣하게 굳어 아침엔 허리가 뻣뻣하고 아프지만, 일어나서 움직이면 통증이 가라앉는 경우.

③아침 기상시 30분 이상 관절의 뻣뻣함이 지속되는 경우.

④관절 변형이 오거나 혹은 관절이 붓거나 관절을 잘못 움직일 경우.

⑤통증을 호소하면서 다리를 절거나 팔의 운동이 부자유스러운 경우.

성장을 위한 식이요법

① 성장기에는 아침식사를 거르지 말고, 규칙적인 식사를 하며, 편식

을 하지 말아야 한다.

② 단백질과 칼슘을 충분히 섭취하여 뼈와 근육의 발달을 도와주고, 지방이나 탄수화물을 과잉 섭취하여 비만이 되지 않도록 균형 잡힌 식사를 하도록 한다.

③ 하루 340g 이상의 과일주스를 마시는 어린이는 당분 과다 섭취로 또래에 비해 작은 것으로 알려져 있다. 성장에 필요한 5대 영양소로는 단백질, 칼슘, 비타민, 무기질, 당분, 지방을 들 수 있다.

성장기 아이를 튼튼하게 하는 식품 & 약재

● 구기자 · 파고지

아이들이 성장하는 데 좋은 기틀을 마련해 준다. 근육이 흐물거리거나 설사가 잦거나 추위를 잘 타는 어린이의 성장에 도움이 된다. '간디' 타입에 좋다.

다른 체질에 비하여 음식물의 섭취가 상대적으로 적은 관계로 충분하게 뼈 성분을 제 때에 보충해 주지

> ✏️ **주의 하세요**
>
> 구기자는 자양강장의 작용을 함유하고 있는 영양 성분과 관계가 있다.
> 파고지는 비신양허(脾腎兩虛)에 쓴다. 열성이 강한 약재이므로 주의해야 한다.

못하기 때문에 키가 안 크는 경우가 많다. 일단은 비위의 기능을 활성화시켜 충분히 음식을 소화시키고 그 다음에 뼈를 튼튼히 하는 음식을 먹음으로써 키가 커질 수 있다.

● 멸치

성장기 어린이에게 칼슘을 공급하는 역할을 해 뼈를 튼튼히 하며 성장에 도움이 된다. 신경이 예민하고 부산한 어린이의 성장에 도움이 된다. '나폴레옹' 타입에 좋다.

산만하며 호기심이 많거나 불안하거나 안정이 안 되고 기운이 항상 위로 올라가면 키가 안 큰다. 또 저돌적이고 영웅심이 많고 선동적인 경우도 기의 발산과 상승이 심해지면 하체가 약해져서 키가 크지 않을 수 있다. 따라서 위로 상승하는 기운을 아래로 끌어내려 하초의 기능이 원활하게 해주는 것이 중요하다.

신재용의 강력 추천

성장기 아이를 위한, '멸치주먹밥'

멸치는 성질이 따뜻한 식품으로 체력이 항상 약한 체질이면서 냉한 체질에 좋다. 칼슘을 무려 1860mg이나 많이 함유하고 있다.

만일 성장기 아이들이 유리이온 상태의 혈장 칼슘이 모자라면 신경근육 흥분성이 증가되어 근육경련, 기관지경련, 후두경련과 간질발작 불안, 자꾸 잠을 자려고만 하는 기면 현상 등이 나타난다.

불안, 초조해지며 눈이 충혈되고, 양 뺨에 열기가 달아오르며, 입이 마르며 입 안이 쓰고 입에서 단내가 나고, 가슴에서 열불이 나서 땅이 꺼지라고 한숨을 자꾸 내뱉는 경우, 혹은 심장이 괜히 놀란 것처럼 뛰고, 소변이 잦고, 대변이 굳은 경우에 좋다.

● 홍화씨

뼈를 튼튼하게 하므로 꾸준히 먹이면 좋다. '산타클로스' 타입인 아이에게 좋다.

무엇이든 잘 먹고 느긋하며 고집이 센 듯한 경우에는 비만해지는 관계로 키가 크지 않는 경우도 있다. 따라서 흡수된 음식물을 몸 안에서 충분히 활용하여 흡수될 수 있도록 꾸준한 운동을 하는 것이 중요하며 너무 과하게 먹는 것은 피하는 것이 좋다.

● 당귀

당귀차는 혈액을 보충 강화한다. 흔히 당귀가 포함되어 있는 『사물탕』이라는 약재를 조제하여 흑염소와 함께 중탕해서 그

즙을 복용하면 더욱 좋다. 흑염소에는 철분이 2.1mg, 비타민 E가 44mg이나 듬뿍 들어 있기 때문이다.

● 파

파 끓인 물로 목욕을 하거나 파를 많이 먹는 것이 좋다. 파전이나 파국도 좋고 파강회나 파김치도 좋다.

파는 몸을 따뜻하게 해주므로 추위를 이기게 해주기 때문이다. 물론 파에 함유되어 있는 유화알릴 성분이 산소작용으로 인해 휘발성 유화물로 변해 소염작용도 하고 스태미너 강화작용도 하며 소화액 분비를 촉진하여 식욕을 돋우거나 위장 기능을 활발하게 하기 때문에 겨울이면 파가 더 많이 필요하다. 또 파의 유화알릴 성분은 비타민 B_1의 흡수를 높인다. 이것이 부족되면 참을성이 적어지고 신경이 예민해지므로 신경쇠

약증이 있을 때는 날파를 된장에 찍어 자주 먹는 것이 좋다.

● 기타 식품

① 육류—살코기, 소뼈.

② 생선과 패류—등푸른 생선 및 뼈째 먹는 생선, 조개류.

③ 해조류.

④ 우유 및 유제품—우유, 요구르트, 치즈.

⑤ 야채 및 과일—시금치, 당근, 호박, 표고버섯, 귤, 레몬, 감, 딸기, 토마토.

⑥ 두부 및 모든 콩류.

> ✎ 주의 하세 요
>
> **성장기에 피해야 할 식품**
> ● 인스턴트식품(햄 · 어묵 소시지)
> ● 튀김류—치킨, 튀김, 라면
> ● 탄산음료(콜라 등)는 비타민 D 의 생성과 칼슘 흡수를 저해한다.
> ● 비신(脾腎)에 영향을 미치는 음식—단 음식(사탕), 짠 음식, 찬 음식(아이스크림 등), 카페인 함유식품(커피 · 홍차 · 코코아 · 초콜릿)

성장통을 다스리는 한방 처방

성장 부진의 한방 치료는 첫째 원인이 있는 질환을 치료하고, 둘째 성장 발육을 증진시키는 약물로 치료를 한다. 특히 비신(脾腎) 기능을 강화시킨다.

「성장탕」

육미지황탕, 사물탕, 사군자탕을 기본으로 두충 · 녹용 · 녹각 · 홍화 · 우슬 · 속단 · 파고지 · 구척 등의 한약재가 주성분이다.

찾·아·보·기